教育部人文社会科学重点研究基地山东师范大学齐鲁文化研究院、
齐鲁文化传承与山东文化强省建设协同创新中心重点资助成果
山东省理论建设工程重点研究基地齐鲁文化研究基地重点项目

齐鲁文化与中华文明十六讲

主　编／王志民　邢顺峰
副主编／林　宏　吕文明

山东人民出版社·济南
国家一级出版社　全国百佳图书出版单位

图书在版编目（CIP）数据

齐鲁文化与中华文明十六讲/王志民，邢顺峰主编.—济南：山东人民出版社，2020.12
ISBN 978-7-209-11186-7

Ⅰ．①齐… Ⅱ．①王… ②邢… Ⅲ．①文化史－研究－山东 Ⅳ．①K295.2

中国版本图书馆CIP数据核字(2020)第261793号

齐鲁文化与中华文明十六讲

QILU WENHUA YU ZHONGHUA WENMING SHILIUJIANG

王志民　邢顺峰　主编

主管单位　山东出版传媒股份有限公司
出版发行　山东人民出版社
出 版 人　胡长青
社　　址　济南市英雄山路165号
邮　　编　250002
电　　话　总编室（0531）82098914
　　　　　市场部（0531）82098027
网　　址　http://www.sd-book.com.cn
印　　装　山东华立印务有限公司
经　　销　新华书店

规　　格　16开（170mm×240mm）
印　　张　26
字　　数　260千字
版　　次　2020年12月第1版
印　　次　2020年12月第1次
ISBN 978-7-209-11186-7
定　　价　48.00元
　　　　　如有印装质量问题，请与出版社总编室联系调换。

编委会

前言

《齐鲁文化与中华文明十六讲》是山东教育电视台推出的“齐鲁文化讲坛”系列讲座的文稿结集。本书是以专题的形式，对齐鲁文化与中华文明关系等一系列重大问题所做的较为全面、深入的挖掘和阐释；也是以通俗的、公开课的方式，将学者的学术成果普及到高校学生和社会大众中的成功尝试。对于从齐鲁文化探究中华优秀传统文化，从中华文明透视齐鲁文化，从而为大力传承、弘扬齐鲁文化和中华优秀传统文化起到了积极的推动作用。

该讲座活动由山东教育电视台提出动议，教育部人文社会科学重点研究基地山东师范大学齐鲁文化研究院、山东教育电视台与孟子研究院三家联合主办，邀请国内对相关专题卓有研究的专家学者共同参与完成。在实施过程中，王志民教授负责整体的学术规划和组织工作；陈来教授主持专家论证会、参与开讲仪式，并于2018年9月28日首次开讲。时任山东教育电视台台长邢顺峰和相关部门的领导同志为专家讲授、录播做了大量富有成效的工作。

该节目在山东教育电视台播出后，得到社会各界的广泛关注和一致好评。为了充分用好这次讲坛的学术成果，推动齐鲁优秀传统文化创造性转化和创新性发展，在山东教育电视台和参讲学者的大力支持下，在视频资料的基础上，由教育部人文社会科学重点研究基地山东师范大学齐鲁文化研究院组织力量，对视频资料和讲稿进行了统一整理，使这些重要系列讲座的内容得以出版发行。我们对在该项目圆满完成过程中所有付出辛勤劳动的专家学者和工作人员表示由衷的感谢！

编者

2020年10月12日

目　录

方辉

山东大学历史文化学院院长、文化遗产研究院院长、博物馆馆长、教授、博士生导师，长江学者特聘教授，国家万人计划哲学社会科学领军人才，泰山学者特聘专家，教育部人文社会科学重点研究基地山东师范大学齐鲁文化研究院学术委员。主要从事夏商周考古、考古学理论与考古学史、文化遗产保护等方面的研究。代表专著有《海岱地区青铜时代考古》（山东大学出版社）、《岳石文化》（山东文艺出版社）和《鲁东南沿海地区系统考古调查报告》（文物出版社）等，主编有《大辛庄遗址研究》（科学出版社）、《聚落与环境考古学理论与实践》（山东大学出版社）等。在《考古》《文物》《文史哲》等重要刊物发表大量学术论文。先后获得教育部高等学校科学研究优秀成果一等奖、山东省社科优秀成果奖一等奖暨重大成果奖等多种奖项。主持和参与的多项考古发掘项目入选“全国十大考古新发现”。

海岱考古与中华文明起源

方　辉

我们这节讲授的是海岱地区文明起源的相关问题。“海岱”这个词出自《尚书·禹贡》，自古以来就是一个固定的历史地理词汇。它以现在的泰山为中心，由若干条发源于泰沂山脉的河流及其冲积平原组成。所以从历史地理上来说，它指的是以山东为中心加上周边地区的一个区域，例如豫东、皖北、苏北。海岱地区的考古学文化是一脉发展、自成序列的。从1928年龙山镇城子崖遗址发现以来，考古工作者在这片区域进行了近一个世纪的考古工作，建立起了比较完整的考古学文化发展序列，每个阶段都有相关的考古发现。这些发现对我们探讨、研究文明起源及发展之路提供了很好的素材。我们今天的讨论就聚焦于考古学。因为文明起源这一个阶段，基本上是处在一个没有文字的时期，或者叫史前文化时期。用于说明文明起源的证据，大部分来自考古发现。

一、海岱初始文明

山东地区的考古学文化序列，最早可以上溯到沂源猿人、乌珠台人所处的旧石器时代文化。沂源猿人距今已有30万—40万年，乌珠台人也大概在距今3万年前后。它们分别代表了旧石器时代中期和晚期的考古学文化。那个时代的遗址非常稀少，相关发现也非常单薄，主要原因是当时尚处在狩猎、采集阶段，不可能有大量的人群定居生活在这个区域，所以相关的证据还比较少。

那么，文明起源指的是什么呢？文明起源主要研究的是人类的社会组织不断由简单向复杂的演变发展过程。根据目前国际上惯用的模式，人类的社会组织由氏族部落，经过酋邦阶段到早期国家阶段，最终发展为成熟的国家。我们国家的学者认为，氏族社会发展的结果是进入古国阶段，再由古国进入王国、帝国。我们今天所讲述的内容，主要从新石器时代也就是从氏族社会的定居农业开始。

定居农业是文明起源的基础。所谓定居农业，就是人们走出了深山，走出了山洞，来到平原地区进行农耕生产。这个时候的人类不光会狩猎、会采集，而且发明了农业，发现了植物一年一生的规律，开始有意识地采集种子并进行播种，并且有了稳定的收获。人们不再逐水草而居，而是开始建房子，开始有了稳定的定居生活。世界各个文明区域的起步都是一样的。因此，农业是文明的基础。这个时代大约在距今10000年前后，对于山东或海岱地区来说，是考古学上的后李文化阶段。目前对于后李文化的年代还有一些不同的认识，但是它的上限应该在距今10000年前后，下限大概在距今7000年前后。这是山东地区最早的新石器时代文化，也是定居生活的开始。

后李文化是以寿光后李遗址命名的。据目前所知，后李文化主要分布在泰沂山脉北缘区域，西到长清的月庄，中间经过了历城的盛福庄、章丘的西河、小荆山，一直到淄博的小高、寿光的后李，基本上是一个东西向的线形分布，而且主要分布在山前平原地带。这说明当时的人类已经在局部地区有了定居农业，但同时狩猎、采集仍然是很重要的经济补充。从相关遗址的发现来看，人们已经学会建造房屋，而且房屋的面积还不小，有的达到40—50平方米，已是相当的阔绰了。不过，当时在一个房子里居住的人群也是比较多的，应该是处在一种氏族社会阶段，而且很可能是母系氏族社会阶段（尽管目前对其世系还不好肯定）。在这些房屋里面往往有与做饭有关的炊具出土，说明人们还是过着一种集体的生活。他们死后也有单独墓穴下葬的墓地，这和旧石器时代已经大不一样。在旧石器时代，人们去世之后也知道以不同的方式来掩埋自己的祖先，但是我们迄今还没有发现完整的墓地。从目前发现的情况来看，后李文化阶段的居住空间和下葬空间是分离的。从这些墓葬的随葬品来看，其社会处在一种平等的生活水准上，看不出墓主人之间的贫富差距。这是在农业发生阶段的一个必然现象，各个氏族内部还没有出现贫富差距。

后李文化结束后的下一个阶段，即北辛文化阶段。北辛文化的年代大约在距今7000年到6000年前后。北辛文化遗址的分布范围较大，远远超过了后李文化的分布区域，几乎涵盖了整个海岱地区。它得名的遗址是滕州的北辛村，这是一处典型的北辛文化遗址，出土的器物具有典型性。北辛文化遗址不光在山东，而且在苏北、皖北都有相关的发现。北辛文化阶段基本上还是处在一个平等社会的阶段，但是很多新的现象出现了。有些氏族比别的氏族可能更富裕一些，而且他们的文化、他们的信仰也更具多样性。北辛文化的房屋面积甚至一般不如后李文化大，也不如后李文化房屋漂亮。这不是说它的建筑水平达不到，而是说当时的社会单位正在逐渐的变小。人们可以不依赖氏族而存在，预示着氏族内部可能已经分离出不同的家族，而且当时的家族可能也是以母系为主。可以说当时的家族还没有突破氏族的范畴，不过氏族可能只是一个外壳；还可以说处在母系氏族阶段，或其晚期阶段。当然，不同遗址大小有区别，富裕程度也有差别，社会发展阶段不可能整齐划一。可以观察到的是，遗址或聚落内部开始出现了贫富分化，而且发展出了一系列的信仰，比如说龟灵崇拜，人们赋予龟很多的灵性。尽管龟灵崇拜的源头不一定是在北辛文化，因为在淮河流域的河南舞阳贾湖遗址有更早的例子。

贾湖文化分布于淮河上游，它的年代大约和后李文化相当。当时的人们对龟赋予了更多的灵性。从出土遗物看，人们对于龟壳格外感兴趣，龟壳里面还放了石子儿。但是关于这些龟壳的用途目前还有争议。有人说它就是一种响器，也就是乐器；还有人认为它和占卜算卦有关。除了龟灵崇拜，这个时候还有了犬灵崇拜，而且对狗的信仰一直持续到夏商周乃至更晚的时期。在以海岱为中心的东方地区，犬灵或者对狗的崇拜可以说是区域文化的一个特点。人们用狗来殉葬，用狗来祭祀，学界叫它犬灵崇拜。在北辛文化阶段，这些对动物的崇拜现象逐渐多样化，丰富了当时的社会生活。

北辛文化的社会组织仍然处于氏族社会阶段，但是已经有了家族的存在，贫富分化也在渐渐产生。这个时期人们使用的生活器具更加多样，很多对后代产生了重要影响。比如当时的人们已经知道在一个罐子的底部装上三条腿，然后进行烧制，这就是鼎。鼎这类器物最早出现在北辛文化中。后来的青铜鼎即是从这种三足鼎衍生出来，到了商周时期铜鼎成为社稷的象征、国家的象征。当然，北辛文化的典型陶器不光有鼎，还有和鼎配套使用的许多器具，例如豆、壶等。豆可能是用来装水果或者蔬菜的，壶与饮酒、饮水有关。我们后代用的很多器具在北辛文化中都已经存在了，而且它有一个比较固定完整的组合。这套组合从北辛文化定型之后一直延续下来，直到商周时期。就北辛文化来说，它的社会进一步复杂，在氏族内部产生了家族，家族之间可能已经开始产生这种贫富的差距。社会生活更加丰富多彩。不过这个时代还没有看到后来常见的战争迹象；贫富分化产生了，但还没有加剧的迹象，人们基本上还是处在一种平等的社会里面。毕竟那个时代的遗址并不是太多，说明人的数量并不是太多，没有出现因为地盘争夺而产生的战争。

二、大汶口文化

战争的出现要到下一个阶段，也就是著名的大汶口文化。大汶口文化以泰安大汶口遗址命名，它的分布面积更加广阔了，影响所及就更大。除了现在的海岱地区，它的影响一直到了江淮乃至汉水流域，向西、向西南、向南方的影响尤其明显。而且它和当地同时期的文化都有明显的互动。

大汶口文化最典型的一个特点就是贫富分化加剧，尤其是到中晚期，在大汶口遗址以及最近新披露的焦家遗址中，都看到贫富分化加剧的迹象。其原因就是随着生产力的进步，农业经济发展加快，农耕的精耕细作方面已经达到了相当的水平，生产工具的质量和数量要远远超过前一个阶段。生产力的发展带来的结果是财富的积累和财富的增加，生产关系也产生变化。有的家族开始处在一种支配的地位，有些家族则明显地处于被支配地位。而且这个时候的社会生活也明显更加丰富了。酿酒在大汶口文化时期已经有明显增多的迹象，各种与饮酒酿酒有关的器具数量非常多。这从大型墓葬中随葬的与饮酒制酒有关的器具可以感受得到，像簋、盉都和温酒有关系，大量的杯子都和饮酒有关系。酒的生产一定是建立在农业发达的基础之上。人们的粮食除了温饱之外有了剩余，才可以用粮食来进行酿酒。这和我们文献上记载的黄帝时期仪狄造酒，在时代上大致也是吻合的。当然酒的起源应该比这还要早，我刚才说的是饮酒的这种风尚在大汶口文化阶段体现得非常明显。贫富分化加剧的最明显证据是在一个墓地里边，富人的墓葬有单独的区域，和其他的人的墓葬是区分开来的。随葬品的悬殊也非常令人吃惊。有的多达100多件，质量上乘的随葬品例如有玉器、陶器。有的却仅仅可以随葬那些很简单的日用器具。

在这个氏族内部，富裕的家族已经开始处在统治的地位。大汶口文化生产的陶器、玉器和前一段的同类器完全不一样。器物组合非常完备，功能也非常多样化，而且有的器具显然不是为了日用，而是为了等级的显示，例如白陶、彩陶。大汶口文化晚期出现了薄胎的黑陶。这些器物的生产难度是非常大的。那么人们为什么在大量地生产这样一些器物？它不是为了满足墓主人日常生活的需求，而是用来表达一种信息——对身份和地位的显示。除了陶器之外，玉石器也特别发达，表现王权的玉钺已经产生。大汶口文化时期的玉钺总是出土在富裕墓葬的墓主人的腰部，古文献里边就说钺是一种君权的象征，现在的“王”字的写法，原初的字意就是来自钺。我们可以从这些墓葬里随葬品的丰富程度、器物的精美程度以及它的固定组合的构成中感受到，大汶口文化确实处在一种贫富分化加剧的时代，也由此判断这个社会内部已经出现了阶级的分化。

不光如此，大汶口时代还有对外战争的出现。刚才说到大汶口文化的分布区域非常大，人的移动性也大大增强，对外的辐射能力显著提高，那么移民就势必对迁入地带来一些压力，包括在一个区域内部人们为了争执水源、农耕土地、某种矿产也可能开展战争。这些在大汶口文化的相关发现当中，尤其是在大汶口文化内部发现的外来因素中都可以得到体现。在苏北大墩子遗址发现的一个死者，身上还插有一枚箭镞，这显然是战争所造成的。在花厅遗址，墓葬里甚至出现了殉人。这些殉人到底是战俘还是本家族内部的奴仆现在还不好说，但是明显出现了杀戮、战争的痕迹。总之，大汶口文化在农耕发展的基础上出现了贫富差距，为了争夺财富，人们争相残杀，有了战争。

为了约束社会内部的行为，产生了礼仪制度。“国之大事，在祀与戎”，古人说在古代国之大事有两件，祭祀与战争。“祀”就是祭祀，“戎”就是战争。在大汶口文化阶段这两者都体现得非常明显。所谓祭祀，就是那套由陶器和玉石器构成的礼器。它有了特殊的含义，人们把最好的东西用来祭祀祖先，不光吃的喝的，盛放这些吃喝的器具也被赋予了礼器的功能。最早的礼器都和祭祀有关，也可以叫祭器。礼制是中华文明的一个特点。国家博物馆展出的焦家遗址出土文物展，名字就叫“礼出东方”。

那么“礼”是什么？现在的简化字“礼”已经失去了它的本意，但它左边的这个“礻”字旁透露出一些信息，凡是从“礻”的字都是和祭祀神灵有关。甲骨文当中的这个“礻”就是一横一竖，或者两横一竖，显示的可能是祖先的牌位，也有人说它是玉璧和玉琮的一个组合。但是它和神性有关，像是我们现在“祭”“祀”“祝福”“祈祷”等等这些字都是从“礻”的。现在的“礼”字右边是个竖弯勾，完全失去了它的本意。繁体字里，礼字的右边是一个“丰收”的“豐”字。它最上面那两串东西是两套玉，下面承托这个器物的应该是一件陶器，把玉放在陶器里面。这意味着是什么呢？就是在祭祀当中所享用的两种器具，而且在它下面叫作“豆”的那个字实际上在古代是鼓。所以繁体字的“礼”字本意就是这样来的：左边是显示神灵的牌位，右边是陶器、玉器、陶礼器和鼓。考古发现这套礼制器具在大汶口文化时期都已经具备。

不但如此，在焦家等大汶口文化遗址的发掘中第一次看到了有多重的棺椁。棺椁就是盛放死者尸体的器具，本身出现应该更早。焦家的墓葬有一个棺的，还有一棺一椁的，甚至有一棺两椁的。多重棺椁就意味着当时的棺椁制度已经产生。多重棺椁显然都是表示身份的。这个制度不断地发展，到了周代，已经发展到天子九重棺椁、诸侯七重棺椁……依次递减。这套制度过去在龙山文化中有发现，最近在焦家遗址发掘当中也有发现。

这些东西就是标志着礼制的形成，而且可以说大汶口文化晚期我国的礼乐制度已经比较成熟了。当然我们迄今还没有发现大汶口文化大型乐器如鼓等，而只有一些简单的乐器如哨子、笛子。但我们相信应该是有的，只是还有待于考古发现而已。

无论如何，可以说大汶口文化贫富分化已经进一步加剧，有了礼乐制度，有了战争，社会已经变得复杂起来，已经处在国家社会的前夜。

不过，目前还很难说大汶口文化已经有国家组织的出现。因为现在我们发现，即使是最大的大汶口文化遗址，其影响面还比较窄，最多是一个区域性中心，聚落等级还不是那么明显。尽管它和临近的一些同时期的部落有战争和冲突的迹象如杀戮、陪葬、殉葬迹象等，但是这时候规模恐怕还不大，还没有达到国家意义上组织的大规模的战争。因为就这个时期的遗址分布来看，它的大遗址还是很少的。一旦形成一个中心之后，本区域的资源足够这个族团或部落生存，所以在这种情况下没有大规模的战争出现。成规模的战争要到龙山时代才发生。

三、龙山时代

关于龙山时代的年代，概括说来大约相当于距今5000—4000年之间的一个时期，跨越了大汶口文化晚期至海岱龙山文化。从历史上来看，龙山时代大约相当于司马迁《史记》当中《五帝本纪》所述的时代，它处在夏王朝诞生的前夜。我们说中国有五千年文明，就是从五帝时代算起。

龙山时代是国家起源与形成的时代。在这一千年左右的时间里，考古发现证明，我们国家的许多地区经历了一个非常大的变化，其标志就是国家的产生。刚才提到的那些部落之间的战争，很多可以和五帝时的战争相提并论。但它们之间不能一一画等号，因为很难知道五帝是哪五帝。要知道炎帝、黄帝、尧、舜、禹这五帝只是司马迁选中的五帝，在他之前的战国时期，五帝的构成也有很多种不同说法。每一个区域、每一个族群有自己对五帝的构建和认同。但是从考古学文化上来说，龙山时代的相关考古证据已经可以支撑中国进入了国家阶段也就是进入了文明社会的论断。

当然提到文明，我们要解读一下什么是文明。关于文明有一两百个不同的定义，但是最简单的一个定义——文明社会就是国家。一个民族、一个区域所谓进入了文明时代就是进入到国家阶段。那么国家是什么呢？国家是一个社会学的概念。我们说国家是一个阶级压迫另一个阶级的工具，它里边已经有警察、有刑法、有法律、有军队来维持这样一个政体的运转，来保证国家的安全。这些对于龙山文化来说应该是存在的。那么考古学家们怎样去证明有没有国家呢？

从20世纪40年代开始，大家都在讨论文明的标准、文明的要素，哪些是文明最核心的东西。政治上的这些因素，法律、监狱、军队都是很难寻找到的，它们是上层建筑，已经消失在茫茫的历史长河当中。考古学家们在寻找过程当中就发现有三种东西可能可以界定国家，也就是文明三要素：首先是城，再就是金属冶炼，再就是文字。文明的三要素最早是由英国考古学家柴尔德提出的，这种学说影响了世界范围内的考古实践，所以中国在改革开放之后随着和西方交流的加强，也逐渐认同了柴尔德的三要素。不过我国学者又加上了中国特有的礼制，也就是标志社会等级身份的这套礼器系统，也是文明的一个要素。这就是四要素。在世界的其他地区这些要素不断增多，有人把长途贸易、把科技水平的发展，例如数学、几何、天文学也作为文明的要素。现在文明的要素加起来有十项之多，但是三要素恐怕还是大家认为的最核心的东西——城、金属冶炼、文字。

20世纪八九十年代的中国考古学家、历史学家们探讨文明起源的文章都把这三个要素作为衡量文明社会和国家社会的一个核心内容，因为这三种东西是最容易寻找到的。可以说在考古遗址当中最容易辨识的就是城。

它有城墙，往往城墙还可以圈起来，城墙外边有城壕，一般来说筑城墙的同时也就形成了一个取土用的城壕。所以在中国，城池是并列的，像这种东西在考古学上最容易辨识。实际上早在1930年，我国最早的一批考古学家在发掘龙山镇城子崖遗址的时候已经发现了龙山文化的城墙遗迹，但是受制于当时的发掘技术和发掘面积，虽然在探沟剖面发现并记录到了城墙，但是并没有把它从周代城墙分辨出来。一直到了20世纪90年代，随着在我国广大的北方地区，尤其是河南、山东、河北、山西，不断地有这样的夯土城墙被发现，考古学家才意识到城子崖的城墙应该也是龙山文化的。龙山时代的城，迄今发现不止一处，而且城内部也有了功能的分区，有的是贵族居住的，有的是平民居住的，还有很重要的手工业作坊区，有的城还出现了进出城门的一些门卫的保护措施，有下水道、排水设施等等。像这样一个个复杂的城址，没有一个有力的管理者是很难做出来的，也很难维持下去。所以城作为文明社会的标志被大家普遍接受。

金属冶炼标志着科学技术发达的程度。如果说从城的元素看社会组织能力，那么科技发达的程度就要看金属冶炼。人们知道矿物经过火熔炼之后可以变成一种液体，而且这种液体还可以固化，生产出来一种非常坚硬而有光亮的器物，这是当时最高科技的一种体现。所以金属冶炼作为文明社会的一个标志，也是容易理解的。龙山时代金属冶炼的例子在全国有很多发现，就海岱地区来说，像三里河、尧王城都发现有铜器小件或炼渣，三里河的铜锥已经是青铜，是铜锡合金。

除了社会组织、科技这两种东西，还应注意到反映人们认知能力和意识形态的东西，或者反映人们的意识水平，那就是文字。文字是高度抽象的东西，而且文字不能只给自己看，只给一个小群体看，它一定有一个很广域的受众，大家都接受这套符号体系的时候，那些抽象的符号才能称为文字。单个的符号是不能被称为文字的。从考古发现的符号来说，时代很早就有了。像海岱地区大汶口文化就有这样的符号，比如大家耳熟能详的像日月山这一类符号，在莒县陵阳河、大朱家村，诸城前寨，乃至皖北的尉迟寺等，不同区域不同遗址都有出土，可见流行很广。现在的鲁南皖北、淮河流域都有发现。但它只是符号，还不是文字，因为很难说它有记录语言的功能。有的符号上面涂有朱色，我们只能说它表现的是一种信仰、仪式的行为，有着特定的含义。龙山时代的文字不断有新发现。著名的丁公陶文就是一例。它是山东大学考古队1991年在邹平丁公遗址发掘出土的，刻写在一块陶片上，共有11个文字。对它的解读目前有不同的意见，有部分学者认为它与商代甲骨文应该属于一个系统，因为其中的几个字可以和甲骨文进行对应、进行对照。当然也有学者说它是东夷的文字，并认为与古彝文一脉相承；还有学者说它是走向死亡的文字，没有被甲骨文继承下来。此外，在苏北的龙虬庄遗址、在晋南的陶寺遗址也发现了龙山时代的文字。陶寺的文字有两个字，用朱砂写在一件陶背壶上，一个是“文”，另外一个字有争议，但大家都认为它们是文字，而且是商代甲骨文的前身。类似的文字在良渚文化也有出土。也就是说，龙山时代已经出现了文字，而且是比较成熟的文字了。值得注意的是，这些发现大部分是刻写在陶器上，而陶器本身不是一种书写的最好载体，当时的文字更多的应该是书写在木头上、竹简、织物上面，但这些东西都是有机质，容易腐朽，不易被发现。

这样看来，城、金属冶炼、文字这三要素，我们在龙山时代都已经有了。龙山时代已经进入文明社会，是可以得到考古发现证明的。

但是我们需要反思一下，把这三要素加起来等于国家、等于文明社会的演进模式是不是太过简单了些？这种模式的优点是显而易见的，因为这些东西在考古实践中容易被发现，被辨识出来，因而这种研究模式也更容易从考古实践当中去操作。但是当你把这些东西，按照A+B+C=D的这样一个模式在全球范围之内去套的话，又有很多例外。有的文明就没有文字，像南美洲的印加文化就没有文字，而且在中国古代有些阶段，例如殷墟所代表的商代晚期文化这个阶段，本身没有城，但是因为殷墟具备了城市的所有功能，我们照样可以把它作为一个王都。这些都是三要素说所不好解释的。

从20世纪90年代开始，我国考古界开始与欧美学者合作，运用聚落考古的方法研究我国早期社会的复杂化进程。聚落考古的核心是运用社会学的办法来研究考古学资料，所强调的是具体的“聚落”，而不是长期以来大家所关注的“文化”；是聚落及生活在聚落上的人及其社会组织，而不再是以陶器为主的物质文化所呈现出的面貌和特点。毕竟，文明社会的特点是国家，而国家就是一个社会组织，而且是在一个特定区域内出现的社会组织。它曾在我们今天这片土地上存在过，因此它们的存在就会留下痕迹。我们的任务就是把它寻找出来。我们在这样一个区域范围之内能不能证明国家的存在呢？聚落考古可以回答这个问题。我曾经写过一篇随笔，题目就叫《找寻国家》，就是基于此而发的。

在一个特定区域范围之内把国家找出来，有没有可能？自1995年开始，山东大学与美国耶鲁大学、芝加哥自然历史博物馆的考古同行在鲁东南地区的聚落考古实践，证明这是完全可行的。反思文明三要素——城、金属冶炼和文字，很多人在运用三要素的时候，往往是把整个中国放在一个区域之内的，有可能把这个地区的城和那个地区的文字以及另一个地区的金属冶炼放在一块儿，来证明具备了三要素就是一个国家。但是我们要弄清楚，早期的国家有多大的控制力量，统治的区域有多大，这些要素是不是曾经处在同一个国家的控制范围之内，这不是首先要搞清楚的一个问题吗？因此把不同区域的东西加在一起，就说中国已经出现了国家社会，这样的论证本身是不牢靠的。既然如此，最简单的办法就从国家的本意上去寻找。

中国古代文献里对国家、对国家控制的面积是有记录的。比如说夏代有万国，说当时的国家只有方七十里；到了商汤的时候（商汤是商代的开国之君），国家的数量减少为三千个，面积也就是方七十里到方百里。这些古国就是我们现在所说的早期国家。古人认为它是一个很小的范围，方圆七十里、方圆百里，也就是相当于现在的一个县域差不多大。只有这样大的国家，夏代才可能存在着万国。当然万国是一个虚数，形容古国数量之多，并不是真的就有一万个古国，也可以说是“古国林立”。这些古国曾经存在于不同区域，我们就把它们找寻出来。怎么去寻找，当然要有一定的理论方法作指导。这个理论方法就是聚落考古或聚落形态研究。

聚落考古的基础是区域系统调查。这是一种看似简单、笨拙的办法，像拉网、梳辫子一样对一个区域进行全覆盖式调查，详细记录、分析调查结果，从而得到不同时期或文化的聚落分布图，其聚落形态就自然呈现出来，聚落形态所反映的社会组织及其演进也会得到呈现。

我们在鲁东南进行的长达二十多年的区域系统调查，所取得的考古发现令人振奋：在我们调查的已经详细公布资料的1400多平方公里的范围之内，至少找到了龙山时代的两个古国，那就是尧王城古国和两城镇古国。这两个古国大约面积也就是方百里的样子，它们都位于河流中游的位置，从农耕和交通方面来说这是最好的位置。它们的面积都在250万到400万平方米不等，都已经有了明确的城墙和壕沟，城圈里各种功能设施非常齐备，有规模较大的建筑物，有生活区，有墓葬；出土有重量级的蛋壳黑陶和精美的玉器等。因发掘面积有限（只有一两千平方米的发掘面积），相对于这两个庞大的遗址来说只是摸了个边角，要搞清里边的布局还需要更多的时间。但是这两个古国明显地具有了国家的形态，为什么呢？因为从调查所揭示的聚落形态分析，在这两个古国都城的下面，在其所控制的区域范围之内，聚落形态明显地呈等级状分布。位丁中心的是都城，低一级的聚落大概在几丨万平方米左右，再低一级大概只有几万平方米，最下面的一级也就是几千平方米。共可分为四个层次。从这个聚落形态就能看到这个社会一定是个复杂社会，我们可以说它是一个金字塔式的社会。

而且在鲁东南沿海地区，从北到南，从青岛一直到现在的连云港，有一条龙山时代的南北大道，直到今天，现在的国道、高速公路、高铁都是沿这条大道分布。而且沿线遗址的分布很有规律，大遗址，也就是面积超过百万平方米的聚落，每隔45—50公里就有一个。其间分布有若干个中小遗址，它们之间的距离约为五六公里。这样穿起来的一条线性分布的聚落，来保证这条交通干线的交通。因此，从跨区域的交通能力来说，龙山时代已经是处在一个高度复杂的社会，这个高度复杂的社会无疑就是国家社会。

从当时的物质文化来看，龙山时代的礼制、技术比大汶口文化更为发达。它的陶器更为精美，做得越来越薄、越来越光、越来越轻。我们耳熟能详的蛋壳陶杯有很高的柄，让它放在那个地方就感觉到很不稳定，不实用。两城镇、尧王城出土有大量和饮酒有关的各种器具，白陶的、黑陶的、红陶的，而且龙山时期陶器的种类多达30多种，说明它的日常生活非常丰富。像这种高度发达的陶器制造业可以说是全世界独有的。与我们合作开展陶器研究的国外专家就认为，比较已经在世界各地发现的古代民族的陶器，龙山文化先民是世界上最精美的陶器生产者；而且从器物上各种痕迹来看，龙山文化陶器生产效率非常高。制造一件器具，有好多的分工在后面。是什么样的组织能够保证生产这么好的东西？那一定是个以依附式的、世袭的陶工为基础的组织，把这些技艺技能一代一代相传，才能生产出这样的器具。要知道它们都是轮制的，当时没有金属轴承，要把它提拉成形，提拉成这么薄的陶胎是很难的一件事。龙山文化的陶器破损率很高，应该与此有关。正是因为这样，这些东西都包含有大量的劳动成本，都是奢侈品，是官府来经营和控制的产品。玉器也是如此。要保证这些奢侈品的生产，必须有一个庞大的稳定的政府来提供支撑，不断地尝试，不断地提高生产效率，不断地提高生产技能，才能生产出这样的东西。

社会精英们的目的，当然是通过对奢侈品的控制和再分配，精英阶层将其作为赏赐、作为礼品，换得低一级聚落居民对他们的效忠。因为人要想得到这样东西显示身份，祭祀祖先，就需要通过交换来进行，通过贡纳粮食、人力资源、土特产，来换得这样的东西。古人说“国之大事，在祀与戎”，说的就是这个道理。“祭祀”是与战争同等重要的大事，祭祀所使用的礼器或祭器，当然是最重要的器具。精英阶层通过提高其生产技术及再分配达到对礼器生产的垄断。陶器时代是这样，即使是到了青铜时代，这一套生产体系仍然存在，只不过是它材质变了，生产技术更为复杂了。由此我们可以看到龙山时代存在这样的社会分工，有了专门从事手工业生产的国之匠人，而且这些匠人除了生产陶器、玉器，还可能有纺织、漆木器、皮毛皮革加工等等。服饰也是分等级的。但这些东西大多是有机质产品，一般很难用考古发现的实物去证明，不过从陶器玉器本身就可以证明这套“百工”体系的存在。

最后，是龙山时代的战争。刚才提到的这一条交通干道的存在，不光在这个区域，在其他区域也是一样。龙山时代遗址的分布，大遗址基本上是等距离分布的。两城镇王国在大汶口文化时期不是作为中心聚落而存在的。两城镇所在的区域是潮河流域，大汶口文化时期的中心聚落在距离它4公里左右、潮河上游的丹土聚落，到了龙山文化早期区域中心才从丹土搬迁到了两城镇。这个搬迁看似是一个小小的区域内的变动，但是实际上连接起了南北的交通要道。这说明龙山时代的人们不再像大汶口文化时期，仅仅想控制自己附近的一个区域——往往是一条河流的流域范围。社会的发展要求在更大的范围内进行交流，使得各古国间的交流更为迫切。与此类似的例子，就是焦家遗址。焦家遗址处在小清河的南岸，这个遗址在大汶口文化时期已经有了城，是一个区域中心。但是到了龙山时期，人们基本放弃了这个地方，往南搬迁了五公里左右，来到了龙山镇城子崖。道理是一样的，因为龙山镇城子崖遗址恰恰处在一个东西干道之上。到今天为止我们的主要交通干线还是要经过这样一个地点，它是近代以前的一条官道，是东西向的主要通道。正是因为这样，当年吴金鼎先生于1928年才可能发现这个遗址，因为他从安丘到济南，城子崖是必经之地。从城子崖遗址往东五十公里左右是邹平丁公城址，再往东是桐林田旺城址，再往东五十公里左右是潍坊的姚官庄遗址。这几个遗址都是具有中心性质的遗址，而且大部分还是有城，有的城址规模还很大。大汶口文化时期和龙山时期这种区域中心聚落位置的变化、地点的变化，显示出龙山时代人们的交通能力、互动能力大为增强，区域间的互动能力大为增强。其结果是，在整个北方乃至长江流域出现了“龙山化”现象——各地的文化面貌趋于一致。

古国之间的互动方式有可能是友好往来，也可能是战争。龙山时代城址的大量兴起，不是偶然的。修城的目的就是为了保护自己的国民，所以城的突然增加不像大汶口时期只是在个别地区出现的个别现象，在龙山时代是个普遍现象。处于第二等级、面积在10万平方米以上的遗址可能都有城壕的存在，以防御外来敌人。由此可以判断龙山时代战争成为经常发生的事情，通过战争人们互相兼并形成更大的社会团体、社会政体。这是国家社会发展的一个必然趋势。所以我们说中国文化是多元的。费孝通先生提出了多元一体的看法，文明是多地起源的，但是它又汇为一体。这个多元一体的过程就是通过国家之间的兼并战争来完成的。国家不断的互相兼并，由数量众多变得越来越少，由小规模的国家变成大规模的国家，最后发展到夏商周时期的王国，到秦始皇统一六国形成帝国。所以由古国到王国到帝国就是多元一体形成的道路。

还有一点，根据近年来新的发现，龙山时代的城不光用来防御外敌，有的可能也是对内防御的需要。因为若干处龙山时代的城出现了大、小城之分，如两城镇、尧王城、藤花落等，尽管其最大的可能性是随着人口的增殖，小城无法满足人们的居住需要而扩建大城，但同时也出现了两圈的城。这应该是最早的城郭之制。“城”与“郭”有了区别，也即所谓“筑城以卫君，造郭以居民”(《吴越春秋》)。城内的居民也已分成精英阶层和平民阶层，内城的建造是为了防止社会内部可能出现的叛乱。这当然是国家社会内部分化的结果，也就是社会内部的阶级矛盾相当激化才能出现的情况。所以龙山时代一定是进入了国家社会。我们可以设想一下，如果对一个城址进行了全方位的大面积的揭露，肯定会发现更多的实证，比如找出宫殿建筑在哪里，各种手工业作坊在哪里，平民居住区在哪里……当然这样的设想只是一种理想状态，因为实际上对一个遗址，尤其是大遗址进行全面揭露是不可能完成的，任何考古发掘都是解剖式的。不过我们的工作毕竟在逐渐地增加，对于这样一个城或者一个聚落的了解，尤其是对它的功能区域的了解逐渐走向深化。比如上文提到了处于中心位置的城对于那些低一级的聚落具有掌控能力，怎么去证明呢？当然还要回到实物上找证据。上面提到的纳贡，就是一个很好的线索。这需要对出土遗物进行科技考古分析，像玉石器分析、陶器成分分析等。

当然，考古研究现在不再单单地研究器物，而要透过器物，透过这些文物来看见人，来看见器物背后的人类社会。这就使得考古学越来越复杂。各种科技手段的融入使得考古学解决问题的能力越来越强，提出问题的能力当然也越来越强。考古学变得更加综合的同时，还需要结合丰富的历史文献。我国早期文献里有很多对夏商周乃至五帝时期的记载，像这些结合也是有必要的。通过这些不同方法的融合，我们对一个区域，对一个遗址或者聚落的了解会逐渐地深入。我们探讨文明起源，探讨国家产生之路才更有依据。

王震中

全国政协委员，中国社会科学院学部委员、历史研究所原副所长，中国社会科学院大学特聘首席教授、博士生导师，教育部人文社会科学重点研究基地山东师范大学齐鲁文化研究院学术委员，中国殷商文化研究会会长。主要从事先秦史、中国古代文明史、考古学等方面的研究。代表著作有《中国文明起源的比较研究》（中国社会科学出版社）、《中国古代国家的起源与王权的形成》（中国社会科学出版社）、《商族起源与先商社会变迁》（《商代史》第3卷，中国社会科学出版社）等。在《中国社会科学》《历史研究》《中国史研究》《文物》等高水平刊物上发表过大量论文。多项学术成果获得国家、北京市、中国社科院等各级优秀成果奖、图书奖。

夏商时期的夷夏融合与王朝国家的形成

王震中

一、“夷夏东西说”的提出与影响

我们今天这一讲的题目是“夏商时期的夷夏融合与王朝国家的形成”。讲到夷夏融合的时候，我们就想到了30年代时期中国著名的史学家傅斯年先生提出的“夷夏东西说”。这是当时在历史学界、考古学界都非常有影响的一个学说。傅斯年先生当时是“中央研究院”历史语言研究所所长。他的“夷夏东西说”认为，自东汉以来的中国史及其政治的展开，在地理上常常分为南北；然而在这之前，在夏商周三代及三代以前，政治的演进，由部落到帝国，是以黄河、济水、淮河流域为历史舞台的。在这片大地中，地理形势主要是东西之分，分为东部的诸夷（以山东半岛海岱地区为核心）与西部的诸夏（以中原地区为核心）两大系统的对峙。这就是傅斯年所说的“夷夏东西说”。

“夷夏东西说”提出来以后，在史学界产生了巨大影响，而且它一度与20世纪30年代梁思永等考古学家提出的仰韶文化与龙山文化“东西二元对立说”相吻合。这个“东西二元对立说”主要是指30年代，我们国家发现的两大考古学文化。一大考古学文化就是分布在河南、陕西、甘肃这一带的仰韶文化；另外一大考古学文化就是分布在我们山东的龙山文化。

我们首先回顾一下仰韶文化的发现。仰韶文化是瑞典人安特生发现的。安特生是一个地质学家，在20世纪初的时候，被中国政府聘来从事一些地质的考察。在1921年4月份，安特生第二次来到河南渑池县仰韶村做调查，发现一些彩陶片以及和彩陶片一起出土的石器。他当时就觉得非常重要，立即回到北京，向我们国家的农商部部长和地质研究所的所长打了报告，希望到河南渑池县的仰韶村进行发掘，讲了发掘的理由。安特生在得到中国政府的批准以后，又和河南省政府渑池县政府联系，也得到了河南省政府和渑池县政府的支持。同年10月份，安特生带领着他们地质调查所的五位工作人员，一起来到河南的仰韶村进行正式发掘。安特生在发掘仰韶村时，还对渑池县其他地方做了一些调查，调查到了不招寨、杨河村、西王村等遗址。安特生把他调查的这些遗址和他在仰韶村发掘的这些遗迹遗物做了初步研究以后，就提出来“仰韶文化”这个名称。现在我们国家在考古学上，对考古学文化的命名，还是沿用的安特生这个方法，就是以第一次首次发现遗址的村子来命名。所以现在所谓的仰韶文化，就是以1921年安特生发掘的河南渑池仰韶村这个地名来命名的。后来发现，仰韶文化的分布不仅在整个河南，还分布在河北、内蒙古南部、陕西，以及甘肃。这就是仰韶文化的发现。相对于山东来讲，它分布在西边，主要是在中原地区。

仰韶文化发现之后，安特生也有一个错误的观点，即“中国文化西来说”。这就刺激了我国的考古学界非常想在我国东部找东部的文化。在1928年的时候，“中央研究院”历史语言研究所就派出他们的研究员吴金鼎先生到山东做考古调查并在山东的历城县龙山镇城子崖发现了一个重要遗址，这就是龙山文化遗址。然后他对这个遗址一连进行了三次调查。到1930年10月的时候，“中央研究院”和山东省政府就组成了山东古迹研究会，当时历史研究所的所长傅斯年先生（抗战时期傅斯年先生在延安还拜访过毛泽东主席，并在窑洞里面彻夜长谈），担任古迹研究会的委员长。当时考古学大家李济先生担任田野工作的主任，山东的学者王献唐先生担任秘书。在1930年11月至12月，在李济的主持下，对历城县龙山镇的城子崖遗址进行了一个月的发掘。这个就是非常有名的龙山文化的第一次发现和发掘。后来人们把山东、河南乃至江苏浙江一带的凡是灰陶、黑陶的遗址都称为“龙山文化”。这是对龙山文化一个泛称。这样的话，西部就分布有仰韶文化，山东等东部分布有龙山文化。那么，对仰韶文化、龙山文化二者之间的关系怎么来认识呢？1931年，英国留学回来著名的考古学家梁思永（梁启超有两个儿子，一个是梁思永，一个是梁思成）在河南安阳高楼庄的后冈这个地方发现，仰韶文化压在最下面，上面就是龙山文化，再上面就是殷墟的商文化。这既是所谓的“三叠层”，三种考古学文化的三层叠压。按说三层叠压，从考古学上来讲，压在下面的年代最早，压在中间的其次，上面的最晚，其所呈现的应该是先后早晚关系。但是当时由于受傅斯年“夷夏东西说”的影响，梁思永先生对仰韶文化与龙山文化的叠压关系做出这样一个解释：他说这是仰韶文化从黄河上游向下游发展，来到了河南的渑池仰韶村，又进一步向东发展，来到了安阳后冈。这个时候，黄河下游的龙山文化由东向西发展，也来到了安阳后冈。所以就压在原来早到的仰韶文化的遗迹上面。后来龙山文化又继续向西的时候，占领了渑池县仰韶村。因为在仰韶村的仰韶文化上面也有龙山文化。梁思永认为仰韶文化自西向东发展，龙山文化自东向西发展，二者在河南相遇，形成这两种文化东西二元对立论。梁思永先生在考古学界是非常有学问、有地位的一个考古学家，所以他对仰韶文化和龙山文化东西二元对立论做这样的阐发，在三四十年代被学术界广泛接受，一度成为不移之论。

东西二元对立论虽然是梁思永根据河南发现的仰韶文化和山东发现的龙山文化，从史前的考古学归纳出来的，但是他也受到了傅斯年的“夷夏东西说”的影响。为什么说他受傅斯年的影响呢？

傅斯年的《夷夏东西说》这一篇长文虽然写作在1931年的春天，但是这种看法的形成却是很早的。就在城子崖考古发掘报告的《序》里，傅斯年说：“我十多年来一直梦想东方必有不同于西方的古文化系统。”因为西面有仰韶文化了，他一直梦想在东方找一个不同于仰韶文化的文化系统。所以“中央研究院”之所以要去山东做考古调查，就是出于山东有不同于山西、陕西及河南西部地区的另一种文化的假设。

由于城子崖的发现，傅斯年认为不仅能验证这个假设，而且他发现这与殷商文化是有关系的。所以傅斯年对城子崖发现龙山文化给予很高的评价，他说是史前时代考古的基石。傅斯年写这篇《夷夏东西说》的时候是1931年春天，真正发表出来是1933年，但是他这种思想的形成，却有十年的经历。这十年过程，也就是1921年安特生在河南渑池发现仰韶文化之后的十年。

今天我们把山东的龙山文化称为山东龙山文化或海岱龙山文化，可是在新中国成立前的30年代、40年代，学者们把山东、河南、陕西、浙江等地区的凡是带有灰陶、黑陶新石器时代的遗址都称为龙山文化，这是一种泛龙山文化的称呼。对这种称呼的改变是从50年代开始的。20世纪50年代，随着我们国家考古资料的增加，我们对考古的不断发掘，以及对龙山文化认识的深化，使得学者们把杭州湾这个地方的龙山文化单独命名为良渚文化。这个命名是1959年夏鼐先生首先提出的。也就是说，现在称之为良渚文化的文化，原来也称作龙山文化，是夏鼐先生把它改名为良渚文化。与之同时，20世纪50年代考古学界还把原来泛称的这些龙山文化，分别冠上省的名称来称呼它，以此做相互的区别。因此就出现了山东龙山文化这个名称。山东龙山文化在学术界有时候也称为典型龙山文化，有时又称为海岱龙山文化，也是用地理来作标志。同样的道理，把这个时期河南的文化称为河南龙山文化，把这个时期陕西的龙山文化称为陕西龙山文化。这样，原来统统被称为龙山文化的，分别冠以省名而加以区别。

经考古调查、发掘和研究，我们现在对于山东、中原、浙江、长江三角洲等全国各地的考古学文化的谱系是非常清楚的。仅就山东地区而言，从考古学来讲，最早的新石器时代文化是很有名的后李文化，后李文化的时代范围大约在公元前6300—公元前5400年，也就是说它距今有8300—7400年。接着后李文化而来的是北辛文化，其年代为距今7400—6200年，也就是公元前5400—公元前4200年这个范围存在的考古学文化。再后来就是很有名的大汶口文化，大致上是公元前3300—公元前2600年。紧接大汶口文化而来的就是山东龙山文化，山东龙山文化的年代范围是公元前2600—公元前2000年，也即距今4600—4000年。4000年前就基本与夏代初年的时间相衔接了。

在中原地区，相对于山东的后李文化和北辛文化，是裴李岗文化。裴李岗文化年代约为公元前6200—公元前5500年。接着裴李岗发展而来的是仰韶文化，年代是公元前5500—公元前3000年。之后就是中原龙山文化，或者称为河南龙山文化。中原龙山文化包含了河南龙山文化，但是也包含了山西南部的陶寺龙山文化，以及陕西的东部地区的客省庄二期文化、河北南部的龙山时代的文化等。我把它们统称为中原龙山文化，这是我在20年前提出的这个概念。它的年代是距今5000—4000年，也就是公元前3000—公元前2000年。这是把中原地区“庙底沟二期文化”包括在内的“广义的龙山时代”的考古学文化。

在长江下游地区的上海、江浙地区，大致上与山东北辛文化相当的是马家浜文化，与山东大汶口文化相当的叫作松泽文化，与山东龙山文化相当的就是后期的良渚文化。

把上面所说的山东地区的、中原地区的考古学文化谱系对比罗列之后，可说明两个问题。一是比较1921年，乃至1931年而言，考古学者们在河南和山东考古发现和发掘的成就是非常大的。在20年代和30年代的时候，只发现两个文化，山东西部的中原是仰韶文化，东部是龙山文化。但是现在，光在东部就有后李文化、北辛文化、大汶口文化、山东龙山文化；中原地区有裴李岗文化、仰韶文化、中原龙山文化。二是这两个地区的文化谱系是非常清楚的。这说明了什么问题呢，就是当地的文化都是由当地早期的文化发展到当地的中期文化，再发展到当地晚期的文化。虽然说东、西部在每个时期都是相互影响而发展的，但并不是文化由东部传到西部，原来西部就没有文化；反之亦然，也不是由西部传到东部，原来东部就没有文化。所以，从这个谱系一方面可以看出它们在纵向上有发展演变的关系，即当地的文化它们有前后发展演变的关系；在横向上相互之间有交流的关系。比如海岱地区的后李文化和北辛文化，也就是距今8000—6000年的后李文化和北辛文化，就与同时期的中原地区的裴李岗文化就有着文化的交流。同样，距今7000—5000年的前期大汶口文化，就与中原的仰韶文化有着交流；距今5000—4600年的后期大汶口文化就与中原地区的早期龙山时代的文化（即庙底沟二期文化时期的文化）有交流。

那么，我们现在的认识和梁思永那个时候的认识差别在哪儿呢？中原的仰韶文化存在的时候，实际上在山东地区也是存在文化的。它那个时候存在的不是山东龙山文化，而是山东的大汶口文化。大汶口文化就已经向西发展了。在山东的海岱龙山文化，和中原的龙山文化也是有相互的交流。这样的关系也透露出考古学上同一时期的文化，就山东和中原来说，是有很多交流的，而且文化有不同的分布。

海岱地区的考古学文化从后李文化经过北辛文化，再经过大汶口文化再到山东龙山文化，这样的一个谱系，就应该是夷人文化区的谱系。同理，中原地区从裴李岗文化发展到仰韶文化，再发展到中原龙山文化，这样一个谱系它们的背后就应该是华夏文化区的谱系。如果是这样的话，就海岱地区与中原地区的关系而言，既有夷夏东西分布的格局，即当年傅斯年所说的夷夏东西分布的格局（夷分布在东，夏分布在其西的中原）；也有夷夏互动、互化、融合的情况。为此，我提出了“夷夏互化融合”说。所以，我想要讲的是夏商时期夷夏融合与王朝国家形成这个主题。我想在傅斯年的“夷夏东西说”的基础上再向前走一步。傅斯年的“夷夏东西说”讲的是东部地区即海岱地区的诸夷系统和中原地区诸夏系统东西对峙、东西分布。我要讲的是在东西分布的格局下，还要看到它们有东西文化交流、东西民族融合的事实。所以，我提出“夷夏互化融合说”。通俗地讲，就是有些部族由夷转化为华夏，也有华夏变化为夷，最后又都融合成华夏民族；而且我还想结合夷夏融合来谈夏商国家形态结构的问题，把傅斯年“夷夏东西说”向前推进一步。

一、关于“夷”“夏”的概念

首先，要解释一下“夷”和“夏”的概念。这是历史学的概念，也是民族史上的概念。一般而言，我们所说的“夏”，既可以指夏王朝的夏，也可以指华夏民族。然而，夷夏放在一块的时候，夷夏之“夏”就是关于民族共同体的概念，指的是华夏民族。夷夏之“夷”也是族的概念，主要是指东夷。这样就涉及华夏民族的称谓、东夷民族以及几千年前少数民族的称谓问题。

在春秋战国时期，人们把华夏民族称呼为“华”，或者称呼为“夏”，或者称呼为“华夏”，或者称呼为“诸夏”，是非常流行的；而把其他民族，也即我们现在惯称的少数民族，当时是中原以外的民族，则称为“夷”“蛮”“戎”“狄”。比如《左传》这本书，是传《春秋》的。《春秋》很简练，然后《左传》就很详细了。因为《春秋》是一部鲁国史，所以它成书于春秋时期的晚期，孔子还修订过《春秋》。《左传》自然就是战国初年成书的了，所以《左传》的书里面反映了春秋时代的好多历史，它记载的就是春秋时期的历史。《左传》鲁襄公十四年记载了一个姜姓的戎人驹支对范宣子说的一段话，驹支说：“我诸戎饮食衣服不与华同，贽币不通，语言不达。”驹支称中原的华夏民族为“华”，称自己为“戎”。这说明“华”“华夏”等称呼，既是华夏民族的自称，也是他称；同样道理，“戎”“诸戎”等称谓，既是戎人的自称，也是他称。

《左传》中类似的例子有很多。比如《左传》鲁襄公二十六年，有一句话说是“楚失华夏”，由此可见当时把南方的楚看成是非华夏的，所以跟华夏是对应的一种关系。《左传》闵公元年记载，齐国的管仲对齐桓公说：“戎狄豺狼，不可厌也；诸夏亲昵，不可弃也。”他说戎狄很凶残，就像豺狼一样，是没法满足他们的。这个“厌”在这个地方是满足的意思，而诸夏就是华夏，应该相互亲近，不应该相互抛弃。这是把“戎狄”与“诸夏”相对应来称呼。这个“诸夏”也是我们华夏民族的自称，对戎狄而言则是他称。《公羊传》也是传《春秋》的。《公羊传》鲁成公十五年有“内诸夏而外夷狄”的说法，是说诸夏是我们自己内部的事情，夷狄是外人，所以我们要内外有别。《左传》鲁僖公二十一年讲了一个事情，说分布在现在山东西部的任、宿、须句、颛臾等风姓族群，他们“实司太皞与有济之祀，以服事诸夏……蛮夷猾（乱）夏，周祸也。”就是说他们负责祭祀太皞和济水（济水是相对黄河很有名的一条水），这些人、这些族群是服侍诸夏的；可是“蛮夷猾夏”，这是周祸。这个“猾”字当乱讲。蛮夷来扰乱诸夏，这会成为周之祸。这里的周民族说的就是华夏民族。这样的话，也是把诸夏、夏与蛮夷相对应来称呼。《左传》鲁定公十年载了一段孔子的话，“裔不谋夏，夷不乱华”。第一句的“裔”和第二句的这个“夷”，是对照的。我们现在说四裔就是分布在四方的少数民族，有时候也写成“四夷”，就是夷狄之“夷”。与之同时，夏和华也可互换通用，所以夏就是华，华就是夏，裔就是夷，夷就是裔。都是为了行文修辞对照。由此，在春秋战国时期，特别是春秋时期，以及春秋战国之际，人们都把华夏民族称为“华夏”“诸夏”“诸华”“华”“夏”。刚才举的那么多《左传》的例子都是这样使用的。

当时称呼其他民族时，有时用“戎”这个词，有时用“戎狄”这样的词，有时又用“夷狄”一词，有时还用“蛮夷”这样的词，有时则只用“夷”这个词。“夷”这个词，有时候是专指东部华夏之外的人群，有时候也是对所有华夏之外族群的一个泛称。后来出现了“东夷”“南蛮”“西戎”“北狄”这种叫法。这种叫法在时间上应该比《春秋》《左传》里面的“称呼”要晚，也就是说在《春秋》《左传》里还没有明确看出来，夷只分配到东部，当然那时已有“东夷”一词。但是蛮、戎、狄不一定非要固定在四方，整齐划一地称为“东夷”“南蛮”“西戎”“北狄”这样的称呼出现在战国中期以后。在战国中期以后一直到汉代，有本书叫作《礼记》。《礼记》里《王制》这一篇说中国、夷、蛮、戎、狄五方之民，中国是一方，夷、蛮、戎、狄合起来是四方；并说五方之民的性格饮食风俗等都是不相同的。比如说“东方曰夷，被发文身，有不食火者矣”。《王制》篇把东方的人明确地叫作“夷”，说他们披着散发，身上纹身；有的人是吃生的，不吃熟食的。又说“南方曰蛮，雕题交趾，有不火食者矣”。南方的人叫作“蛮”，额头雕刻一些花纹，两个脚脚尖向里（就是我们现在说的内八字），这些人也有一些是吃生的，不吃熟食。然后说“西方曰戎，被发衣皮”，也是披着头发，穿着兽皮衣服。然后说“北方曰狄，衣羽毛穴居”。说他们穿的是羽毛编织的衣服，然后居住在窑洞或者地下穴的穴居。最后说：“中国、夷、蛮、戎、狄，皆有安居，和味，宜服，利用，备器。”中国是中部，夷、蛮、戎、狄是四方。这五方之民，都有他们自己安定的居所，也都有适合他们胃口的那些饮食，也有适合他们自己穿戴的衣服以及适合他们使用的一些器物等等。

综上，《礼记·王制》篇明确说：东方曰夷，南方曰蛮，西方曰戎，北方曰狄。也就是说，从战国开始明确出现了“东夷”“南蛮”“西戎”“北狄”的称谓，把夷、蛮、戎、狄整齐划一地分配于四方，固定在四方。

可是在战国以前、春秋及其之前，还没有这么整齐划一地把“夷蛮戎狄”固定在东南西北四方。还有这些夷、戎等称呼也是不固定的，有时候“戎狄”在一块称呼，有时候“夷狄”在一块称呼，有时候“蛮夷”在一块称呼，有时候单独称“夷”。仅就“夷”而论，我们从战国再向前追溯，在春秋时期，既有泛称的“夷”，也有标有具体方位的“夷”。比如当时把东方海岱的称为“东夷”，把淮河流域的称为“淮夷”。所以，称“东夷”的例子应该说是很古老了，例如《春秋》里讲，陈国的辕涛涂对郑申侯说，部队要开拔打仗了，如果“师出于陈、郑之间”，军队要是通过陈国和郑国之间的时候，“国必甚病”。这就是说你们军队的一些辎重、给养等等，这些国家承受不了。但是师出东方的话，“观兵于东夷”，然后又巡着海，沿着海再回来，他说这就可以。他主要是因为自己是陈国人，他想让这些部队出去征伐作战的时候不要劳民伤财到他们的陈国和郑国，而要把这种负担转移到东方去。可见东夷是在当时陈国、郑国的东部地区。

《左传》鲁僖公十九年还记载：“夏，宋公使邾文公用鄫子于次睢之社，欲以属东夷。”说这年夏天，宋公让邾文公把鄫子作为牺牲，来祭祀次睢之社。社是土地神，他祭祀土地神的时候，杀人来祭祀。然后又说他们用鄫子祭社是想让东夷来归属他。文中所说的这个东夷，也是指海岱地区的一部分非华夏民族。此外，《左传》昭公四年也有这么一个记载：“商纣为黎之蒐，东夷叛之。”楚国的椒举说，当年商纣王在黎这个地方进行狩猎的时候，东夷反叛他了。《左传》昭公十一年记载，叔向曰：“桀克有缗以丧其国，纣克东夷而陨其身。”叔向说在夏朝末年的时候，夏桀由于去攻打有缗，灭了有缗了，结果自己的王朝却被商汤给攻破了；而商纣王去打东夷，最后自己也死了。诚然，商纣王不是死在打东夷的战争中，是被周武王给推翻了。周推翻商的时候，商纣王穿上玉衣，在露台那个地方自焚了。这因为当年他去打东夷的时候，消耗了大量的军队，消耗了大量的国力，最后等到周武王来征伐他的时候，他已经国力受伤了，所以商朝也就被灭亡了。

从这些例子中可以看到，《左传》明确地讲东部地区的非华夏的人被称为“东夷”。这样的例子还很多，在《左传》的文公五年、九年、襄公二十六年、襄公二十九年、哀公十九年等都提到“东夷”。所以“东夷”这个词用在东方，在《左传》中就比较频繁了。但同时它对别的地方也用“夷蛮”“蛮夷”，可见“夷”有泛称的意思。但是《左传》特别指东方的时候，就用“东夷”。

在西周的青铜器铭文里面也有“东夷”。就是说这个概念又可以从春秋上溯到西周。如果《左传》反映春秋时期概念的话，青铜器铭文反映出西周已有这个概念。

我们再从西周上溯到商代。商代的文字是甲骨文，在甲骨文里，夷和东夷被称为“人方”。甲骨文里有许多占卜王征伐人方的卜辞，写作“王征人方”。“王征人方”就是“王征夷方”，“夷”就是处于海岱地区的东夷。甲骨文是最早的成系统的文字，自甲骨文以来，人们就把东部地区的一些民族称为“夷”；从金文开始又明确地称为“东夷”；最后到《左传》里面，就频繁地称“东夷”了。

这样看来，“夷”或“东夷”作为一个民族的称谓渊源悠久。从甲骨文经过金文（金文就是青铜器铭文，因为青铜器铭文是金属上的，所以人们把刻在金属上的文字称为金文），再到《左传》，把定居于海岱地区的古老民族称为“夷”，这个称谓应该是非常清楚的。那与“夷”相对的就是“华夏”。这是把自夏王朝以来，居住在中原地区的民族称为“夏”“华”“诸夏”“华夏”。所以就民族的分布而言，在总体格局上，“夷夏东西说”应该是能成立的。傅斯年提出来的“夷夏东西说”，经过80多年，我们看它在民族的分布格局上是成立的。但是学问应该是向前发展的。夷夏有东西分布的一面，也有经过互动、互化、而融合的一面，夷夏的互动、互化、融合，我认为应该在夏代之前就开始了。

三、夏代之前的“夷夏”互动互化

我们先讲一讲夏代之前的夷夏互动的问题。研究夏代之前的夷夏互动、互化和融合，可以在傅斯年“夷夏东西说”的基础上，以位于海岱地区的东夷文明起源和发展过程为时间坐标，研究作为华夏民族前身的华夏部族集团所面对的夷夏融合问题，其中既有夷族人融化为华夏族的情形，也有华夏族人融化为夷族的情形，出现夷与夏交互作用和相互转化的局面，最终形成了华夏民族。也就是说，其影响和融合不是单向的，不只是由东部的海岱民族融入中原的民族，也不仅仅是海岱民族因受到中原民族的影响而进行整合；而是既有东部的海岱民族对中原的影响，也有中原对东部夷人的影响。华夏在融合东夷的时候，自己也会发生变化。这就是我所说的“互化”。

（一）虞舜由东夷变为华夏的民族融合

东夷融合为华夏，其最典型的例子就是舜。我们知道最有名的上古传说就是尧舜禹禅让。在尧年龄大了的时候，把他的位子禅让给舜，舜年龄大以后又禅让给禹。传说中的禅让，学术界认为他们结成一种联盟，禅让就是把盟主的位子让出来。舜担任过盟主，有很重要的地位。舜担任盟主的时候应该居住在中原，定都在现在的山西西南部的永济到平陆这一带。这样说有什么根据呢？我们下面看看这么几个史料。

西晋时期皇甫谧写的《帝王世纪》是这样说的：“舜所都，或言蒲阪，或言平阳，或言潘。”这是说舜的都城，有的说在蒲阪，有的说在平阳，也有的说在潘。蒲阪就是现在的山西永济市。

在《尚书·尧典》篇里，尧曾经把他的两个女儿嫁给了舜，让舜居于妫汭。汭是河流弯曲的地方，或者是两河汇入的地方。关于妫水所在地，《帝王世纪》说“妫水在河东虞乡县历山西”。这个河东之河是指黄河，当时黄河从北向南流的时候，它的西部就是陕西，东部就是山西，所以河之东就是指山西，在山西虞乡县的历山西。我们山东也有历山，那是因为舜原来的老家在海岱。但是舜后来他定都的时候，是定都在山西南部，因此也就融入华夏民族之中了。所以唐代的《括地志》说妫汭水源出蒲州河东南山。这个地方被称为蒲阪，即现在山西的永济市。

再如文献中有时候把舜也称为虞舜，虞舜是有虞氏的人，有虞氏所居住的都城称为虞城。虞城的叫法，现在的河南有虞城，在山西的平陆也有虞城。山西平陆的虞城，根据张守节《史记正义》引《括地志》称，虞城故城在陕州河东县东北五十里虞山之上，也叫作吴山，说是周武王封弟虞仲于周之北面的时候，封到夏虚之地，叫作吴城，就是这个城。这个地方就是现在山西的平陆县。

我举出这些历史地理的例子，是为了说帝舜在担任尧舜禹族邦联盟的时候，虞舜邦国的都城是在山西南部的永济到平陆这一带。因此《史记·五帝本纪》说“舜，冀州之人也”。冀现在是河北省的简称，可是《史记·五帝本纪》说的这个冀州，是既包括山西，也包括现在的河北。当时冀州的范围包括山西、河北。因此司马迁说舜是冀州之人。

但是舜原本是东夷人。说舜是东夷人的证据在哪儿呢？孟子这样说过。《孟子·离娄下》篇说：“舜生于诸冯，迁于负夏，卒于鸣条，东夷之人也。”他是东夷人，他出生在诸冯，后来迁走了，最后死在鸣条，鸣条可以说在山西。那么诸冯在哪儿呢？关于诸冯一般都没有做特别的说明，实际上它就在山东的诸城。清代的《诸城县志》说：该县“人物以舜为冠，古迹以诸冯为首”。这是说该县的历史名人以舜为首。今山东诸城在西汉时为诸县，春秋时是鲁国的一个邑。《春秋》庄公二十九年记有：“城诸及防。”说要在诸这个地方和防这个地方筑城，这个城是动词，意指筑城。《春秋》

文公十二年说："季孙行父帅师城诸及郓。"也就是在诸和郓这个地方筑城。西晋杜预注解《左传》时说："诸、防皆鲁邑。"它们都是鲁国的一个邑。中国社会科学院历史地理研究室的朱玲玲研究员写过一篇《舜为"东夷人"考》，认为："诸冯应即诸，从语言角度讲，诸冯的冯字是个轻读语尾音，如北京话的'儿'，付诸文字是可省去的，不省则作'诸冯'，省去尾音则作'诸'。"我觉得她这个考证是正确的。

清代初年有个叫作张石民的，他的文集叫《放鹤村文集》。在这部文集里他有一篇《诸冯辨》，内容就是考辨诸冯。他说诸城的得名，就以鲁季孙所修筑的"诸"得名。然后他说诸冯也就是现在的诸城这个地方，过去有很多舜祠，祭拜舜的祠堂。因此，诸冯在山东诸城。这样的结论与孟子所说的舜为"东夷之人"是吻合的。孟子说舜是东夷之人，首先他生在东夷，即生于东夷的诸冯。由舜的出生地可以推知，虞舜族的发祥地就应该在山东的诸城。

这样的话，舜这一族，包括舜本人，应该是由山东的诸城出发，向西迁徙。首先经过河南东部的虞城这个地方，最后来到了山西西南部的永济到平陆一带，并定都在这里。此后才进入到尧舜禹族邦联盟里面。当然，舜在由山东向西迁徙途中，他既经过虞城这个地方，也来到过豫东鲁西的陈地，所以《左传》昭公八年说："舜重之以明德，置德于遂，遂世守之。及胡公不淫，故周赐之姓。"《史记·陈杞世家》也说："陈胡公满者，虞帝舜之后也。"《史记·周本纪》云："武王追思先圣王，乃褒封……帝舜之后于陈。"《正义》引《括地志》云："陈州宛丘县在陈城中，即古陈国也。"这是说舜很注重明德，作为舜后裔的一支，这个遂族世世代代守着舜的德孝礼制文化传统，一直到了胡公满都是这样。他遵守礼制，所以周就给他赐了个姓。所以《史记·陈杞世家》说，胡公满，是虞帝之后，周武王把陈地分封给了他。经过陈地之后，虞舜就从鲁西豫东迁徙到了山西永济到平陆一带。

舜来到了中原地区以后，一度成为尧舜禹族邦联盟的盟主。这就是古史传说里广泛流传的尧舜禹禅让的故事。

舜以及跟他一起迁徙到中原的族人，就变成了华夏集团的成员。这样我们才能解释为什么《史记》说舜是冀州之人，而《孟子》说舜是东夷之人这个矛盾。《孟子》说舜是东夷之人也，是说舜原本是东夷人；《史记》里说舜是冀州之人，是指他后来定都到山西西南部。山西在古代为冀州所包括。舜由东夷之人变成了冀州之人，是一个很典型的夷人变化为华夏民族的实例，即夷人华夏化。所以，华夏民族把舜是作为华夏族的圣人的，当然也是儒家的圣人。孔孟之道，祖述尧舜，宪章文武，这是华夏民族的文化传统。

（二）皋陶和伯益与中原族邦联盟

我们再讲一个例子，即东方的皋陶和伯益。在尧舜禹族邦联盟中，有好多重要的盟友都是来自东方。除作为盟主之一的舜之外，至少还有皋陶和伯益诸部。皋陶和伯益原本是东夷人，他们成为中原族邦联盟的一员，也走向了夷人华夏化。孔子的弟子子夏说："舜有天下，选于众，举皋陶。"这是说舜在称雄天下的时候，也即舜作为族邦联盟盟主的时候，让大家推举他的接班人，大家都推举皋陶。《史记·夏本纪》说："帝禹立而举皋陶荐之，且授政焉，而皋陶卒。"是说大禹在担任族邦联盟的时候，也举荐过皋陶。他本来想把他的政务传授给皋陶，结果皋陶没来得及接受就死了。皋陶是偃姓，伯益是嬴姓，偃、嬴是同音通用，这是两个关系非常紧密的部族。嬴姓是东方的大姓。东方民族里很有名的少皞氏，就是嬴姓。所以皋陶和伯益有可能是从少皞部族发展出来的，或者是跟少皞部族有很大的渊源关系。

《帝王世纪》说："皋陶生于曲阜。"而《左传》定公四年又说曲阜本为"少皞之墟"。由此也可证皋陶部族是从少皞部族衍生出来的。少皞属于东夷族，无疑皋陶、伯夷也属于东夷族。皋陶的后裔有英、六、蓼和群舒（舒鲍、舒蓼、舒龚、舒庸、舒龙、舒鸠），分布于今安徽、六安一带。这是皋陶族向南迁徙发展的结果。

伯益为嬴秦之祖。《史记·秦本纪》："大费……佐舜，调驯鸟兽，鸟兽多驯服，是为柏翳。舜赐姓嬴。”《史记·郑世家》：“秦，嬴姓，伯翳之后也。”《国语·郑语》也说：“嬴，伯翳之后也。……伯翳能议百物，以佐舜者也。”伯翳即伯益。嬴姓的秦后来出现在我国西部地区，嬴姓的赵也出现在河北，这都是嬴姓部族由东向西迁徙发展所致。

（三）炎帝族向东迁徙至海岱地区的情形

刚开始说到，我提出的是“夷夏互化融合说”，既然是互化，既有夷变化为华夏的，也应该有华夏集团变为夷的。比如有一部分炎帝族的人由西向东迁徙，最后就来到了海岱地区，就属于华夏变为夷人。《左传》昭公二十年说：在山东齐国的国都，“昔爽鸠氏始居此地，季萴因（因袭）之，有逢伯陵因之，蒲姑氏因之，而后太公因之。”就是说山东齐国的国都这个地方，一开始时候是爽鸠氏来居住过，爽鸠氏是少皞部族里面的一员，属于东夷。后来季萴部族就居住在这儿了，再后来逢伯陵居住在这儿。这个逢伯陵属于炎帝族。《国语·周语下》说：“则我皇妣大姜之侄，伯陵之后，逢公之所凭神也。”这是说该地的神原来是他的女性远祖太姜的侄子，也是逢伯陵的后人。逢伯陵是姜姓，与炎帝同姓，当然属于炎帝族。《山海经·海内经》也有“炎帝之孙伯陵”的说法，与《国语》说正合。原本姜姓是在西部，在陕西宝鸡；在山西高平也有姜姓族。这些都是炎帝族重要的活动区域。这说明姜姓有一支向东迁徙，来到山东齐国的国都这个地方。这个地方在成为齐的国都之前，嬴姓的爽鸠氏居住过；后来季萴氏又居住在这里；之后炎帝族的逢伯陵又来到这里，居住在这里；再后来是东夷的蒲姑氏居住在这里；最后才是姜太公居住在这里。我们知道姜姓炎帝族和姬姓黄帝族是华夏族的前身，所以炎帝族的逢伯陵迁徙到齐地临淄，后来融合到东夷之中，就属于华夏变化为东夷的一个实例。

再比如，在山东省寿光市发现有纪国的青铜器。在山东省莒县古代有向国。这些纪国、向国都是姜姓，也都是炎帝后裔。他们出现在山东应该还在西周之前，不属于周武王、周公、周成王分封的诸侯国。他们来到海岱地区，也是华夏民族很早就向东夷地区迁徙造成的。

（四）考古学上东西文化相互影响的情形

关于考古学上东西文化相互影响的情况，今天不能用过多时间来详细讲，只能做一个概述。在考古学资料方面，既可以看到庙底沟类型的仰韶文化彩陶纹样对大汶口文化的影响，也可以看到大汶口文化的墓地和墓葬在中原出现的情形。比如河南平顶山这些地方，发现了完整的大汶口墓葬，一些人死后埋在这个地方。这意味着首先是这些人来到这个地方，生活在这个地方，死后才形成一个墓地。大汶口文化的墓葬在中原出现，属于一部分东夷人来到中原地区的缘故。还有，山东龙山文化中的黑陶对中原的龙山文化有广泛的影响。我们说山东龙山文化中特别发达的黑陶，这在当时整个中国的制陶业中都是最高级的。在中原地区以及在其他地区发现有黑陶，就是由山东传到中原地区的。这是一种高超的制陶技术，所以文献里面说"有虞氏尚陶"，说的就是有虞氏这个部族特别善于制作陶器，是制陶高手。山东龙山文化里面的黑陶既然是当时制陶所能达到的最高水平，而这样的黑陶出现在中原地区，就应该是由帝舜有虞氏从东夷地区带来的。帝舜由山东到了中原，最后定都在山西南部。随着这批人从东向西的迁徙，高超的黑陶制陶技术也被带到了中原。所以有虞氏尚陶跟在中原地区出现的精美黑陶可以联系在一起。

这样看来，黄河的中下游地区，包括夷文化和中原文化在内的黄河文明的起源，应该是各族文化交互作用的结果，也是夷夏互化融合的结晶，由夷变为夏，也有由夏变为夷，然后再进一步融合，才成为华夏。

（五）五帝时代族邦联盟里族邦与联盟之关系

文化的交融与政治生态是有关系的。尧舜禹族邦联盟中，有较多的东方盟国，有的后来还完全融入华夏民族之中。

尧舜禹族邦联盟与南方则多为对立的关系。例如，《吕氏春秋·召类篇》说："尧战于丹水之浦，以服南蛮。"《墨子·非攻下篇》说："昔者三苗大乱，天命殛之：日妖宵出，雨血三朝……民乃大振（震）。高阳乃命玄宫，禹亲把天之瑞令以征有苗。”在古史传说里面，族邦联盟跟东方的东夷是交融、融合的关系，而跟南边的南蛮则是对立的关系，所以《墨子》说三苗大乱，禹亲自拿着上天给他瑞令去征有苗。为此，我就觉得傅斯年的“夷夏东西说”尚有可待推进的余地。夷夏也不能说就是东西完全对峙的关系，也有融合的关系。

这里我们通过部族联盟这种生态，来说明夷夏融合。但是这个时候的融合因为是部族联盟阶段，不是王朝阶段，所以这种融合是有限度的。这种融合还没有形成完整意义上的华夏民族，所以我把此时的华夏族称之为华夏部族，或者是称之为华夏民族的前身。这样的融合进一步发展，最后就导致了夏王朝的出现。

四、夏王朝多元一体的复合制国家结构与夷夏融合

（一）夏王朝的复合制国家结构

夏朝时的夷夏融合与它的多元一体的复合制王朝国家结构密不可分。夏朝国家里面包含的诸侯邦国（即族邦）是多个方面的，在国家结构的形态上是多元一体的复合制。在族类上，因为包含了多个部族集团，所以形成一个华夏民族。在夷夏关系上，应该是有一部分夷人融入了华夏。当然在夏朝，在东方也分布着一些还没有融入华夏的夷。所以，在夏朝东方的领土里，有一部分已经融入华夏，有一部分没有融入华夏。怎么来看这个问题呢？我们先说夏商时期的国家结构的问题。

关于夏、商、西周国家结构的观点，传统观点主要有两种：最早的一种观点认为，夏、商、西周为统一的中央集权国家；到20世纪80年代以来，也有学者提出另一种观点，认为夏、商、西周属于邦国联盟。这二种观点都有局限性。

第一种观点主张夏、商、西周是跟秦汉以后差不多的统一的中央集权国家，说夏、商、西周时期的诸侯国就相当于秦汉以后的郡县。这是说不通的。夏商周时的诸侯国是世袭的，而秦汉以来的郡守县令是由中

央任免的，夏商周时的诸侯国不能等同于秦汉时的各级地方行政。比如鲁国，周武王把鲁公的儿子伯禽分到鲁地，成为鲁国国君。鲁国世世代代都是在伯禽这一系里世袭的。齐国也一样，封吕尚（即太公望）到齐地以后，齐国历代国君都是世袭的。但是秦汉以后郡守、县令等行政官吏则是中央任免的，是拿俸禄的。用现在的话说就是拿薪水，拿工资的。而且中央可以任命，也可以撤换。可是原来的诸侯国是不能随便撤换的。所以主张夏、商、西周是统一的中央集权国家论者，把夏商周的诸侯国和后来的郡县制看作是一样的，等同于帝制时代的地方行政机构，这是不对的。

第二种观点是20世纪80年代以来提出来的，一些学者认为夏、商、西周属于邦国联盟，是个联合体。这类观点也不符合当时的历史实际。主张夏、商、西周王朝是“邦国联盟”或者“方国联盟”的论者，忽视了夏王、商王、周王所具有的广域王权对诸侯邦国的支配。所谓“邦国联盟”，并非一个国家，是联合体；作为联盟的各方本应原则上是平等的。但是，夏、商、西周时期的王权对各自的诸侯国是有支配权的。与之同时，“邦国联盟”或者“方国联盟”的论者，还忽视了这些诸侯邦国在政治上不具有独立主权；在经济上要向朝廷纳贡，尤其是战略资源是要输送到中央王国的；在军事上，诸侯邦国的军队要随王出征，或者接受王的命令出征。周王要攻打南部，东部的一些诸侯国就要带领自己的军队跟着周王一块去打。周王要攻打西北部，比如攻打西北部的西戎等，叫哪个诸侯国的军队跟着去打仗，接到命令者就得去；在国土结构上，“邦国联盟”论者解释不了《诗经·小雅·北山》所谓“溥天之下，莫非王土；率土之滨，莫非王臣”这样的国土结构。

面对上述两种观点的局限性，我提出了“夏、商、西周三代王朝是多元一体的复合制国家结构”说。如果用多元一体的复合制国家结构来解释这一切，问题即可迎刃而解。

那么什么是复合制国家结构呢？所谓复合制国家结构，是指在夏、商、西周三代王朝内包含有王国和受王所支配的诸侯邦国两大部分。就夏代而言，在其复合制结构中，有作为王族的夏后氏；也与夏后氏同姓的有扈氏、有男氏、斟寻氏、彤城氏、褒氏、费氏、杞氏、缯氏、辛氏、冥氏、斟戈氏等同姓族邦；还有与夏后氏不同姓的韦、顾、昆吾、薛国、商侯等异姓族邦。

在夏王朝中，这些异姓的诸侯邦国在朝廷中担任官职，成为夏王与诸侯邦国之间的纽带。例如，今本《竹书纪年》说商族祖先“商侯冥”担任过夏朝管理或治理水的职官，《国语·周语上》说“冥勤其官而水死”，指他因治水而殉职。再如，《左传》定公元年说：“薛之皇祖奚仲，居薛，以为夏车正。”薛国因造车技术高超而使得其国君奚仲担任夏朝造车的官职。

（二）夏代融入华夏的夷与尚未融入的夷

这样来看，在夏王朝里在朝为官的这些诸侯，有的原本属于夷人。随着夏王朝的建立，他们已经相当程度地融入华夏民族中了。在夏朝里面还有许多尚未融入华夏民族的族邦。

1. 夏代融入华夏的夷

如何判断哪些属于开始融入华夏，哪些属于尚未融入华夏？我认为凡是进入了复合制王朝国家结构的，就属于开始融入华夏民族，反之就是还没有开始融入华夏民族。因为在民族与国家的关系上，王朝国家是民族的框架。

《左传》说：后羿“因夏民以代夏政”。“后羿”也被称为“夷羿”，是东夷族成员。他能取代夏王，一度成为夏朝的国君，而且夏人还拥护他。所谓“因夏民以代夏政”，就是说他取代夏王太康是符合夏民的心思的。这属于由夷族融化为华夏族的典型例子。

位于山东藤县的薛国，其君主担任为夏王造车的职官。《左传》定公元年说：“薛之皇祖奚仲，居薛，以为夏车正。”《世本》与《荀子·解蔽》篇、《吕氏春秋·君守》篇、《淮南子·修务》篇都说“奚仲作车”。在二里头遗址已发现车轮轨迹的遗迹，可见夏代已有车。这说明奚仲制造车的传说是可信的。薛国之君这位专门给夏王造车的车正，成为王朝的在朝之官，这也属于东夷族融入华夏族的例子。

2. 尚未融入华夏的夷

在夏朝也有许多还没有融入华夏族的东夷人。夏代在海岱地区有“九夷”：畎夷、于夷、方夷、黄夷、白夷、赤夷、玄夷、风夷、阳夷等。这些诸夷在复合制国家结构之外，属于“体制”外的所谓蛮夷之邦。当他们与夏王朝保持友好往来的关系时，也不得不时常觐见夏王，史称“来宾”。如《古本竹书纪年》说：帝相七年，“于夷来宾”；“少康即位，方夷来宾”；“后芬即位，三年，九夷来御，曰畎夷、于夷、方夷、黄夷、白夷、赤夷、玄夷、风夷、阳夷”。

当这些东夷与夏王朝关系不好时，史书就有对他们征伐的记载。例如，《太平御览》引《竹书纪年》说夏王“帝相即位，处商丘。元年，征淮夷。二年，征风夷及黄夷”。可见这些尚未纳入王朝国家体系的夷人在政治上处于“时服时叛”状态，在民族关系上也尚未融入华夏民族。

五、商王朝的夷夏融合与多元一体的复合制结构

由夏朝进入商朝，在多元一体的复合制国家结构进一步完善的同时，东夷融入华夏在广度和深度上都有所发展。

（一）商王朝国家的复合制结构

商朝的国家结构，在《尚书·酒诰》篇中是用“内服”的百官系统与“外服”的诸侯系统来表示的。对此，也可以称为“内外服制”。

《尚书·酒诰》说：“在昔殷先哲工……自成汤咸至于帝乙……越在外服：侯、甸、男、卫、邦伯；越在内服：百僚、庶尹、惟亚、惟服、宗工、越百姓里居（君）。”这里的“内服”就是王国（王邦）之地，内服里的百僚、庶尹、惟亚、惟服、宗工等都是官名，所以内服是王的百官居住的地方。内服是王直接控制之地，亦即后世所谓王畿之地。这里的“外服”就是

受王支配调遣的诸侯邦国之地，由侯、甸、男、卫、邦伯等诸侯组成。而整个商王朝就是由“内服”和“外服”这两大部分组成的。

《尚书·酒诰》的记载恰可以与《大盂鼎》“惟殷边侯田粤殷正百辟”铭文对应起来。所谓“殷边侯甸”，就是《酒诰》所说的“侯、甸、男、卫、邦伯”等外服诸侯；所谓“殷正百辟”，就是《酒诰》所说的“百僚、庶尹”等内服百官。这样，我们用地下出土的文字资料（青铜器铭文）和地上传世的文献资料（《尚书》）这种“二重证据法”，完全可以证明《酒诰》的说法是有根据的，也是可信的。

实际上，西周实行的也是“内外服制”。例如西周青铜器《夨令方彝》铭文也说：“舍三事令，眔卿事寮，眔诸尹，眔里君，眔百工，眔诸侯：侯、甸、男，舍四方令。”《夨令方彝》所说的“卿事寮、里君、百工”，与《酒诰》说的“百僚、庶尹、惟亚、惟服、宗工、百姓里君”一样，都是在朝为官者，属于内服的朝官系统。《夨令方彝》所说的“侯、甸、男”，都与《酒诰》“侯、甸、男、卫、邦伯”外服诸侯体系是一致的。所以，在国家形态结构上，周承商制。

周代文献和金文中的内外服制还可与甲骨文中“商”与“四土四方”并贞的卜辞相对应。

例如，甲骨文卜辞记载：

> 己巳王卜，贞，[今]岁商受[年]？王占曰：吉。
> 东土受年？
> 南土受年？吉。
> 西土受年？吉。
> 北土受年？吉。（《甲骨文合集》36975）

这里的“商”，指的是包括商都在内的商的王邦，即后世所谓王畿地区，亦即《酒诰》所说的内服之地。与“商”相对应的“四土”则是商的侯伯等诸侯邦国，是外服之地。

所以用“内服”“外服”来表现商的结构，应该说是非常恰当的。“内服”就是王邦之地，“外服”就是诸侯邦国系统，二者共同构成商王朝。王邦之地，无论商王、夏王还是周王，他们都是天下共主。王邦就是王朝内的国上之国；而这些诸侯邦国则是王朝内的国中之国。国上之国和国中之国共同构成了多元一体的复合制结构。

为什么用“复合制”这个词呢？在数学里有一个复合函数，复合函数的特征是函数里面套函数。王朝是一个大的国家，王朝里有诸侯国，有王国，王国和诸侯国共同构成一个王朝国家，就像复函数里面套函数的合函数那样。如果对上面我们所讲的商王朝国家的结构加以概括，可作如下表述：商王朝由“内服”的王邦和“外服”的诸侯邦国组成。商王“天下共主”的地位，决定了王邦是王朝内的“国上之国”。诸侯邦国是王朝内的“国中之国”，二者共同构成了多元一体的复合制结构。商代的王权也是指这种复合制王朝国家的王权，是一种广域王权，它既统治着王邦（王国），也支配着从属于商王的侯伯等邦国。

（二）连接内外服结构的纽带——在朝为官的“外服”贵族

商王朝的“内服”，主要是王族和执掌各种职官的贵族人臣。但是，担任“内服”官职的大臣却有相当多是来自“外服”的贵族。这样，“外服”之人在朝为官，就成为连接“内服”和“外服”的纽带。举例说明：

1. 小臣醜

甲骨卜辞中有“小臣醜”（《甲骨文合集》36419）。这位在朝廷为官者，就是来自山东青州苏埠屯一带侯伯之国的人。

山东青州苏埠屯发现的一号大墓是一座商代墓葬。它有四条墓道、墓室面积达56平方米、殉犬6条、殉人多达48人，是一座规模极大的高级贵族墓葬（图1—图4）。

苏埠屯遗址虽然尚未发现城址，但是这种带有四条墓道的大墓的规格与殷墟王陵是一样的。所以，苏埠屯大墓墓主人应该是一位诸侯。该遗址出土铸有“亚醜”族徽铭文的大铜钺，在五六十件传世铜器中也都有“亚

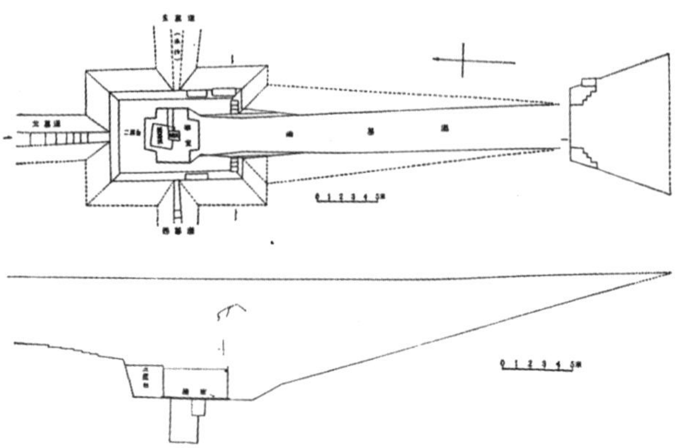

图1　山东青州苏埠屯一号大墓

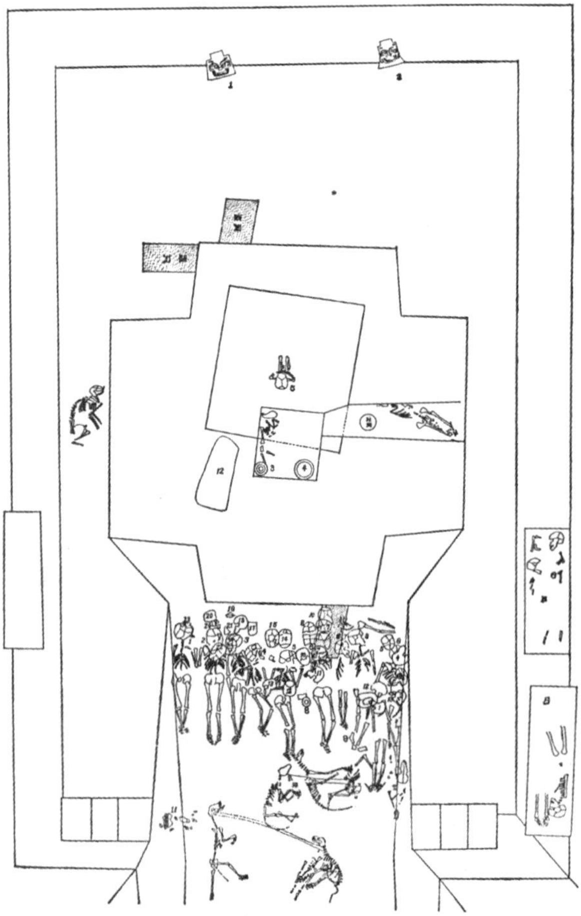

图2　山东青州苏埠屯一号大墓殉葬情形

图3　苏埠屯1号大墓出土铜钺

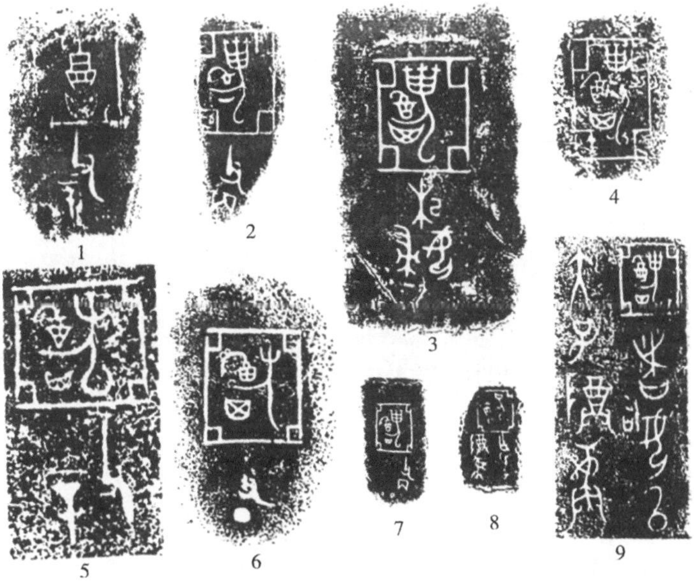

1. 亚醜父辛鼎铭《三代》二·二八
2. 亚醜父丙爵盖铭《三代》十八·二十
3. 亚醜杞妇卣盖铭《三代》十二·六十
4. 亚醜方鼎铭《三代》二·九
5. 亚醜父辛簋铭《三代》六·十七
6. 亚醜父丁方盉铭《三代》十四·四
7. 亚醜父丙方鼎铭《拾遗》图二
8. 亚醜季尊铭《三代》十一·二十
9. 亚醜者女方觥《三代》十七·二六

图4　亚醜族徽铭文

醜”族徽铭文。所以这是一个以“亚醜”为族徽的诸侯国。

甲骨文中的这位担任商王朝“小臣”官职的“小臣醜”，来自山东青州苏埠屯一带的亚醜诸侯国。对于“外服”诸侯邦国系统的贵族到“内服”任职的例子，我在2010年出版的《商代都邑》一书中多有举例，这里不再赘述。

2. 文献中的“殷之三公”

在文献中我们也可以看到，商王通过让“外服”的侯伯之君担任朝中要职而使之成为朝臣。例如《史记·殷本纪》记载，商纣以西伯昌（周文王）、九侯（一作鬼侯）、鄂侯为三公，就是明例。

这些诸侯国是国中之国，它们围绕着中央的王邦——王邦是国上之国，二者共同组成王朝国家。夏、商、西周都是这样。在这种结构中，有一个很好地连接中央“内服”与周边诸侯邦国“外服”的纽带，这就是“外服”的贵族到“内服”担任各种官职。

侯伯等外服诸侯邦君本来就是复合制王朝国家的组成部分。他们在王朝任职，既是对王朝国家事务的参与，亦是天下共主的王权通过朝廷行政管理的职官系统向侯伯等诸侯国的延伸，并且还有利于民族融合的加深。而作为外服的诸侯邦君分处各地，他们发挥着蕃屏王邦、守土守疆的责任，同样有利于民族融合的加深。他们一方面和商王及王国是一体的，这就是“溥天之下，莫非王土；率土之滨，莫非王臣”。另一方面，他们有半独立性，行使他们自己作为国君的君权。

（三）商王朝的夷夏融合

最后再讲一下商朝夷夏融合的情况。说到融合，可以从深度和广度两个方面来考察。

1. 夷夏融合的广度和深度

关于商代夷夏融合的广度，可以通过早商、中商、晚商三个时期商文化分布图予以说明。因为这三个时期商文化逐渐向东扩张，应该与商对夷的融合是成正比的。

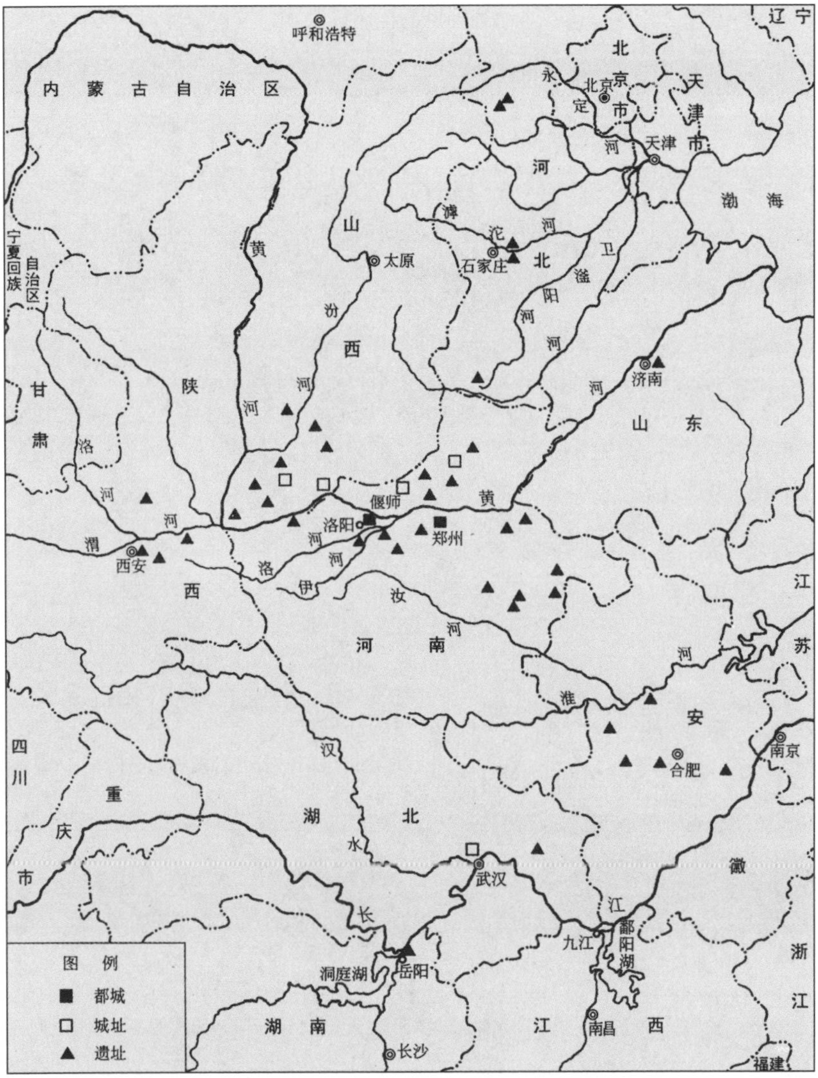

图5　早商文化分布示意图(《中国考古学　夏商卷》)

在图5中，商代早期，除了济南的大辛庄遗址外，商文化向东的分布主要是豫东地区。所以，商文化整合东夷的深度和广度是有限的。

在图6中，到了商代中期，商文化向东有很大的扩展，已到泰沂山脉一线。济南的大辛庄遗址是泰沂山脉以北地区商文化的典型代表，济宁的潘庙遗址是鲁西南地区商文化的典型代表。相比于早商，中商时期商对东夷的融合应该是在加深和扩大。

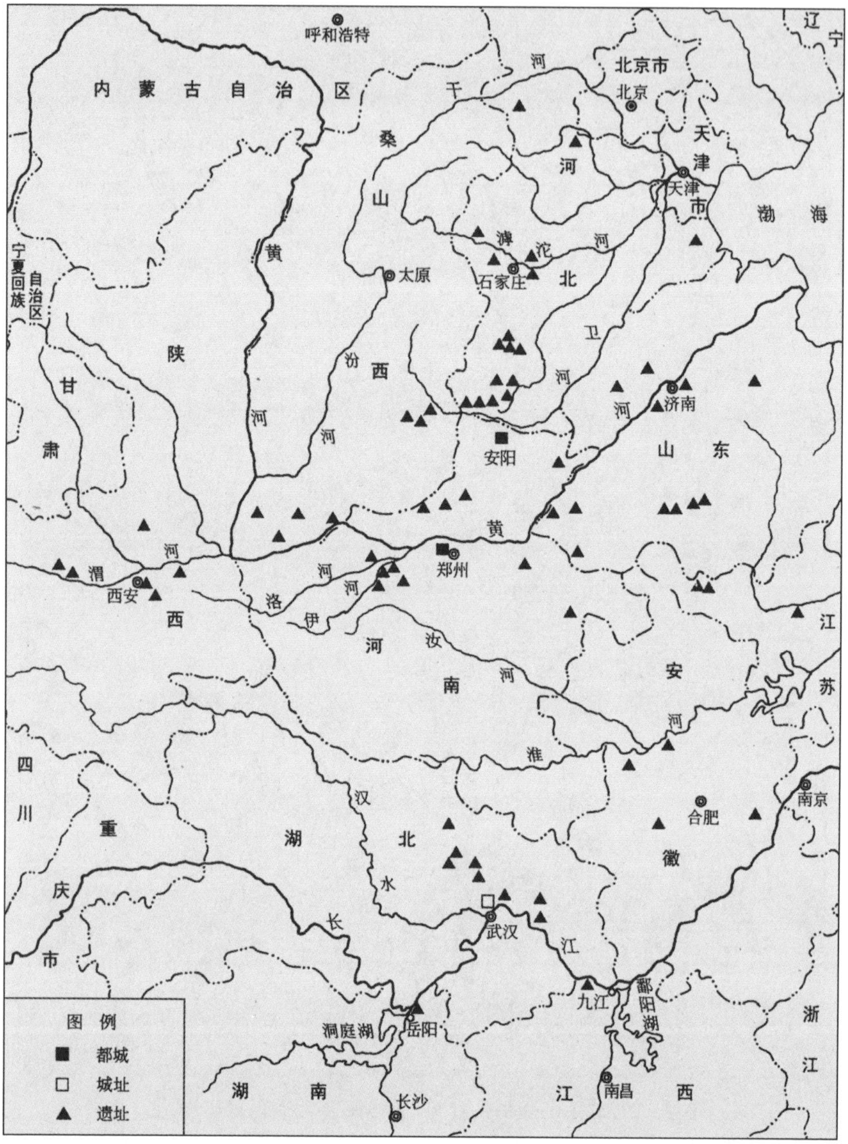

图6　中商文化分布示意图(《中国考古学　夏商卷》)

在图7中，商代晚期的商文化已东扩到了泰沂山脉北侧的淄河、游河流域。青州苏埠屯遗址就是典型的商文化遗址。商对东夷的融合也在进一步扩展加深。

关于商代夷夏融合的深度，我们前面讲的青州苏埠屯商代“亚醜”大墓即可作为代表。从该大墓的规格规模看，这是诸侯一级的大墓。而从“亚

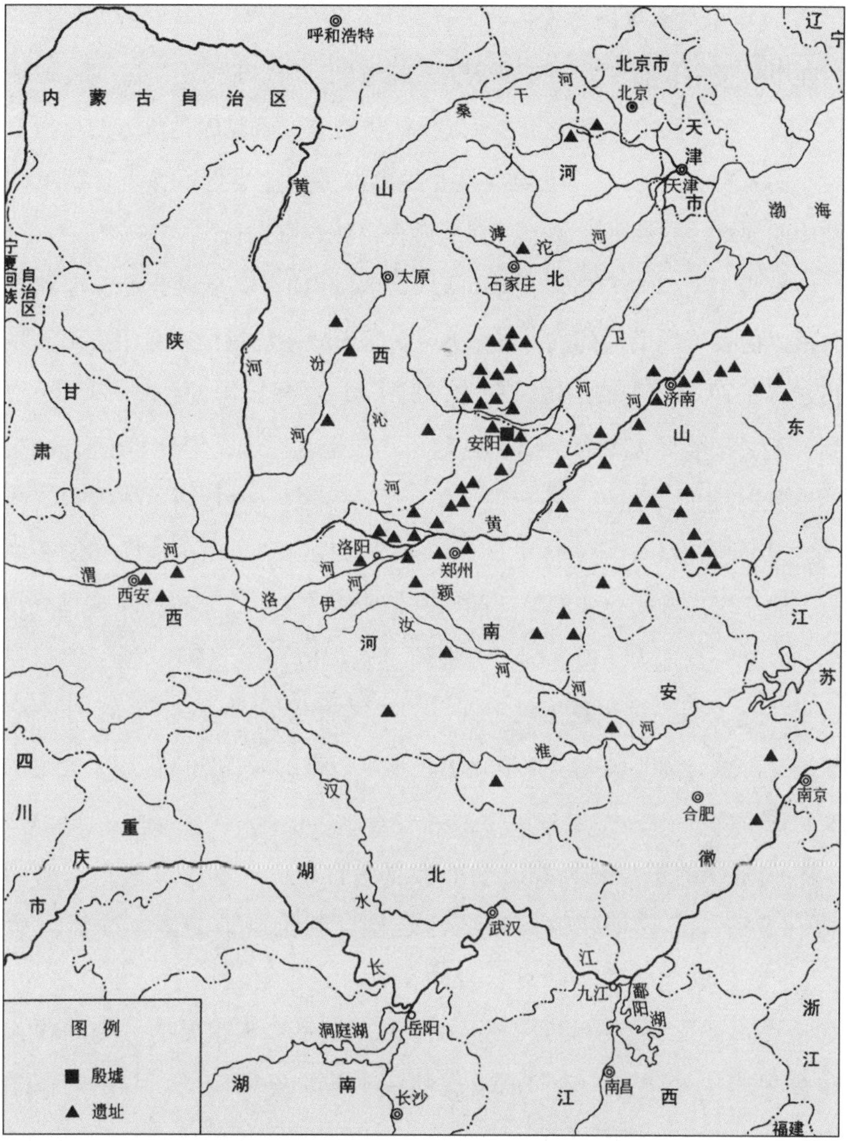

图7　晚商文化分布示意图(《中国考古学　夏商卷》)

魄”族徽判断，他又不是商的王族。所以他应该是东夷之人。与此同时，该墓随葬青铜器（鼎、觚、爵、斝、簋）的形制及组合、陶器（觚、爵、簋、豆、盘、罐）的形制及组合，都与殷墟相同，所以可以看出他是华夏化很深、已融入华夏民族之中的夷人。

2. 尚未融入华夏的夷人——人方

在甲骨文中，有许多“王征人方”的记录。“人方”即“夷方”，“王征人方”即“王征夷方”。商王之所以要征伐夷方，就是因为夷方的反叛，大概处于时服时叛的状态。反叛就是要脱离商王，这当然不在复合制王朝国家结构的要求。在这种状况下，夷夏融合也就难以进行。

由苏埠屯“亚醜”诸侯大墓可以看到，商朝在夷夏融合的深度和广度上有很大的发展。商代的人方（夷方）则尚未融入华夏民族之中。夷人是在商代之后的西周、春秋战国时期才完成了夷夏的融合。例如，周王把伯禽封到鲁地，把姜尚姜太公封到了齐地，其结果就促进了华夏和东夷的融合。虽然春秋时期的《左传》还记载东夷长、东夷短，但是到了战国和战国以后，它基本就融为华夏一体了。到了秦汉以后，整个山东地区都属于华夏民族，属于汉民族文化非常发达的地方。所以《左传》里说的东夷是分布在东部的一部分当地人，但是到了后来的《东夷传》中，所谓“东夷”就是指朝鲜了。这说明经过华夏化以后，“夷”这个概念向外推移了，而原来海岱地区的“东夷之地”则完全华夏化了，秦汉以来的海岱地区已属于完整的华夏文化区。

本次讲课的重点是夏商时期的夷夏融合，由此涉及夏商王朝的国家结构。夏商周三代王朝的国家结构是复合制机制下的多元一体。所谓“多元”就是既包含原来华夏自身的文化，也包含着原来是华夏之外的、比如说东夷的文化。夷夏融合是中国上古史里非常重要的一个问题，也是华夏民族“滚雪球”地向前发展的一个非常好的例子。我用的概念是“互化融合”，即“夷夏互化融合”，是要强调这样的融合不是单向的，而是双向的。

陈来

清华大学国学院院长、首批资深教授、博士生导师，国际儒学联合会第一副理事长，尼山世界文明论坛、尼山世界儒学中心学术委员会主任，教育部人文社会科学重点研究基地山东师范大学齐鲁文化研究院学术委员会名誉主任，中国哲学史学会会长，中共山东省委、省政府特聘“儒学大家”。主要研究方向是儒家哲学、宋元明清理学和现代儒家哲学，曾获全球华人国学大典“国学成果奖”以及国家、教育部、北京市等各种重要奖项。代表作有《朱熹哲学研究》（中国社会科学出版社）、《古代宗教与伦理——儒家思想的根源》（三联书店）、《古代思想文化的世界——春秋时代的宗教、伦理与社会思想》（三联书店）、《中华文明的核心价值》（三联书店）等。

周文化与儒家思想的根源

陈　来
清华大学哲学系暨国学研究院

摘　要　考察儒家思想的起源，需联系三代以来的中国文化发展，特别是西周文化的发展。近代以来，章太炎与胡适等人分别从语言学与历史学上，探讨“儒”字的起源，这并没有从根本上挖掘儒家作为一个思想体系的起源。如果从思想研究的立场上来看，从天命的角度出发，可以发现在天命无常的前提下，《周书》就特别强调“德”的观念。“敬德”和“保民”在西周的政治文化里已经特别突出，这是一种天民合一论，表现了一种新的天命观。从教化的角度出发，可以发现前孔子时代就已经有了一种儒，其身份是表示对六艺六仪有专门的知识，用来教育教化当时的国子和民众。《周礼》包含有儒家教化思想的来源和基础。从德行的角度出发，可以发现西周文化将正德放在第一位，预示着以德治国理念的萌芽，周文之德这一基本治国的理念已经树立起来。西周的礼乐文化是儒家产生的文化土壤，西周思想为孔子和早期儒家提供了重要的世界观、政治哲学、伦理德行基础。

关键词　原儒；天民合一；周礼之教；周文之德

齐鲁文化的产生，不是一个孤立的事件，它是内在于整个中华文明发展进程中、不断形成发展起来的。所以，一方面，它跟整个中华文明的演进有关系，另一方面，又对整个中华文明的总体发展做出了自己的贡献。这是我们今天研究了解齐鲁文化的一个基本观点，就是说我们对齐鲁文化的研究，不是就齐鲁文化孤立地来看齐鲁文化。在很多问题上，我们要把齐鲁文化的形成、发生、发展，追溯到它在整个中华文明进程中这个总体的关系和联系中来考察。孔子在齐鲁大地创立了儒家学派，但是儒家思想之所以能够发生，它之所以能在汉代以后占据中国文化的主流，或者主导的地位，一个很重要的原因，就是因为儒家思想本身不是孤立地在齐鲁大地上产生的，它应该说是中华文明三代以来发展的产物。这不是仅仅从历史进程的结果，或者历史过程中的一个中间现象来讲。因为儒家思想是接续着三代文化的传统，甚至可以说儒家是自觉地接续了三代文化的主流传统而产生形成的。儒家思想的一些要素不是仅仅从孔子才开始出现，它在三代的发展中已经逐渐出现，特别在西周，它有成型发展为整个文化有规范意义的趋向。儒家和孔子的思想借以发展的大量思想资料，其实在西周到春秋时代，已经充分地发展出来，而西周的思想和文化，又是以夏商文化历史发展的过程作为背景和基础。西周时代可以说是中国文化的文化模式和文化趋向开始确定成型的时期。而孔子以前的那些儒家思想的要素，正是参与了这个过程的建构，促成了中国文化模式的确定形成。因此，我们一定要联系三代以来的中国文化发展，特别是西周文化的发展，来考察儒家思想的起源，来了解儒家思想的文化根源。

一、近人“原儒”

在讲近人原儒工作之前，我们先回顾一下汉代许慎《说文解字》对“儒”字的解释，许慎说“儒，柔也，术士之称，从人需声”[①]。这个定义是说，“儒”这个字本意是柔和，但是作为一个名词，这个柔它是指术士而言，所以又说儒为术士之称。

近代，其实从晚清开始，就出现了一个原儒说儒的学术动向，代表人物就是章太炎。章太炎《国故论衡》有一篇就叫《原儒》，推原儒的原起。

① 许慎:《说文解字》，中华书局2013年版，第159页。

他说“儒之名盖出于需”，又说“需者，云上于天”[①]。《周易》需卦的卦象是上坎下乾，坎为云，云在天上，有待时降雨之象。章太炎说“需者，云上于天，而儒亦知天文，识旱潦”[②]，就是说儒在古代懂得天文，知道什么时候下雨，什么时候发大水。章太炎又说“灵星舞子，吁嗟以求雨者谓之儒”[③]，灵星本来是一种保佑农业的星辰，地上的人们经常要祭祀灵星，来保佑农业的收成。灵星舞子就是在这个祭祀的仪式上跳舞求雨的人，这样的人叫作儒。可以看出，章太炎对儒的解释和对儒的起源的推测，其实是接着许慎的思想而来的。因为许慎认为儒是术士之称，这个术士是指一切有术之士。章太炎的论证，就把这个术士局限为一种知晓天文气候、作法求雨的术士。这种术士其实也就是古代的祝史、史巫。所以，在这种理解里面，术士的术实际上就是广义的一种法术，而不是先秦讲的道术。在这种理解中，最早的儒就是法术之士。这种法术之士在古代就相当于祝史、史巫。章太炎的这个讲法表面上是顺着许慎的讲法，是在讲儒字的训诂，但其实他是用这种训诂的方法来讲儒家的起源问题。这个方法在近代以来的学术史上产生了重大影响，是近代关于原儒说儒的第一种说法。

第二种说法以胡适1934年《说儒》为代表。胡适的《说儒》也是在推原儒士儒家的原起。《礼记·儒行》篇里边有一句话说孔子“冠章甫之冠”，在墨子的《公孟》篇里边也说公孟子“戴章甫”。冠章甫、戴章甫都是指当时戴着一种礼帽，它是依据于古礼而戴的一种帽子。《仪礼·士冠礼》说“章甫，殷道也”，章甫这种帽子，它的根源是殷商的礼。既然孔子和孔子的后学公孟都是戴的从殷礼而来的章甫，胡适就断定最早的儒应该跟殷有关系，是殷的遗民，这些遗民是殷人的一个特定的集团转化出来的。什么集团呢？就是殷商时代的祝宗卜史。祝宗卜史应该说都是履行当时的神职职能的官员，这些人来源于殷朝。到西周以后一直到春秋的时代，就以治

① 章太炎：《国故论衡》下卷《原儒》，上海古籍出版社2003年版，第104页。
② 章太炎：《国故论衡》下卷《原儒》，上海古籍出版社2003年版，第104页。
③ 章太炎：《国故论衡》下卷《原儒》，上海古籍出版社2003年版，第105页。

丧相礼为职业。因为他们原来懂得殷人的古礼，到了西周就帮助人做丧事、行礼节，这是他们的职业。这是胡适的看法。与章太炎注重发明许慎“术士”的观点相比，胡适特别注重发明许慎“儒柔也”的观点，他认为作为殷遗民的儒，就是以柔逊为特征。这其实没有历史根据，只是胡适的推测：殷朝的遗民，到了西周初期的时候，他们是亡国的遗民，因此他们的人生态度就是柔逊、顺从。那么这些人在西周的几百年里，就成了一个特殊的阶级，帮助贵族阶级来做礼，相礼就是帮助他们来行礼。这些人是统治阶级的下层一部分。胡适认为这些人也是保持其民族礼节的一种人，民族礼节就是殷人的礼节。所以，在胡适看来，儒是什么呢？儒就是西周的那些保存了殷人的礼仪礼节的那些遗民。由于他们是亡国的人，所以在新的西周国家里，他们就养成了一种柔逊的遗风，这就体现为儒的风貌。胡适认为这样就可以解释为什么许慎说“儒柔也”，也可以解释为什么“儒”戴的帽子是殷人古礼的帽子。这是胡适“说儒”的观点[①]。

当然，胡适的这个讲法在当时也受到了一些挑战和批评。比如冯友兰先生，他就指出胡适引用的《墨子》里边的“公孟”。那个故事其实里边有个下文，就是墨子讲公孟“法周而未法夏，子之古非古也”(《墨子·公孟篇》)。就是说公孟效法的其实是周礼，而不是古礼，尽管他戴的是章甫帽。公孟子有个特点就是强调古言古服，喜欢说古代的那些话，穿古代的那些衣服。但是墨子说，你的这些古言古服，其实是法周的现象。如果从这点来看，墨子当时的明确认知，就是公孟子的古言古服其实是周言周服，并不是殷礼。这样，孔子和公孟子冠章甫不是殷法夏，而是法周。实际上，孔子自己也讲他是“从周”，追求和效法的是周礼，那么公孟子作为孔子的门徒当然也不是要做殷文化的遗民。这是冯友兰先生对胡适的反驳[②]。同时冯友兰先生指出，儒和儒家是两个概念，不是一个概念。他说章太炎先生

① 详细可参看《胡适论学近著》第一集卷一《说儒》，中央编译出版社2014年版。

② 参见冯友兰《原儒墨》，载《三松堂全集》第11卷，河南人民出版社2000年版，第287页。

和胡适在这个问题上好像把这个问题混淆了。儒是古代一种有知识、有学问的专家。他们是散在民间，帮助人家教书和相礼，这是古代的儒；而儒家是一种思想体系，这个体系的产生并不能从儒这种教人教书相礼的职业得到说明。

以上章太炎和胡适的说法，是近人原儒的主要的代表性说法。章太炎的说法，后来也有个别学者给予了支持。1975年，古文字学家、四川大学的徐中舒发表《甲骨文中所见的儒》①，他认为甲骨文中已经有了儒字。这个儒在商代是一种卿士，卿士中主管相礼事务的就叫儒。徐中舒认为在甲骨文中，就把它写成“需”字，也有的写成“濡”。他认为这是象征着用水来沐浴身体，就是相礼的官员（儒）在从事礼节前，一定要先沐浴。这种看法应该说是对章太炎把儒说成是一种术士的一种文字学支持。但是甲骨文里这个字，到底是不是一个“需”字？如果说它是“需”字的话，在西周的金文里边却找不到“需”字这样的用法。因此徐中舒的这种沐浴相礼说，即使在文字学界，大多数人并没有接受这种看法。

从方法上来说，以上两种有关于原儒、说儒的讲法，一种是语学的，一种是史学的。史学的方法注重制度职官的发生变化，文字语言学的方法注重考释文字的源流。大略地说，史学的研究方法，其结论是说孔子以前就有一种儒，这种儒教授礼乐知识，是一种职业，这种职业是从西周执掌礼仪典籍的官员转化来的。文字语言学的方法，着重于解释春秋时代传授礼乐为职业的人为什么叫儒，认为从商代开始，就已经有这种“儒”的身份。那么，通过这两种方法提出的问题，我们可以看到，就近代以来的原儒研究，基本上是集中在职业的类型和职业的名称上。虽然这两种方法也取得了一定有意义的成果，但是如果我们从思想史的角度看这个问题，应该说，这两种说法大都没有涉及儒家思想本身的来源。如果我们借用冯友兰先生的分疏，可以说，这些都是在讲“儒”字的起源，并没有尝试在根本

① 徐中舒：《甲骨文中所见的儒》，载《四川大学学报》（哲学社会科学版）1975年第04期。

上来挖掘儒家作为一个思想体系的起源。换句话说，这些研究不管是语学的还是史学的，虽然取得了一些有意义的成果，但是由于它采用的不是思想史研究的方法，所以它取得的成果，还是有限制的。思想史的研究需要借助语学和史学的研究，可是思想史也需要自己有一种独特的视角和方法，来处理思想文化的问题。如果从思想研究的立场上来看，我们就会提出：仅仅相礼的职业就能产生孔子的思想吗？或者仅仅从术士或者巫师就能产生儒家思想吗？这点胡适早年（1917）也指出，《汉书·艺文志》讲王官之学，说诸子百家都起于当时的某种王官。他认为这个讲法没有根据，学术思想的产生、发扬、衰亡并不能由官职来说明[①]。如果说儒家思想是出于一种王官，那成周小吏的贡献还超过了孔丘、老聃、墨翟，胡适觉得这太不可思议了。胡适认为思想的产生，是来自时代和社会的变化，不是来自古代的某一种官职。应该说，这个提法还是有针对性的。当然，胡适也忽视了另一方面，就是除了时代和社会的变化对思想的产生有重要意义，另外就是思想的传承和文化的传统，就是一个思想，如果仅仅把它看成对时代的直接回应，忽视了那个思想文化的传承传统，这也是不全面的。

二、周书之天

在《尚书》中，《周书》占了主体的部分。《周书》里“天”的概念非常重要，对后来儒家思想的产生、儒家思想品格的形成，应该说都起到重要的决定性作用。古人认为，《周书》表达的多是周公的思想。联系后来的儒家兴起来看，《周书》有这样一些命题比较具有代表性，如《康诰》里面讲“惟命不于常”，就是说天命无常，天命不是永远不可变易的。《康诰》说“天畏棐忱，民情大可见”，《酒诰》说“天非虐，惟民自速辜”“无于水监，当于民监”，这几条都强调民的重要，要了解天，先要了解民，要通过民来了解天，通过民情来了解天命。不仅如此，在天命无常的前提下，《周

① 详参胡适《中国哲学史大纲》（东方出版社2012年版）附录《诸子不出于王官论》。

书》特别强调“德”的观念。如《多方》说“明德慎罚”，这是讲国家治理的方法和模式，就是少用刑罚，要多用道德的手段，《梓材》里边也讲“勤用明德”。“明德”换一个说法，又叫“敬德”，《召诰》说“惟不敬厥德，乃早坠厥命”，如果不敬德的话，就会失去上天给你的权命。前面讲“唯命不于常”，也有这个意思，这个命不是我们普通人的命，而是一个政权接受了天命才能够出现，但是天命赋予某一个族姓，不是永久的，要看其表现，如果表现不好，上天就把这个原来赋予的命收回去。因此，一个政权要想获得天命护佑，长期存在下去，一定要“明德慎罚”，要“敬德”“保民”。《康诰》里面也讲“用康保民”，安保人民是治国理政的基本理念。这些治国理念、政治思想不是凭空提出来的，而是“监于有夏”“监于有殷”，通过总结分析夏商的历史经验、政治得失、历史成败得出来的结论。

如果仅就治国理政这个基本价值来讲，“敬德”和“保民”在西周的政治文化里边特别突出，这些可以说都是周公比较明确表达的思想。在《周书》里边还有一些（包括《尚书》其他篇里）接近于周公所表达的这类思想，比如说“惟人万物之灵”（《泰誓上》），强调以人为本、以人为贵；又如说“民之所欲，天必从之”（《泰誓上》），认为人民的欲望意志，上天没有不遵行、不履行的。《泰誓中》还说“天视自我民视”“天听自我民听”，在商周的时代，天是最高神、主宰之神，但是作为最高神的天没有自己独立的意志，没有独立的视听，而是“自我民视”“自我民听”，天对这个世界的听觉视觉都来自人民。这种观念后来在儒家思想里不断被重复。相对来说，商代的天没有这样的观念，它会特别保佑商代帝王一族一姓，但是周代更加强调“皇天无亲，惟德是辅”（《蔡仲之命》），没有什么亲戚，谁有德就辅助谁。从这些思想出发，《周书》提出很多优秀的政治文化理念，像“崇德象贤”“克慎”“克勤”（《微子之命》），“以公灭私”“居宠思危”（《周官》），等等。这些治国理念在后世儒家思想里面也一直延续。

《周书》里边有很多思想，在先秦诸子书中也有印证，如《孟子·万章上》就引用《泰誓》“天视自我民视，天听自我民听”，可见在孟子时代已经流传着这种思想。《左传·襄公十一年》就引用说《书》曰“居安思危”，这源于《尚书·周官》所说“居宠思危”。《左传·襄公三十一年》，穆叔也引用《泰誓》云“民之所欲，天必从之”；到了昭公元年，郑国的子羽也引用了《泰誓》这句话。《左传·僖公五年》引《周书》曰“皇天无亲，惟德是辅”。可见，《尚书》特别是《周书》里面的很多思想，在先秦诸子书里面，都被反复引用过。这种思想，可以说是一种天民合一论，表现了一种新的天命观，它在周代相当流行。

如果进一步追本溯源，《尚书》中夏书、商书等先周古书里其实也有类似的有关思想。如《尧典》里边讲“克明俊德”，这跟周人的明德思想就接近了。《皋陶谟》里面讲“天聪明，自我民聪明；天明畏，自我民明威”，这跟《周书》里所说“天视自我民视”都是很接近。又如注重保民、注重民意的思想，《商书·五子之歌》就提到“民惟邦本”。《汤诰》里面讲“天道福善祸淫”，这也是“皇天无亲，惟德是辅”的思想。《伊训》里面说“惟上帝不常，作善降之百祥，作不善降之百殃”，这也是讲天命无常、惟善是从的思想；《太甲中》说“天作孽犹可违，自作孽不可逭”，逭就是逃的意思，自作孽不可逃。《太甲下》说“惟天无亲，克敬惟亲”“民罔常怀，怀于有仁”，《咸有一德》说“天难谌，命靡常”“常厥德，保厥位”，等等。这些思想跟《周书》天民合一的思想都是接近的。当然，夏书、商书里面这些关于天民关系的论述，也可能是西周思想的表现，不一定都是夏代和商代的原著，而是经过周人的思想的改造，所以也体现了很多周人的思想。这些文献应该是西周的史官把古旧的文献与当时周代的思想加以糅合形成的。

《尚书》里面西周的这些思想，有大量后来被儒家思想所继承的成分，尤其是在天、天命、民的理解上。当然，以周公为代表的《周书》的这些思想实际也代表了对上古政治思想和政治智慧的一种总结和发展，其中有些观念应该说它的来源是相当古远的。所以，在这个意义上，《周书》周公的这些政治思想也是对上古以来政治思想的一个集大成、一种新发展。以上所说《周书》之天，这个天主要表现为一种宗教观念和政治思想的内容。如果我们从天的宗教的角度来讲，它有三点是特别重要的：第一就是天命无常，第二就是天命惟德，第三就是天意在民。儒家思想从孔子创立以后，就自觉地传承六经，六经的思想就是儒家思想的主要来源，而在六经中特别是《尚书》的政治思想和宗教思想，是儒家思想的直接来源。以《周书》周公为代表的《尚书》思想，对后来孔子和早期儒家思想的形成有重大影响。

三、周礼之教

所谓周礼之教，主要是讲周礼里面反映的德教、德政思想。“教”注重的是教化，在《尚书·舜典》里记载舜命令契去做一件事，舜帝说“百姓不亲，五品不逊，汝作司徒，敬敷五教，在宽”，就是让契担任这个司徒的职务，去敬敷五教，发布五教，施政的尺度在宽。百姓不亲，五品不逊，这都是讲当时的人伦关系不和谐。那么敬敷五教的具体内容是什么呢?《孟子·滕文公上》说“圣人有忧之，使契为司徒”，这个圣人讲的就是舜，圣人对人伦关系的不满意，产生了忧虑忧患，就让契去做司徒，教以人伦，具体内容就是“父子有亲，君臣有义，夫妇有别，长幼有叙，朋友有信”。照这个说法，《舜典》“五品不逊”应该就是五种人伦关系，父子、君臣、夫妇、长幼、朋友。五教就是五种人伦关系的规范准则，就是让父子、夫妇、君臣、长幼、朋友这五种人伦关系要有一些准则来规范它。这是《孟子》对《舜典》历史叙述的一个很好的说明。

其实《左传·文公十八年》对这个问题也有交代，也讲得很清楚，说“舜臣尧……举八元，使布五教于四方”，舜让他的下属布五教于四方，就是前面讲的“敬敷五教”，下面说“父义，母慈，兄友，弟恭，子孝，内平外成”。关于五教，《左传》与《孟子》的叙述有一些差别，《左传》讲的五教完全是家庭道德，而《孟子》里面讲到君臣。《左传》五教，有可能比《孟子》更接近五教的原始意义，主要强调的是家庭、家族的道德伦理。到《孟子》时代，加上政治伦理、社会伦理，才强调君臣有义、朋友有信。如果在舜的时代，他确实曾经命令契去颁布五教，那么其文化意义非常重大，相当于在基督宗教文化里面的摩西十诫，甚至不在摩西十诫之下。后来在《周书·康诰》里，周公举出了那些违反道德的最大的几种现象，他叫作原恶，也就是说“不孝不友”“不字不恭”，等等，也是把“孝、友、慈、恭”作为主要的道德规范，与《左传》讲的五教是一致的。这说明在西周，甚至在西周以前，作为家庭道德的五教，已经成了当时最重要的道德德目，这是周代的德教德政的根源。

当然，讲周礼之教，首先还是要看《周礼·地官》所讲司徒之职。司徒作为官职主要就是负责有德教、教化，其中讲到六德六行，说“一曰六德，知、仁、圣、义、忠、和”“二曰六行，孝、友、睦、姻、任、恤”“三曰六艺，礼、乐、射、御、书、数”。六德、六行、六艺，合起来叫“乡三物”。“大司徒”部分就讲“以乡三物教万民”。六德、六行、六艺，其实就是早期儒家教人的主要内容。在《地官》其他的一些职官所负责的职能里，也可以看到类似的德教。如《地官》的“师氏”就讲以“三德教国子”：“一曰至德，以为道本；二曰敏德，以为行本；三曰孝德，以知逆恶”；“教三行，一曰孝行，以亲父母；二曰友行，以尊贤良；三曰顺行，以事师长”。“遵贤良，事师长”属于政治伦理，不是一般的家庭家族伦理了，但是“孝行，亲父母”还是家庭伦理。所以《师氏》以三德教国子，不仅有三德，还有三行，这都是《周礼》之教的内容。《大司徒》里面其实也有“教”，不只有德和行，还强调有十二教，如说“一曰以祀礼教敬，则民不苟”，用祭祀的礼节礼仪，来教化民众，人民做事就比较严谨。所以，礼是教民能够有一种敬的态度，祭祀的对象，并不是唯一重要的，是要用祭祀的礼来教化民众，能够树立敬的观念、敬的伦理、敬的道德，这样人民做事就不苟。这是第一条，然后还说“二曰以阳礼教让，则民不争”“三曰以阴礼教亲，则民不怨”“四曰以乐礼教和，则民不乖”。礼的核心就是让道，要懂得敬让，这样民就不会发生争端和争执。周代的礼乐文化，礼在广义上是包含乐的，所以除了教民敬、教民要让，还要教民亲和，人民之间、人民和统治者之间要亲和，没有怨气。“以乐礼教和，则民不乖”，这已经是一种性情上的平和，经常用乐礼来教化人民，人民性情就不会乖戾，就会变得顺和。这些都属于在礼的范围内所施行的教化内容。“教让”“教亲”等都是用礼乐教化来使礼乐本身能够发挥道德伦理的功能。所以，西周所讲的礼包括乐，跟后世所讲的是不一样的，它本身带有强烈的伦理目的，要实现伦理效能。这些跟早期儒家所讲的礼乐教化精神是一致的。《地官》“大司徒”部分接着还说“五曰以仪辨等，则民不越”，礼仪是教给人们要知道有等级，不能够随便超越等级；“六曰以俗教安”，礼俗能使人民安心。礼俗如何安民？“大司徒”部分说以“本俗六安万民”，有六种方法来安民，其中第二个说“族坟墓”，一个家族要有共同的墓地；第三个是“联兄弟”，兄弟要联合，“四曰联师儒”“五曰联朋友”。“联师儒”就出现了“儒”这个概念。《易经》《书经》《诗经》里面都没有出现“儒”字，但是在《周礼》十二教里面出现了“联师儒”。联就是合的意思，合在一起的意思。关于师儒，东汉郑玄说是“乡里教以道艺者”[①]。道当然是普遍的道理，义是指那些具体的礼乐技能。唐代贾公彦认为师儒是“致仕贤者，使教乡闾子弟”[②]，就是已经不做官的官员，回到乡里来教化子弟。于此也可见，在西周春秋，有不少官职所执掌的职能都跟教化有关系，而且是通过礼和礼乐来进行教化，这些都是西周周礼之教的反映。周礼之教化系统是以若干职官为载体的，不只是某一个职官，不仅仅是司徒，还有其他相当多的职官，它们共同构成西周的行政教化传统。这个教化传统，由这些职官所执掌，应该说这些也是后来儒家思想来源的一部分。

“儒”字在《周礼·天官》讲太宰之职里也出现过，其中说“以九两系邦国之民：一曰牧，以地得民；二曰长，以贵得民；三曰师，以贤得民；四曰儒，以道得民”。这里“师”“儒”是分开的，师儒是两种身份。儒跟牧、长、师、宗一样，它并不是一个特殊的职官名称，它类似于一种社会

① ［清］孙诒让：《周礼正义·地官司徒第二》，王文锦、陈玉霞点校，中华书局2013年第2版，第748页。

② ［清］孙诒让：《周礼正义·天官冢宰第一》，王文锦、陈玉霞点校，中华书局2013年第2版，第109页。

职业身份的类型。钱穆称其为流品。郑玄认为这里“师，诸侯师氏，有德行以教民者；儒，诸侯保氏，有六艺以教民者”[1]。在关于“太宰”的叙述里，牧、主等都是以他的特权身份或者管理身份使人民来接受其统治，但是师和儒，不是用他的特权身份，而是以他的修养、学识和德行，得到民众的信赖，使他们得以展开教化。照汉人及清人的解释，师、儒在这里就区分开来了，师是特别强调有德行，儒特别强调有术艺。在战国，儒是思想流派之一，我们在社会层面上，并没有看到有跟师不同的“儒”。因此，《周礼》所讲的这种作为职业教化者的师和儒，应该不是战国时期流行的情况，也不是战国的时候一种编造，应该是在春秋时代出现的（如果不是西周的话）一种状况。

除了大司徒、师氏，在整个西周的德教体系里，专门负责教育国子的，还有大司乐、保氏、大司徒，等等。汉人说儒就是保氏，那保氏管什么呢？《周礼·地官·保氏》说保氏的职能是“养国子以道，乃教之六艺，一曰五礼，二曰六乐，三曰五射，四曰五驭，五曰六书，六曰九数”，强调的还是礼乐射御书数。此外，保氏还“教之六仪”包括祭祀之容、宾客之容、朝廷之容、丧纪之容、军旅之容、车马之容，等等。西周的国子教育，六仪八容，和三德三行、六艺是贯通的。这些跟早期儒家教学的内容，也是相合的。那么尤其是《保氏》所教的六仪六艺，在孔子的教学活动里面，确实是有广泛的体现。因此，如果说前孔子时代，就已经有了一种儒，这种儒的身份是表示对六艺六仪有专门的知识，用来教育教化当时的国子和民众，同时他也可以应别人的要求，来咨询和相助礼的操作。所以，如果我们说《周礼》里面包含有儒家思想的来源和基础，就是说从《周礼》所记载的整个西周国学乡学的教育传统及乡政的教化传统里面，都可以看到很多明显的例子。

---

① ［清］孙诒让：《周礼正义·天官冢宰第一》，王文锦、陈玉霞点校，中华书局2013年第2版，第109页。

四、周文之德

在《国语》《左传》里出现了几个重要的观念，第一是《国语·周语上》讲“先王耀德不观兵”，又说“非务武也”。先王把德作为最大的光耀，而不是把兵力军力作为他追求的东西。“耀德不务武”反映了当时德政的基本理念。在春秋时代，战争是国家最大的事，所谓“国之大事，在祀与戎”（《左传·成公十三年》）。可是，在周代的文化里面，虽然大家把战争看的是头等大事，但是从价值的理念来讲，不追求炫耀武力兵力，而强调耀德，强调德行的光芒。所以《左传·庄公八年》讲“务修德以待时”，不能追求武力，务修德以等待时机，重视德政，一定要以修德为主；然后又说“务德而安民”（《哀公十年》），务德的目的是安民；还说“以德和民”（《隐公四年》），都是追求道德的领导、道德的教化。一方面安民，使民能够得到安养，同时“以德和民”，使社会大众和谐相处。在对外关系上也是如此，“以德绥诸侯，谁敢不服？君若以力……虽众，无所用之”（《僖公四年》），前面把德与兵相对，这里把德与力相对，这跟后来《孟子》所讲的都是一致的。跟诸侯的关系，也要用德来处理，而不是以兵力、军力。所以贯穿内政外交整个理念，都突出了德的观念，这是很明确的。在西周的后期及春秋时代，这种因素越来越多。《左传·文公七年》还说“正德，利用，厚生”三件大事，相比早期“国之大事，在祀与戎”的讲法，这是一个非常大的进步。而且，“正德，利用，厚生”，把正德放在第一位，这也预示着以德治国的理念慢慢在萌芽，到孔子时代正式形成。所以讲周文之德，这个基本的治国的理念这时已经树立起来了。

不仅仅是治国理念，个人德行方面也是如此。这些个人的德行不仅对于贵族适用，对于人民也适用。在整个周文里面，从西周到春秋，出现了很多有关于个人德行的德目表。如九德说，《逸周书·宝典解》讲九德：“孝、悌、慈惠、忠恕、中正、恭逊、宽弘、温直、兼武”；《逸周书·文政解》还提出了九行：“仁、行、让、言、固、治、义、意、勇。”这两种九德代表了西周文化里强调个人德行的一面。另外,《国语·周语下》里的十一德:“敬、忠、信、仁、义、智、勇、教、孝、惠、让。”在这个时代,有很多德目表,至少有十几种德目表,每一种德目表列举的德行德目都不一样,但是都非常详细。每个德目表里,德目的重要性次序也不一样,这说明这个时代人们对德行非常关注,但是对于德行和德目,还没有一种统一的见解。什么德行是最重要的,这个序列怎么排都是不一致的。但无论如何,从西周到春秋,周文之德已经构成了周文化很重要的一个特点。其实,后来孔子所讲仁的观念,在很多地方都出现了,但是并不是每一个德目表都把仁放第一位,把仁义放在第一位。比如在九德系统里,是孝、悌在前面,《周语》十一德系统里是敬在前面。这些与后来孔子所创立的仁学,还是有区别的。因为在这些德目表里,仁只是众德之一,还没有明显地突出于诸德之上。

《国语·周语下》关于十一德的讨论意味深长,可以进一步探究。其原文说,“晋孙谈之子周适周,事单襄公,立无跛,视无还,听无耸,言无远;言敬必及天,言忠必及意,言信必及身,言仁必及人,言义必及利,言智必及事,言勇必及制,言教必及辩,言孝必及神,言惠必及和,言让必及敌;晋国有忧未尝不戚,有庆未尝不怡”。“谈”指晋襄公之孙惠伯谈,他的儿子叫“周”,后来做了晋悼公。“周”在继位以前,到周去侍奉单襄公。周朝大夫非常赞赏“周”,说他的德行非常完美。是不是晋悼公年轻的时候德行真的很完美呢?这个我们不必去论证,我们所关注的是当时人们要赞美一个人的德行完美,他用什么样的标准和什么样的德目表。上面那些赞美的话,实际上分三个部分,第一部分讲“四个无”,第二部分讲“十一个言”,第三部分讲了“两个未尝不”。“四个无”就是“立无跛,视无还,听无耸,言无远”,中间讲的十一言“言敬必及天,言忠必及意”等,最后是“两个未尝不”,他虽然在周天子身边,可是对晋国的事,非常关心。“四无”对德行的描述,相对来讲是外在的,就是站的时候双腿并直不弯曲,看的时候不会左顾右盼,听的时候从来不拉长耳朵,说话都是讲确信的事情,“不无远”意思是不好高骛远。第二部分“十一言”是对德行的描述，讲到敬，一定要表示对天的敬畏；讲到忠，一定要发自内心；讲到信，必须从自己身上做起；讲到仁，必施爱及于他人；讲到义，必能兼顾于利；讲到智，他重视处理事务，而不流于虚浮；讲到勇，必定有所约束；讲到教，必强调分辨是非；讲到孝，一定相信鬼神（古代讲孝，主要是直接对自己活着的父母，这里强调对死去的祖先，也一定要相信鬼神，孝及祖先）；讲到惠，一定致力于亲和；讲到让，即使对敌人也会先礼后兵。最后讲到对自己的国家，晋国有忧患，未尝不忧愁，晋国有喜庆，未尝不喜悦。如果我们光就德目来讲，这里有十一个德目："敬、忠、信、仁、义、智、勇、教、孝、惠。"当然，"立无跛，视无还"等虽然不是通过德目来讲的，但也是一种德行的描述。最后讲的其实是忧国爱国之心。如果把前面"四无"及后面"有忧未尝无戚，有庆未尝不怡"合成一个爱国的话，那么在这个论述里边，可以说一共提出了十六个德目。这个德目表在公元前六世纪的前期，应该是有代表性，反映了周文之德的细密性。就个人德行而言，这是最全面的表达。因为"周"身上有这么多美德，单襄公生重病的时候，对他的儿子单顷公就讲"必善待周，将得晋国"，然后说他"其行也文，能文则得天地"，就是他的德行总体来讲，达到了"文"。单襄公又展开说"敬，文之恭；忠，文之实；信，文之孚；仁，文之爱"等，把十一个德行都在"文"这个总德目下做了一个特殊的说明。最后又说"为晋休戚，不背本也。被文相德，非国何取"，认为他这样的德行的人，一定能做国君。在单襄公对"周"的评论里面，他还把第一部分"四无"变成德的语言来表达了，说"立无跛，正也；视无还，端也；听无声，成也；言无远，慎也"，就是说把前四点用"正、端、成、慎"四德表达出来。他把"周"对于晋国"两个未尝不"，合起来叫"为国休戚"。单襄公这个评价也是把前面四个换成了德行的德目，把最后两个合成了一个，一共提出了十六个德目，这十六个德目，就是"敬、忠、信、仁、义、智、勇、孝、惠、让、慎、成、端、正，为国休戚"，当然这十一德的内部可以分别，比如说"正、端、成、慎"，它对于十一德来讲，可能是带有辅助性。单襄公也说"慎成端正，德之相也"，带有辅助的意思。而其他的十一德，是他的基本德行。不管怎么说，在这个德目表里面，其分类非常完整细密。它既有“慎、成、端、正”个人的德行，又有“敬、忠、信、仁”之类的社会性德行，最后还有一个“为国休戚”，跟国族的兴旺发达忧患密切联系起来的政治德行。

我们最后要关注的，就是在单襄公的讲话里面，他把这些德行都纳入“文”的概念，使“文”成为一个总的概念。“文”是德行的总名，每一个德目都是反映了“文”的某一个方面。在周代，从文王开始，对其文化本来就是用“文”来表达的。从周的立场来讲，它是把整个德行的总体，用“文”来把握。当然后来到了孔子，可以说把德行的总体换成了“仁”来表达。尽管如此，我们还是可以看到，孔子以后早期儒家的德行论是对西周春秋德行论的一种继承，西周春秋的德行论，为儒家早期的德行论奠定了基础。

结语

古代不像近人有明确的问题意识，但是古人的有些讲法，在近人论原儒的时候，其实被忽略了。章太炎用文字训诂的方法，把古人的很多论述全甩在一边。这里我们还是要回顾一下古人论儒的一些代表性讲法。

第一，六艺说：《史记·太史公自序》中说“儒者以六艺为法，六艺经传以千万数，累世不能通其学，当年不能究其礼，故曰‘博而寡要，劳而少功’。若夫列君臣父子之礼，序夫妇长幼之别，虽百家弗能易也”。太史公对儒的了解，是以六艺作为首要的基点，这是很重要的；其次他把“列君臣父子之礼，序夫妇长幼之别”看作是儒的最重要的社会功用。所以“以六艺为法”，也可以说是以六艺为体，“列君臣父子之礼，序夫妇长幼之别”，是其用，强调儒的社会作用功能，是要建立政治伦理的秩序。这是百家都不能够取代的社会效能。太史公这个讲法，虽然没有讲儒的原起、根源，但是他实际上包含了这样一种思想，因为他是以六艺作为把握儒学的一个基本点。这个讲法意味着儒家的出现兴起，是起于对六经的传承解释。

第二，“述周说”。《淮南子·要略篇》说“周公受封于鲁，以此移风易俗。孔子修成康之道，述周公之训，以教七十子，使服其衣冠，修其篇籍，故儒者之学生焉”。这是说儒者之学的产生起源，是继承文武周公的王道政治传统。所以整个周文与周道是儒者之学的根源，那就是说，它不是像《太史公自序》里那样泛括六经，而重点强调六经中的周道、周文。

第三，“王官说”。《汉书·艺文志》以诸子百家皆出于王官，认为“儒家者流，盖出于司徒之官，助人君，顺阴阳，明教化者也，游文于六经之中，留意于仁义之际，祖述尧舜，宪章文武，宗师仲尼，以重其言，于道最为高”，这里以儒家出于司徒之官。这个说法最早见于刘歆《七略》。胡适不赞成这种讲法，他认为诸子思想主要还是反映时代和社会的变化。当然，胡适的说法，也有一定的偏差，我们还是要看其文化的传承。“王官说”有两个特点，一是注重从教化的角度来分析根源，它不是从《周书》的政治思想，或者宗教观出发的，他是着眼在教化论，从这点来讲，这是有其合理之处。另外，教化会涉及执掌教化的职官的功能，所以他提出司徒之官也有其一定的道理，只是他没有讲出司徒之官的功能与教化的明确关系，这就既忽略文化的传统，也忽略了西周以来的整个政教传统。在这个职官的执掌之下，几百年的政教的传统，没有明确表达出来。即便如此，“王官说”也有其一定的合理性。

近代的学者都是从《说文解字》出发，如章太炎发挥“术士”，胡适发挥“儒者柔也”，都忽视了《说文解字》之前，比它更权威的，像上面我们说的《史记》《汉书》及《淮南子》的说法。这些说法都在《说文解字》之前，都有其合理性，如注重从六经的角度，注重从述周的角度，注重从教化的角度，这些都应该成为我们今天全面论述儒家思想根源的重要借鉴。

研究夏商周三代的文化发展历程，我们会得到一种相当明晰的印象：在春秋末期，孔子和早期儒家思想中，它们所发展的那些思想文化内容，不是在与西周礼乐文化及其方向对抗断裂中产生的。因为西方讲轴心时代，特别强调是在与前轴心时代相对抗断裂而产生的。但是在中国轴心时代，最大的代表孔子和儒家思想，它与前轴心时代的西周礼乐文化有一脉相承的连接关系。这跟西方思想史的发展是不同的，正如杨向奎先生在其关于宗周文明的研究著作里面指出的，他说“没有周公不会有传世的礼乐文明，没有周公就没有儒家的历史渊源；没有儒家，中国传统的文明可能是另一种精神状态”[①]。最重要的就是，没有周公，就没有礼乐文明，也就没有儒家的历史渊源。他还讲“以德、礼为主的周公之道，世代相传，春秋末期遂有孔子以仁、礼为内容的儒家思想”[②]，就是有了周公之道，才有孔子之道。周公之道是讲德礼，孔子儒家思想是讲仁礼。杨先生这些讲法相当精到。孔子对周公是倾心敬仰，后来荀子也把周公作为第一代大儒。这些其实都已经明确指示出儒家思想的根源。可以说，西周的礼乐文化就是儒家所产生的文化土壤，西周思想为孔子和早期儒家提供了重要的世界观、政治哲学、伦理德行基础。同时，西周的礼乐文化又是三代文化漫长演进的产物。

中国早期的上古文化，经历了巫觋文化、祭祀文化，最后发展为礼乐文化，从原始宗教到自然宗教，发展为周代的礼乐，以礼乐为主的伦理宗教，这些是孔子和早期儒家思想文化产生的深厚根基。再往前溯源，从龙山文化以降，经历了中原不同区域文化乃至周边区域文化的融合发展，在政治文化、宗教信仰、道德情感等方面，在这些不同的领域中逐渐发展出一种比较统一的精神，这个精神在西周开始定型。这种统一的精神，就是中华文化的精神气质。这种气质表现为崇德贵民的政治文化、孝悌和亲的伦理文化、文质彬彬的礼乐文化、天民合一的存在信仰。这些既是世界的，也是宇宙的，最后是远神近人的人本取向。西周时代开始，人本主义思潮开始发展，到了孔子“敬鬼神而远之”，形成远神近人的人本取向。因此，儒家思想是中华文明初期以来文化自身发展的产物，体现了三代传衍下来的传统及其养育的精神气质。因此，儒家思想与中国古代文化发展进程的内在联系，远远不是字源学研究把“儒”解释为商周的一种巫士、术士所能

① 杨向奎：《宗周社会与礼乐文明》，人民出版社1992年版，第136页。

② 杨向奎：《宗周社会与礼乐文明》，人民出版社1992年版，第279页。

揭示。我们必须在一个综合性的思想文化研究中，才能把它展示出来。从这个角度来说，齐鲁文化是中华文化的一个灿烂的重要部分，但是它不是孤立发展的，它是内在于整个中华文明的历史发展中形成发展起来的，所以它的发展一方面紧密联系着中华文明早期发展的总体，另一方面又对中华文明总体的发展做出了重大贡献。

王志民

教育部人文社会科学重点研究基地山东师范大学齐鲁文化研究院名誉院长、学术委员会主任、二级教授、博士生导师，教育部重大课题攻关项目首席专家。曾任山东师范大学副校长、山东省政协副主席等职。主持完成齐鲁文化研究12项重大学术工程，主编《齐鲁文化通史》（中华书局，8卷）、《山东文化世家研究书系》（中华书局，28卷）、《山东区域文化通览》（山东人民出版社，18卷）、《中国名门家风丛书》（人民出版社，11卷）、《历代诗咏齐鲁总汇》（山东人民出版社，13卷30分册）、《孟子文献集成》（山东人民出版社，200卷）等大型学术丛书。出版个人专著《齐鲁文化与中华文明》（人民出版社）、《齐鲁文化概说》（山东文艺出版社）、《齐文化与鲁文化》（合作，齐鲁书社）、《齐鲁古代文学简论》（齐鲁书社）、《序论齐鲁文化》（山东文艺出版社）、《齐文化论稿》（山东大学出版社）等，发表学术文章100余篇。13次荣获山东省社会科学优秀成果奖，其中重大成果奖两次。享受国务院特殊津贴，荣获山东省社会科学突出贡献奖、山东社会科学名家等。

齐鲁文化与中华文明的轴心时代

王志民

齐鲁文化与中华文明的关系问题，是研究、弘扬齐鲁文化的首要问题，也是大力弘扬中华优秀传统文化的重要问题。提到二者的关系，人们一般会说到两点：齐鲁是中华文明重要发源地之一，齐鲁是孔孟之乡，儒家文化的发源地。但这种简单的概括难以完全说明齐鲁文化在中华文明发展中的重要地位和突出贡献，也难以解答为什么是齐鲁，而非其他地域成为中国文化的主干儒家的发源地？越来越被广泛认可和采用的“轴心时代”的理论，为我们提供了重要的理论支持。

“轴心时代”的概念在20世纪50年代初由德国哲学家雅斯贝尔斯提出。他认为在世界文明发展史上有一个轴心时代，提出：“在公元前800年到公元前200年间所发生的精神过程似乎建立了这样一个轴心。在这时候我们今日生活中的人开始出现。让我们把这个时期称之为轴心时代。”他还指出在这一时期充满了不寻常的事件，在中国诞生了孔子和老子，在印度是优波尼沙和佛陀的时代，希腊产生了荷马，还有哲学家如巴门尼德、赫拉克利特、柏拉图、修昔得底斯和阿基米德。这都是在几个世纪之内单独的，也差不多同时出现在中国、印度和西方。雅斯贝尔斯在提出“轴心时代”理论时，将中华文明在“轴心时代”的文化现象作为其主要理论指证之一。我就从齐鲁文化与中华文明“轴心时代”的关系入手，来解读其与中华文明的关系。

一、中华文明轴心时代的特征

雅斯贝尔斯提出这个轴心时代的时间是公元前800年到公元前200年，恰处在中国历史上的春秋战国时期。在此时期中国文化史上所发生的若干事件、出现的人物和现象，说明它的确是中华文明史上的轴心时代，也是世界文明史上的轴心时代。事实上，在雅斯贝尔斯之前的20世纪二三十年代，我国的许多学者对于春秋战国时期在中华文明史乃至世界文明史上的地位已经有了诸多论述。譬如当时的学者刘汝霖就曾说：中国的文化进到春秋战国时代，大放光明。自从孔子之生到韩非的死，这三百多年里面，真有一日千里的进步。这重要学派，都在这个时代成立起来。他用“一日千里的进步”“大放光明”描述春秋战国时代，这正说明这个时代的确是不同寻常的。那么中华文明的轴心时代，它有什么特征呢？我想从这几个方面进行总结：

（一）哲学突破，文化繁荣

前代学者夏曾佑先生曾说：“周秦之际，至要之事，莫如诸家之学派。大约中国自古及今，至美之文章、至精之政论、至深之哲理，并在其中，百世之后，研穷终不能尽，亦犹欧洲之于希腊学派也。”这段话描述了哲学突破、文化繁荣的景象。他说“至要之事”莫如各种学派的涌现，最美的文章，最精彩的政论，最深刻的哲理都在这个时间出现了，是哲学大突破的时代，出现了各家学派繁荣的景象。他甚至说百世之后，一代代学人尽全力研究，来探索其中的道理和精要，但始终无法穷尽，这就像是欧洲的希腊学派一样。也就是说这个时代的战国诸子和古典时代希腊那些学派，在东方和西方同样都是大放光彩的。

（二）诸子蜂起，百家争鸣

梁启超先生对这个时代的文化景象描述道：“所谓中国之国民性，传二千年颠扑不破者也，而其大成，实在春秋之季。孔北老南，对垒互峙，九流十家，继轨并作。如春雷一声，万绿齐茁于广野，如火山炸裂，热石竟飞于天外。壮哉盛哉！非特中华学界之大观，抑亦世界学史之伟迹也。”这段话描述了诸子蜂起、百家争鸣的壮观文化景象，“孔北老南”，孔子在北方，老子在南方。他用了非常形象的比喻，“对垒互峙”，像两军对垒一样，儒家和道家相互争鸣。“九流十家，继轨并作”，诸子百家学派继之纷纷涌现，就好像是春雷一声，大雨滂沱，田野顿时焕发出一片生机，又好像是火山喷发，热石都爆发出来一样，以此来描述诸子蜂起、百家争鸣的壮观繁盛景象。他说这种景象不仅仅在中国学术界蔚为大观，而且在世界学术史上也是了不起的伟绩。我们从梁启超的激情描述中，可以形象感受当年诸子百家争鸣盛况。

（三）伟人辈出，思想传承

春秋战国时期产生了像老子、孔子、孟子、墨子、管子、孙子、庄子、荀子、韩非子等等一大批照耀中国历史星空的伟大的文化巨人。这些伟人以其卓越的思想为后人留下了丰富的学术理论和文化遗产，成为中华民族思想文化传统的主要奠基者和理论基石。大多数都是齐鲁之人或是出现在齐鲁之地。

（四）传世文献，经典丛生

我们后人认为的所谓经典著作，包括传至后世的各家学派的经典，也都是在这一个时期产生、传承的，我们中华民族文化的经典著作绝大多数都产生于这个轴心时代。

首先在这个时代产生了“五经四书”，这是两千年来中国文化的经典。其中《诗经》《尚书》《周易》《仪礼》《春秋》，记载了从五帝到夏商周三代的文化典籍，经过孔子整理，被称为“五经”。如果没有“五经”的传承，孔子以前的两千五百年的历史，就很难延绵不断、传承至今。“四书”即指《论语》《大学》《中庸》《孟子》，“五经四书”，在后世，特别是宋代以后就成为历代崇奉的儒家经典。

需要特别指出的是，“五经四书”都是齐鲁文化的结晶。“五经”都是孔子整理，而《春秋》则为孔子所著自不待言；《论语》是孔子弟子及其再传弟子整理的孔子言行记录；《孟子》则是孟子及其弟子所著；《大学》出于孔子弟子曾子之手；《中庸》则是孔子的孙子子思的著作，足见齐鲁文化在中华文明经典产生中的突出贡献。除儒家经典外，这个时代还产生了道家的经典，像《老子》和《庄子》；以及产生于齐鲁的墨家经典《墨子》，它是非常了不起的科学著作；还有产生于齐国的《管子》和齐人孙武的著作《孙子兵法》，等等。在这个时代产生的这些中国文化的经典著作，是对此前中华文明所有文献记载的整理、保存、传承和发展，也成为后代世世代代相传的文化经典，而其中大部分，都出于齐鲁之人。

二、齐鲁文化是中华文明轴心时代的文化重心

在中华文明的“轴心时代”（春秋战国时代），由于列国纷争、诸侯割据，以及自然环境的差异，所谓中华文明，实际上被分割成了有相互联系、又各具特色、发展水平高低不等的区域文化版块，形成齐鲁、燕赵、中原、秦晋、荆楚、吴越、巴蜀、岭南等影响深远的区域文化。而在各区域文化中，在当时和后世影响及贡献最大的区域文化，当属齐鲁。20世纪著名国学大家傅斯年先生在《夷夏东西说》里首先提出：“从春秋到王莽时，中国上层的文化只有一个重心，这一个重心便是齐鲁。”它认为从春秋到西汉末年中国上层的文化（学术思想文化）只有一个重心，这个重心便是齐鲁。可惜的是，傅先生只是提出了这样的学术判断，并没有详细论证解说。我在十几年的研究中，就这一问题进行了专门的探讨，我认为：傅先生的论断是正确的，齐鲁文化在春秋战国“轴心时代”乃至秦汉时期的“重心”地位是毋庸置疑的。齐鲁“重心”地位的形成经历了一个漫长的历史发展提升过程。下面将分阶段做以简要论说。

（一）重要文明发源地奠定“重心”丰厚的文化沃土

齐鲁之地是中华文明史上最早的重要发源地之一，它肥厚的文化沃土奠定了齐鲁是中华文明轴心时代文化重心的根基。20世纪以来，有关中华文明的起源地，学术界和考古界有非常多的探索，其中很重要的一个观点就是中华文明起源之多源说，也就是说它起源于多个地方。著名的考古学家夏鼐先生曾经提出：中华文明起源最重要的地方有五处，其中有两个非常重要的地方，即黄河流域的河洛地区和黄河下游的齐鲁之地。河洛地区大致上来讲即陕西的东部、河南的北部、山西的南部这一带；黄河下游流域即指泰山周围，也就是我们今天所说的齐鲁，是中华文明最重要的发源地之一。当然夏鼐先生还提到长江中游、荆州一带；长江下游太湖流域，特别是良渚文化一带；还有红河、辽河的上游也都是中华文明的发源地。关于中华文明的起源地，随着考古挖掘的深入，不断涌现出新的发现地，可能还会出现其他的学说，但至少从目前来看，齐鲁是中华文明最重要的发源地之一。

1. 通过一系列考古发现，史前时期的山东地区被称为海岱地区，海岱地区是一个自成系统的文明发源地。从20世纪30年代开始，当时的“中央研究院”历史语言研究所在章丘城子崖遗址首先发现了著名的龙山文化。距今大约4500年至4000年间的龙山文化发现了大量造型优美的黑陶器，即有“黑如漆、明如镜、薄如纸、硬如瓷”赞誉的蛋壳陶，令人叹为观止。蛋壳黑陶和非常发达的轮制陶艺技术，充分证明龙山文化是中华文明发展到相当高程度的标志。经过近八九十年的考古挖掘，学术界逐渐形成共识，海岱地区的史前文明是一个自成系统的文化序列：从距今8000年至7000年前后的后李文化，到距今7000年至6000年左右的北辛文化，再到距今6000年至4500年左右的大汶口文化，到龙山文化，及其后的岳石文化（约当夏代），形成自成系统的发展体系。这充分证明山东地区是中华文明一个独立的文明发源地。齐鲁是最早的文明发源地，还在于人类文明的几大要素都在这里最早被发现。其一，海岱是中国最早发现文字的地区之一。在龙山文化城甚至大汶口文化晚期遗址发现了城市群，考古界、学术界称之为龙山文化城市群，包括城子崖遗址、邹平的丁公村遗址、临淄的桐林田旺遗址、寿光的边线王遗址、胶县三里河遗址等。在海岱考古中发现了最早的金属器一铜器，并出现了礼器。城子崖遗址中相当多的精美的蛋壳陶就是礼器之一。

2. 夏、商时期，齐鲁也是一个文明高度发达的地区。有关夏代的考古文化称之为岳石文化，反映了山东在夏代的文化面貌。而从大量的文献记载看，夏代时期，齐鲁之地形成了若干个方国，可以称之为方国林立的时代；不论从考古还是从文献记载看，齐鲁之地在夏代也是一个文化比较发达的区域。

商代的齐鲁之地则是有商一代的东方文化中心。随着20世纪甲骨文或商代考古的发现，从多个方面证明在商代时，齐鲁之地就是一个文明发展程度很高的文化中心区。其主要表现在以下几个方面。

一是，山东地区是商朝建立之前商人的一个重要活动区域，也是商人最早的建都之地。20世纪初，国学大师王国维先生就在《说亳》一文中提出：商族可考的第一个都城在亳。据他考订，地址即现在菏泽的曹县一带。当然这个问题随着后来的考古发现还有其他不同的说法，但至少说明山东是商人早期活动中心之一。傅斯年先生在《夷夏东西说》中进一步肯定了王国维的观点，认为曹县说是很正确的。

二是，20世纪以来有很多学者认为山东环渤海一带是商文化的发源地。虽然关于这一观点考古界、学术界一直存有争议，但是从龙山文化被发掘之后就有许多学者，包括著名历史学家徐中舒、美籍华人著名考古人类学学者张光直先生认为，山东龙山文化应该是河南一带中原地区所发现的发达的商文化的一个源头。

三是，在整个商代，山东地区则是商文化非常重要的文化中心区，山东地区商文化的发展水平很高。这在山东商代考古遗址中一再得到证明。例如：20世纪三四十年代在山东青州苏埠屯遗址发掘出来的大量商代贵族墓葬，它所出土的大批精致的青铜器和其他随葬品，即代表着青州一带商文化的发展水平之高，是商文化的一个文化中心。又如，2003年在济南大辛庄商代遗址发现了大量刻有文字的甲骨，甲骨上的文字（卜辞）被著名考古学家、文化学者李学勤等称为具有界标意义的历史性重大发现；他还认为这是自安阳殷墟首次发现甲骨文104年以后的第二次发现。考古学界的评价之高至少说明济南一带是商代文化的一个高水平的中心区域。

四是，从文献记载看，商代末年山东有两大方国：商奄和薄姑。它们在周初“三监之乱”中参与了反周叛乱，是其中势力雄厚、军事强盛的主干力量。周公东征即为平定叛乱、稳定政权而消灭了商奄和薄姑，巩固了东方，为齐鲁的分封立国奠定了深厚根基。

综上所述，齐鲁之所以在“轴心时代”成为文化的“重心”，与其在史前时期这里就是一个高文化区，是中华文明最重要的发源地有直接的渊源关系。

（二）齐、鲁分封立国是“重心”地位的基石

周初的齐、鲁分封，对于齐鲁成为中华文明轴心时代的文化重心起了根本的、最重要的奠基作用。

其一，周得天下，首封齐鲁

在商周之变周的天下后，齐鲁的地位大幅提升。首先表现在对齐鲁的特别重视。西周初年，周武王灭商之后大封功臣和子弟，最早分封的是齐鲁之地，可见最受重视。《史记·周本纪》记载武王“封功臣谋士，而师尚父为首封。封师尚父于营丘，曰齐。封弟周公旦于曲阜，曰鲁”。“尚父”即姜太公。他首先把姜太公封到齐地，名为齐国；把他的亲母弟弟周公封到曲阜，名为鲁国。

其二，分封之君，特重齐鲁

齐国的开国之君姜太公，又名太公望，也称姜子牙。他是灭商立周事变中地位最高的功臣。太公既是周文王之师，被称为“师尚父”；又是周武王灭商的军事统帅。《诗经·大明》中记载有：“牧野洋洋，檀车煌煌，驷騵彭彭。维师尚父，时维鹰扬。”这里的描述就是以此来歌颂姜太公在牧野之

战率领大军灭商的功绩。

姜太公还是周定天下的安邦首辅。《史记·齐太公世家》载："师尚父……讨纣之罪。散鹿台之钱，发钜桥之粟以振贫民。……迁九鼎，修周政，与天下更始。师尚父谋居多。"这是说灭商之后，姜太公提出了一系列安定民心的政策，首先是散鹿台之钱，鹿台是商纣王的宫殿所在地。姜太公把商纣王朝的钱都散发给老百姓，把象征天下最高权力的九鼎迁往周人的都城，制定周朝的新政策，开创新的时代，姜太公出谋划策最多，而周武王也更多地采用了姜太公的建议和意见，安定了天下。所以我们说姜太公是安邦首辅。

周公旦是周武王的亲弟弟，《史记·鲁周公世家》记载：在灭商之前的文王在位之时，"旦为子孝，笃仁，异于群子。及武王即位，旦常辅翼武王，用事居多"，周武王即位之后主要辅佐他的文官就是周公，灭商之初，他是向周武王建言献策最多的人之一。后来，武王去世，周公以摄政王身份辅佐成王，稳定政局，制礼作乐，是周朝礼乐制度的主要创制者。

姜太公与周公，一武一文，不仅是周朝八百年基业的主要开创者和奠基者，而且是中华文明史上伟大的军事家、政治家，他们首先被分封到齐、鲁，封国之君，特为显耀，这不仅彰显齐鲁在周王朝中有着特殊重要的地位，也使齐鲁文化从封国之初即有了先天的优势，有着更高的起点。

其三，特殊政策，扶持齐鲁

根据《史记·齐太公世家》的记载，姜太公封于齐，周武王灭商之后两年就去世了，周成王即位之后"使召康公命太公曰：'东至海，西至河，南至穆陵，北至无棣，五侯九伯，实得征之。'齐由此得征伐，为大国"。这里的"河"指黄河，当时的黄河并没经过山东，是从河南经河北在天津以南入海，"西至河"是一个界限范围，指东到大海，西至黄河，南到穆陵关，北到无棣。无棣，在今山东无棣县的北边，大致上相当于河北山东交界之处。"五侯九伯，实得征之"，"五侯九伯"指大大小小的方国、诸侯国。周朝统治者给了齐国可以随时出兵镇抚东方诸侯的一个特权，所以齐国从一开始就奠定了强国、大国的霸业基础。齐桓公之所以成为春秋五霸之首，与姜太公封国之后奠定的这个基础是有直接关系的。

另一个特殊政策是厚赐鲁国，培植礼乐文化中心。《左传·定公四年》记载周武王分封鲁国："分鲁公以大路，大旂，夏后氏之璜，封父之繁弱，……以昭周公之明德。分之……祝、宗、卜、史、备物、典策、官司、彝器。"这段话是说在封鲁的时候，在文化上着意向鲁倾斜：一是把灭商之后所得到的从五帝到夏、商时期历代珍贵的文物宝器赐给了鲁国，以此表彰周公的功劳和高尚的道德。二是将周朝图书馆许多图书文献资料、大量文化典籍，赏赐鲁国，又派了很多掌管礼乐的官员到鲁国任职，这也是着力建设文化重心的一个举措；三是根据《礼记·明堂位》的记载："凡四代之器、服、官，鲁兼用之。是故鲁王礼也。""四代之器"，就是指虞舜、夏、商、西周这四代的一些器物、服饰，如代表各种官阶的礼服等。特别批准"四代之器"鲁国可以"兼用之"，鲁都可以来用，即让鲁国享受和周天子的都城一样享用天子之礼乐，因此说"鲁，王礼也"。这就大大提升了鲁国在各诸侯国中的政治、文化地位，使鲁国在立国之初就成为天下的礼乐文化中心。

其四，建国之策，提升齐鲁

齐鲁立国之后分别采取了不同的建国政策，并发挥了各自的优势，大大提升了齐鲁形成文化重心的文化基础。

从建国方针看，首先值得关注的是齐国。齐立国于滨海之地，《汉书·地理志》上说"齐地负海舄卤，少五谷，而人民寡"，姜太公到齐国之后实行了最适宜齐国发展的文化、经济政策。《史记·齐太公世家》载："太公至国，修政，因其俗，简其礼，通商工之业，便鱼盐之利，而人民多归齐，齐为大国。"首先因地制宜，以"鱼盐之利"，使得工商业得到发展。"因其俗，简其礼"，保留了大量的传统东夷文化的风俗和礼仪，没有对其做重大的改变，这样既安定了齐地的老百姓，又保留了文化的多样性。所以齐国的治国之道叫道术治国，是以原始道家的思想来治国，顺应民意，不扰民。

齐鲁两国在文化上采取不同的方针政策而各有重大建树，为"重心"的形成奠定坚实基础。《吕氏春秋》记载了姜太公与周公的对话，周公问姜太公靠什么治国，姜太公说“尊贤上功”；姜太公问周公靠什么治理鲁国，他说“亲亲上恩”。齐国“尊贤上功”的政策，尊重贤人，提拔有业绩的人，是成就霸业的人才政策。管仲、晏婴等齐国诸多政治家都非贵族也非姜太公的后裔，但管仲为相四十多年，晏婴为相五十年，就是这一政策的体现。齐国之所以发展成文化重心与它的立国方针有巨大关系，这些措施为齐国的富强霸业奠定了基础。鲁国的“亲亲上恩”，即是维护以血缘关系和宗法制为纽带的周礼，从政策上巩固了鲁国的周礼文化中心地位。

《史记·鲁周公世家》还记载，周公的儿子伯禽代周公受封鲁国，他过了三年才去汇报政务，周公就问为什么来得这么晚呢？伯禽曰：“变其俗，革其礼，丧三年然后除之，故迟。”就是说伯禽到鲁以后施行了重大的文化变革，改变了当地的风俗，以推行周礼，“丧三年然后除之”就是严格按周之礼制行事。姜太公封于齐，却是五月即报政周公，周公就问他为什么你治理得这么快呢？太公就说：“吾简其君臣礼，从其俗为也。”即姜太公以从简的原则贯彻落实周王朝的礼乐文明，顺从当地土著的风俗，保留了大量东夷文化的一些文化和传统。

这段记载说明鲁国文化的周礼化；而齐国保留了当地东夷文化的一些传统因素，所以鲁国和齐国的文化政策是不一样的。齐国成为传承东夷文化的工商业大国；鲁国成为礼乐文明的文化中心，所以后代“周鲁”并称；而齐国则成为传承东夷文明而又文化多元的东方霸主之国。这就为后来齐、鲁在高水平上实现夷、夏文化融合夯实了基础。所以齐鲁是中华文明轴心时代的文化重心，是水到渠成、瓜熟蒂落的文化历史发展的结晶。

（三）春秋之世：“重心”地位的形成

到了春秋时期，齐、鲁两国的发展变化促成了它们重心地位的形成。春秋时期王室衰微、诸侯做大、礼崩乐坏，这时周王朝的统治力量已经衰落，周的都城镐京被北方的戎狄入侵，周王室被迫东迁洛阳，当时称洛邑，史称东周，这个时期也是春秋的开始。但是东迁之后周王朝对天下的统治力已经逐渐衰退。

春秋时期是诸侯争霸的时代，之初郑国称霸，继而进入“五霸”连称，天子衰微，诸侯做大的时期。“普天之下莫非王土，率土之滨，莫非王臣”的时代一去不返，“礼崩乐坏”成为一个总的形势。各大国纷纷自己设置制度、文化和军队，区域文化的差异和特色逐渐形成和凸显。这种社会制度、文化的巨大变化对齐鲁成为中华民族进入“轴心时代”的文化重心带来了机遇。

1. 春秋时期的鲁国成为东周王朝各诸侯国的礼乐文化中心。

西周之时，周天子王者独尊，镐京既是政治中心，也是文化中心；而分封鲁国时，将大量文献典籍、传世宝器，以及大量高层次文官和的图册管理的知识分子厚赐鲁国，周公封地的鲁国实际成为周天子的文化副都。镐京被毁，周室东迁，周王室大量的文化典籍、文物都遭到毁坏，这就使鲁国成为周文化重心的地位大幅提升，而且成为各诸侯国公认的周礼的代表。《左传·闵公元年》载，齐桓公问大夫仲孙湫：“鲁可取乎？”即我们可以攻打鲁国吗？仲孙湫说：“不可。犹秉周礼，周礼，所以本也。……鲁不弃周礼，未可动也。”仲孙湫强调：周礼是天下的根本，只要鲁国不放周礼我们就不可以攻打它。可见即使是势力强大的齐桓公，且与鲁国为邻，可以轻易侵略鲁国，但也不敢轻举妄动。

《左传·昭公二年》还载：“晋侯使韩宣子来聘，观书于大史氏……见《易》《象》与《鲁春秋》，曰：‘周礼尽在鲁矣，吾乃今知周公之德，与周之所以王也。’”晋国国君派晋国上卿韩宣子访问鲁国，看到鲁国图书馆里保存的像《易经》《鲁春秋》等典籍，感慨道：周朝的礼乐文化都在鲁国了，才知道周公的高尚美德，以及周王朝为什么能够统一天下的原因。齐国和晋国在春秋时期都是数一、数二的霸主大国，齐和晋都公认周礼在鲁，证明春秋之变造就了鲁国是周文化的文化中心地位，而且根据韩宣子之言“周礼尽在鲁矣”，可以说鲁国当时是唯一的文化中心。

不仅仅是周王朝的重要文物典籍在鲁国保存，而且连其他各诸侯国的这些东西也都在鲁国保存。《左传·襄公二十九年》载，吴公子季札到鲁国访问，“请观于周乐”，乐工演奏了《诗经》中的十三国风，季札看了以后说：“美哉，周之盛也，其若此乎？”说明当时各诸侯国的图书文献特别是许多音乐人才都聚集在鲁国，或者说鲁国具有统领各国礼乐文明的资格和地位。从以上三条文献记载，足以说明鲁国的确是春秋时期我们民族的文化重心所在。

2. 春秋之世的齐国霸业连称，成为当时各国的政治文化重心之一，大大提升了齐国在“轴心时代”的文化地位。齐桓公是春秋五霸之首，在管仲辅佐下齐桓称霸长达43年，近半世纪之久，在春秋五霸里面称霸时间最长。从“五霸”比较看，齐国应是文化影响最大者。其理由有三：

一是，较之其他霸主，齐桓霸业最盛，影响最大。孟子曾说：“五霸，桓公为盛。”（《孟子·告子》）通常来说“春秋五霸”包括齐桓公、晋文公、宋襄公、秦穆公、楚庄王。晋文公在齐桓称霸时期因晋国内乱跑到齐国，后又回晋国当国君。此时晋文公年岁已长，虽然霸业强盛，但只维持了十几年。宋襄公几乎只是召集了几次诸侯会盟国家就败落了，称霸时间很短；秦穆公的霸业主要在西方，即今天关中一带，是偏踞一方的霸主。楚庄王主要是在长江流域称霸，齐桓称霸时期楚国想北进中原，但都被齐桓公挡在淮河以南，所以也没有在中原地区称霸。由此可见，在春秋五霸里齐国的霸业最盛，时间也最久，这就大大提升了齐国在春秋时期的霸主地位和巨大影响力。

二是，齐桓霸业打文化牌，从某种意义上说，可称为“文化霸主”。尽管当时周天子势力已经衰微，但是齐桓公称霸仍以“尊王攘夷”为号召，安抚、镇服或攻伐周边的少数民族，使其不敢进攻中原。这样就使得中原地区的先进文化免于遭受周边那些能征善战但文化相对落后的少数民族的侵扰。所以中华民族在最早出现分裂的时候，齐桓公真正维护了中华文化的统一。齐桓公的霸业主要是通过组织诸侯会盟，即我们今天所说的通过召集会议进行协商、制定规则来实现的。齐桓霸业不是单单依靠武力震慑，而在国富兵强的后盾之下依靠谈判协商会盟，召集会议来推行霸业。其中，著名的葵丘之会与诸侯订立的五项盟约为：“一命曰：诛不孝，无易树子，无以妾为妻；

二命曰：尊贤育才，以彰有德；三命曰：敬老慈幼，无忘宾旅；四命曰：世无世官，官事无摄，取士必得，五专杀大夫；五命曰：无曲防，无遏籴，无有封而不告。”内容几乎全是维护周礼的文化内容。因而，所谓齐桓称霸，毋宁说是“文化霸主”。所以孔子曾赞管仲说“桓公九合诸侯，不以兵车，管仲之力也，如其仁，如其仁”；又说：“管仲相桓公，霸诸侯，一匡天下，民到于今受其赐，微管仲，吾其披发左衽矣。”（《论语·宪问》）。而根据历史文献记载，齐桓称霸大的会盟就有19次之多，大小会盟20余次。这就使齐国成为各国诸侯之间政治交往和文化交流的中心。这说明，齐桓霸业在“轴心时代”文化上的巨大影响，及其对“重心”地位形成的贡献。

三是，值得关注的是，齐桓公与管仲的霸业与文化贡献，对其后历代国君产生了巨大而深远的影响。桓公之后，齐国霸业虽有起伏，但大致连称不断，齐孝公、灵公、庄公时期，都是霸主；而春秋末期的齐景公在晏婴辅佐下，维持了五十余年的长期繁荣稳定，大有复兴霸业之气概。战国时期的齐威、宣王之时，称雄诸侯，也是以“齐桓晋文之事”为榜样；而“管仲、晏子之功，可复许乎？（《孟子·公孙丑》）”则成为战国时齐人的一种事业追求，可见齐文化之对“轴心时代”文化的深远影响。

纵观春秋之世，鲁国礼乐文化和齐国霸权霸业都在春秋时代凸显了其重大的影响和重心地位，说明从春秋时代开始，齐、鲁就已经展现出文化“重心”形成的独特因素和文化的内动力。正是在这样一片文化丰厚的沃土上，也是在这样坚实的文化基础上，齐鲁之地才成为中华文明轴心时代的文化“重心”。所以在雅斯贝尔斯首先标举的世界文化伟人就有孔子和老子，孔子之所以产生在山东，与齐鲁之地成为轴心时代的文化重心是有直接关系的。

三、战国时代：齐鲁“重心”地位的展示与贡献

战国时代，是诸子蜂起、百家争鸣的学术文化的辉煌时期。前述“轴心时代”的文化特征，大多展示于春秋末孔子诞生之后及整个战国时代。正

是在这样一个辉煌时代，齐鲁文化凸显了它的“重心”地位。结合前面已经约略提到的之外，还主要表现在以下几个方面：

（一）诸子百家大半出自齐鲁

钱穆先生在《国学概论》里提出诸子百家源出齐鲁，他说：“盖囊括而言，先秦学派，不出两流：其倾向于贵族化者曰‘儒’，其倾向于平民化者曰‘墨’。儒者偏重政治，墨者偏重民生，法家主庆赏刑罚，原于儒；道家言反朴无治，原于墨。”他认为法家是从儒家演变来的，道家是从墨家演变来的。“故自孔子以下，学者精神所注，莫非讨论人类‘政治’与‘生活’之两问题”，也就是说孔子以后，这些诸子百家主要还是讨论关于人类的政治和生活问题。“其他论点，则均本此而引申”，是说其他的问题都是从这里引申出来的。他认为所谓诸子百家都是来源于儒家和墨家，即出于齐鲁。钱先生的观点是否信而无争议，我们姑且不论，但细分析诸子各家的渊源所出，彰显了齐鲁文化在轴心时代的非凡表现。

1. 诸子百家及其代表人物多半出身于齐鲁或者受齐鲁文化的重大影响。《汉书·艺文志》认为“诸子十家，可观者九家”。我们大家知道，所谓诸子百家，像农家、小说家、纵横家、杂家这四家，他们只是汉代人的一种分类见解，实际上并没有系统的理论主张或理论创造，农家主要崇尚农业，他们没有形成一整套重要的理论体系，比如《孟子》里面提到的许行是农家的代表人物，但他也没有系统思想主张和著作流传后世；小说家就是一些记载街谈巷语者流，应该属于当时闲杂文人的总称吧；纵横家所流传下来的主要是在《战国策》里所记载的像苏秦、张仪、苏代等政治煽客游说诸侯的一些说辞，名利驱动、说无定主，难成真正的学术派别；杂家本就学无所主，其代表人物或谓吕不韦，但吕不韦是政客，只不过他养士三千，汇聚了各派学者联合著述了思想杂糅的名著《吕览》而已，杂家实际反映了战国后期各家学派思想理论融合，界限渐趋模糊的学术现象。所以所谓诸子百家实际上主要还是司马迁的父亲司马谈所讲的《六家要旨》中提出的儒、道、法、墨、阴阳、名家六家。儒家是孔子创始，墨家是墨翟创始，阴阳家是邹衍、邹奭创始。这三大重要学派都出自齐鲁。其余三家虽然情况复杂，但都与齐鲁的关系非常密切。

2. 道家与齐鲁。首先说道家道家之源。道家的代表人物老子、庄子都不是齐鲁之人（现学术界有许多人考定认为庄子是现在山东东明人）。但是道家思想的产生却与齐国有很密切的联系。第一，根据《汉书·艺文志》的著录，伊尹和姜太公列为道家之首，也就是说在汉代人的记载里，至少认为姜太公是道家渊源中的一个重要人物。实际上齐文化中的治国之术为“道术治国”，如前所讲姜太公受封之后“简其君臣之礼，从其俗为也”，就是把很烦琐的一套周代礼仪简单化，保留和遵从了当地的一些民俗和文化，实际上采取的是无为而治的方针，可以看出姜太公为道家学派先驱的端倪。所以，虽然老子和庄子是道家理论的创始人，著有《老子》和《庄子》两部经典名著，但是如果我们从道家的渊源来看的话，它跟齐文化是有直接渊源关系的。其次说道家学派。在战国时期道家有一个重要的学派叫黄老学派，它的形成与发展则主要是在齐国的稷下学宫完成的。在稷下学宫有一大批学者是道家黄老学派的代表人物。根据近几十年来学术界的研究认为，道家黄老学派是稷下学宫中的主流学派。由此可见齐文化和道家的关系的确是非常密切的。

3. 法家与齐鲁。战国的法家代表人物多出秦晋；但是法家与齐国的关系也是非常密切、源远流长的。有学者提出法家和兵家存在渊源关系，认为它们的始祖是姜太公。目前关于法家的研究中，有学者认为在战国时期法家分为两派，一派为齐法家，一派为晋法家，即三晋法家。中国社会科学院知名史学家杨向奎先生说：“孕育法家思想的基地，一个是齐国，另一个是晋国。”再者辅佐齐桓公称霸的管仲也是一位法家的先驱人物。在一些研究先秦诸子和稷下学的学者眼中，齐国的所谓法家就是指的管仲学派，号称齐法家。而这些齐法家的思想主要集中在齐文化的经典著作《管子》里面，其中《任法》和《法法》两篇文章就是专门论述“法”的。所以法家和齐文化的关系是非常密切的。还有很重要的一点，我们后面还要提到，就是在齐国的稷下学宫中三为祭酒的荀子。他主张礼法结合，他的学说“隆礼近法”，就是发扬光大儒家的礼文化到接近于法的程度。荀子的两个学生韩非子和李斯都是法家集大成的代表人物。荀子在齐国的稷下学宫曾三为祭酒，居住过四十余年，所以法家与齐鲁的关系是非常密切的。

4. 名家与齐鲁。名家的代表人物是公孙龙子，在齐国的稷下学宫里面名家是一个影响比较大的学派。其中像尹文、田巴、郳说这些著名的稷下学者就是名家的代表人物。名家学派能够在战国时期发展壮大、大师涌现且建立了自己的思想理论体系，这和齐之稷下学是有直接关系的。

诸子百家大半出自齐鲁或与齐鲁有密切的联系，中华文明轴心时代最重要的成就是诸子百家的形成和百家争鸣的出现，齐鲁做出了重大的贡献，也展示出齐鲁是文化“重心”的地位。

（二）儒、墨显学是先秦诸子学派的巅峰

根据文献记载，儒、墨两家在当时影响最大，号称“显学”。《韩非子》有《显学》一篇，专门记载儒家和墨家，它说儒、墨显学：一是弟子众多，“孔墨之弟子徒属，充满天下”；二是支派林立，后代称为“儒分为八，墨离为三”；三是影响巨人。《吕氏春秋》称赞说：“孔墨之后学显荣于天下者众矣，不可胜数。”是说后来能够在社会产生重大影响的儒家和墨家的弟子，数都数不清。所以从共同的特点来看，所谓诸子百家，其实儒、墨是影响最大的，都是出自齐鲁。

再别而言之。首先说儒家。战国儒家，大师辈出，而大部分是齐鲁之人。先秦儒家形成博大精深的思想体系主要得力于四个人：孔子创始儒家；孔子的孙子子思传承发展了孔子的学说；在战国时期儒学走入低潮时，孟子高扬起孔子儒学的大旗，创新发展了儒家学说，将孔子“仁”的学说发展为仁政学说，用以治理天下；荀子大力发展了孔子的“礼”的学说，“隆礼近法”，礼法结合。子思和孟子都是齐鲁之人，荀子虽是赵国人，但据确考他在齐国的稷下学宫待了四十余年，曾“三为祭酒”，所以荀子实际上也是齐鲁之学培育出来的儒学大师。

在《论语·先进》里面曾经提到了孔门十大弟子，德行：颜渊、闵子骞、冉伯牛、仲弓；言语：宰我、子贡；政事：冉有、子路；文学：子游、子夏。后代称他们为孔门十哲，其中七个人是鲁国人，子贡和子夏是卫国人，子游是吴国人。

儒家支派众多，体系博大。《韩非子·显学》载：孔子之后，儒分为八：子张之儒、子思之儒、颜氏之儒、孟氏之儒、漆雕氏之儒、孙氏之儒、乐正氏之儒，“故孔墨之后，儒分为八，墨离为三”。儒家分为八大流派，其中七派都是鲁人，只有一派孙卿，即荀子，成长于齐国稷下学宫。

传播儒学以齐鲁作为传播基地。《汉书·儒林传》载：“天下并争于战国，儒术既绌焉，然齐鲁之间，学者独不废也。于威、宣之际，孟子、荀卿之列，咸遵夫子之业而润色之，以学显于当世。”在战国时期儒学曾陷入低潮，只有在齐鲁之地儒学仍然传承，特别是在齐国威王、宣王时，齐鲁之地儒学传承不断，得以复兴。表明儒学在先秦时期主要在轴心时代的传播基地是在齐鲁。这里特别值得注意的是，齐国成为儒学传承的基地。《史记·儒林列传》载：刘邦打败项羽以后曾经派兵围困鲁国曲阜，“鲁中诸儒尚讲诵习礼乐，弦歌之音不绝”。兵临城下之际，鲁国城中诸儒还在“讲诵习礼乐”，泰然若之。由此可见，整个春秋战国时期包括兵荒马乱之时，鲁国都始终是传播儒学的重心。

次说墨家。墨家在思想和科学成就上代表了在轴心时代的另一个巅峰。墨子是显学墨家的创始人，是伟大的思想家、政治家、军事家，还是一位伟大的科学家。以墨子为代表的墨家学派，是一群在自然科学、逻辑学、哲学、政治学、经济学、伦理学、教育学、军事学等多个领域取得了伟大成就的非凡的文化巨人，多项成就、多种贡献集于一派，多种创新成就集于《墨子》一书，这在中外文化史上都是非常少见的。杨向奎先生对墨子非常崇拜，他说：一个墨子等于整个希腊。英国学者李约瑟曾在《中国科学技术史》里道：“完全信赖人类理性的墨家，明确奠定了在亚洲可以成为自然科学的基本概念的东西。”李约瑟是说墨子奠定了整个亚洲的自然科学的基础。梁启超先生说：“论到人格，墨子真算千古的大实干家，不惟在中国无人能比，求诸全世界也是少见。”所以我们说儒、墨显学都出在山东，且如此辉煌达到了巅峰，这的确是齐鲁作为文化“重心”的凸出显现和重大贡献。

（三）诸子百家争鸣的学术中心在稷下学宫

我们知道中华文明轴心时代最重要的文化展现就是诸子百家的产生和诸子百家争鸣的辉煌文化盛景，那么百家争鸣的文化盛景发生于哪里呢？

20世纪以来，特别是近几十年来，从有关战国时期诸子百家争鸣的研究来看，诸子百家争鸣的学术中心就是在齐国故都临淄设置的稷下学宫。钱穆先生在《先秦诸子系年》的《稷下通考》中，开首即说：“扶植战国学术，使臻昌隆盛遂之境者，初推魏文，继则齐之稷下。”他认为能够助推战国学术繁荣达到辉煌灿烂景象的，开始是魏文侯，后面就是稷下学宫了。郭沫若先生在《十批判书》之《稷下黄老学派的批判》中也这样说：“稷下之学的设置，在中国文化史上实在是有划时代的意义的。”并说“周秦诸子的盛况是在这儿形成了一个最高峰的”。学术界对此也早有论述，特别是近几十年来关于对战国时期诸子百家争鸣和稷下学宫的研究认为，稷下学宫实际上是战国时期唯一的百家争鸣的中心。本讲座还有稷下学宫的专讲，我这里只是择其要者略说一二。

一是，稷下学宫存在长达150余年，一直是诸子百家学者荟萃的文化中心。它最兴盛的时期在齐威王、宣王和湣王的前期，长达七八十年，师生曾达数千人。二是，根据近些年的研究来看，几乎当时所有的诸子学派都汇聚到了稷下学宫，开展了蔚为壮观的学术争鸣。三是，稷下学宫是一个集高等教育大学堂、百家争鸣的学术中心和齐国统治者高端智库为一体的创新性的学术实体机构。这实在是那个时代唯一的文化存在。它和希腊的柏拉图学园（亦称希腊学园），几乎同时出现在世界的东方与西方，在世界文明的“轴心时代”是贡献巨大的熠熠生辉的文化奇观。而这一奇观既是文化“重心”的辉煌结晶，也是突出贡献。

（四）先秦兵学最盛于齐

春秋战国时期，列国纷争、战争频仍，而从文化上讲，这个时期产生的兵学，既是兵家智慧的结晶，也是“轴心时代”文化的重要组成部分，是中华文化宝库中的珍宝之一。而在列国之中，齐国的兵学是最发达的，在中国数千年兵学史上，号称有“十大兵书”，而其中有六大兵书出现在先秦时期。六大兵书中，则有四大兵书是出自齐人。最早的是《太公兵法》，后被称为《六韬》，是战国时代齐人整理的姜太公的用兵治国之道，唐代还将姜太公封为武成王；之后是《司马兵法》《孙子兵法》和《孙膑兵法》，这些先后出于齐人之手的兵学名著，反映出齐文化最辉煌的一面。而且在事实上，《管子》《荀子》还有包括稷下先生鲁仲连的《鲁连子》，这些著作中也有丰富的兵学内容，可以看出齐人在兵学理论和战争经验的总结方面，取得其他地域文化难与比拟的伟大成就，这也是齐鲁在“轴心时代”文化“重心”地位的重要展现和突出贡献之一。

（五）传世经典多出齐鲁

春秋战国时代，之所以称之为“轴心时代”，一个很重要的方面，是这个时代产生的重要文献，犹如西方的《圣经》，是后世数千年传承不息、影响巨大而深远的经典著作。在这些著作中，后世称为“经”的，有两类：一类是中国唯一宗教道教崇奉的《道德经》（即《老子》）和《南华经》（即《庄子》）；另一类是儒家以“五经”为代表的经典。

儒学是中华思想文化传统的主干，儒学经典成为民族思想文化传统的“圣典”，而儒家经典则全是齐鲁之人的著作。从汉代始，孔子编订的“五经”（即《诗》《书》《易》《礼》《春秋》）设博士官传授；到唐代《礼》分为三经：《周礼》《仪礼》《礼记》；《春秋》分列三传：《春秋左氏传》《春秋公羊传》《春秋谷梁传》；统称“九经”；到宋代将《孝经》《尔雅》《论语》《孟子》列入经典，合称“十三经”。其中，除孔子编订“五经”外，三传分别为：鲁人左丘明、齐人公羊高、鲁人谷梁赤所撰；三礼：《周礼》出鲁国，传为周公所作，实为战国时鲁人所整理；《仪礼》也相传为周公所制定，而经孔子整理修订面世；《礼记》据考定为孔子七十二弟子及其后学的论文集。而孔门弟子80%是鲁人和齐人。《论语》《孟子》的作者为孔子、孟子自不待言；《孝经》是鲁人曾子的著作；《尔雅》作者不详，相传为孔子所作；据考定该书应为秦汉时期为解释儒家经典而编成的"词典"，是孔子后学或秦汉儒生的集体著作。齐鲁之人应是主体。儒家经典，全出齐鲁，也足见齐鲁文化的贡献之突出了。

以上从五个方面概述了齐鲁文化在战国时代的重大贡献，进一步突出显现了齐鲁文化在中华文明"轴心时代"的重心地位。

四、齐鲁"重心"地位在秦汉的巨大影响

在经历了春秋战国五百余年之后，中国走向了秦汉大统一的时代。齐鲁在中华文明轴心时代的重心地位在秦汉实现大统一的过程中，进一步展示出它的影响力和巨大贡献。主要表现在四个方面：

（一）齐鲁文化对秦代政治的巨大影响

秦统一之后齐鲁文化对新王朝产生的重要影响主要有两点。

1. 产生、成熟于齐国稷下学宫的阴阳家学派的"五德终始说"为秦所用，成为秦立国的理论基础。秦始皇统一天下后认为"天下大定，今名号不更，无以称成功，传后世"。因此他需要一种理论为他统一天下做出合理的解说与阐释，正是在这种情况之下，齐国阴阳家所常言的"五德终始说"就适应了秦始皇的需要。根据《史记·秦始皇本纪》的记载，"自齐威、宣之时，驺子之徒论著终始五德之运，及秦帝而齐人奏之，故始皇采用之"。秦始皇采用了"五德终始说"作为自己改朝换代的理论根据。"五德终始说"按照五德金木水火土周而复始的循环运转，来为从黄帝开始的改朝换代做解释。黄帝时期是土德，夏代是木德，商代是金德，周代是火德，秦代是水德。水克火，即秦统一天下代替周是顺理成章的。"五德终始说"是在

战国中后期，在被称为帝制运动的封建统一的大趋势中应运而生的一种理论。它将金木水火土五行相生相克循环不一的理论附会于朝代更替上，也就是说新朝代的兴起必然是因为前朝的德衰，在五德当中得到了符应，显示出朝代更替就是上天的意志安排。秦始皇认识到这种理论对他的巩固统治有利，于是就采用了。

2. 齐鲁之地对秦始皇产生了巨大的吸引力。秦始皇在其十二年的统治当中一共五次出巡，其中四次东巡，三次来齐鲁。可见秦始皇对齐鲁之地是特殊重视的，所以齐鲁文化对秦始皇的影响非常大。且秦始皇是在来齐鲁返回咸阳的途中染病去世的，所以秦始皇是最热衷齐鲁之地的人文和山水的。

秦始皇很相信齐鲁儒生、方士的言论，他召集大量儒生到咸阳，且秦朝很多制度的建立也是听取了儒生的意见。最值得回味的是孔子有七十二弟子，稷下学宫曾经一次封七十六位各学派的领袖人物为上大夫，而秦始皇恰好设七十人为博士，可以看出秦始皇在统治之初是很信任儒生的。

秦始皇还很信任齐地方士。方士告诉秦始皇说大海里有长生不老之药，采集来吃了可以长生不老，秦始皇便信而不疑。秦始皇在统一后的政治生涯中，大部分时间里都钟情于齐鲁文化，信任齐鲁士人。但是到他的后期，天下安定之后，秦始皇自感不可一世，而齐鲁的儒生对秦始皇直言进谏，甚至直接顶撞的做法，冒犯了秦始皇的神威，引起了秦始皇的反感，由此秦始皇开始憎恨儒生。李斯则认为天下已定，这些儒生可能是制造动乱的根源，又加齐国的方士去大海中给秦始皇采不老之药均以失败告终，特别是徐福要求带着三千童男童女出海采药，却一去不返。秦始皇一怒之下发生了“焚书坑儒”事件。“焚书坑儒”所坑杀的主要是齐鲁的儒生和方士。

（二）齐鲁文化对汉初政治的重大影响

在秦灭齐统一天下之后，稷下学者四散到民间，其中一部分黄老学者在高密一带民间传授学问和知识。汉初刘邦统一天下之后，将其庶长子刘肥封到齐地，刘肥任用曹参作为相国。曹参为求治国之策遍访民间，在高密一带听取了这些黄老学者的建议，在齐国实行黄老之治。所谓“黄老之治”简言之即无为而治，即“人主之术，处无为之事而行不言之教”。就是说统治者不要骚扰老百姓，不要过多地奴役他们，让他们按照农时季节，安心种地，国家才能大治。而“行不言之教”，即不要强行灌输、教育老百姓，或强制执行制度，总之，即让老百姓在历经长期的战争动乱之后，能安居乐业、休养生息。结果“九年，齐国大治”。后来萧何去世，由曹参代萧何而为国相，也在全国实行“黄老之治”，所以从文帝到景帝时期的文景之治，占据统治地位的思想主要是黄老之治。钱穆先生说：“汉初之兴，未脱疮痍，与民休息则黄老之说为胜。”即汉初是黄老之治。史书有载“文帝本修黄老之言……其治尚清静无为”，汉文帝就是按照黄老之治来治国的。而到了景帝时期，文帝皇后、景帝之母的窦太后，“好黄帝与老子言，帝及太子诸窦不得不读黄帝、老子，尊其术”。故景帝也很尊崇黄老。所以汉初的文景之治是吸取了齐鲁之学的黄老之学以治国。黄老之学曾一度是统治思想。

（三）齐鲁士子对西汉经学发展的贡献

孔子以六经教弟子，孔子去世以后他的弟子散游诸侯。孔子的弟子大部分是齐鲁之人，所谓散游诸侯，应该主要也在齐鲁之地，或周游之后回归故里，在齐鲁之地自然形成一个传播经学的高文化区。历经战国直到秦汉的百余年中，孔子的后代、弟子及后学在齐鲁代代传授儒学，形成了儒学丰厚的社会根柢和人才基础。秦始皇东巡泰山时叔孙通能够在鲁地一次征召了七十多名大儒；叔孙通投降汉代以后，跟从他投降的儒生弟子达到百余人。《史记·儒林传》中记载，汉初传授经学的大师曾“言《诗》于鲁则申培公，于齐则辕固生，于燕则韩太傅；言《尚书》自济南伏生；言《礼》自鲁高堂生；言《易》自淄川田生；言《春秋》于齐鲁则胡母生，于赵自董仲舒”。所谓五经八诗，八大经学大师中有六位是齐鲁之人。董仲舒虽是赵人，但他是齐人公羊寿的弟子，所以说他实际上是齐学的大儒。钱穆先生曾在《自秦焚书后至汉文景时代之博士》一文中考定汉初经学博士十二人，其中八人是齐鲁之士，若连同齐学弟子董仲舒、晁错等，齐鲁学者共达十人之多。所以在整个西汉时期经学实际上是由齐鲁的儒生垄断的，而两汉经学的繁盛实际上就是齐鲁之学的繁盛，齐鲁为文化“重心”的重大影响，使其真正成为秦汉经学繁盛的一个重要的人才基地。

（四）由儒学复兴到独尊儒术的贡献

董仲舒是公羊齐学的儒学大师，汉武帝时董仲舒提出“罢黜百家，独尊儒术”，这显然也是受到了齐鲁之学的影响，特别是受了齐学海纳百川、包容百家思想的影响。稷下学宫能包容诸子百家进行学术争鸣长达百数十年，就形成齐学兼容百家、通权达变的地域特色。董仲舒作为齐学弟子既得到孔、孟、荀先秦儒学的培育，又得到齐学的滋养，是一位在新的大一统的社会文化环境之下能够博采百家、融通齐鲁、推动儒学与时俱进的儒学大师。汉武帝思想的形成也是受到了齐鲁之学的影响。据《史记·儒林列传》载：“兰陵王臧既受《诗》，以事孝景帝为太子少傅”，也就是说兰陵人王臧是儒学的弟子，也是汉景帝太子、即汉武帝的老师。所以钱穆先生说“王臧尝傅武帝”，“特见亲信”，即是说曾经给汉武帝当老师；特别和汉武帝亲近；“帝之好儒术，渊源当在此”，汉武帝为什么独尊儒术呢？与王臧的影响至关重要。

综上所述，汉武帝好儒术是受儒学的影响，而董仲舒是齐学的弟子，又善于把诸子百家的思想融注到儒学中，特别是像黄老之学、阴阳五行学说，乃至包括法家和道家思想，都融汇到儒学中来，所以董仲舒的儒学号称董氏学，实际上就是融入了诸子百家的学说。齐学大师董仲舒向儒学大师培养出来的帝王汉武帝提出“罢黜百家，独尊儒术”的主张，君臣一拍即合，就此确立了“罢黜百家，独尊儒术”的治国方略。汉代以后的两千年来，儒学成为历代统治者的统治思想，儒家思想也就成为中华思想文化的主干。齐鲁之地作为中华文明轴心时代的文化“重心”，也被历代尊为中国人的文化圣地，孔子经历十六次历代帝王的加封，被封为圣人、文宣王，最后被封为大成至圣文宣王，成为至圣先师，尊为万世师表。这都是奠基于齐鲁文化在中华文明“轴心时代”的文化“重心”之上的。

胡新生

山东大学历史文化学院中国古代史研究所所长、教授、博士生导师。主要学术领域是先秦秦汉史，在先秦礼学与礼仪制度等研究方向上有重要学术贡献。代表著作有《墨子》(中华书局)、《周代的礼制》(商务印书馆)、《中国古代巫术》(山东人民出版社)、《齐鲁文化思想史(先秦秦汉卷)》(山东大学出版社)等。代表论文有《异姓史官与周代文化》(《历史研究》1994年第3期)、《论汉代巫蛊术的历史渊源》(《中国史研究》1997年第3期)、《周代祭祀中的立尸礼及其宗教意义》(《世界宗教研究》1990年第4期)等。

管仲相齐与齐桓首霸

胡新生

管仲辅佐齐桓公称霸诸侯，是春秋时期的一件大事，在齐鲁文化发展史和中国政治史上都占有非常重要的地位。

管仲是中国古代一流的政治家。近代梁启超写过一本《管子评传》，书中有一段概括性的评价："管子者，中国之最大政治家，而亦思想界一巨子也。"意思是说，管仲不但是中国历史上伟大的政治家，同时也是伟大的思想家。梁启超的说法实际上给出了一流政治家的标准。这个标准主要有两方面：一是政治业绩非常突出，有非常辉煌的功业，在政治制度建设、发展经济和增强军事实力方面，都取得了突出的成就；另一方面是有一套完整的治国思想，有一套治国学说。这两个方面缺一不可。如果只有前一方面，也就是只有政治功业，那么他只是一个实干型的政治家，他的影响就仅仅局限于当时的社会，不可能产生深远的历史影响。如果仅有后一方面，也就是说只有治国的思想而没有功业，那么他就仅仅是理论家、思想家。管仲的不同在于他这两个方面都非常突出。他不但辅佐齐桓公建立了轰轰烈烈的霸业，而且有一套完整系统的治国思想。他的政治理念、政治学说以及在这些理念和学说指导下创建的齐国的霸业，都对后世产生了深远的影响。在中国历史上，能同时做到这两点的政治家并不多，管仲能同时兼具，超越凡庸，所以说他是一流的伟大的政治家。

下面分五个方面介绍管仲的改革措施和齐国的霸业，具体包括：管仲相齐与齐国称霸的历史背景；管仲早年的经历；管仲在齐国采取的改革措施；齐国的霸业；管仲改革和齐国霸业的历史影响。

一、管仲所处的时代

先来介绍管仲改革和齐国称霸的历史背景。

我们知道，周代分成西周和东周两个阶段。西周王朝（前1046—前770）建都于镐京，号称“宗周”。到西周最后一个王也就是周幽王的时候，申、缯联合犬戎攻破宗周，西周王朝就灭亡了。晋、郑等国拥立周平王东迁洛邑（今河南洛阳一带），后来史家就称王都东迁以后的周朝历史为东周时代。东周时代又分成两个阶段：前半段称春秋时期（前770—前476），后半段称战国时期（前475—前221）。包括齐桓公霸业在内的“春秋五霸”都是春秋时期的事情。齐桓公是春秋首霸，时间比孔子诞生早一百年左右。

春秋时期处在周王朝将要解体还未解体的阶段，这个阶段的政治形势有过渡性或两面性。一方面是王室衰微、诸侯崛起，周王室的影响力迅速下降；另一方面是宗法分封制的格局没有发生根本的改变。从前一方面来说，春秋时期不同于西周；从后一方面来说，春秋又和战国不同。

王都东迁之后，周王室对诸侯国的控制力和号召力严重削弱了。周王室周天子虽然名义上还是天下的共主，但是事实上已经失去政治中心的地位。西周时期王室对地方诸侯的控制力比较强，有的时候周天子能够直接干预诸侯国君的废立。到西周灭亡、王都东迁之后，周王室这方面的力量迅速下降，地方诸侯趁机崛起。这是一个非常重要的变化。春秋初期就发生过周天子和郑国互相交换人质的事情，史称“周郑交质”。周天子怎么可以和王朝统治下的诸侯国互相交换人质？交换人质意味着王室和诸侯变成了一种政治对等的关系。这反映出周天子的地位已经一落千丈。“周郑交质”并没有换来相安无事，最后周王室还是和郑国发生战争，结果王师大败，周桓王被射中了肩膀，狼狈逃走。“周郑交质”“射王中肩”，这在西周时期都是不可想象的，但是春秋时期发生了。

周王室的衰弱和地方诸侯的崛起势必会造成一种结果，那就是王朝政治中心的转移。春秋时期，中原华夏族面临周边少数族的强烈冲击。当时称这些少数族为“夷狄”“戎狄”。《公羊传·僖公四年》就有这样的说法：“南夷与北狄交，中国不绝若线。”宗周灭亡后，中原虚弱，戎狄各族侵扰，有些国家如邢国、卫国都曾被狄族攻破。在这种形势下，华夏各国需要新的权力中心，需要强有力的诸侯代替周天子担当领导者的角色，出面协调各国关系，解决内部纷争，维护宗法政治格局，带领各国共同回应少数族的冲击。周天子已经不能控制当时的局面，已经不能领导中原各国维护自身利益和安全了，时代呼唤新的强者、新的政治权力中心。这个强者和中心，用当时人的话说就是“霸主”。诸侯霸主是顺应社会和时代的需要出现的，古人常说的时势造英雄就是这个道理。

春秋时期的政治形势还有另一方面值得注意，那就是春秋形势毕竟与战国不同。春秋时期的周天子名义上仍然是天下共主，而战国时期的周天子基本上没人理睬了，完全是列国军事兼并、重新走向统一的态势。春秋时期还没有发展到这个程度。春秋时期的霸主是代表周天子来控制政治局面，是打着“尊王攘夷”旗号的政治中心、权力中心，这时的周天子还没有完全失去威望和价值。春秋时期延续了西周宗法分封制的特点，霸主必须以王室的名义行事，必须维护王室的地位。战国时期的形势则是各国变法，军事兼并成为主题，周王室基本失去影响力，中国走向重新统一。把握这一特点，才能理解称霸后的齐桓公为什么对王室还是非常的尊重和客气，管仲为什么小心谨慎地一再推辞王室的赐爵，等等。

这里还有一个问题需要说明。春秋时期为什么是齐国首先称霸，齐国和其他诸侯国相比有什么特殊之处？这个问题简单说来就是：齐国的文化传统、历史基础与众不同。其实春秋初期最先崛起的诸侯国是郑国。郑国因为帮助王室东迁，郑武公、郑庄公父子相继担任平王卿士，一度掌控了王朝政治。但是郑国的国家体量、实力毕竟有限，不可能对中原各国的发展产生全局性的影响。真正的霸主是从齐国开始的。齐国由齐太公吕尚创建，建国之初就奉行开放务实的战略，大力发展工商鱼盐事业，“尊贤上功”，注重功利实效；“因其俗，简其礼”，实行宽松政策。这种文化传统是齐国特有的一种资源和优势。管仲、齐桓公继承发扬齐太公的思想，依靠齐国固有的基础，通过改革迅速成为军事强国，这与齐国特有的历史传统是分不开的。

二、齐桓公即位与管仲相齐

管仲和齐桓公早年的经历颇有传奇性。

管仲（？—前645），名夷吾，出身于姬姓管氏，早期身份应是士级贵族。管仲早年有一个时期非常困顿。《史记·管晏列传》说，管仲年轻时和鲍叔牙一起经商，经常要聪明占便宜，而鲍叔牙并不记恨，说管仲是因为太穷才这么贪财；管仲当兵时多次从战场上逃走，鲍叔牙也替管仲开脱，说这是因为他家有老母需要奉养；管仲为鲍叔牙出谋划策很少成功过，鲍叔牙说这是管仲时运不济，与才能无关。《史记》的描写有演义成分，但是从中可以看到管仲经历过很多坎坷，曾是一个备尝艰辛的失意的小人物。

齐襄公末年齐国的内乱改变了管仲、鲍叔牙、公子小白（即后来的齐桓公）等人的命运。

齐襄公是齐国历史上有名的昏君。齐襄公末年，鲍叔牙辅佐襄公之弟公子小白逃奔莒国（今山东莒县）。齐襄公被臣下杀死，齐国形势动荡不安，管仲、召忽辅佐襄公的另一个弟弟公子纠逃奔鲁国。不久，杀死齐襄公的人又被另一派势力消灭，齐国一时没有国君，处于权力真空状态。于是公子小白、鲍叔牙等从莒国出发回齐国争夺君位，公子纠、管仲、召忽等从鲁国出发回齐国争夺君位，两公子及其拥立者成了势不两立的敌人。管仲奉公子纠之命带人阻击小白，射中了小白的衣带钩。也许是误以为小白已被射死，公子纠等人放慢了回国的步伐，行动迟缓，最后反而是小白抢先进入齐国。公子小白得到齐国大族国氏、高氏的支持，即位为君，这就是齐桓公。

齐桓公即位后，鲁国仍试图帮助公子纠夺回君位。齐鲁两方交战，鲁国、公子纠一方战败。在齐国的逼迫下，鲁国杀掉公子纠，召忽为公子纠尽忠自杀，管仲则自愿回齐国受审。当时鲁国人对是否把管仲交给齐国有不同意见。有一个鲁国大臣就说，这个管仲非同小可，是“天下之才”，不能让他返回齐国，否则将对鲁国构成威胁。他主张杀掉管仲以绝后患。但是齐国方面态度强硬，就是要把管仲押解回来，鲁国被逼无奈，只好把管仲移交齐国。齐国要求引渡管仲，是因为早有重用他的意思。管仲曾经的好友、因为辅佐对象不同而和管仲分道扬镳的鲍叔牙，就极力向齐桓公推荐管仲。鲍叔牙说，如果只是一般性的治理齐国，我们这些人也能勉强胜任，但是要使齐国富强，称霸天下，就必须依靠管仲。齐桓公采纳了鲍叔牙的意见，不计前嫌，重用管仲。要知道管仲曾经受命杀死齐桓公，而且差一点把他射死，这种夺命之仇一般人很难消除。再说一个当年的死敌，即使表示归顺，谁能保证他没有二心，谁能保证他不是暂时屈服伺机杀人？但是齐桓公没有这些顾虑，他的决定出乎很多人的意料，他任命管仲为宰辅（执政大臣），赐其尊号为“仲父”（叔父的意思）。齐桓公的做法在当时十分轰动，先秦古书上称之为“齐桓公置射钩而使管仲相”。不计前嫌重用曾经的政敌，需要宽阔的胸怀和过人的胆识，这是大手笔、大才能，表现出一种超越凡俗的大政治家的品质。齐桓公能够成为霸主绝非偶然。管仲是“天下之才”，齐桓公则能任用“天下之才”，他们都是了不起的人物。

管仲的事迹被后人广为传扬，因为他的经历在很多方面具有典范意义：

1. 君臣关系的典范

齐桓公重用管仲一事，在当时就被视为政治家宽宏大量的典型。晋国霸主晋文公刚刚夺取君位时，遇到了和齐桓公差不多的情况。有一位寺人披求见晋文公，向他报告有人将要发难的消息，文公拒绝说：当年老国君和新国君都曾派你来消灭我，命你明天赶到，你当天就领兵杀来；命你三天赶到，你第二天就领兵杀来，虽然有命在身，但是你也太积极了！你还是走远点为好。寺人披回答说，我只知道效忠国君，国君要消灭的是谁和我有什么关系？你难道不知道“齐桓公置射钩而使管仲相”的故事吗？如果没有齐桓公那种肚量，不但拢不住人心，而且眼下就要面临灾祸。晋文公也有霸主风范，听到这些话马上回心转意，接见了寺人披。晋文公这件事发生在齐桓公死后不久，可见管仲与齐桓公的故事很快就在列国间传扬开来，成为政治家津津乐道的不计前嫌、君臣互信的模本。

2. 朋友关系的典范

管仲和鲍叔牙相知很深，鲍叔牙能够设身处地为朋友着想，尤其可贵。他们这种真正知心的关系造就了“管鲍之交”的佳话。“管鲍之交”不仅是个人私情，同时还包含一层意思，是说不要因为私人感情而影响国家的利益。管仲晚年病重期间，齐桓公曾就以后谁来担任执政大臣的问题征询管仲的意见，桓公提到的人选也包括鲍叔牙。管仲认为鲍叔牙不可用。他说鲍叔牙有很大的缺点，担任执政大臣并不合适。这个意见完全是从国家利益出发的。鲍叔牙在早年交往中经常受管仲的欺负，后来又各为其主，构成敌对关系，但是一旦有机会他还是极力推荐管仲；而管仲也不因鲍叔牙对自己有恩，就无原则地推荐他继任执政大臣。这是一种朋友关系的典范。

3. 处理小节与大德关系的典范

道德方面有没有小节、大德之分？应该怎样看待和处理国家利益与个人品行的关系？管仲的做法可以给这些问题提供答案。《论语》有两条评论涉及管仲的小节和大德问题，都见于该书的《宪问》篇。第一条是：“子路曰：‘桓公杀公子纠，召忽死之，管仲不死。’曰：‘未仁乎？’”孔子的学生子路问道，齐桓公逼迫鲁国人杀了公子纠，和管仲一起辅佐公子纠的召忽为主人尽忠自杀了，管仲却没有自杀，最后反而为齐桓公效力。子路提问说，管仲的行为恐怕不符合“仁”的标准吧？他的意思是，贪生怕死的叛徒不能算仁人。孔子的回答是：“桓公九合诸侯，不以兵车，管仲之力也。如其仁，如其仁！”意思是说，不要计较那些小的方面，我们要看管仲后来的历史贡献。齐桓公多次召集诸侯盟会，但从不以武力胁迫大家，这是管仲的谋划起了作用。就凭这一历史贡献，说管仲做到了仁并没有太大问题。第二条是：“子贡曰：‘管仲非仁者与？桓公杀公子纠，不能死，又相之。’子曰：‘管仲相桓公，霸诸侯，一匡天下，民到于今受其赐。微管仲，吾其被发左衽矣。岂若匹夫匹妇之为谅也，自经于沟渎而莫之知也？’”孔子的这段回答非常有名。孔子的意思是说，没有管仲辅佐齐桓公创建霸业，团结各地诸侯共同抵御少数族的冲击，华夏文明就要受到严重的破坏，我们可能都要变成披发左衽的野蛮人了。像管仲这样的大才，怎么能拿一般人的标准去要求他，要他为了一句誓言、一种概念化的节操而无声无息地自杀而死，使国家民族失去一个可以造福于广大民众的人才呢？孔子对管仲给予了很高的评价。孔子认为不能只从一个角度看问题。如果计较为主人尽忠这样的小节，那么管仲的行为自有缺陷，但是从保护和发展华夏文明的角度看，管仲的贡献无人能比。管仲的改革惠及社会，惠及国家，惠及文明，他是很难用小仁小义的标准来衡量的“仁者”。在如何处理小节和大德的关系上，管仲的做法有参照意义。孔子的评价显示了这位大思想家过人的见识。相比之下，子路、子贡等人的看法囿于支微末节，思想差距是很明显的。

三、管仲的军政改革

管仲执政后，在齐国推行一系列改革。他的改革有明确的目标和方针，有强有力的措施，故能迅速取得成效。

（一）目标和方针

《史记·管晏列传》说，管仲在齐国“通货积财，富国强兵，与俗同好恶”。这句话对管仲改革的目标和方针做了很好的概括。管仲的改革就是要通过大力发展工商业带动齐国经济的发展，增强国家财力；扩充军备，强化军事控制，提高军队战斗力和国家的综合实力。

通货积财、富国强兵的方针和目标，完全是继承和发扬了齐太公“通商工之业，便鱼盐之利”的治国理念。

管子的改革思想主要保存在《管子》这部书里。《管子》一书，内容非常庞杂，有些内容产生的时代比较晚，但不可否认书中包含着管仲的思想。

《管子》中的不少格言警句，特别是有关富国强兵的论述可以确信是来自管仲的政治思想。

《管子》的《牧民》篇说："政之所兴，在顺民心；政之所废，在逆民心。""民恶忧劳，我快乐之；民恶贫贱，我富贵之；民恶危坠，我存安之；民恶灭绝，我生育之。"这些说法和《史记》提到的管仲"下令如流水之原，令顺民心"的思想完全一致，都是管仲原创的思想。"令顺民心"是推行富国强兵措施的思想基础。人民都喜欢富裕，所以国家的政策要顺从民心民意，大力发展经济。

《管子·牧民》说："治国之道，必先富民。"这是一句非常经典的话。两千多年前能提出这样的口号难能可贵。讲谦让、讲和气、提倡安分守己、鄙视孜孜求利是中国的传统观念，是政治思想中的主流，先秦时期尤其如此。在这种环境下提出"治国之道，必先富民"的口号，明确把百姓富裕作为政治目标，不但需要见识，而且需要勇气——不怕被别人看成是追逐财富追逐利益的好利之徒，很坚定地宣传一个道理：治国就是要追求财富和利益，就是要提高国家的综合实力，就是要富国强兵。管仲的这套政治方针，核心是功利主义，这与鲁国的治国理念大不相同。

《管子·牧民》还有一句著名的话："仓廪实则知礼节，衣食足则知荣辱。"《史记·管晏列传》也曾引录。管仲强调，先把经济发展起来，在这个基础上提高道德水平就很容易。这句名言也是他功利主义思想的表现。

管仲的富国强兵思想有一个重要的特点，即明确提出要大力发展工商业特别是渔盐事业。这在中国历史上也是非常突出的。除了齐国，很少有政治家这样旗帜鲜明地号召大家致力于工商业的发展。这是齐文化特有的一种传统。

（二）强化行政编制与管理，加强行政组织与军事组织的结合

管仲改革的具体措施是"作内政而寄军令"，就是要把"内政"和"军令"实行捆绑，把行政组织和军事组织紧密地结合起来。

怎样把行政和军事结合起来？具体办法是"叁其国而伍其鄙"。就是把

国都中的人员分为三部分，建立三军；将都城之外野鄙地区的人口分为五部分，编“五属”。国都和野鄙内部的行政组织和军事编制如下：

“叁其国。”将国都内的人口编为二十一乡，包括十五个士乡和六个工商之乡。工商不作战，士乡组成军队。十五个士乡，每五乡编为一军，共三军。行政和军事编制为：

行政：

五家为轨，设轨长；

十轨为里（五十家），设里有司；

四里为连（二百家），设连长；

十连为乡（二千家），设乡良人。

军事（每家一人当兵，组成军队）：

轨：五人为伍，轨长率之；

里：五十人为小戎，里有司率之；

连：二百人为卒，连长率之；

乡：二千人为旅，乡良人率之。

五乡为一军，每军一万人。十五个士乡共三军，分别由国君、高氏、国氏率领。

按管仲的设计，这种编制可以使“卒伍整于里，军旅整于乡”，也就是说实现了行政编制和军事编制的统一。士兵出自同乡同里，“世同居，少同游”，彼此非常熟悉，作战的时候可以互相援助，因此“守则同固，战则同强”，战斗力大大增强。管仲改革后齐国的兵力达到三万人，这种军事力量在春秋初期可以“横行天下”。商周之际周武王灭商的时候，周人的兵力只有甲车三百乘、虎贲三千人，总计不过三千多人。发展到春秋时期齐桓公的时代，已经可以编制三万人的部队，而且军队和行政紧密结合，战斗力极强。改革后的齐国成为实力超强的军事强国，由此具有了称霸天下的资本。

“伍其鄙。”国都以外的广大地区和人口编为五个部分，称为“伍其鄙”。这五个部分也有统一的编制：

三十家为邑，设邑有司；
十邑为卒（三百家），设卒帅；
十卒为乡（三千家），设乡帅；
三乡为县（九千家），设县帅；
十县为属（九万家），设属大夫。

国都以外整个野鄙地区共编为“五属”，“立五大夫，各使治一属焉”。战国时代齐国没有“郡”的名称，但有“五都之兵”，“都”相当于郡。据考证，这个“五都之兵”很可能是沿袭了管仲设立的“五属”制度。

春秋各国都是实行军政合一的制度，管仲改革的特点在于：（1）编制层级分明，系统严密。（2）直属性和集权性较强。国氏、高氏各掌一军的情况与战国时期国君独揽军权的制度有所不同，但是与春秋各国相比仍然表现出很强的集权性质。

管仲创设的军政制度是中国历史上最早的国家编户制度和基层行政组织的实例，是中国古代保甲制度的滥觞。战国时代商鞅变法“令民为什伍而相牧司连坐”，除连坐法对人民的控制更加严厉外，商鞅的做法与管仲改革的精神基本一致，这种精神就是国家严密控制人口，控制基层社会，实行中央集权。《周礼》大司徒、小司徒、遂人三职，对国家行政组织也有很详细的描述，所述内容与管仲的军政制度也很相似。《周礼》和上引《国语·齐语》记载的管仲之制大致是同时代的制度，都是中国历史上最早见于记载的国家编户制度和基层行政组织。

在管仲创立的军政组织名称中，“连”这个名称最有意思。二百家编为一“连”，设有连长。每“连”出二百人当兵，编为一“卒”，由连长担任头目。在先秦文献里，乡、里、县，师、旅、军都是常见的名称，唯有“连”这个名称非常少见，似乎是齐国特有的行政组织名称。这个名称一直流传下来，至今军队中仍然常用，而且“连”的规模大小也与管仲时代基本一致。

在加强军政管理、强化编户控制的同时，管仲还提出很多重要的政治思想和法律思想。例如加强礼法强制的思想。《管子·牧民》说“礼义廉耻，国之四维”，“四维不张，国乃灭亡”；又说，“明必死之路，开必得之门”，“凡将举事，令必先出”（《立政》），“言室满室，言堂满堂，是谓圣王”——在一个房间里传达命令就要让房间里的人全都听到，在堂上发言就要让堂上的人全都知晓。这些名言后来被人们经常引用。

（三）其他改革措施

史书上常常提到的有“相地而衰征”，是按照土地的好坏来征收赋税。这是一个重要的变化，它意味着个体农民对土地有了比较稳定的占有权，为以后土地私有制的出现做了铺垫。

管仲改革还有一个比较重要的内容是赀甲偿罪制度，这就是通常所说的赎刑制度。为了增加军备、提高战斗力，管仲采取这样的措施：犯了罪可以交纳铠甲、兵器等军事物资来赎罪。赀甲制度不是管仲也不是齐国首创的，但是在管仲时期这种制度明显有所发展。

经过军政改革，齐国的国力迅速增强，为称霸诸侯奠定了坚实的基础。

四、齐国的霸业

齐桓公始霸在《左传》中有明确的记载。《左传·庄公十五年》（齐桓公六年，前680），齐率陈、曹伐宋，周王室派大臣单伯参加，宋人请和，诸侯盟会于鄄。次年（齐桓公七年，前679）复会于鄄，“齐始霸也”。

齐桓公的霸业主要表现在北伐山戎、救邢封卫、南征楚国和葵丘之盟等方面。

北伐山戎。山戎又称北戎。在今河北东北部及辽东一带。齐桓公二十二年，山戎伐燕，燕国向齐国求救。齐桓公和管仲亲自带兵征伐山戎，打败山戎及其盟国令支、孤竹（河北卢龙）。这场战争是劳师远袭，非常艰苦。《韩非子·说林》“老马识途”的故事就和这场战争有关。故事说齐国军队回师途中迷路了，管仲提出可以让认得来路的老马在队伍前面带路，最终部队果然在老马引领下走出迷途。齐国取得这场胜利后，曾将部分战利品送给鲁国，大概有夸耀之意。鲁国则得意地说这是齐国前来报捷。《春秋》书中特记一笔：庄公三十一年“六月，齐侯来献戎捷”。

救助邢卫。这个时期，北方少数民族狄族给中原各国带来很大压力，抵御狄族成为大事。周王室已没有能力组织诸侯保卫中原安宁，领导者的任务自然落到日益强盛的齐国身上。齐桓公二十五年（前661），狄人伐邢，齐国救邢，迁邢于夷仪（今山东聊城西）。次年（前660），狄人灭卫，卫国五千人暂居于曹（今河南滑县西南），齐国特派军队保护、援助，后来帮助卫国重建于楚丘（今河南滑县东）。《左传·闵公二年》说：“邢迁如归，卫国忘亡。”意思是被狄族攻破的邢国、卫国，在齐桓公的帮助下异地重建，生活都恢复了安定，好像亡国之事从未发生过一样。危境中的诸侯得到这样大的帮助，齐桓公在列国间的威望自然日见崇高。

征伐楚国与召陵之盟。春秋时期，南方楚国的力量逐渐崛起，这对北方各国包括周王室都是一种威胁。齐桓公三十年（前656），桓公、管仲亲率诸侯伐蔡，遂伐楚。管仲责问楚人说：你们为什么不再向王室进贡过滤酒汁用的苞茅？当年周昭王南征楚国，被你们楚国人打败，撤退途中落到汉水淹死，这都是楚国之罪。其实管仲的兴师问罪之辞都是强词夺理，齐国伐楚无非是要展示大国威风，打击楚人的气焰。当时的齐国确实力压楚国一头。事后齐楚盟于召陵（今河南郾城东），楚国事实上承认了齐桓公的霸主地位。历史学家童书业说：“终春秋之世，中原霸主以诸侯伐楚取其成者惟有此役。”

葵丘之盟。齐桓三十五年（前651），齐国与诸侯盟于葵丘（今河南兰考东），这是齐桓公霸业的顶点。周王室的宰周公奉天子之命前来参加盟会。《孟子·告子下》说，当时的盟会一般都要歃血为盟——结盟者微舔牲血以示虔诚无悔，齐桓公威望特别高，大家都相信无人敢于违背盟约，所以葵丘之盟“束牲载书而不歃”。此时的齐桓公已经被众多小诸侯国视为神人。又据《孟子·告子下》说，这次盟会订立了五条盟约：

初命曰：诛不孝，无易树子，无以妾为妻；

再命曰：尊贤育才，以彰有德；

三命曰：敬老慈幼，无忘宾旅；

四命曰：士无世官，官事无摄，取士必得，无专杀大夫；

五命曰：无曲防，无遏籴，无有封而不告。

这些条约不但涉及诸侯国之间的事务，而且直接干预到诸侯国内部的政治建设和道德建设。齐桓公的霸主地位实际上已经和天子相差无几。

葵丘之盟后，齐国的霸业逐渐衰落。

霸业的兴盛助长了齐桓公本性中骄奢、专横、自以为是的一面。《韩非子·十过》说，管仲病重时曾告诫齐桓公要远离自施宫刑担任宦官的竖刁、蒸子为肴献给桓公品尝的易牙、入齐十五年不归见父母的卫公子开方，也不同意重用性格粗暴的鲍叔牙，他推荐的继任者是隰朋。齐桓公没有听从管仲的意见。

管仲去世两年后，齐桓公病重，竖刁等人各自拥立新主，齐桓公的五个儿子争立为君。齐桓公病困而死，三月不葬，尸虫出户，结局十分悲惨。传说其临死前深悔不听管仲遗言，自称无脸再见“仲父”于地下，以袖蒙面而死。

思想家韩非、贾谊对管仲和齐桓公的关系有过评价。他们指出，齐国的霸业主要归功于管仲。齐桓公只算一位“中主”——中等国君，得到管仲的帮助就能“九合诸侯，一匡天下”，失去管仲就陷入身死不葬的惨境。这些评价有一定道理。齐桓公能用管仲，格局很大，气度非凡，但是说到个人的政治才能，他并没有什么过人之处。

应当说明，齐桓公死后齐国霸业的衰落，并不意味着齐国从此变成了一个弱国。事实上从霸业结束一直到战国时期，齐国始终处于一等强国之列，只是后来的齐国不再像齐桓公称霸时期那么辉煌显耀而已。正如《史记·管晏列传》所说："管仲卒，齐国遵其政，常强于诸侯。"

五、管仲思想和齐国霸业的历史贡献

春秋"五霸"各有其重要的历史意义。晋秦霸业为战国秦汉时期的政治法律制度做了铺垫；楚国为中国文化贡献了楚文化特有的浪漫主义元素；吴越的崛起推动了江东地区的开发，为后来的六朝文化奠定了基础。即便最不像霸主的霸主宋襄公，也具有一种其他霸主无法替代的维护古老传统的象征意义。齐国的霸业在中国历史上自然也有其特殊的地位。

管仲的思想与齐国霸业相辅相成，对中国文化产生了极其深远的影响。

（一）管仲的思想和学说是中国古代功利派政治思想的代表

中国政治思想史上一直有道义与功利之争，两种思想交替主导政治走向。道义派强调道德教化、社会治理，强调平衡与稳定；功利派强调政治效率和实际利益，推崇严刑峻法，追求富国强兵，注重改革。稳定时期道义派思想占上风，乱世和危机时期功利派的改革思想成为主流。两种思想有交织混合的一面，但基本保持各自独立的立场，构成贯穿中国政治思想史的两条主线。管仲的政治思想就是功利派政治思想的代表。宋代思想家叶适对管仲的评价是："后世言治功者皆祖述之。"管仲继承了齐太公"尊贤尚功"的传统，进一步用霸业证明了功利派政治思想。齐国称霸诸侯扩大了管仲学派政治思想的影响。国家的强盛要靠实力说话，改革才能收到富国强兵的实效，在这方面，管仲的影响是那些空说功利的思想家所无法比拟的。

著名学者陈寅恪曾指出，中国原本有工商传统，经商是中国文化之所长。1919年吴宓日记（12月14日）记录了陈的说法："中国古人，素擅长政治及实践伦理学，与罗马人最相似。其言道德，惟重实用，不究虚理。其长处短处均在此。"又说："此后若中国之实业发达，生计优裕，财源浚辟，则中国人经营商业之长技，可得其用。而中国人，当可为世界之富商。"又说："管、商等政学，尚足研究。"（吴学昭《吴宓与陈寅恪》）这是陈寅恪30岁左右的预言，其见解之超前令人惊叹。陈先生为什么说中国人有"经营商业之长技"，又是依据什么说中国人以后"当可为世界之富商"？他的依据恐怕主要就是中国历史上有管仲开创的大力发展工商业的传统。《管子》一书有很多经济学、财政学方面的思想，这些思想是中国文化非常重要的组成部分。虽然在整个中国政治思想史上还是道德教化的思想占据主流，强调改革、强调富国强兵、注重实效的这派学说居于次要地位，但是后者对于儒家学说为主导的中国政治思想无疑是一个重要的补充。如果中国文化只偏重于儒家学说、道德文化，那么中国文化就是不完整的。以管仲思想为代表的齐文化开创的这一派功利派学说，注重改革，注重实效，追求富国强兵，它可以补充儒家学说的不足，值得后人进行深入的研究和开掘。

（二）管仲思想和齐文化代表了一种开放型的文化传统

管仲重视功利和实用，故框框较少，只要对齐国发展有利，只要能带来实效，什么学说都可以吸纳进来，由此形成了一种兼收并蓄的胸襟和气魄，形成了齐文化的博大气象。管仲的"与俗同好恶"的方针继承和发展了齐太公的"因其俗，简其礼"的思想，对战国时期齐国稷下学宫百家争鸣的局面产生了重要的影响。《管子》一书近于稷下学宫各派的论文汇编，包含黄老、法家、兵家、轻重、儒家、名家、阴阳等各家学说，全书以"管子"命名，故可称为"管子学派"。这个管子学派涵盖了诸子思想的大部分内容。从中国古籍分类来看，古籍中的"子部"典籍大多与齐国稷下学术有关，或者说与管子学派有关。如果没有齐国稷下学术，没有《管子》这样包罗诸子的传统，中国学术将要缺失一大块，中国文化就少了半壁江山。管仲开创了齐国开放务实的传统，直接影响到战国时代的稷下学术，稷下学术又直接确立了中国文化中"子学"的传统，这个影响的重要性无论怎样评价都不过分。

综上所述，管仲思想和齐国霸业对中国文化的影响主要有两方面：一是开创和强化了中国古代功利派政治思想的传统；再是开创和强化了齐文化兼容并包开放务实的传统。没有这些传统，中国文化将大大减色。管仲思想和齐国霸业的影响不局限于一个时代一个地域，而是对中国古代文化产生了全局性的影响。更重要的是，管仲的治国理念和学说并未因时代的变迁而失去意义，现在我们仍然可以从中汲取思想营养，获得很多有益的启迪。

张固也

华中师范大学历史文献学研究所所长、教授、博士生导师。主要从事先秦诸子与出土简帛、唐代文献、古典目录学等方向的研究。代表著作有《管子研究》(齐鲁书社)、《古典目录学研究》(华中师范大学出版社)、《新唐书艺文志补》(吉林大学出版社)、《唐代文献研究》(中州古籍出版社)等。在《文献》《史学史研究》《民俗研究》等高水平学术期刊上发表论文近百篇。他点校的《尔雅正义》(第一署名)入选北京大学"儒藏"工程。

《管子》与齐学

张固也

很高兴来到山东教育卫视参加“齐鲁文化学术讲座”。

今天我要讲的题目是：《管子》与齐学。这个题目里面有两个概念：第一个是《管子》这本书，第二个是齐学这个学术流派。当然还要讲到这两者之间的关系。具体分为三个方面来讲：第一是《管子》一书及其真伪；第二是《管子》成书“五阶段”论；第三是从《管子》看齐学特征。

一、《管子》一书及其真伪

我们先来讲第一个问题：《管子》一书及其真伪。

《管子》是先秦古书当中一部相当重要的文献，历来很受关注。但是这部书问题也很多，其中一个最大的问题就是这本书是真书还是伪书？这个问题历代说法很多。我们先从外围说一下《管子》这本书的流传情况。

（一）古本《管子》

首先第一个问题——古本《管子》。

所谓古本，是相对于今本而言的。先秦古书大都经过汉代刘向的整理，所以可以把刘向整理以前的本子称为古本，刘向以后的本子称为今本。

关于古本《管子》，主要有这么几条记载。首先是《韩非子·五蠹》篇曾经说过，“今境内之民皆言治，藏商、管之法者家有之”，又说“境内皆言兵，藏孙、吴之书者家有之”。[①]也就是说家家户户都收藏了“商、管之法”“孙、吴之书”。

关于这条记载，研究者有两种不同的看法。一种观点认为“孙、吴之书”是叫书，说明那时已经有了《孙子兵法》《吴子》这两本兵书。但是韩非讲商、管是叫“商、管之法”，没有说是两本书，而应该是指商鞅和管仲制订的一些法令。我认为这种说法相对保守了一点。虽然传世的《管子》《商君书》被后人定为伪书，但从来没有人说这两本书中的所有篇章都是韩非以后伪造出来的。因此，到了战国末韩非的时代，已经有了托名管子、商鞅的书在社会上广泛流传，这是完全正常的。韩非以“商管之法”和“孙吴之书”相互对应，这是古人写文章的习惯，即尽量用同类或近义的不同字词来对应。所以从这条记载可以肯定战国时期《管子》就已经是一本在社会上比较通行的书，当然还没有今本这么多篇。

其次，西汉前期著名的思想家、文学家、政治家如贾谊、晁错、刘安、董仲舒等人，以及《盐铁论》这部书，都曾经大量征引《管子》里面的内容。特别是《盐铁论》这本书，汉武帝时期进行以盐铁专营为中心的经济改革引发了朝廷辩论，辩论的内容被记录成为《盐铁论》。辩论的两方都曾经引用过《管子》里面的很多内容，足以说明西汉时期《管子》是在社会上流通很广，而且具有重要影响的一部书籍。但是《盐铁论》等书都只是零星引用书中的文句，对《管子》这本书各方面情况提到的并不很具体，甚至一个篇名都没有提及。

最重要的是司马迁，他是众所周知的中国最伟大的史学家。司马迁在《史记·管晏列传》末尾，以“太史公曰”口气对管仲、晏子进行评论的时候，曾经说过一段话。他说：“吾读管氏《牧民》《山高》《乘马》《轻重》《九府》，及《晏子春秋》，详哉其言之也。既见其著书，欲观其行事，故次其传。至其书，世多有之，是以不论。”[②]司马迁的这一段评论，对了解

---

① ［清］王先慎：《韩非子集解》，中华书局2013年版，第493—494页。

② ［汉］司马迁撰：《史记》，中华书局1982年版，第2136页。

《管子》这本书在西汉的流传是至为重要的。因为他其中提到了很多篇名，这个在以前是从来没有过的。

对这个问题，学界也有两种不同的看法。有人说，虽然司马迁提到《管子》这部书，但没有使用《管子》的总书名，而是列举了《管子》的五个篇名，就说明直到司马迁的时代，《管子》还没有一个正式书名，而是以单篇流行的。关于中国古书流传，经过历代学者的研究，已经形成了一个比较通行的看法，就是认为先秦古书最早是单篇流行，没有结集成书。很多先秦古书往往都是到了西汉，经过刘向、刘歆父子校书之后才形成定本。所以这一派学者认为，既然司马迁提到了五个篇名，而没有提到《管子》书名，就说明西汉初期《管子》还没有形成为定本，没有正式书名。

我认为这种说法也是值得商榷的。司马迁所提到的五个篇名，前面三篇就是今天所看到的《管子》前三篇：第一篇《牧民》。第二篇《形势》，今本叫《形势》，司马迁称为《山高》，刘向《管子叙录》中说，“《山高》又名《形势》”，篇名不同，其实是一篇。第三篇《乘马》。司马迁提到的最后两个篇名是《轻重》《九府》，今本《管子》最后是《轻重》十九篇，没有《九府》，很多人以为已经失传。其实这十九篇是分为两部分的，前面的十二篇对应司马迁说的《九府》，后面的七篇就相当于司马迁说的《轻重》。《轻重》是两组文章的大篇名。所以司马迁所提到的这五个篇名，好像是他拿起这书先翻前面一、二、三篇，顺着列举了三个篇名；又翻到最后这两部分，倒着列举了两个大篇名。这前后两部分之间，应该还有很多篇，不可能一一列举。所以我觉得司马迁列举的五个篇名顺序，恰恰说明司马迁所见到的《管子》这本书，很可能是很接近于我们今天所看到的《管子》。这是《管子》古本的问题，下面看看第二个问题。

（二）刘向编校八十六篇

刚才说了，中国的古书往往都是经过刘向、刘歆父子两人整理过的。他们在西汉成帝年间进行了一次中国历史上继孔子之后的又一次重要的校书活动，很多古书经过他们校书形成了定本，流传于后世。

关于《管子》这本书，刘向写了一篇《管子叙录》。里面说道："所校雠中《管子》书三百八十九篇，太中大夫卜圭书二十七篇，臣富参书四十一篇，射声校尉立书十一篇，太史书九十六篇。凡中外书五百六十四篇，以校，除复重四百八十四篇，定著八十六篇。"最后还有一句话："《九府》书民间无有。"关于这一段话，学界都很重视。但许多学者对这段话是有所误读的。比如说著名的《管子》研究专家胡家聪先生在《管子新探》这部书里认为"太史书"属于"中书"。[①]其实"太史书"应该属"外书"。刘向、刘歆父子校书的时候，主要是校皇宫当中的书，所以每部书的叙录都先说"中书"有多少多少篇。"中书"是跟"外书"相对而言的。既然"中书"是指皇宫当中的书，顾名思义，"外书"就是指皇宫外面的书。皇宫外面，就包括朝廷的一些机构，像太常、太史等机构收藏的书，以及一些私人藏书都属于"外书"。所以"太史书"是属于"外书"的。胡先生说"太史书"属于"中书"，这是不对的。不过这一点小小疏忽，对于《管子》这部书研究本身并没有太大影响，比较重要的一个疏忽是郭沫若先生提出来的。

郭沫若是现代大学者，他的《管子集校》是研究者必须要看的书，所以他的说法影响很人。郭沫若有个说法："所谓'太史书'，应该就是齐国的旧档案了。"而《管子》一书"大率是战国及其后的一批零碎著作的总集，一部分是齐国的旧档案，一部分是汉时开献书之令时由齐地汇献而来的"[②]。也就是说，我们今天所看到的《管子》书里面可能有很多篇本来不属于这本书，是齐国的一些旧档案混到里面来了。这个说法广为学界所引用，主要是八九十年代以前，现在引用的人可能稍微少一些。当时很多人就没有考虑郭沫若的说法是从哪儿来的。其实很简单，郭沫若的说法来自对"太史书"的误解，以为"太史书"是指齐国的旧档案。他不了解刘向校

① 胡家聪：《管子新探》，中国社会科学出版社1995年版，第409页。

② 郭沫若：《宋钘尹文遗著考》，《郭沫若全集·历史编》第一卷，人民出版社1982年版，第551—552页。

书当中的一些独特的概念，不知道“中书”跟“外书”的区别，不知道《管子叙录》所谓的“太史书”，应该参照前面的“中《管子》书”来读。“中《管子》书”是指皇宫当中收藏的《管子》书，“太史书”就是指在太史府收藏的《管子》书。太史是个官名，太史府里面所收的《管子》书绝不可能把不属于《管子》的一般的齐国旧档案混杂进来。

另外还有一个就是数字的问题。《管子叙录》里面说“凡中外书五百六十四篇”，然后又说有重复的四百八十四篇。本来两个数字相减应该是只有八十篇，但是他又说“定著八十六篇”，就多出六篇来。经过学界的研究，现在基本上形成一个获得多数学者认同的说法，即在今本最后一组《轻重》里面，后七篇称之为《轻重甲》《轻重乙》等，即“轻重”加上甲、乙、丙、丁、戊、己、庚这七个序号，很可能在汉代曾经有一种本子是这七篇合成一篇的。刘向统计中外书总数时按一篇来算，统计重复篇数时按七篇来算，于是出现了六篇的差距。

讲到这里，我们知道了今本《管子》其实是经过了西汉成帝时候刘向、刘歆父子校书最后形成的一个定本。这是绝大多数先秦古书基本上都有的一个过程：原来很可能是单篇流行，然后出现各种篇数不同的本子，到了刘向的时候就给它合编形成了一个定本。这是所有古书成书的一个通例，并不是《管子》的特例。

（三）今本二十四卷的来历

下面讲第三个问题，就是今本二十四卷的来历。

刘向校书以后，他的儿子刘歆编了《七略》，这是一本目录书。东汉的时候，班固写《汉书》时就把它抄进去，删减一下就成为《汉书·艺文志》。在《汉书·艺文志》里面，著录《管子》一书也是八十六篇。但是我们今天所看到的《管子》书，所有版本都是二十四卷的。这里面就有一个《管子》流传史上的重大疑问，从汉代八十六篇本子到今天的二十四卷本，在其流传过程中有没有发生根本性的变化？

这个问题在学界之所以有争议，主要是由这一条史料引起的。唐代有个叫张守节的学者，给《史记》作注，称之为《史记正义》。其中说："《七略》云：'《管子》十八篇，在法家。'"[①]刚才说过《汉书·艺文志》其实是根据《七略》编写的。《汉书·艺文志》记载是八十六篇，《七略》著录怎么可能是十八篇呢？其实这个问题早在清朝的时候，就有像孙星衍、姚振宗等学者以及近代的国学大师章太炎先生做过解释。他们认为《史记正义》里面曾经两次称引"阮孝绪《七略》"，还有一些零星的没提阮氏名字的，如上面这条"《七略》云"，其实都是阮孝绪《七录》这部目录书的讹误。阮孝绪是梁代人，他编了一部著名的目录书叫《七录》。所谓"《管子》十八篇，在法家"，其实是指梁代的时候，阮孝绪编《七录》这部目录书著录的《管子》书是十八卷。古人经常篇卷不分，明明是十八卷，却说成十八篇。因此，所谓"《七略》十八篇"的说法原来是个误解，历史上根本没有存在过十八篇的《管子》书。国内学术界曾经长期围绕这个问题进行讨论，八九十年代很多学者认为所谓十八篇的《管子》书，很可能是刘向校书以前的原本。也就是说，管仲所写的《管子》可能就是十八篇，现在的八十六篇本是后人加进去了很多篇目。有些学者还进一步猜测，今本《管子》里哪十八篇是管仲本人写的，其他篇目都是别人写的。其实所谓"《管子》十八篇"的说法，是对梁代阮孝绪《七录》里面著录《管子》十八卷这件事情的讹传，这是一个问题。

另外，《隋书·经籍志》是中国古代现存的第二种重要目录，它在著录《管子》的时候说"《管子》十九卷"。《旧唐书·经籍志》著录是十八卷，《崇文总目》既记录了一个十八卷的，解释说是"刘向录校"；又著录了一个十九卷的，解释说是"唐国子博士尹知章注，按吴兢《书目》，凡书三十卷，今存十九卷，自《形势解》篇而下十一卷已亡"。这是说唐代尹知章注《管子》，是三十卷的。但是到了宋代的时候，从《形势解》以下十一卷已经亡佚了。所以到北宋初，就已经只存在十九卷。《新唐书·艺文志》也是著录了一种十九卷的，一种是三十卷的。直到南宋初，郑樵的《通

① ［汉］司马迁：《史记》，中华书局1982年版，第2136页。

志·艺文略》这部目录里面才第一次著录了二十四卷的《管子》。所以对于唐宋书目中著录《管子》卷数的不同，学界有一点被搞得云山雾罩的，不知道这些目录之间《管子》卷数差别代表了什么东西。

我这里只引一下黎翔凤先生的说法，他的《管子校注》作于20世纪50年代，直到2004年才出版。这本书的校注质量还是很好的，所以现在学界比较通行。他绪论里面有一个说法："十八卷本房析为二十四卷，十九卷本尹析为三十卷。"什么意思呢？就是黎翔凤先生认为：《旧唐书·经籍志》著录的这十八卷本，唐代房玄龄给它分成了二十四卷本；《隋书·经籍志》著录的十九卷，唐代的尹知章给它分成了三十卷。他根据古代书目的记载，给《管子》区分出了两个版本流传的系统。黎先生所谓的《管子》流传两个系统的说法，其实是对唐宋时期这些书目记载歧义的一个误解。

我在博士论文《管子研究》里面曾经根据这些书目的记载来推测《管子》这部书的流传，指出刘向校定的所谓八十六篇其实已经分成了十八卷。十八卷《管子》后世一直流传不绝，直到北宋《崇文总目》里面还著录了"《管子》十八卷，刘向录校"。就是刘向整理的本子是没有加注的。到了唐代的时候，唐高宗武则天时期的尹知章第一次给《管子》作注，然后把它分成三十卷。这个三十卷的注本，到了宋代时只保留了前面的十九卷，后面的十一卷已经亡佚了。

到了北宋仁宗庆历四年，这一年按照中国古代的纪年方式叫甲申年。杨忱第一次把《管子》这本书雕版印刷出来，后世的《管子》都是从杨忱的刻本流传下来的，所以他对《管子》这本书是功莫大焉。杨忱这个人生平不是太著名，他的刻书序只说是"大宋甲申"，没有提年号，所以在很长一段时间里面，杨忱到底是什么时候的人，大家并不清楚。郭沫若认为，杨忱是从宋代进入到元代的人，在宋代灭亡以后还怀念故国，所以仍然称为"大宋"，但是没用年号。没用年号就是因为已经到了元代了。当然也有些人认为是南宋的。现在大家已经公认，杨忱其实是北宋庆历年间的人。杨忱其实是得到了当时所存的两个本子，一个是十九卷的尹知章注的残缺本，残损以后保存的这一部分；另一个是十八卷本，刘向编校没有作注的本子。

杨忱实际上是以十九卷尹注藏本作为基础，也就是我们今天看到的《管子》前面十九卷，都是根据杨忱的本子，所以都是有注的。我们今天所看到的二十四卷本的后面五卷，其实就是来自刘向编校的本子。这个本子的后面五卷也就是十八卷本里面的后五卷。后五卷原来是没注的。唐代杜佑的《通典》大量引用了《轻重》篇，引用时还顺便加了些注。杨忱在合编的时候把这些注从《通典》里面抄出来放到了《管子》这本书里。所以今天所看到的二十四卷本《管子》，是北宋时候杨忱以十九卷尹注藏本为主，并用十八卷本的后五卷加以补充，还加上了《通典》里面的注文，这样合刻成一个二十四卷的本子。《管子》注本来是唐代尹知章作的，但是杜佑有个说法认为房玄龄注过《管子》。所以杨忱又根据杜佑的说法，把全部的注都说成是房玄龄注的。我们今天所看到的《管子》，都题作管仲撰，房玄龄注，就是这么来的。

通过刚才说的今本二十四卷的来历可以看出，它的来源是很清楚的，不存在像法国汉学家马伯乐说的"《管子》这本书原来只有十八篇，很多内容都是秦汉以后加上去的，少数恐怕还是公元四五世纪的作品"。通过对刚才所讲今本《管子》的来历可以证明，这种说法是完全不可能的。

我们大致可以肯定，今本二十四卷本的《管子》，基本上就是从汉代刘向所编本子发展而来的，两者之间不会有太大的差异。所以到此为止，我们说明一个什么问题？说明从书籍的真伪来说，今本《管子》就是刘向编成的。《管子》不可能是刘向以后人任意伪造出来的。从书籍真伪来说，已经可以说明它是一本真书了。但是所谓古书的真伪，除了书籍本身流传过程以外，还有一个写作的过程，是不是后世所题的作者亲自写的书，是不是写的时候就是别人假托这个作者的名字来写的？这又是另外一个问题。所以下面讲讲关于《管子》辨伪问题。

（四）《管子》辨伪

其实《管子》这部书，它的作者在《汉书·艺文志》里面，是没有交代的，而只是著录了《管子》八十六篇，并没有说这部书是谁写的。到《隋书·经籍志》的时候，才明确地给它加上了一个作者："齐相管仲撰。"有些学者认为，如果从《汉书·艺文志》来说，《管子》这部书不存在真伪问题的，因为他并没有说此书是管仲写的。在《汉书·艺文志》的时代，著录图书还比较随意，很多书籍下面是没有作者。或者说当时书籍命名的形式多样，有时候就像子书，直接称为"某子"。其实"某子"可以说是它的书名，也可以说是指作者。所以《汉书·艺文志》著录图书的时候比较随意，没有统一的某某书、某某人撰的固定格式。到了《隋书·经籍志》，它需要给所有书格式化，所以就出了这个问题，好像《管子》这部书是管仲一人亲手写的。

不过我个人觉得，《汉书·艺文志》虽然没有加"管仲撰"这三个字，但其实也是把管仲看成作者的。直到汉代，中国古人的知识产权意识或者著作权意识不像现在这样明确。现在一个人写本书不容易，肯定都要把自己的名字写上，甚至著书的方式到底是"编"还是"著"还有区别。在先秦西汉时代，人们对署名并不太在意，只要是自己的思想能为社会所接受就很高兴了。有时甚至宁愿把自己写的东西给挂在自己老师的名下！先秦秦汉时代对著作书籍的著作权、知识产权，还没有形成明确的概念，那个时代对书籍作者只不过是笼统言之。比如刘安《淮南子·要略》里面曾说："齐桓公之时，天子卑弱，诸侯力征，南夷北狄，交伐中国，中国之不绝如线。齐国之地，东负海而北障河，地狭田少，而民多智巧。桓公忧中国之患，苦夷狄之乱，欲以存亡继绝，崇天子之位，广文、武之业，故《管子》之书生焉。"[1]刘安他就明确地认为《管子》就是管仲写的。我觉得这也可以代表刘向的看法。汉代人对《管子》这部书是不是管仲亲自写的，并没有刻意区分。他们只不过是笼统地认为这本书记载了管仲事迹，反映了管仲思想，就可以看作管仲的书。

但是《管子》这本书究竟是不是管仲写的，很早就已经引起人们的怀疑。最早提出这个问题的是晋代人傅玄。傅玄的书《傅子》已经亡佚，但

① 何宁撰：《淮南子集释》，中华书局1998年版，第1460页。

是宋代很多书里面都引用了一段《傅子》的佚文，就是“《管子》之书，过半是后之好事者所加，乃说管仲死后事。其《轻重》篇尤复鄙俗”[1]。这话是说，他根据《管子》这本书里面已经提到了管仲身死之后的事情来判定《管子》这部书过半内容不是管仲写的。另外他特别强调其中《轻重》篇“尤复鄙俗”，写得很差。

这以后关于《管子》辨伪有很多说法。比如说宋代很有名的史学家刘恕就根据《管子》这本书里面提到“皇、帝、王、霸”四个字连着使用，又提到“三皇五霸”。宋代的时候就已经有人认识到这些概念和用法，是到孔子以后才有的。所以刘恕就认为《管子》这部书里面有很多是孔子以后人语。他是通过《管子》里面的一些独特概念术语进行辨伪，辨伪水平上是有很大提高。

苏辙提出来，《管子》这部书里面多申韩之言。申是战国法家申不害；韩，韩非。也就是说大多是战国法家言论，所以说“非管子之正也”。

这一类的关于管子辨伪的议论很多，我们只要记住很简单的一句话就行。南宋时候叶适曾经有一句很有名的话，他说：“《管子》非一人之笔，亦非一时之书，莫知谁所为。以其言毛嫱、西施、吴王好剑推之，当是春秋末年。”[2]叶适“《管子》非一人之笔，亦非一时之书”的说法，可以说是对《管子》这部书最简明扼要的陈述，所以最为通行。简单地说就是：《管子》不是哪一人写的，它是很多人的作品积累在一块而编成的。

南宋又有一个学者叫韩元吉，他在讲这个问题的时候提到两个概念。他认为《管子》这部书是“战国游士之术”，出于“稷下之邑”。这是最早把《管子》与战国稷下之学联系在一起的说法。可以看出，到了宋代我们现在关于《管子》这部书的一些说法，基本上都已经有了。元明清时期大量的议论都是对这一类说法略加改变和补充，就不再去重复了。

---

① ［明］王应麟：《汉书·艺文志考证》。

② ［宋］叶适：《学习记言》卷四十五，《文渊阁四库全书》第849册，商务印书馆1986年版，第750页。

关于《管子》的辨伪，很多著作收集得很全。有些学者还总结说，古代关于《管子》辨伪有多少种说法，有的认为全伪，有的认为部分伪，等等。俨然很早就已经有了《管子》这部书全部都是别人写的这种说法。我个人认为，古人关于《管子》辨伪的说法虽然很多，但是他们基本的看法还是相信《管子》主体内容还是管仲写的，但是混入了战国以法家人物以及齐国稷下大夫这些人的作品。古人基本上很少有人会完全否定《管子》这本书跟管仲之间的关系。即使怀疑其中混入了后人的作品，一般来说也还承认这是在"传衍管仲之绪余"。也就是说虽然文章可能不是管仲写的，但是代表的思想却是管仲的。关于这些后人加进去的篇章的时代问题，叶适认为《管子》大多数也应该是出自春秋末年。他有个具体推断，这部书晚于《左传》，早于《国语》，所以《管子》里面后人加进去的东西也基本上是出于《左传》和《国语》之间。后来越来越多的人说它是战国的。但是清朝灭亡以前，还很少有人说这里面有秦汉以后的东西。

但是到了近代以来，《管子》研究的风气发生了很大转移。这次转移以胡适先生在1919年出版《中国哲学史大纲》作为标志。胡适在这部名著里面说："《管子》这书，定非管仲所作，乃是后人把战国末年一些法家的议论和一些儒家的议论（如《内业篇》《弟子职篇》）和一些道家的议论（如《白心》《心术》等篇），还有许多夹七夹八的话，并做一书。又伪造了一些桓公与管仲问答诸篇，又杂凑了一些纪管仲功业的几篇，遂附会为管仲所作。"[①]刚才念的都是胡适原话，我把这段话特地照念一遍，就是想提醒大家注意，胡适这几句话的影响是很大很大的。为什么这么说呢？

1909年的时候，梁启超先生曾经写了一本《管子传》。这本书对《管子》和管仲推崇备至，他把管仲称为"中国古代第一大政治家"。他一共挑了六个人来写，管仲是第一个。梁启超说管仲不但是一个伟大的政治家，也是一个伟大的思想家。他的理由是虽然《管子》这全书不可能是管仲一个人写的，但是"其中十之六七为原文，十之三四为后人增益……虽当时稷

① 胡适：《中国哲学史大纲》，第11页。

下先生所讨论、所记载，其亦必衍管子绪论已耳”[1]。也就是说，他在1909年的时候还认为《管子》这部书里面十分之六七是管仲自己写的，只有十分之三四是后人加进去的，而且后人加进去这部分也大致是继承发挥管仲的思想，基本上以为《管子》这本书很可信。梁启超是清末百日维新的主将，民国以后从事学术研究，以善于接受新鲜的事物、新式的思想而著称。因为善于接受新思想，观点自然就变得很快。在1922年到1927年之间，他在很多场合、很多书籍里面一再地说《管子》“以思想系统论，其大部分必为战国末叶作品无疑”，推测“其中一小部分当为春秋末年传说，其大部分则战国至汉初递为增益，一种无系统之类书而已”。[2]又说它“为无名氏的丛钞”，“为战国末年著作”，是一部大杂碎。[3]短短的十多年时间，他对《管子》这部书的看法简直是发生了天翻地覆的逆转。究其原因，就是因为胡适出版《中国哲学史大纲》以后，扭转了人们对《管子》这本书的传统看法。古人只是怀疑其中部分内容，近代几乎把《管子》跟管仲彻底分开了。说的最为明确、最为果断是傅斯年。傅先生在《战国子家叙论》里面明确地说：“《管子》书没有一个字是管子写的，最早不过是战国中年的著作，其中恐怕有好些是汉朝的东西。”[4]这里有三点明确的断语：一是没有一个字，二是最早战国中期，三是晚的可以到汉代。傅斯年这三句话，虽然说得很简单，却足以代表近代以来对《管子》的主流看法。

以上几种说法，基本上还是属于偶尔说说，没有进行太专门的研究。1931年罗根泽先生出版了一部书叫《管子探源》。《管子》这部书原来是八十六篇，但是因为已经有十篇在唐代以前就遗失了，所以今本其实是有八十六个篇名，但是真正的文字是有七十六篇。罗根泽对这七十六篇进行逐篇考证，根据篇中出现的独特思想概念、文风等来做推测。他认为

① 梁启超：《管子传》，第1—3页。

② 梁启超：《先秦政治思想史》，第18页；《汉书艺文志诸子略考释》，第20页。

③ 梁启超：《古书真伪及其年代》，第16、30页。

④ 傅斯年：《战国子家叙论》，见《中国现代学术经典·傅斯年卷》，第325页。

七十六篇当中有二十二篇是战国末期的作品，有二十四篇是战国中期的作品，另外还有三十篇是秦至汉昭帝时代的作品。各篇的作者五花八门，涵盖政治思想家、法家、兵家、儒家、道家、阴阳家、杂家、医家、理财家等等。他是对胡适的大胆假设，做了一次小心求证。

其他还有一些学者对《管子》中的单篇做了研究。郭沫若对“《管子》四篇”（《心术上》《心术下》《白心》《内业》）做了研究，认为出自战国中期。后来他又写了一篇《侈靡篇的研究》，他认为《侈靡》篇是汉代吕太后当政时期的作品。马非百对《轻重》篇做了很专深的研究，认为《轻重》诸篇为王莽时人所作，王莽是在刘向之后，这大概是对《管子》成书年代推断最晚的了。同时也有一些学者认为，《管子》书中有些篇可能还是管子自己作的。关锋、林聿时在50年代曾经发表一篇《管仲遗著考》，从这篇文章的名字就能看出来，他们认为管子里面有九篇是管仲自己写的。

90年代从总体上对《管子》的研究，首推胡家聪先生的《管子新探》。这本书从书名就能看出来，他是有意和罗根泽先生的《管子探源》唱对台戏。他认为罗根泽的书疑古过甚，他要往回拉一点。罗根泽大致是认为《管子》书三分之一是战国中期的，三分之一是战国晚期的，还有三分之一是秦汉的。胡家聪先生采取的研究方法和罗根泽有一点近似，也是采取逐篇考证的方法。他把《管子》现存七十六篇每篇都做出考证，认为都是战国人作的。他提出了稷下学宫的早期、中期、晚期的说法，以此来解释《管子》中的作品大概分别出自稷下学宫的早、中、晚三个时期。

在前几年临淄搞的稷下讲座中，山东理工大学齐文化研究院的副院长巩曰国教授也提出了《管子》编撰经历三个阶段的说法。他说的三个阶段又有所变化，虽然也是早期、中期、晚期，但早期跟晚期对应的具体时代却没有明说，中期他说是齐威王、齐宣王、齐湣王这三王时期。通过考察他演讲的前后文，我们可以推断他说的早期，就是指的管仲时代，然后一直到战国田齐的齐桓公时代，这属于早期；中期就是威王、宣王、湣王三王时期；晚期就是指的齐襄王、齐王建时期，也就是大致是以春秋战国给它分成三个时期。

这些分期方法，大体归纳一下可以看出，前人关于《管子》成书比较流行的是“三个阶段”说法，或者说是战国的三个阶段——战国早期、中期、晚期；或者是往前再推一点，把春秋中后期和战国早期合称早期；或者否认有战国早期的，而在战国中期、晚期之外，再加上秦汉时期；或者把《管子》说成是稷下学宫的作品，然后稷下学宫本身可以分成早期、中期、晚期这三个时期，反正都是三个阶段。

这种解释表面看去是很周全的。现在研究各个时代的历史，一般都通行早期、中期、晚期这样的说法。比如说汉代早期、中期、晚期，唐代、明代、清代大概都可以这么说。观众读者心里基本上也有一些约定俗成的暗示，比如所谓清代早期是指的哪几个皇帝，中期是哪几个皇帝，晚期是哪几个皇帝。大致是一个约定俗成的概念。唐代的情况可能稍微不同，研究唐诗的学者在明代就曾提出初唐、盛唐、中唐、晚唐“四唐”说，研究历史的有时候也用“四唐”的概念。所以说将《管子》成书说成早、中、晚这三个时期，看起来好像也很周全。但是我个人对这种貌似周全的说法提出怀疑。这是我们下面讲的第二部分，我尝试提出一个五阶段的全新说法。

二、《管子》成书“五阶段”论

下面讲第二部分，《管子》成书“五阶段”论。

我所提出的所谓《管子》成书五阶段，是从《管子》分组说起的。《管子》八十六篇共分成八组。这个分组就很复杂。中国古书有些是有分组的，比如现存的《庄子》就分成内篇、外篇、杂篇三组。《庄子》为什么要分内外杂？到底哪一部分是庄子自己写的，哪些是庄子后学写的，在学界有很多种不同观点，这里我们不谈。《管子》比《庄子》更复杂，一共分成八组。它为什么要分八组？谁给分的？这八组分得有没有道理？或者这八组有没有什么说法？

这个可以说在我之前大概很少有人注意过。当然注意是有的，但基本上都是抱着一种感到奇怪但又不得其解的态度，不知道它为什么分成八组。

比如清代《四库全书总目》里面说："书中称'经言'者九篇，然后称'外言'者八篇，称'内言'者九篇，称'短语'者十九篇，称'区言'者五篇，称'杂篇'者十一篇，称'管子解'者五篇，称'管子轻重'者十九篇。意其中孰为手撰，孰为记其绪言如语录之类，孰为记其逸事如家传之类，孰为推其义旨如笺疏之类，当时必有分别，观其五篇明题《管子解》者可以类推。必由后人混而一之，致滋疑窦耳。"①

什么意思呢？就是《四库全书总目》先介绍说《管子》分成八组，每一组分别有多少篇，然后说书中各篇有些可能是管子自己写的，有些可能是管子后学写的，原来通过分组编排来加以区分，但是可能是后人混在一块了，所以现在很难区别。《四库总目》注意到了《管子》分成八组，但是对于《管子》分八组究竟该怎么解释表示无能为力。但是提出一种猜测，可能有些是管子自己写的，有些是管仲后人写的，等等。

近代以来学术昌明，专门研究《管子》的学者和论著很多。但是对于《管子》的八组之分，可以说没有做出什么像样的解释。甚至有的学者对这八组是抱着否定态度的。近代学者石一参，他的一本书叫《管子今诠》，把《管子》加以通体改编。他认为比较精妙的语言，都给它编在一块，放在《经言》部分；他认为重要的论述，给它放在《内言》这一组；而记载齐桓公管仲历史，也就说以齐桓公、管仲对答口气写出来的部分，都给它放到《外言》。也就是今本原来是在《内言》的，他全给它放到《外言》去了。他自己说这叫通体改编，就是把今本《管子》完全改掉重新改编一次。石一参实际上是认为今本的八组是毫无道理可言的，所以他要自己重新编定。当然，今人重编先秦古籍，肯定是乱来。郭沫若对石一参这部书评价很差，称之为"妄作"。我认为郭沫若的说法是比较中肯的。

但是，也有些学者对于这个分组还是有所关注的。比如老一辈的中国哲学史研究大家张岱年先生，他就认为这种分组可能是刘向作的。但是又说为什么要这么分，可能现在已经无法考知了。南京大学刘毓璜教授对

① ［清］永瑢等撰：《四库全书总目》，中华书局1965年版，第847页。

《管子》八组有一个很简明的说法，他说《经言》是决策纲领，《外言》为重要引申，《内言》是思想渊源，《短语》以下多属重点补充。我当年写博士论文的时候看到刘毓璜先生的这几句话以后，真有一点醍醐灌顶、茅塞顿开的感觉。但是可惜他是在一篇很短的文章里，简单地说了这几句话，没有进一步的分析，更没有做出翔实的考证。我当年写博士论文，其实完全是从今本八组的分组方法入手去研究的。下面我们看看，《管子》八组是怎么分的。

所谓《管子》八组，就是指它全书八十六篇一共分成八组。我们这里不可能把八十六篇全念一下，我就念八个组名，第一组叫《经言》九篇，第二组叫《外言》八篇，第三组是《内言》九篇，第四组《短语》十八篇，第五组是《区言》五篇，第六组《杂篇》十三篇，第七组《管子解》五篇，第八组《管子轻重》十九篇。这八个组的名字，有些很好理解，比如说《经言》，当然是指经典的言论；比如说《杂篇》，肯定是内容庞杂。《庄子》里也刚好有个《杂篇》，这都好理解。《外言》就有点不太好理解了。有些学者拿它跟《庄子》的《外篇》相比附，大概以为《外言》就相当于《庄子》的《外篇》，《杂篇》就相当于《庄子》的《杂篇》。剩下的《管子解》也还好理解，《管子解》是给书中《经言》里的四篇加上《区言》里的一篇做解释，它是属于解释的部分，也还可以理解。这里面特别奇怪的主要是《内言》《短语》《区言》三个组名，大家觉得不太好理解，有各种说法，都不太讲得通。

我认为《外言》既然放在《经言》后面，当然是指的《经言》以外的一些论述。把《经言》跟《外言》两组对比就可以看到，这两组都是一些相对比较全面的论述。像《经言》九篇，第一篇《牧民》，那是全书的总纲；第二部分《形势》，是从哲理的角度来论证政治问题，可以说是《经言》部分的哲理论述；《权修》是讲君主怎么能够建立自己的威权；《立政》就讲设官分职，怎么来行政；《乘马》是讲财政经济问题；《七法》重点是军事；《版法》是法律；《幼官》跟《幼官图》两篇内容其实是一样的，是用阴阳五行来安排农业生产以及战争等，包括什么时候该打仗，什么时候该用什么旗、该用什么颜色，可以说是以四时五行理论来安排各种事情的综合性政论。所以《经言》这一组，从总纲、哲理、君主、设官、政治、经济、军事、法律，到最后又来个概论，这是一个自成一统的体系。所以多一篇太多，少一篇太少。《外言》部分，《五辅》可以说是对应《牧民》的一个总纲性的东西；《宙合》对应于《经言》的《形势》，也是讲哲理的；《枢言》是讲君主的行政的一些关键问题，有点对应《权修》；《八观》有点对应前面的《立政》；《兵法》有一点对应《经言》的《七法》；只不过《经言》部分法律的专篇只有一个《版法》，而到了《外言》变成了《法禁》《重令》《法法》三篇专门的法理论述。大致来说，《经言》内部有个系统，《外言》内部有个系统，这两部分都是一些比较重要的论述。所以《外言》可以说是仅次于经典的论述，也就是经外之言。

《内言》什么意思呢？《内言》首先要注意的是这部分主要是采取齐桓公与管仲对答的文体形式，内容是记载齐桓公管仲怎么来治理国家，怎么把齐国变成一个强国，最后成为一匡天下的霸主。或者是围绕一些具体的、零星的事情，桓公与管仲两人之间一些没有什么条理性的对答、问答。一定要注意到《内言》这部分，它的文体主要是问答式的，内容是古代史官记事记言式的，而不像前面这两组全是论述体的论文。

这里就需要讲到先秦子书的编排体例。虽然学界也有很多研究，但是有一个问题好像还不见人说起过。我认为先秦子书的编排可能有一个通例。根据出土的《孙子兵法》以及今存的《墨子》来推测。《孙子兵法》汉代有七十多篇，传世只有十三篇。山东临沂出土的汉代竹简本《孙子兵法》由一个木牍把十三个篇名都列在一起，说明这十三篇在汉代本来就是在一块的。而且根据它内容的重要性，很可能是放在全书第一部分。但是银雀山出土的《孙子兵法》还有一些残简可以合并成数篇、多篇的，这多篇里面有些是属于对答式的杂论，文体是问答体的。有的是内容比较杂，但也是论述体的杂论。

今存《墨子》的前三十篇，每三篇各分上中下，它的内容大致是一样的。可能是后世有三个不同的版本，其实就是十篇，也就是论述墨子最主要的尚同、非命、天志、明鬼等十个最主要的概念。《墨子》十篇，是《墨子》全书最重要的最核心的内容。然后下面的《耕柱》篇，是将墨子的学生耕柱用作篇名，这一篇其实是墨子跟他的学生耕柱的对答。你看它也是经典言论放在前面，后面是问答体。再后面还有一些其他的杂论。还有马王堆汉墓帛书所出土的黄老帛书，李学勤先生认为它就是《汉书·艺文志》著录的《黄帝四经》。《黄帝四经》第一篇《经法》，下面分很多章，都是论述体的；第二篇《十大经》，也有人认为“十大”是章名，后人误串在一块，其实篇名应该是《经》，下面也分很多章，多数是黄帝与谋臣的问答。后面还有两篇杂论。你看这三种书，加上《管子》，大概可以说明先秦子书的编排可能存在一个通例，就是首先把作者本人的著述、论述体的文章放在最前面。如果全书不都是他本人写的，那就仍然把一些最早的比较经典性的论述放到前面。然后第二部分是这个学派代表者像墨子跟他的学生之间的问答式的篇章，最后面是附带的杂论。这些杂论也可以给它分成两部分以上。比如说《墨子》，它除了一些杂论以外，还有一部分统称为《备城门》等篇。《墨子》最后有“备城门”等十多篇。墨子是木匠出身，所以他有一些在古代称之为兵技巧的著作，其实简单讲是兵器制造等之类的著述。《备城门》以下的这十多篇，内容跟《墨子》其他篇谈论政治、经济、法律这些综合性的政论有区别，专门讲兵器制造等问题，很独特。把它放在书中的哪个地方都不行，所以只好给放到最后面。所以先秦子书这种首先是经典性的论述，然后是问答体，然后附以杂论，杂论里面可能还会有某一部分是很独特的杂论，这样的话又可以分成四部分，《墨子》大致可以这么去划分。

那么《管子》这八组里面，《内言》排在第三，其实也符合这个通例。只不过《管子》的组分得比其他诸子要更细一些，所以其他的书可能经典性的论述只有一部分。他这里等于除了《经言》的经典性论述以外，又多出一个仅次于经典，但是又比后面那些部分要更为重要一些的这种论述，给它作为《外言》，放在《经言》之后，《内言》之前。

《内言》后面一组是《短语》。“短语”这个组名起得很奇怪，为什么？

《短语》这一组一共有十八篇，前面几篇确实很短，后面几篇也比较短，但是中间有几篇很长。《君臣上》《君臣下》的篇幅都很长。特别是其中那篇《侈靡》，更是《管子》全书现存七十六篇里面篇幅最长的一篇，但是它被放在《短语》里面。所以有学者就说“短语”这个组名起得莫名其妙，不知道它什么意思。其实这个组名，我很怀疑它指的是《短语》里面的这十八篇，每一篇都是相当于解释《经言》当中的某几句话、某一个短语，所以称之为“短语”。

比如说刚才说的《侈靡》，在《经言》的《乘马》里面有一句话叫“俭则伤事”，就是太勤俭太节俭就不利于生产或者事业的发展，就像现在我们太吝啬太勤俭可能做不成事。《侈靡》其实就是提倡奢侈的享受，通过这样做来流通社会财富，富人多用钱穷人才能吃得饱。如果富人不去搞声色犬马的奢侈享受，专门用自己的钱来聚集基本生活物资、囤积粮食，这样穷人就更没粮食吃了。穷人通过给富人提供奢侈消费来解决温饱问题。所以《侈靡》篇是全书最长的一篇，它的中心意思其实就相当于解释《经言》里面“俭则伤事”这句话，所以就被放在短语了。

更明显的是《经言》部分有一篇叫《七法》。《七法》里面说“审于地图，谋十官日，量蓄积，齐勇士，遍知天下，审御机数”。第一句话叫“审于地图”，《短语》的第一篇篇名叫《地图》，其实就是讲地图的重要性，将领打仗以前一定要让人画地图，或者是要派间谍去了解地形，然后画成地图。画地图的时候，哪些该画到地图上去，地图上该画些什么项目，都写得很清楚。《地图》这一篇，其实就是在诠释《七法》里面的“审于地图”这句话。《短语》的第二篇叫《参患》，“参患”什么意思？就是综合考虑各种战争的有利和不利因素，其实就是《七法》里面的“量蓄积，齐勇士”，是考虑国家财政足不足够支持一场战争，这是“量蓄积”。“齐勇士”就是将自己国家的军队跟敌国的军队相比，军力是不是能够超过对方。这就是“参患”，是考虑战争的危险，能不能打胜仗。《短语》的第三篇《制分》，战争最重要的是对整个战争的战略性思考，这也就是《七法》说的“遍知天下，审御机数”，一定要知道整个天下的整体局势，国家之间的强弱，有道无道等这种大的情况，这是属于《制分》的内容。所以整个《短语》的前三篇——《地图》《参患》《制分》，实际上就是分别诠释《七法》里面“审于地图”等几句话的，每篇分别对应于《七法》的一句或者两句话，那还不是短语吗？所以“短语”这两个字是很好解释的。

下面一组《区言》，有人说“区”可能是通“枢”字，因为《外言》有一篇篇名也叫“枢言”，命名的道理一样，也就是把“区言”理解成“枢要之言”。有些人说“区言”是指的区别于商韩法家，区别于秦晋法家。我个人认为这些都是不对的。《区言》其实是区别于《外言》。为什么是说区别于《外言》？

刚才说过《管子解》，就是对《经言》里的四篇以及《区言》里面一篇《明法》的解释。一般认为，这是属于稷下学宫的讲义，大家都公认的就不用说了。最后一组《管子轻重》十九篇，相当于司马迁所说的《轻重》《九府》这两部分。在刘向校书的时候把这两部分合而为一，称之为《管子轻重》。正像《墨子》里面的《备城门》以下诸篇，内容和前面政治、经济等综合性的政论有差距，所以放在全书最后。其实并不一定就是全书当中最后写作的。学界往往因为《墨子》的《备城门》在书的最后，《管子轻重》也是在书的最后，就说是全书当中产生最晚、写作最晚的部分。我个人认为这两部分放在两书最末，跟它们是不是全书当中写作最晚没有什么必然关系，主要是因为前面那些部分，比如说《管子》前面这七组不管有多少篇，但是大致来说都是在讨论怎么治理国家，怎么搞好政治经济，怎么打好仗。那个时代将相不分，都是一些政治家在领兵打仗，兵论往往并不是谈什么具体的战术，跟政论也没什么太大区别。也就是说前面这七篇的内容，其实都没什么太大区别。只有《管子轻重》是很独特的，专门讲经济问题，所以被放到最后。所以《管子》八组的区分是有实际意义的。而且八组之分跟成书先后是有点关系的，但不能完全拘泥，比如说把《轻重》说成是最后成书的。不过各组之间的先后顺序应该是有点讲究的。

我举个例子可以来说明这个问题。《管子》的《外言》里面有一篇叫《法法》。篇中有三段话，第一段话开头说：“凡人君之所以为君者，势也，故人君失势，则臣制之矣。势在下，则君制于臣矣；势在上，则臣制于君矣。故君臣之易位，势在下也。”[①]这几句话最关键的是其中一个“势”字。这段话下面，隔了一些字，有四五百字，后面就出现两小段用“一曰”引出的话，比如：“一曰：凡人君之德行威严，非独能尽贤于人也。曰人君也，故从而贵之，不敢论其德行之高卑。”[②]前面的第一段是讲人君之所以能够做君主，关键是因为他有“势”，要利用好他取得的“势”；后面两小段没有讲势，而是说人君之所以能做人君，不一定是他德行多高，只不过是他地位高贵，所以不要去讨论君主是不是最贤的，不要讨论君主的德行，只不过是因为君主有比较高的地位，所以我们去服从他。三者内容其实都是讲为什么君主要让臣民去服从他，似乎也没什么太大差别。但是最关键在于，第一段里面用到六个“势”字，后两小段“一曰”则没有用这个字。两小段“一曰”中后者更短一些，只有一两百字，其实是前者最后几行的异文。同样的道理，前面这个“一曰”，其实是相当于第一段话的整个这五六百字的异文。

为什么会产生这种异文的现象？当然也有可能是很偶然的，就是同一个作者写了两三种本子，但毕竟不太合乎情理。更合理的解释是，这三段话应该是不同时代人写的，也就是本来有一篇《法法》篇，但是后来有人把《法法》篇的这一段给改写了，而且还不止一种改写。问题是哪一个是原文，哪一个是后人改写的？后两小段“一曰”区别太小，看不出先后，但将其跟前一段相比较，它们的区别十分明显，先后关系是很清楚的，即“一曰”是原文，前面这段“势”论是改写的。为什么？因为《法法》篇中，这三段话的前面和后面，都有使用了“德行”“贤”“贤人”“贤者”这样的词语，而没有出现“势”字。那么很显然，把“一曰”的内容放到中间去，上下文理是很顺的，意思是很通的。相反，如果把“一曰”给它拿掉不要，光把“凡人君之所以为君者，势也”这一段放在中间的话，这一段很长的几百个字里

① 黎翔凤撰：《管子校注》，中华书局2004年版，第305页。

② 黎翔凤撰：《管子校注》，第308页。

面没有一个“贤”字，也没有“德行”这个词，等于把前后论述“贤”“德行”的文字隔开了，所以文气就很不顺畅。这就说明，肯定是后面的“一曰”是原文，前面这段“势”论是后人加进去的。

汉代刘向校书的时候，其实得到三个本子，后面两个本子大体上是一样的，可以把它简单地看成一个版本系统，也就可以说主要是两个版本系统。刘向把有“势”论这一段当作是原文，把两种“一曰”没有“势”有“贤”“德行”的，当作两种异文，给它保存下来。刘向的取舍，似乎并不怎么高明，其实应该把有“贤”“德行”的放到前面，把有“势”的一段作为“一曰”，那就更好了。但是我们得万分感谢刘向，感谢他当时没有把后两段扔掉，他把这两段作为“一曰”都保留下来。这就使得我们知道，《法法》这篇文章，其实是经后人改写过的。但是这种改写，如果只能看出它们本身的异同，那就没多大意思了。我们通过前后两段话的比较，再去查考《管子》其他部分，会有一个惊喜的发现。在《管子》的《经言》《外言》《内言》这三组里面的主要篇章基本上是没有法家意义上的“势”字。当然《经言》《形势》篇中有些地方也有“势”字。法家所说的“势”，专指君主的权势，而且是主张君主要能够善于使用自己手中的权势，把给它扩大到极致，并跟法术结合起来，用以控制臣民。《经言》《外言》《内言》三个部分里面，也有很多重视君主威权的内容，但是没有使用法家意义上独特的“势”这个概念。相反，经常讲“贤”“德行”这些有点接近儒家的思想概念。而到了后面《区言》的部分，情况发生了逆转。《区言》对“势”大谈特谈。但是整个《区言》那五篇里面，没有用过一个“贤”字。这两种截然相反的情况肯定不是偶然的现象，而是反映了先秦诸子思想发展中的一个重要的现象。

这个现象应该怎么来做解释呢？其实很简单，稷下学者中有一个人叫慎到，他是从赵国来到齐国，成为稷下先生。后来湣王失败以后，他离开齐国去了楚国。慎到作为稷下先生之一，他应该是受到过齐国学术的影响；而他本人也应该会对稷下之学、对齐学产生一定的影响。慎到的学术思想有两个最大的特点，一是慎到是法家所谓“法”“术”“势”三种理论中倡导“势”论的代表者，他特别强调君主的权势；二是慎到“笑贤”，他不提倡用贤。慎到的《慎子》已经失传，在现存的少量佚文里面，他经常用嘲讽的口气来批评所谓的贤者。由此再看《法法》篇里三段异文的思想区别，以及《区言》跟《外言》的思想区别，都是十分清楚的，一个是有“势”无“贤”，一个是有“贤”无“势”，这种截然不同的思想特征，肯定跟慎到有关。

正是根据上述分析，我提出了一个说法，认为《区言》是区别于《外言》的。区别什么呢?《外言》是齐国本土学者比较早的作品，也就是说，《外言》里面的法家思想，其实是在齐国自己本土发展出来的。这种法家思想没有受到慎到的影响，所以它是讲“贤”不讲“势”的。慎到来到了齐国以后，受到了齐国的思想影响，并结合秦晋法家思想而强调“势”。为什么这样说呢？因为孟子有句话说“齐人好言势”。孟子既然说了这话，就说明“势”这个理论可能是跟齐国有独特关系。但是孟子所谓“齐人好言势”，还不是指的法家的“势”，很可能是指兵家的“势”。我们知道，用兵打仗特别强调气势，讲究一鼓作气。所以齐国的兵家，像《孙子兵法》《孙膑兵法》里面都谈到“势”。孙子是春秋末期人，当然要比慎到这些人都要早。所以孟子所谓“齐人好言势”，可能是指的像《孙子兵法》里面谈的“势”字。但是不管怎么说，兵家的“势”跟法家的“势”，它肯定是有共同性的。除上面提到的“势”论一段外，在《外言》诸篇中已经比《经言》更加强调君主的权威，但还很少使用法家意义上“势”的概念，仍然十分强调“贤”，说明它们都是慎到来到齐国以前的稷下学者作品。慎到从赵国来到齐国，不但带来了更加刻薄寡恩的秦晋法家思想，还发现了齐国固有的“势”的概念可以很好地为法家所用，于是把两者结合起来，发展出其独特的法家“势”论。这种理论成为齐法家的重要组成部分。反映到《区言》里，就是它受到慎到思想影响，因而极其强调“势”，而闭口不谈“贤”。在《区言》里面，一个“贤”都没有，而有很多个“势”字。

《法法》里面的两段“一曰”异文，跟全篇的主体内容，跟《外言》部分其他篇章的内容相一致，都是产生于同一时代的。比如“一曰”也有比较深厚的法家气息，但更加强调“令”的概念，用了八次。而在《外言》里面另外有一篇叫《重令》，可以看出它们完全是同时代的思想。那么前面改掉的“势”论那一段呢？它只保留两个“令”。另外这六个“令”，被改写成几句带有“势”字的话来。一下子多出八个“势”字。其实稷下学宫中的法家学者，也是很强调君主权威的。这段文字把很多原来没有“势”的句子给改成有“势”的句子，大致意思也没什么太大差别。但是变成了明确的“势”论。因此，《区言》跟《外言》的关键区别，就在于有没有受到慎到的影响，有没有受到秦晋法家的影响。

由《外言》跟《区言》的差别，再来考虑《管子》整个这八组的编排。我认为《管子》里面这八组中有五组是可以代表它成书的五个阶段的，至少对说明其成书过程是很有帮助的。先看《内言》，我认为是指的“经内之言”。所谓“经内之言”，就是《经言》以内的论述。“内”是指它们与管仲本人的关系更近一些。《内言》虽然不是管仲自己写的文章，但直接地记述齐桓公和管仲的历史和言论，当然不一定是真实的记录，而是通过长期的口耳相传，到后来才被记述在简帛上。所以它们的成文年代，未必就一定要比《经言》早。其中有些篇章，说不定比《经言》晚。但是如果考虑到前面长期的口耳相传的过程，我们不妨把这部分内容看作是早于《经言》的。不管最终书之于竹帛是不是早于《经言》，这些内容最初产生的时间应该是早于《经言》的。《管子》书中把它们编在第三组，这是先秦子书的编排通例，但从创作过程来说，《内言》可以代表第一个阶段，这是全书的思想渊源。再看《经言》，顾名思义，经典之言，排在第一组。有人认为是管仲亲手写的。我赞同管仲没有亲自写书的说法，它们不是管仲自己写的。而认为是春秋末和战国早期学者通过研究管仲的历史和言论，比如《内言》之类的口头或书面材料，总结出来的管仲思想。它勉强可以作为管仲思想的代表。既然《内言》是“经内之言”，那么第二组《外言》与之相对，显然是“经外之言”。它们成文要比《经言》稍晚一些，偏离管仲思想更远一些。但是比后面那些部分又要稍微重要一些，是最接近于《经言》的部分。第五组《区言》，上面说了是区别于《外言》，就是受到了秦晋法家的影响，是属于齐国稷下之学当中比较晚的一些作品。第七组《管子解》是最晚的，因为它是稷下学宫的讲义。

以上这五组代表了《管子》成书的五个阶段。剩下还有三组前面已经说过，《轻重》这一部分，虽然放在全书最后，但是并不像前人说的就一定是《管子》中最后成书的。我认为恰恰相反，《轻重》从思想上来说是《管子》全书当中出现时间比较早的一部分。我们勉强可以把它跟《经言》放在同一个时代。为什么呢？在根据口耳相传的桓管历史和言论来总结他们的历史经验，编纂《经言》部分论述体的综合性政论文章的同时，也围绕着轻重理论，创作了这一组文章。因为轻重理论很独特，只有管仲有类似观点，所以《轻重》其实是围绕着某个相对小的主题，做了一个综合的论述。它有可能是跟《经言》大致同时的，当然也可以略晚一点。

第四组《短语》，其实是对《经言》中个别语句或者某种独特的思想，比如说君臣问题、兵法问题，还有其他一些问题，就是围绕一些片段的言语、片段的短语来加以诠释，最后发挥成一篇篇文章。第六组《杂篇》，与《短语》有点类似，也是因为内容庞杂而编为一组的。既然这两组是按内容特殊而编的，那么组内各篇就不一定是同时写的，也不能作为成书的两个阶段。

总之，《管子》分为八组，但只有五组可以代表其成书的五个阶段，另外三组的断代应该参照这五个阶段。但是每个阶段对应的具体年代坐标，很难确定。我以前只是笼统地采用春秋中后期、战国早期、战国早中期之际、战国中晚期之际、战国晚期这样的表述。有些疑古观念较重的学者会嫌前两个阶段定得年代太早，那也不妨往后再推一点。因为《管子》既然主要是稷下学宫的作品，那么在稷下学宫比较兴盛的时候可能会集中产生一些文章，所以整个成书过程不一定拉得太长。这样的话，我觉得可以考虑其成书过程是从春秋中晚期到战国末期的时间段内。但应该主要根据田齐时代的历史，做一些更加具体的推测。我现在认为，《内言》很可能是产生于春秋中期至田齐桓公时期，《经言》产生于田齐威王时期。因为威王实行改革，齐国就开始兴盛起来了。特别是在齐威王时期曾经让士大夫整理古《司马兵法》，并且把春秋末年司马穰苴的著作也附在古《司马兵法》的后面。有学者指出，司马穰苴只是春秋末年的一个司马，他的名气和管仲根本没法比。齐威王既然让大夫整理司马穰苴的兵法，那么也就完全有可能同时甚至更早整理管仲的史实言论，然后整理研究管仲的思想。[1]我觉得这是完全有道理的，把《经言》部分放到齐威王时代，这是完全合乎史实的。《外言》大致可能产生于齐宣王时代，《区言》可能产生于齐湣王时代，然后《管子解》产生于齐襄王和齐王建时代。特别是后面这一断代，可以解释另外一个事情。《盐铁论》里面曾说齐湣王奋二世之余烈攻掠其他诸侯。我们看这说话的口气就可以立即想起来贾谊说秦始皇奋六世之余烈，然后下面也是削平诸侯，建立秦朝。从语气上看来，湣王跟秦始皇有点相近，但是后来因为湣王“矜功不休，百姓不堪，诸儒谏不从，各分散”，就是说齐湣王时候，各种学者都去劝谏，他不听，这些稷下大夫就全跑了。如荀卿也就是荀子跑到了楚国，但后来又回来了。荀子后来回到齐国，到齐襄王的时候“最为老师”，这可以解释什么问题呢？我刚才说的《区言》部分的思想，已经受了秦晋法家的影响，跟秦晋法家没什么太大区别了。内容也是极言法术势，对“势”字强调得很厉害，所以跟秦国的思想已经很接近，甚至跟商鞅、韩非都很接近。所谓齐湣王“矜功不休，百姓不堪，诸儒谏不从”，很好地解释了《区言》这一部分的思想特征。《区言》这部分受到秦晋法家影响，比较残暴，儒家色彩极少，这与齐湣王时代比较符合。湣王败了，后来齐襄王时期，孙卿“最为老师”。《管子解》成书于齐襄王齐王建时期，其中的法家思想也有所发展，但有一个更引人注意的现象，在《管子解》中儒家思想也有很明显的回潮。我刚才说的，在《区言》部分已经不言“贤”了，而到了《管子解》里面，又经常地谈论礼义廉耻、贤者、智者、信者、圣者、礼义、德义、明主、贤人等。像这类各式各样的贤者，各式各样的儒家概念，在《管子解》里面大量出现。这就很好地解释了，到了齐襄王时候，孙卿“最为老师”，所以儒家

① 王阎森、唐致卿：《齐国史》，第516页。

思想有所恢复或者回潮。所以我觉得，这个五段论对于解释一些历史现象、思想实际，都是很有帮助的。

三、从《管子》看齐学

下面讲第三个问题，就是如何从《管子》来看齐学。

“齐学”的概念，其实是有多重含义。最狭义地来说，齐学本来是一个经学上的概念。《汉书·艺文志》在著录古代经书的时候，《诗》分齐、鲁、韩，《论语》分齐、鲁。有齐诗、有齐论。还有《春秋》三传里面谷梁学是属于鲁学的，而汉代最盛行的公羊学是属于齐学的。所以齐学本来是汉代经学中的一个概念，指的是齐国人研治儒家经书学术。这是最狭义的。

广义的齐学首先是指先秦齐学。台湾学者林丽娥专门写了一本书叫《先秦齐学考》。她所说的先秦齐学就是指从公元前1100年前后太公建国一直到公元前221年齐国被秦统一800年时间之内齐国大地上所产生的一切学术。这是广义的齐学，就是先秦齐地之学。林丽娥还具体地考证了齐国现在可以考证出来有名字的学者一共87个人。这87个人中有37种著作。这些著作，以子学为最多。这个概念——先秦齐地之学，当然包括各种齐国的学术，但是最主要的是诸子之学。因为先秦诸子里面的很多人物，孔子、孟子自不必说，刚才说的慎子、荀子这些人都来过齐国，都在稷下学宫讲学。所以广义的齐学，更主要的是子学的概念，跟前面的经学概念是相对而言的。

当然这两种齐学又是可以相通的。因为所谓汉代经学中的齐学，其实主要受到战国时邹衍阴阳五行说的影响。所以汉代经学当中的齐学，带有一定的阴阳家学派特色。而阴阳家学派的邹衍，当然属于先秦齐学中的一个重要人物，阴阳家学派也是先秦齐国诸子学的一个重要派别。《管子》这书里面有《四时》《五行》《幼官》《轻重己》，它们都带有阴阳五行色彩，是先秦齐学阴阳五行说的主要代表。所以狭义的概念跟广义的概念其实可以相通。

齐学还有一个更加广义的用法。现在有些人写文章，把历代只要是山东大地上的学术都称之为齐学——历代齐学。这个概念太大、太笼统了，跟我们今天要讲的齐学没什么关系。我们今天主要讲《管子》，并从《管子》的角度来看齐学。因此汉代经学的概念，这里也不去说它。从诸子学的角度来说，所谓齐学主要是相对于鲁学、秦晋之学的，是相对而言的一个名词概念。

中国的传统文化，既有统一性，又有地域性。中国强调大一统，所以中国从战国就强调夏商周这种统一的朝代。其实那个时代未必有我们一般人所想象的那么统一。我个人认为，地域的影响不如时间的影响。随着先民之间交往的扩大，往往同一时代会有那个时代人特有的思想。这个特有的思想，同一时代的统一性是不容忽视的，甚至是占主流的。比如刚才说的法家，在慎到没到齐国以前，齐国的法家也已经有很大影响了，出现了《外言》这样很多的论述。这都是因为他们时代相同，面临的时代课题是一样的，所提出的解决方案往往也很相近。但中国的地域辽阔，各地的气候、土壤或者其他各种条件都不太一样，相互之间的交通不便，来往不太容易。所以中国古代文化的地域性区别也是很大的。中国古人很强调地域的差别。如唐代就特别讲究关东、关西、江南这三个不同地域的文化区别。近代梁启超曾有中国南北两种文化之说，蒙文通把中国文化分为齐鲁、秦晋、荆楚三支。这种比较强调地域的说法，是有道理的。但是如果要去对应诸子的话，则中国文化分成四个文化区域最为合适。这就是以孔子、孟子为代表的儒学；以商鞅、韩非为代表的法家，可以说是秦晋之学；以老子、庄子为代表的楚学，可以说是道家；然后就是齐学。刚才三个都很简单，鲁学就是儒学，是孔孟儒学，晋是法家，楚是道家，都对应得很明确。但是齐国就不太好办，齐国用什么称呼它呢？

如果用《管子》这部书代表的话，《管子》在汉代是被归入道家的。但是到了《隋书·经籍志》里面，甚至早在三国时代就已经被看作法家之书了。如果说齐学是法家的话，简单称之为法家，就无法和秦晋法家相区别。所以可能还是像汉人一样仍然称之为黄老道家更恰当一些。黄老道家是一个善于吸收的学派。虽然在《汉书·艺文志》的小序里面并没有说道家“兼儒墨合名法”，但其实我们看马王堆帛书出土的《黄帝四经》。通过《黄帝四经》来总结黄老道家的这种学术特点，它确实有点接近《汉书·艺文志》讲杂家“兼儒墨，合名法”的特点。所以用黄老道家的概念来解释齐学，是相对比较妥当的。

我们说可以用黄老道家解释齐学，还有一个原因是齐国近海，自古多神仙方士，是阴阳家大本营。这一点顾颉刚《秦汉的方士与儒生》有很好的研究。书里讲战国时期齐国的方士怎么影响于秦汉时期的政治。这种阴阳家以及方士跟后世的道教，也有着很多渊源关系。道家、黄老道家，跟后世的道教，也有很多渊源关系。所以我们把《管子》视为黄老道家，可以用它来代表整个齐学。所以如果要给它归类，我觉得应该还是归入道家——受到了阴阳家、法家、墨家、名家、法家影响相互交融在一起的黄老道家。它跟杂家的区别在于杂家无所主，而齐国的黄老道家有所主，即主于道家。这是用汉代诸子百家的概念来讲齐学的特点。我认为《管子》和齐学还是离黄老道家更近一些。

齐学最本质的特征，我个人觉得一个字就是“霸”，两个字就是“霸道”，四个字就是“霸王之道”。大家都知道《孟子》里面讲过一个很著名的故事，齐宣王问孟子：“齐桓、晋文之事可得而闻乎？”孟子对曰：“仲尼之徒无道桓文之事者，是以后世无传焉，臣未之闻也。无以，则王乎。”齐宣王和孟子的这段关于齐桓、晋文的对话其实是对王霸——齐国的霸道和鲁国的王道——根本对立反映。齐桓公、晋文公当然是霸道的典型，所以齐宣王一上来就问孟子怎么来看待齐桓、晋文，其实是向孟子挑战——我们齐国出过齐桓公这样伟大的霸主，你们鲁国有什么呢？而孟子一开口就把这说成“齐东野人之说”，然后说“仲尼之徒无道桓文之事”，也就是看不起齐桓公的霸政。他不理齐宣王那一套，仍然向他讲述王天下之道，要让他必须得这么做才能成为王。而齐宣王最后则坚持说自己比较平庸——“不能近于是矣，愿夫子辅吾志，明以教我”。意思是说我做不到王，你就告诉我怎么做到霸就行了。当然《孟子》里面讲的是齐宣王被孟子给驳倒了，齐宣王只好自称自己是贪财好色之徒，实行不了王道，求孟子“舍女学而从我”。“舍女所学而从我”，就是齐宣王让孟子舍弃自己的王道来听从自己的霸道。这个叙事中，孟子的话口气带有个人情绪化。其实齐宣王宁愿自侮也不愿意去行王道，这表明了齐宣王对霸道的自信。他就认为齐国从齐桓公、管仲传下的这一套霸政，才是治理国家最好的招数。我们打开《管子》这本书，可以说里面到处都是在讲霸道的。最著名的就是《区言》组有一篇《霸言》，这篇文章通篇都在讲霸政。在现在的语境下，霸权主义经常被认为是不好的东西。其实我们知道，孔子虽然批评管仲不知礼、不懂礼，但是他对管子建立的功业的评价是相当高的——“微管仲，吾其披发左衽矣”。可见孔子对桓管的霸政，也是抱着基本肯定的态度。但是孟子对霸道是很看不起的，说王者是“以德行仁”，而霸者是“以力假仁”；王者是衷心的、心悦诚服的行仁，而霸者是假装行仁。在孟子这里，王道跟霸道是两种不同的统一中国的策略。而在《管子》里面，霸道与王道并不是对立的，而是霸道是服从于王道的策略。服从于什么呢？其实就是服从于周文化，服从于周德。《霸言》这篇文章的开头就说“霸王之形，象天则地，化人易代，创制天下，等列诸侯，宾属四海，时匡天下”[①]等。其中“创制天下”四个字，令我们想起晋文公。晋文公的势力很强大，有一次他到周襄王那里去，周襄王要赏赐给他土地，晋文公说土地不要，他就请求自己死了以后，周襄王能够允许他使用王者的丧礼，或者把坟墓造得跟周王坟墓差不多大。周襄王就说你如果有能力，就自己去“创制天下”；如果你不行的话，就还得服从制度。意思就是说你有能耐就把王位夺走，没有能耐就得服从于周代的政治体制。其实晋文公时候的霸道，已经有点走样了。齐桓公时候的霸道，是真正的霸道，他最主要的贡献就是“尊王攘夷”，就是“存亡继绝”。

什么叫“尊王攘夷”“存亡继绝”呢？遵从周天子，然后率领中原诸侯国去打败周边其他民族的进攻，统而言之叫“攘夷”，分而言之东方是夷

① 黎翔凤撰：《管子校注》，第463页。

人，北方是狄人，西方是戎人，南方是蛮人。所谓“存亡继绝”，就是有些诸侯国传不下去或者被异族给灭了，齐桓公就把他们的民众迁到自己境内，给他一座城、一块地，让他们继续生存下去，这叫“存亡国，继绝世”。这本来是周天子的义务。但是周天子势力衰落了，礼崩乐坏，齐桓公其实是担负起了周天子的义务——维持诸侯国之间的秩序，维持天下的秩序。

由此可以看出霸道的本质和齐学的特征。1980年代的时候，我记得当时很多学者写文章，都是强调《管子》这本书或者管仲这个人，最大的特点就是改革开放。《管子·小匡》里记载“叁其国而伍其鄙”，叁国伍鄙不就是改革内政嘛！当时强调改革，改革就求变，直到现在很多学者也都在强调齐文化求新、变革的特性。我觉得，齐国的霸道或者《管子》这本书里面反映出来的齐学的特点，其实是有一个核心——推行霸政，不轻易去争王，它是在服从周文化、周天子的前提之下，进行一些具体的改革或者变化。它尊重旧有的文化传统，维护现有的政治体制。这是《管子》和齐学最基本的特征，是它区别于秦晋法家的地方。

《管子》和齐学区别于儒家和鲁学的地方，则在于孔孟一味标榜王道，有点脱离现实；而《管子》和齐学是尊重王道，立足霸道，更适应现实一些。《管子轻重》诸篇说“彼壤狭而欲举与大国争者”与“天子之制”不同(《事语》)，“霸国守分”与“王国守始”不同(《乘马数》)。“守分”“守始”是什么意思呢?

所谓的“王国守始”，就是在比较和平的王国时代，那么不用管太多。只要管好开始的环节就可以了，也就是从发展生产做起就行了。但是霸国时代不行，霸国除了发展生产以外还要注意二次分配？什么叫“守分”？简单地说就相当于现在说的二次分配——注意如何分配财富的问题。所以说“王者不夺民时”就可以了，但是霸者一定要采用“高下之策”(《匡乘马》)，也就是通过物价的变化来控制市场，通过经济手段来控制臣民，然后才能富国强兵。可见在《轻重》诸篇里面已经公然承认自己所行的就是霸国之策，不是王国之政。用这种口气说话应该是比较早的，它不可能是战国中期。孟子王霸理论通行以后不可能再用这种口气自居霸道而又推崇王道。你看商鞅去游说秦王的时候，他讲的全是霸道。

齐学的霸道主张通过经济手段来控制臣民，这从《管子》全书开头几句话就能看出来。霸道有什么好处呢？推行霸政就可以集中力量办大事。如何把整个国家的力量集中起来呢？《轻重甲》里有几句话："今为国有地牧民者，务在四时，守在仓廪。国多财则远者来，地辟举则民留处，仓廪实则知礼节，衣食足则知荣辱。"[①]这几句话大家听着肯定有点耳熟，我这里引的是《轻重甲》，但《管子》第一篇《牧民》开门见山就是这几句话。就第一句有点不一样，后面基本上一样的。汉代的时候，贾谊、司马迁等大概十多个人都引用过这段话，但是他们无一例外地只引后面十四个字，也就是"仓廪实则知礼节，衣食足则知荣辱"。司马迁在引用了以后，还特地加一句，说是"人富则仁义附焉"，就是说人只要富了自然就会讲仁义的。这几句话也是广为后世大家引用，都把它作为管子重视富民的代表。其实我觉得这几句话，得通过《国蓄》篇的说法来理解它。《国蓄》说："国有十年之蓄，而民不足于食，皆以其技能望君之禄也。君有山海之金，而民不足于用，是皆以其事业交接于君上也。人君挟其食，守其用，据有余而制不足，故民无不累于上也。五谷食米，民之司命也。黄金刀币，民之通施也。故善者执其通施，以御其司命，故民力可得而尽也。"[②]简单地说，就是说人都得吃粮食，都得用钱，而粮食要用钱来流通。所以它主张国家或者君主通过金钱把粮食给控制起来。这样民众就离不开国家和君主，国家和君主让你贫就贫，让你富就富，让你吃得饱就吃得饱，让你饿肚子就饿肚子。这样一来的话，民众谁敢不听君主、不听国家的话呢？可见，所谓"仓廪实则知礼节"，是说国家的国库充实之后可以通过国库里的财富在民众间分配。各个阶层的臣民根据不同层次、不同地位获得国家的财富。通过这样的办法，君主掌握国家命脉，控制臣民。所以霸政跟王政的区别，我觉得颇有一点像现代西方经济学界所谓的自由主义和干涉主义的区别。王政相当于自由主义。孟子讲的经济

① 黎翔凤撰：《管子校注》，第1432页。

② 黎翔凤撰：《管子校注》，第1259页。

理想就是百亩之田、五亩之宅这样的话，老百姓自然而然就自己会生产，把小日子过得很好，用不着你国家去多加干涉。而《管子》是主张国家干涉的，主张由国家来控制整个的生产、消费、流通各个环节。所以大致来说王道其实就是自由主义，也可以说是理想主义。治理国家很简单，老百姓自己会拼命生产的。只要国家政策好，他们自己就能富起来的。而霸道其实是一种干涉主义，也可以说是一种实用主义。

那到底是王道对还是霸道对呢？从根本上看当然儒家的王道是更加符合人类社会的需要。但是在一些特殊时期，特别是面临着国际竞争的时候，霸道是更加实用的。它们各自适应不同的时代需要，没有什么高下之分。

《管子》讲霸道，跟秦晋法家商鞅、韩非等人的那种霸道，是有很大不同的。《管子》的霸道比较接于齐桓公和管仲的本意，指的是服从于王政的霸道，是在服从于周文化大前提之下，再来做一些具体的政策层面的变革。而秦晋法家商鞅、韩非的霸道，其实是跟王道根本对立的。儒家强调用王道去统一中国，他们希望用霸道去统一中国。所以韩非子的所谓霸王，其实是用霸这种方式去成就统一中国。

正因为如此，《管子》里面还有很多带有儒家气息和其他学派的说法。比如说我们现在中国的新领导强调治理国家的两个理念，一个是以人为本，一个是依法治国。这两个理念都是出自《管子》。所以以《管子》为代表的齐学，继承了从太公、齐桓公和管仲以来的这种比较接近实用主义的治国方略，能够采取以人为本的治国方式。“以人为本”这句话也是出自刚才说的《霸言》，我刚才那段话里没念它。“依法治国”是出自《明法》。《管子》对依法治国所作的很多经典型论述都是很好的，比如说《明法解》里面有一段话说：“明主者，有法度之制，则群臣皆出于方正之治，而不敢为奸。百姓知主之从事于法也，故吏之所使者，有法则民从之，无法则止。民以法与吏相距，下以法与上从事。”[①]“民以法与吏相距，下以法与上从事”，就是说老百姓敢于拿着法律去跟官吏抗拒，下级官员敢于拿着法律去

① 黎翔凤撰：《管子校注》，第1213页。

跟上级法院较真，这样的社会就比较好治理。“民知事吏之无益，故财货不行于吏”，因为老百姓或者下级官员知道讨好官员，或者讨好更上一级的官员对自己没好处，所以财货就不会从老百姓手里流到官员的手里，或者从低级官员那里流到更大的官员手里。这自然就不会出现贪官污吏。“民以法与吏相距”这种提法，跟秦晋法家后来主张“以吏为师”，显然有着很大的差距。这说明什么问题呢？以《管子》为代表的齐学，其实就是从孔子到韩非中间的过渡。齐国本来就有兼收并蓄的传统，在齐太公初到齐国的时候就能够既接受周文化，然后又采用一些东夷的习俗。在《管子》这部书里面，战国各家各派的思想都有所反映。这说明齐学具有很大的兼容性和创新性。它服从于王道的霸政、霸道思想，是相对来说在战国思想界别具特色且有很高水平的一种学术体系。

既然齐学这么厉害，为什么后来失败了？这个其实很好理解。就像土匪跟老百姓，好人跟坏人打架，坏人更狠就容易取胜嘛！但是这种取胜不能持久。所以秦国能够统一中国并不能说明秦国的那套东西就符合人类的需要。它只不过是暂时取胜，最终二世而亡，很快就失败了。到了汉代的时候，治理国家还得重新采用齐鲁的这一套，特别是齐学。汉宣帝所谓的汉代本来就是以霸王道杂之。什么叫以霸王道杂之？以霸王道杂之就是齐学嘛！它奉王道为更高的理想，但是更加注重于立足现实，更加强调霸道，更加自居于霸道。齐学最早的优点就是比较脚踏实地。今天我对于齐学的讲解还不够全面。我不是山东人，也没有在山东生活过，对山东的历史人文体悟不是太深。大家可以通过其他的途径去了解。今天的讲座到此结束，谢谢大家。

杨朝明

尼山世界儒学中心副主任、中国孔子研究院院长、研究员、博士生导师，教育部人文社会科学重点研究基地山东师范大学齐鲁文化研究院学术委员。兼任国际儒学联合会副理事长、中华孔子学会副会长等职。专注于孔子、儒学研究，先后主持并完成多项国家级、省级课题，在儒家文献与中国早期文明、儒家学术史等领域成果丰硕，广受赞誉，多次荣获国家级、省级科研成果奖。主要论著《鲁文化史》（齐鲁书社）、《儒家文化面面观》（齐鲁书社）、《孔子家语通解》（齐鲁书社）、《论语诠解》（山东友谊出版社）、《出土文献与儒家学术研究》（台湾古籍出版有限公司）等，在社会上产生了广泛影响。

孔子与六经

杨朝明

“孔子与六经”是中国思想史上一个非常重要的题目。因为六经与孔子的特殊性，这个题目中包含了许多关乎中国文化大本大用的问题。提及孔子，我们每个人都对他特别熟悉，而透过六经，我们更能理解孔子思想的高度与深度。

一、六经的历史渊源

大家都知道我们民族的文明足足有五千年之长，孔子则生活在两千五百年前。但是，许多学者都认为孔子代表了整个中华五千多年，而不只是两千多年。学者们有这样的看法，并非他们搞错了一个数学问题，而是因为孔子把他以前两千五百年的中国文化都集中在他手里，孔子之后的两千五百年文化又从孔子手中流传出来。站在一个历史制高点上，孔子才形成了他的学说，历史制高点赋予了孔子思想以深度、高度。

孔子对过往历史文化有着充分把握，其体现就是他对六经的整理。六经即指:《诗》《书》《礼》《乐》《易》《春秋》，此六者的原始内容代表着中国文化发展至孔子时的最高成就。在孔子以前，中国的文明已有了漫长的发展。以儒家文化的视角看，孔子思想的形成实则拥有着整整两千五百年文明的广阔背景。孔子称说自己是“述而不作，信而好古”，表明自己只是传承古代文化，并不是刻意自创，由此我们便可以了解到孔子思想的形成是对其之前文化的深刻总结、提炼。

孔子主张“祖述尧舜”，尧是司马迁作《史记》时，以为有确切记载的中华信史的开始。实际上，中国文化在尧之前已有充分发展。以往限于技术原因，我们拿不出切实证据。而今天，通过考古工作，我们得以看到七八千年前中华文明的发展状况。

孔子主张继承尧以来的传统，但对于之前的传说时代，孔子之了解亦超出常人。孔子和他的弟子们曾讨论过尧之前的事，其中一个弟子宰我问孔子：“我听闻历史上曾有黄帝，有人说他活了三百年之久，这是真的吗？黄帝是人还是神？”对此，孔子回答说：“过往的传说久远，到今天我们只能看到模糊的影子。所谓‘黄帝三百年’是指：在黄帝在世的时候，人民依靠他勤于政事而能生存，这个过程大概有一百年；黄帝去世后，人们敬畏他留下的政治制度、刑罚条例，又安定了一百年；而第三个一百年间，人们依靠黄帝留下的教化理念、人伦准则，继续保持安定。”“黄帝三百年”的故事，展现了孔子对以往历史的思考认识。孔子认为黄帝之时，“其文不雅驯”，雅是正，驯就是顺。一般人从历史传说中不能清楚认识事实情形。真正“雅驯”是自尧以后的事，所以孔子论历史便以尧舜为开端。

现在许多人对于尧舜之时的事，也多持怀疑的态度。其实不仅是考古发现，许多传世典籍的记载也可以证明尧舜以来历史的可靠性。例如春秋时代楚国有一个史官“左史倚相”，左史是职位，古代史官有左、右之分，“左史记言，右史记事”，倚相是他的名字。左史倚相据说是《左传》作者左丘明的祖父。左史倚相曾讲，古代的典籍有《三坟》《五典》《八索》《九丘》，这些都是从三皇五帝那里流传下来的。曾有人怀疑左史倚相的说法不可靠，其实大可不必。我们在其他典籍记载中可以印证左史倚相的说法。例如周公就曾论说：“惟殷先人，有册有典。”典、册就是文献。这样的说法还有很多，比如有人曾质疑墨子：“你整天谈论古代先王，那么你和古代先王又没有同时并世，你何以知道这些的呢？”墨子说：“我虽然没有与他们同时并世，但是古代有很多的典籍，琢于盘盂，镂于金石，书于竹帛。”这也就是说古代的典籍很多，有的在盘盂上记载，有的在竹帛上记载，还有的在金石上记载。所有的这些都透露出，在孔子以前中国的文化已经有了一个漫长的发展过程，而且已有很好的记载记录。孔子以前的中国文化发展促使我们必须把关注的目光同样投向孔子以前。孔子说自己“述而不作”，也正是秉持的这样的继承观、历史观。

中国被称为礼乐之邦，实际上在中国文明中，礼乐传统的形成非常之早。在周代的时候，人们就特别注重对于往古的礼乐文化的总结。孔子曾说周礼是“郁郁乎文哉”，是十分了不起的。有弟子曾向孔子请教，他说：“老师，再过十代人，人与人之间相处的那个礼，还能不能知道？”孔子回答说：“别说十代，再过一百代都能知道。”孔子这样回答，是因为人与人相处的原则是稳定的。在深层上，只要人们生活在一起，人必须去思考：人和人如何相处。对这样问题的回答，就是中国的礼。考古学家已经发现早在龙山时代就有礼制的存在，这种礼制一直延续到夏、商、周。三代的礼之间是损益关系，损益是形式上的损、益，损就是去掉一些，益就是增加一些，这都是说礼的形式，而礼的内涵不会变。也就是说，人与人之间的相互尊重、人与人之间的相互理解、人与人之间的相互关怀，这一点是不会变的。所以，孔子用了“损益”一词。时代发生了变化，礼中有些不适合时代的要去掉一点，有些时代需要的，再增加一点，这便是通过损益而取得与时代的动态平衡。

孔子所处的那个时代，天下无道，礼崩乐坏。以前的礼制虽然发展得非常好，但现在大家都不遵守这种规则。于是，孔子就思考人们为什么不遵守礼的规则，人们该不该遵守礼的规则？那么我们社会下一步应该怎么办？在思考这些问题时，孔子特别注重人心与社会的关系。

这个时候，孔子就关注到了在他以前文化的漫长发展。孔子一生崇拜周公，周公是周代礼乐文明的奠基人，周代是礼乐文明的集大成。所以可以说，周公是中国礼乐文明奠基人，是周代文明的制定者。在曲阜的周公庙，有牌坊叫“经天纬地”“制礼作乐”，周公奠定了中国的礼乐传统，也奠定了中国人文文化的基础。

中国人文文化自周代以来特别注重对于人的教育。那个时候中国的教育有大学和小学的区分。在周代，人到了八岁，就入小学，学习洒扫、应对、进退之节，及礼、乐、射、御、书、数之文。这就相当于我们现在小孩子学习课程与技艺，学习具体行为规范与礼仪。到了十五岁，则就要学习穷理、正心、修己、安人之道。穷理其实就是了解人心、了解社会，甚至了解自然。这些是礼的基础，如此才能正心，才能修己安人。这也便是六艺之教。

六艺之教，就是周代的六门课程，即《诗》《书》《礼》《乐》《易》《春秋》。有人会问，提到六艺的时候，不应是礼、乐、射、御、书、数吗？实际上，此六艺对应的是孩子八岁入小学所学的洒扫、应对、进退之节。洒扫，即打扫卫生整理内务；应对，即和别人交往；进退之节，就是在处事中如何去做。节，就是如何动作。礼乐射御书数之文的“文”是表层的东西，就是我们看得见的东西，礼就是如何行礼，如何去做；乐就是如何弹奏，如何演唱；射就是射箭；御就是驾车；书就是书法的书，其实就是认字、写字；数，就是算术。书、数其实就是语文、算术，这就相当于我们小学那些课程。这里的礼乐是礼的表层。而到了大学，到了十五岁以后学六门课程也有礼乐，叫《诗》《书》《礼》《乐》《易》《春秋》，这个礼乐和小学礼乐相比，更进了一层。

礼的内涵是人与人之间相处的原则，这些准则都包含在礼中。乐是通伦理者也，即是说乐的功能可以感通人心、施行教化。《礼》《乐》《诗》《书》《易》《春秋》和小学礼、乐、射、御、书、数，在典籍里面分别称为大六艺和小六艺。小学学小艺，履小节；大学学大六艺，履大节。所以《大戴礼记》里便记载说：“古者年八岁而出就外舍学小艺焉，履小节焉。”这是八岁学小艺、履小节；到了十五岁，便“束发而就大学，学大艺焉，履大节焉”。“学小艺，履小节”与“学大艺，履大节”便是大学小学之分，当然这个“小”“大”它们之间是相互联系的，不是截然二分的。从小到大是一个自然过程，小学学得好，到了大学以后明理正心才能做得更好。说到这里，我们可以看出，孔子特别注重束脩这个概念。大家可能都注意到《论语》中有一句非常有名的话：“自行束脩以上，吾未尝无诲焉。”传统解释中许多人误解束脩就是一束干肉，就是十条干肉。有人说这是孔子收学费，还有人在开玩笑说自行束脩以上，少了还不可以。其实，束脩它是束发修饰。小孩子可以不修边幅，但是到了十五岁以后慢慢长大，越来越懂事，应该穿得整齐，把头发盘起来，这就是束脩。束脩所指的十五岁，意味着开始穷理、正心，开始了解社会和人生，这个时候就开始学大艺、履大节。中国古代教育一直注重《诗》《书》《礼》《乐》。《诗》《书》《礼》《乐》在周代是用来培养社会的担当者、社会精英。《礼记·王制》记载："顺先王《诗》《书》《礼》《乐》以造士。"《诗》《书》《礼》《乐》最初属于王官之学，王官之学也就是周王室官方之学，教育重点在社会管理与人心教化。

大学学大六艺，大六艺就是六经。"经"与"艺"的关系，就类似于课本与课目。在周代，《诗》《书》《礼》《乐》《易》《春秋》就被称为六艺，到了孔子之时，用此六个科目来培养人心，就需要相应教材。孔子对原先内容进行了整理，这便是六经。

二、孔子整理六经

有人怀疑在孔子以前，就已有了称呼《诗》《书》《礼》《乐》《易》《春秋》为"六经"的这种说法。比如《庄子》中记载孔子与老子的对话，孔子说："丘治《诗》《书》《礼》《乐》《易》《春秋》六经，自以为久矣，孰知其故矣。"孔子说我来治《诗》《书》《礼》《乐》《易》《春秋》六经，那么是不是意味着这六经在此之前就有了呢？老子回答说："幸矣，子之不遇治世之君也，夫六经，先王之陈迹也，岂其所以迹哉？"这就是说六经这个概念可能在孔子以前就曾经有，只是到了孔子时出现了一些问题，即所谓的《诗》《书》缺，《礼》《乐》废。于是，孔子就对六经进行了整理。孔子有没有整理六经，在学术界曾有不同的看法。而现代学术界基本上没人再去争论了。这是因为孔子整理六经已不成问题了。

孔子不仅整理了六经，而且还把六经作为自己的教本。在《孔子家语》中记载了一个很重要的内容，反映了孔子和他的弟子曾经讨论《诗》《书》

《礼》《乐》，孔子弟子也把这些内容传播到四方。比如子贡来到卫国，卫国有人向子贡询问，他说听闻孔子施教是“先之以《诗》《书》，道之以孝悌，说之以仁义，观之以《礼》《乐》，然后成之以文德”。我个人觉得这句话非常重要。这里说到了孔子教学的起点，又说到了教学内容、教学逻辑、教学重点、教育目标。其中“先之以《诗》《书》”代指的就是《诗》《书》《礼》《乐》之教。《史记·孔子世家》记载：“孔子以《诗》《书》《礼》《乐》教弟子，盖三千焉，身通六艺者七十有二人。”“身通六艺”就是《诗》《书》《礼》《乐》《易》《春秋》六艺。孔子不仅整理了六经，而且还用这六艺来教育自己弟子。在孔子以前虽然也把六艺视为一种经，但是却有“《诗》《书》缺，《礼》《乐》废”的严重问题。当时之经，良莠不齐，重点不清，是孔子进行了整理。《史记·孔子世家》就这样说：“孔子之时，周室微而礼乐废，《诗》《书》缺。”《孔子家语》言：“孔子生于衰周，先王典籍，错乱无纪，而乃论百家之遗记，考正其义。祖述尧舜，宪章文武。删《诗》、述《书》、定《礼》、理《乐》、制作《春秋》、赞明《易》道，垂训后嗣，以为法式，其文德著矣！”这些材料就清楚地说明孔子对六经进行过整理。

孔子整理六经的过程，也是阐发他学说的过程。孔子将其思想注入到了六经整理中。首先，孔子论次《诗》《书》。论次的“论”，在古代典籍里常通用“抡”字，抡是挑选的意思。比如说《论语》。我个人觉得《论语》这个论其实就是“抡比其材”的抡，就是挑选。《论语》就是挑选出来的孔子言论。孔子去世以后，孔子后学希望继续学习孔子思想，就把孔子言论挑选出来，进行了精心排比，于是形成了《论语》。而论次《诗》《书》就是挑选、排比、论定次序。“论次”的次是等第或顺序的意思。《史记》明确记载了孔子和诗经的关系：“古者《诗》三千余篇，及至孔子，去其重，取其可施于礼义，然后上采契、后稷，中述殷、周之盛，止幽、厉之缺。”就是说古代的时候，《诗》有很多，但是到了孔子之时，就已经比较混乱。于是，孔子把一些重复的、冗杂的、不条理的，甚至一些价值不是很高的内容删去。孔子对《诗》进行了精心挑选排序，于是就有了现在的

《诗经》三百篇。

《书》就是《尚书》。在孔子以前有很多典籍记载了夏朝以来圣王为政的事迹，这些典册得以保留下来，孔子对这些典册进行了整理、编次。所以《史记》说："孔子追迹三代之礼，序《书传》，上纪唐虞之际，下至秦缪，编次其事。"从这里来看，孔子为《尚书》整理所做工作主要有两个方面：一是编次，一是断限。编次要分清楚哪些在前、哪些在后。尧以来的记载足够清楚，因此由此编次。断限从尧以来，因为尧以来，其文雅驯。今天我们看到现存《尚书》里面主要记载了一些圣王，有尧、舜、皋陶、商汤、文、武、周公，等等，但孔子整理出的《尚书》原有百篇，今天的《尚书》已经丢失了一些孔子最早整理的内容。所以，中国历史上关于《尚书》还有很多的争论。这也是因为《尚书》很重要，在中国历史上才引起了学者们的特别关注。在孔子的教学实践中常常用到《诗》《书》，典籍中也记载了大量孔子引用《诗》《书》内容的情形。孔子常说《诗》曰如何、《书》曰如何。这也是孔子删订《诗》《书》的缘由之一，即使其具有作为教材的价值。现在我们多谈到《诗》《书》传家，《诗》《书》就是孔子整理以后的《诗经》和《尚书》。

对于《礼》和《乐》，史载孔子修齐礼乐。从某种意义上讲，礼和乐是中国文化的特性。"礼者，理也"，道理的理，正是礼所体现的。《礼记·礼器》载："礼也者，合于天时，设于地财，顺于鬼神，合于人心，理万物者也。"与礼相悖，便是与理相悖。礼既然是按照人心制定社会准则，那么我们当然要遵守礼，礼就是人之为人的分。《乐记》载："乐，通伦理者也。"礼主分，乐主合，乐所起的便是感通人心、沟通人我的作用。

周公奠定的周代礼乐文明到了孔子时出现了礼崩乐坏，孔子做的工作就叫修齐礼乐，"缀周之礼"。缀周之礼就是对周代的礼进行总结、整理、恢复。《史记》载孔子说："夏礼吾能言之，杞不足征也；殷礼吾能言之，宋不足征也。足，则吾能徵之矣。"孔子还曾观殷、夏所损益而说："后虽百世可知也，以一文一质，周监二代，郁郁乎文哉！吾从周。"这几句话同时说明了一个问题，即孔子是怎样修齐礼乐。孔子认为周代的礼是损益夏商两代而来，因此，孔子学习周礼也要了解夏、商的礼。孔子到过杞国、宋国，杞、宋奉祀的就是夏、商的祖先。孔子到了杞国和宋国，学习夏商之礼，进而深入地去研究周礼。通过这种研究，孔子发现了："郁郁乎文哉！吾从周。"周礼是文明的高峰，它是损益夏、商两代而来的。孔子是鲁国人，鲁国恰恰是周公封国。周公在取得天下后实行分封，他把自己的长子封在鲁国，由此鲁国成为上古时期文化积淀非常丰厚的国家。周成王即位后，允许鲁国用天子礼来奉祀周公。因为鲁国的特殊地位，所以有"周礼尽在鲁矣"的说法，鲁国是周代文明的东方样板，是周代礼乐文明传承最好的地区。孔子是鲁国人，因而非常有条件学习、演习礼乐。

今天我们讲"礼经"，实际包含有三礼：《周礼》《仪礼》《礼记》。《周礼》就是《周官》，它是对周代国家整个政治架构的记载，具体而言就是周代的职官。《礼记》是汉代人编辑的先秦时期儒家学者对于礼的论述。《仪礼》才是孔子所整理的"《礼经》"。今本《仪礼》记载了十七种礼，有士丧礼、士婚礼、士相见礼，等等。《礼记·杂记》记载："哀公使孺悲之孔子学士丧礼，《士丧礼》于是乎书。"意思即说当时鲁哀公要学习周礼，所以他让孺悲去向孔子请教，孔子叙述，孺悲把它记载下来，进行整理，这就是见于《仪礼》中的士丧礼。这说明《仪礼》实际上经过了孔子整理才形成文本。《仪礼》的内容来自当初周公制礼作乐，孔子对其进行了发掘、整理，形成了我们现在所看到的《仪礼》。《仪礼》就是我们通常所说的《礼》经。

《乐》经，我们现在已看不到，所以六经又有"五经"之说。清代的一个学者邵懿辰说："乐本无经也，乐之原在《诗》三百之中，乐之用在《礼》十七篇之中。"他说这个"乐经"和别的经不同，乐可能本来就没有这本书。乐之用在《仪礼》之中，乐之原在《诗经》之中。《诗》分为三个部分《风》《雅》《颂》，《风》是各地的民乐或者民歌，《雅》是宫廷雅乐，《颂》是宗庙祭祀的乐歌，所以《诗》本身都是可以演唱的，《诗》三百篇都可以入乐，这就是乐之体。乐之用就是乐的使用，许多礼仪活动都需要配乐，所以说礼就是乐之用。邵懿辰的说法只是前人观点之一，我们在典籍里能看到一些关于乐的论述，比如《礼记·乐记》篇。有《乐记》，那么可能就会有《乐》经。如果有《乐》经，那么《乐》经或是关于乐理论的记载。

六经中的《春秋》相传是孔子所作。《春秋》是鲁国的历史，在孔子之前其实就有，孔子把原有的《春秋》史重新进行编排，形成了《春秋》经。在这个过程中，孔子特别注意属辞比事，即用哪一个词来表达、用什么样的表述方式来表达事情，都非常讲究。具体而言，就是誉褒贬、别善恶，把体现自己政治理念的微言大义注入其中。孟子评述《春秋》云："世衰道微，邪说暴行有作，臣弑其君者有之，子弑其父者有之，孔子惧，作《春秋》。"孟子所描述的天下太可怕了，这就是孔子所理解的天下无道。天下无道就是是非观、价值观扭曲，君不君，臣不臣，父不父，子不子。孔子就通过春秋时期的历史事实表达他自己的政治理念。孔子的政治理想、政治主张全都在《春秋》之中，所以孔子自己说："知我者其惟《春秋》乎！罪我者其惟《春秋》乎！"意思是人们了解我、人们不喜欢我，可能都是因为《春秋》吧，可见《春秋》和孔子的关系极其密切。

孔子自己说"述而不作"，但又说他作《春秋》，这就形成了一种矛盾。从根据旧历史进行编排的角度来看，孔子只是"修"《春秋》，不是作；但从对《春秋》赋予了更多意义的角度，从我们今天来讲，孔子当然是作，而且是非常了不起的作。孔子说："我欲载之空言，不如见之于行事之深切著明也。"意思是与其我空口来说道理，不如通过历史事实来揭示道理。后人对《春秋》评价很高，甚至有人说："一字之褒，荣于华衮，一字之贬，严于斧钺。"夸一句就像穿上华丽的服装，高贵荣耀；贬一个字好像加之斧钺受刑那么可怕。这都彰显了孔子作《春秋》的意义。《春秋》的内容非常简略，《春秋》记载鲁国两百多年的历史，但只用了一万五六千字。因此，孔子的微言大义需要用心去发掘。后来有了《春秋三传》：《公羊传》《谷梁传》《左传》，"传"就是对"经"的解释，春秋三传就是解释《春秋》的三部著作。

最后是孔子赞《易》。赞《易》的"赞"是动词，有些地方称"序《周易》"。孔子和《周易》的关系同样非常密切，但是关于孔子与《周易》，学术界仍有很多不同的看法，甚至有人说孔子和《周易》没什么关系，《周易》是道家典籍。其实按照传统说法，孔子和《周易》当然有密切关联。比如《论语》记载：“加我数年，五十以学《易》，可以无大过矣。”《史记》里面也有类似的记载，《史记·孔子世家》：“（孔子）晚而喜《易》，序《彖》《系》《象》《说卦》《文言》，读《易》韦编三绝曰：‘假我数年，于《易》则彬彬矣。”所谓序，就是头绪、序言，序《周易》就是把《周易》里的内涵、义理进行深入发掘。《周易》实际上是中华先民对于自然的一种思考，是把自然界现象和社会发展有机链接起来，思考社会运行背后的规律。《汉书·艺文志》里说《周易》是“人更三圣，世历三古”。伏羲创作了八卦，周文王演了重卦，孔子又做了《周易》，这就是人更三圣。从伏羲一直到孔子时代，中华文化历经数千年，在这个过程中人们对于自然、社会进行了深入思考，形成了对于社会、人生的深层看法。把这种看法抽象出来，成为对于天地人心的抽象概括，就是《周易》。《周易》中想要表达的就是时中之道。孔子认为《周易》里面有古之遗言，有文武之道，所以，孔子对于《周易》才如此这般的迷恋，《周易》的哲学才影响如此深远。

解释《周易》的传称为《易传》，即《史记》中所载《系》《象》等。《易传》表达了孔子哲学思想的深层思考。在1973年湖南长沙马王堆出土了一批帛书，这批帛书非常重要，它解决了很多我们以前长期争论难以解决的问题。特别是里边发现的几篇《易传》，可以称为帛书《易传》。帛书《易传》的发现让我们知道孔子不仅和《周易》关系密切，而且这种密切关系超乎以往的想象。它同时也证明了《史记》《论语》等记载的可靠性。比如帛书《易传》中有一篇讲：“居则在席，行之在橐。”孔子到了晚年时候，停下来就看《周易》，出去的时候，在自己书袋子里边就装着《周易》。所以，孔子老而好《易》，晚而喜《易》，经常翻阅以至于把穿《周易》简册的牛皮绳都磨断过好多次。《周易》本来是一个占筮之书或说一个占卜之书，在很多人那里只是注意到它的相术之学。孔子和他们不一样，孔子说：“我与史、巫同途而殊归。”他说：“我和他们虽然都是研究《周易》，但是我们走向了不同的方向。”孔子整理《周易》是发掘里边包含的哲学思想。孔子思想的深度、高度，甚至我们中国文化的智慧也恰恰体现在孔子所作的《易传》中。孔子晚年对于《周易》谈得很多，他周游列国回来以后，对于《周易》更加迷恋。这与孔子对人生思考的高度、人生境界密切相关。孔子晚而喜《易》，可能就是这样的意思。在马王堆帛书里面有两篇，一个是《缪和》，一个是《昭力》，里面出现了很多的人名，这些名字多是孔子晚年弟子。

孔子对《周易》进行了研究，为《周易》作传，使《周易》和中国文化、孔子儒家进行了内在联结，使儒学、中国文化上升到了全新高度。世界上有很多人怀疑这一点，怀疑儒家思想的这种深度，甚至有人说："孔子只有一些老练的道德说教，这些说教在世界的很多民族那里都能找到，甚至还要好一些。"但是他如果了解到孔子和《易传》的密切关系，如果深入地去研究这一点，他会改变他的看法。

三、孔子的六经之教

在传统文化中有一个概念叫六经之教，这是后世人用以表示六经研究的词汇。许多人常会使用这个概念，比如："六经之教善矣，夫六经之道，先王所以载道也，其教岂有失哉？由其所得有浅深之异耳。""六经之教，皆以阐人心之蕴而示人以为学之方也。""六经之教，化而不已，则臻于大同"如此等等还有很多。这均是历代儒家对六经之教意义的一种阐发。而如果我们要看先秦诸子，就会发现不仅是孔子，其他诸子不管是不是儒家也都在谈论六经之教。孔子曾这样论述六经之教："入其国，其教可知也。其为人也，温柔敦厚《诗》教也；疏通知远，《书》教也，广博易良；《乐》教也，洁静精微；《易》教也；恭俭庄敬，《礼》教也；属辞比事，《春秋》教也。"《庄子》中也曾说到六经："《诗》以道志，《书》以道事，《礼》以道行，《乐》以道和，《易》以道阴阳，《春秋》以道名分。"而《荀子》中则说："故《书》者，政事之纪也；《诗》者，中声之所止也；《礼》者，法之大分，类之纲纪也。故学至乎礼而止矣，夫是之谓道德之极。《礼》之敬文也，《乐》之中和也，《诗》《书》之博也，《春秋》之微也，在天地之间者毕矣。”类似的说法满目皆是。

六经所代表的古代教化传统是一个以人的全面发展为追求的教育模式，就是要进行各方面的教育，这就需要人们进行方方面面的思考。先秦时期诸子百家对于六艺的重视，其深层的原因也在这儿。孔子说“温柔敦厚，《诗》教也”，这就是《诗经》的功能。诗教育我们，能使我们学会处理自己想做和应当做二者之间的关系，更本质地说，就是情和理的冲突。《尚书》是先王政典，记录了古代先王如何为政，记录为政处事的原则。《诗》《书》关系尤为密切，人有感情，往往感情用事，而解决好理与情的冲突，正是先王所希望的，是先王之道所致力的目标：每个人遵守社会规则，达到社会和谐。六经各有各的功能，就像今天，人要全面发展就必须学习各种各样的事情。《庄子》曾这样表述：“古之人其备乎！配神明，醇天地，育万物，和天下，泽及百姓，明于本数，系于末度，六通四辟，小大精粗，其运无乎不在。其明而在数度者，旧法世传之史尚多有之。其在于《诗》《书》《礼》《乐》者，邹鲁之士缙绅先生多能明之。”邹鲁之士、缙绅先生指的就是儒家。儒生对于六艺的把握相较其他学派更为准确。《庄子》中接着说：“《诗》以道志，《书》以道事，《礼》以道行，《乐》以道和，《易》以道阴阳，《春秋》以道名分。”这就指六艺各有不同功能。

打个比方说，我们今天要弘扬国学，很多人如果学国学的话，现在应该授予什么学位呢？有的学校有了国学院，国学院的学生毕业了，学位也成问题。所以，最近这些年来我们在探讨是不是应该给国学一个身份。其实国学的概念很大，我认为它实际上包含了我们现在社会科学的很多门类：《易》显然属于哲学范畴，《尚书》属于政治学范畴，《诗》属于文学，《乐》当然属于艺术学；《礼》属于伦理学，《春秋》属于历史学。如果这样思考，六经其实包含了社会科学的许多门类。著名学者杜维明先生曾经说：“《诗经》代表了人是感情的动物，《书》代表了人是政治的动物，《礼记》代表了人是社会的动物，《春秋》代表了人是历史的动物，《易经》代表了人是具有终极关怀的一种动物。”通过这样来看六经，不难发现六经希望的是一个人要全面发展。我刚刚毕业的时候，曾经参加一次讲座。讲座的教授跟说我文科各个系他都做过演讲，到历史系发现历史系的学生有历史眼光，到中文系发现学生非常会审美，到政治系发现学生有政治敏锐性。其实我们学每一个专业，都染上了不同的专业特点。传统中国的六经让我们每个人要全面发展，这就是六艺本来即具有的意义。

六经不是相互孤立的集合，而是相互联系着的体系。前面曾提到孔子论六艺，他说，到了一个国家，就能看到这个国家的教化重点。具体而言，“其为人也，温柔敦厚，《诗》教也”，一个人温柔敦厚，那么这可能是《诗》教的结果。可以想象，一个喜欢诗歌的人，他会是一个感情非常丰富的人，一定不会是一个暴力的人。“疏通知远，《书》教也”，一个人能够具有前瞻性，能够思考大局，能够思考公共治理这类问题，那么这个人一定是个疏通知远的人。“广博易良，《乐》教也”，可以想象，一个音乐系毕业的学生，他的精神状态和一般人不太一样。“洁静精微，《易》教也”，《周易》培养人的哲学思考能力，让人学会思考深层次的问题，进行对于本质的追问。“恭俭庄敬，《礼》教也”，礼仪工作者对人非常有礼，这就叫恭俭庄敬，“属辞比事，《春秋》教也”，属辞比事就是如何表达历史的方法，传统中国的历史学家每个人都不同程度受到《春秋》的影响，整个中国史学实际上都染上了这样的底色。中国文化是具有方向性的文化，《大学》里讲：“大学之道，在明明德，在亲民，在止于至善。”中国文化就是培养有大格局、大气象的大人，要向善的方向前行。这就需要我们分辨是非，因而孔子作《春秋》的目的就是誉褒贬、别善恶。古人在学习《春秋》的过程中能得到一种熏染，从历史中得到一种借鉴，明晓我们应走什么样的路。六经各有不同功能，它让我们在不同方面发展自己。

谈到六经之教时，我们还要注意一个问题：如果过分地、片面地强调六经之教的作用，也很容易出些问题，这就是六经之失。孔子说：“《诗》之失愚，《书》之失诬，《乐》之失奢，《易》之失贼，《礼》之失烦，《春秋》之失乱。”其中“《诗》之失愚”意思是说温柔敦厚是诗教，但如果片面强调温柔敦厚，一个人沉浸其中出不来。他就可能变得愚钝，不知道变通，所以失之愚。“书之失诬”，意思是说《尚书》让人疏通知远、博古通今，有远见，但是一味强调这一点，看不到近处当下，那也不行。《中庸》里有这句话叫：“知远之近，知风之自，知微之显。”所谓“知远之近”就是说我们一方面看见远处的自己，一方面也要了解当下的自己。这样才能找到从现在通向未来的道路。《尚书》讲政治原则，就好像是立在远处的大道理，一味地看见远处可能就是《书》之失。“乐之失奢”，意思是说如果我们不能正确选择音乐，那么就有可能败坏自己的心性。古代重视乐教，乐通伦理，听到什么音乐，就有什么样的感受。例如听到摇滚，我们就坐不住。乐教想让我们变得广博易良，但过分强调乐，那么可能变成一种奢华。“《易》之失贼”意思是说《易》让我们的思考细密、深厚，但一味这样做，就有可能害于正理，入于怪诞。我们现在很多人打着易学旗号，搞了一些不正当行动，这就是《易》教偏颇的表现。“《礼》之失烦”意思是说如果礼超过恰当程度，就是招致繁杂。礼做到适度，这非常关键。孔子有一句话叫“质胜文则野，文胜质则史。文质彬彬，然后君子”。只有把握好礼的度，把内在和外在有机地统一于外在形式上，才算是文质彬彬。可能很多人都有这样感受，如果我们参加一个活动，礼仪没完没了，我们就会感到厌烦。看起来尊重他人，但实际上已失去了它的意义。《礼记·祭义》讲：“礼有五经，莫重于祭。”古人非常重视以祀礼教敬，用祭祀之礼表达我们对古人、天地的敬意。但是祭祀之礼过于烦琐也不恰当。“《春秋》之失乱”意思是说《春秋》本来是用连缀文辞、排比史实来表达大义，但过于追求辞藻的用法，反过来也会让人琢磨不透。像现在我们研究《春秋》之学，《春秋》里面本来表达孔子微言大义，但若我们过分考虑的话，那说不定会背离孔子的本意，陷在一词一字之中。所以，我们在强调六经之教的时候，也必须注意到六经之失。

六经教化意义非常重要，它让我们全面发展，让我们在各个方面做到恰到好处。但若你过分了或者不恰当了，背离了中道原则，说不定就会出现了某种偏失。由此，孔子总结道：“为人温柔敦厚而不愚，则深于《诗》者矣；疏通知远而不诬，则深于《书》者矣；广博易良而不奢，则深于

《乐》者矣；洁静精微而不贼，则深于《易》者矣；恭俭庄敬而不烦，则深于《礼》者矣；属辞比事而不乱，则深于《春秋》者矣。”

六经意义重大，而我们必须恰当地去把握、理解经典的精神，从而做好我们自己。翻开儒家典籍，我们就会发现孔子很多教诲都是关于六经义理的发挥。孔子曾告诫自己弟子们：“小子何莫学夫《诗》。《诗》可以兴、可以观、可以群、可以怨；迩之事父，远之事君；多识于鸟兽草木之名。”这其实是孔子对于读《诗》的一种要求。实际上，孔子常常就如何学习六经做要求、指导。例如之前提到的孔子施教，“先之以《诗》《书》”，这是因为《诗》《书》适合作为教育的起点。孔子主张十五岁开始学习六经之教，十五岁的孩子刚刚懂事，进入青春期，产生了男女间朦朦胧胧的情感，这时候就要对孩子进行“发乎情，止乎礼”的教育。孔子编《诗》，把《关雎》放在第一篇。《关雎》中描绘了爱情的景象，但最终落脚点却是求之以礼。诗中说一个男孩爱上一个女孩，几乎思念成疾，“悠哉悠哉，辗转反侧”，睡不着觉，但是男孩情感动得再厉害，也不能逾越，而是“琴瑟友之，钟鼓乐之”。中国文化思考的是人心与道心的问题，通俗来讲，就是人情与人义的问题。我们作为一个自然人和作为一个社会人，需要把握好“想怎样做”与“该怎样做”的度。诗是人类用来表达情感的文体，但《诗》经要做的是匡正人的自然情感。

再比如说《尚书》。《尚书大传》记孔子说：“《六誓》可以观义，《五诰》可以观仁，《甫刑》可以观诫，《洪范》可以观度，《禹贡》可以观事，《皋陶谟》可以观治，《尧典》可以观美。”“七观”的说法传递出《尚书》中每一篇都有自己的主题思想。除了《尚书大传》外，其他典籍也有类似说法。子夏曾向孔子请教《书》的大义，孔子说道：“《帝典》可以观美，《大禹谟》《禹贡》可以观事，《皋陶谟》《益稷》可以观政，《洪范》可以观度，《秦誓》可以观议，《五诰》可以观仁，《甫刑》可以观诫。”同样可以看到，《尚书》每一篇各有主题，有的是度，有的是仁，有的是政，等等。孔子如此教导我们，就是让我们对《尚书》的大义有一个把握。

我们还可以举出许多例子来。《论语》第二章《为政》篇孔子先说：“为政以德。譬如北辰，居其所而众星共之。”下面接着就是谈诗，孔子说：“《诗》三百，一言以蔽之曰：‘思无邪’。”思无邪其实就是归于正，《诗经》三百篇的意义就是让人心归于正。《诗经·小雅》里边有一篇叫《宾之初筵》，描绘的是参加酒宴的过程。才开始的时候，人们有些很恭谨，到了酒场上彼此之间客客气气。饮过了一段时间后，情绪渐起，话越来越多了。再然后就要醉了，甚至离开自己的席位，仪态就很难看了。所以，诗歌中说：“饮酒孔嘉，维其令仪。”喝酒是很美好的事，但朋友们在一起聚会也应有标准，人不能失态。《诗》就是给我们一种熏染、熏陶，让我们慢慢地去思考，到底应该怎么做。

四、孔子整理六经的意义

孔子整理六经是中国文化史上的一个关键节点。对于这件事情，我认为可以从几个方面来理解：

第一，孔子整理六经是孔子的重大成就之一。如果说孔子这一生有三个方面的成就，我以为应当是：培养了三千弟子、创立儒学、整理六经。孔子整理六经在孔子的成就中是非常重大的。我们都知道，孔子因为培养了很多弟子，他的思想学说才得以发扬光大；孔子因为创立了学说，所以他有了众多弟子。而无论是创立儒家学说，还是培养弟子，都离不开孔子对于六经的整理。从某种意义上讲，六经和孔子是一体的。孔子整理六经传承了中华民族的文化成就，筑牢了中华民族的文化基础。著名历史学家李学勤先生曾说：“中国传统文化的主干是儒学，儒学的核心就是经学。”李先生还在另外一个场合说道：“国学的中心是儒学，儒学的中心是经学。”我们现在说经学的核心是六经。儒家经典有不少，后来发展到了十三经，但是这些经典最核心的仍是六经。

第二，六经是中国思想文化之根。刚才我们说到《尚书》，它记述了从尧以来的历代圣王，到了孔子时代，孔子进行了系统总结，选编成了《尚书》。从《尚书》记载的尧舜一直到孔子，其间有两千多年。孔子之后，中国历史又发展了两千多年。其实，这前后两千多年是相互关联、密不可分的。现在很多人都非常喜欢引用德国哲学家雅斯贝尔斯的观点：“在公元前九世纪到公元前三世纪，这是世界文明的轴心时代。”我个人觉得他可能没有充分注意到中国的实际。孔子那个时候，并不是文明的突破期，而是文明的一种总结期、反省期或者一种提升期。在那个时代，在东西方很多区域之内都出现了一些了不起的学者、思想家、创造民族智慧的人。此时，中国出现了孔、孟、老、庄等，他们的特点在于对以前文化的继承，所以中国的孔、孟和西方很多哲学家不一样的地方就在于，孔孟认为他们自己不是创造，用孔子的话说，是“述而不作”。孔子坚定地认为自己是“述”，这是因为在他之前有一个漫长的过程。没有这样的文明发展，就不会有孔子思想的深度和高度。

如果要把中国文明比喻为一棵大树，我认为，这棵大树的根底就是孔孟，这个树的主干是儒学。这个大树的根扎得很深、扎得很牢，是因为扎在了孔子以前那数千年中国文化的创造之中。如果我们不了解这棵树的根扎得多深，就不知道它为什么如此这般有生命力，就不知道树干为什么这么粗壮，也就无法解释为什么我们这棵文明之树在不同的时期结出了不同的文明花果。所以，我们必须了解孔子以前的中国文化。元朝有位皇帝元武宗，他的一道诏书中有一句话叫：“先孔子而圣者，非孔子无以明；后孔子而圣者，非孔子无以法。”意思就是说孔子以前的圣人，因为有了孔子，我们才知道他们创造的思想、他们的成就；孔子以后的圣人，因为有了孔子，他们才知道了前行的方向。孔子以前的中国文化就是中华文化之根，六经所代表的恰恰是孔子以前的数千年文化。梁漱溟先生说得好，他讲：“孔子以前的中国文化差不多都出在孔子手里，孔子以后的中国文化差不多又从孔子那里出来。”

孔子以前的中国文化最集中的体现就是六经，儒家“四书”《论语》《孟子》《大学》《中庸》阐发的也都是六经大义。我们去读四书，里边有很多内容有的直接引用六经原话，有的是阐发其中义理。比如说孟子，司马迁说：“孟子述仲尼之意。”意思是说，孟子是孔子思想的阐释者。东汉时期的经学家赵岐是注《孟子》的大家，他说："孟子通五经，尤长于《诗》《书》。"很多人看《孟子》的时候，往往看不出《孟子》里面与六经的关系，但实际上六经大义融汇于其中。所以，六经始终贯穿在华夏经典之中。在孔子以后，中国文化逐渐形成了经学体系，影响至深至远。经学探讨的就是如何修身做人。经学研究主要有两个途径，一是研究经典字句训诂、解释，二是对经典义理的阐释。无论是哪个途径，六经在历朝历代都影响深远。

第三，六经中蕴含着中华民族精神，指示了中华民族的历史进程，建立了中华民族的理想追求。孔子思想深深扎根于他以前数千年文化土壤中，其形成之后又影响了中国以后的数千年，也影响了国外许多地区。

华夏先民一直保留着整理文献的传统。自孔子之后，汉代学者一开始以经、纬的方式来划分经典。经、纬取自纺织上的经线、纬线，经线是主线。后来《汉书·艺文志》中将文献划分为七类，其首便是"六艺略"。再后来有了四部分类法。四部以经部为先，继之就是史部，子部代表了诸子百家，集部是文学的范畴。从这些分类中，我们可以清楚看到六经的地位，也可以看到其分类的标准是以价值为导向的。

如一位英国作家所言："因为有了孔子的学说，伟大的中华民族比世界上别的民族，更和睦、更和谐的共同生活了几千年。"孔子使我们这个民族更加和睦、更加和谐的深层原因就是六经大义，就是六经中所包含的传统价值观念。时间过去了几千年，从孔孟到今天，尽管社会发生了很大变化，但是人类社会的基本需要在过去数千年中变化很小。孔孟时代需要的是五常八德，今天我们依然离不开仁、义、礼、智、信，离不开孝、悌、忠、信、礼、义、廉、耻这些价值理念。这些理念成就了我们的民族、我们的国家。中国人之所以有这样的生命底色，中华民族之所以几千年来能够更加和睦、更加和谐的共同生活，深层原因就在这里，就在距离我们很远但又很深的六经中。

近年来，中国文化走向世界的步伐更加稳健。我觉得如果中华经典能得到世界更多人的了解，那么中华民族的伟大智慧就会给世界带来更多的贡献。联合国教科文组织总部大楼前面有一个石碑，碑上有多种语言写就的这行字：“战争起源于人的思想，故务需于人之思想中筑起保卫和平之屏障。”也就是说，世界上有很多的战争、很多的冲突，这些战争冲突出现的深层原因就在于人们思想差异、冲突，如果在内心中筑起一个捍卫和平的屏障，这个世界就会和谐、安宁。习近平总书记曾多次引用这句话。2014年9月24号，在人民大会堂纪念孔子2565周年诞辰大会上，习总书记再次引用这句话。在当天晚上的会议上，我当时有一个发言，提出了自己的一个看法。我认为，如果说习近平总书记在曲阜视察的时候是希望我们要把传统文化传承下去，那么他在今天的讲话就是希望能把传统文化传播出去。如果中国文化真的能够传承下去，并且传播出去，这将是中华民族献给世界的伟大礼物。儒家经典讲的是修身，讲的是人与人之间、国与国之间的和谐，是不同民族之间如何相处之道。这是蕴含在六经中的义，是六经深层的东西，这就是六经的意义。

关于孔子与六经的关系，今天就讲到这里。谢谢大家！谢谢！

肖永明

湖南大学岳麓书院院长、教授、博士生导师，国家社科基金重大项目首席专家。兼任国际儒学联合会第六届理事会理事、西北大学中国思想文化研究所兼职教授、中国朱子学研究会理事、中国实学研究会理事等职。曾任教育部历史学科教学指导委员会委员（2013—2017）。在中国思想史、学术史等领域有丰硕成果，代表作有《宋代四书学与理学》（中华书局）、《儒学·书院·社会——社会文化史视野中的书院》（商务印书馆）等，在《中国史研究》《中国哲学史》等高水平刊物上发表论文百余篇，多篇被《新华文摘》《人大复印资料》转载。先后荣获教育部人文社科优秀成果奖、湖南省社会科学优秀成果奖等重要奖项十余项。

《大学》《中庸》与孔门儒学

肖永明

引言

今天我们要讲的内容是《大学》《中庸》与孔门儒学。我会从几个方面来展开。首先我们简单介绍《大学》《中庸》和《礼记》的关系，并分别对《大学》和《中庸》的内容作一阐述。这中间涉及《大学》《中庸》的版本、作者和地位的变迁以及《大学》《中庸》的定位、《大学》《中庸》的结构、《大学》《中庸》的内容和影响。

首先，我们来看《大学》《中庸》和《礼记》的关系。《礼记》是战国到秦汉年间儒家学者解释说明经书《仪礼》的文章的选集，是一部儒家思想的资料汇编。我们可以说，《礼记》成书于秦汉之际，但所反映的是战国中后期的儒家思想。《礼记》由西汉的礼学家戴德和戴圣叔侄两人选编，分别被称为《大戴礼记》《小戴礼记》。其中《大戴礼记》是85篇，《小戴礼记》是49篇。这两本书各有侧重和取舍、各有特色。现在我们所见到的是《小戴礼记》，简称《礼记》。

东汉末年，经学大家郑玄对《小戴礼记》进行了注疏和解释，到宋代被列入十三经，成为士人必读的著作。那么《礼记》的作者是谁呢？事实上它不止一人，写作的时间也有先有后。其中多数的篇章可能是孔子的弟子及其再传弟子的作品。《礼记》内容总共九万字左右，主要记载和论述先秦的礼制礼仪、解释《仪礼》这一部经典、记录孔子和他弟子的答问、记述修身做人的原则。它的内容包罗万象，集中地体现了先秦儒家的政治思想、哲学思想、伦理思想。《大学》是《小戴礼记》的第42篇，《中庸》是其中的第31篇，这就是《大学》《中庸》和《礼记》的基本关系。

一、《大学》

（一）大学的版本和作者

从南宋一直到今天，我们看到了不同的《大学》版本。但最通行的《大学》版本其实不是《礼记》的原本，而是经过南宋著名的思想家、理学家朱熹修改后的版本。这一版本是最有名的，当然其他的一些版本还在流传。今天我们讲《大学》，主要依据朱熹的版本。朱熹对《大学》的修改，主要包括两个方面。第一，是对原来的传文顺序进行前后调整。第二，是对原来传文所缺的“格物致知章”进行补写。朱熹修改后的《大学》分为两个部分，第一个部分是经，第二部分是传。

朱熹版《大学》全文总共1751字，其中经的部分有205个字，传的部分有1546个字。朱熹有一个说法，他认为经一章是“孔子之言而曾子述之”，传十章“是曾子之意而门人记之”。意思是说，经有一章，反映的是孔子的思想，是孔子的学生曾子记录的。传有十章，反映的是曾子的思想，由曾子的学生记录下来。我们知道，经和传有一个区分。按一般的说法，经是由圣人所说的，传是对经的解释。《大学》的这种结构体裁，类似于我们今天所说的总论和分论的结构。经和传就是总论和分论，可以说义理严谨、脉络清晰，对后世影响很深。

（二）《大学》在中国文化史上的地位

《大学》的地位，在历史演进中有一个变化的过程。我们简单地把《大学》地位的变迁过程追溯一下。刚才说到《大学》原来是《礼记》中的第42篇，处于“记”的地位，是对经的解释。在东汉的时候，著名的经学家郑玄对《礼记》进行解读，此后《礼记》逐渐上升成为经。《大学》因为是《礼记》中的一篇，也随之具备了经的地位。到唐宋之际，《大学》开始从《礼记》当中独立出来，这中间有复杂和漫长的过程。北宋初年，二程兄弟（程颢、程颐）对《大学》大加表彰，并就《大学》的思想旨趣进行深度阐发。到南宋中期，朱熹继承二程学说，并且加以发扬光大。他调整了《大学》原文，并且补撰“格物致知传”，还对《大学》的义理进行了诠释。他把《大学》和《论语》《孟子》《中庸》一起集结成为《四书》。他对《大学》非常重视，在给皇帝进讲时，讲的主要就是《大学》“正心诚意”之说。而且据《朱熹年谱》记载，他在临死前三天还在不断修改自己对《大学》的解释。尤其值得关注的是，朱熹把《大学》放在《四书》的首位，这一点最终确立了《大学》在宋代以后中国思想史、中国文化史上的核心地位。

我们应该对《大学》进行怎么样的定位呢？这在朱熹那里阐述得非常的清楚。首先《大学》是《四书》之首，是“初学者入德之门”，这是引用了二程的说法，也就是说是读书人为学做人、敦品励学的起点。朱熹说到，人之为学，“先看《大学》，次《语》《孟》，次《中庸》”。朱熹非常重视《四书》的研读，但在《四书》的研读次序上，他认为应该以《大学》居首，其次《论语》，其次《孟子》，最后读《中庸》。他觉得《中庸》比较难读。朱熹还说过《四书》是“六经之阶梯”，理解儒家的六经要首先通过《四书》。可以看出，《大学》在理解儒家经典的过程当中所占据的地位非常重要。这里所说的六经，就是指《易》《诗》《书》《礼》《乐》《春秋》。由于《乐经》丢失，后面一般就称为五经。六经，或说五经，后来发展成为十三经，就是大家熟悉的《易》《诗》《书》《周礼》《仪礼》《礼记》《春秋左氏传》《春秋公羊传》《春秋谷梁传》，还有《论语》《孟子》《孝经》《尔雅》。

在南宋以来的传统社会，《大学》在科举考试中发挥了重要作用。当时科举考试的题目就从《大学》的文本中选取。这中间有一个时间节点，就是元代的皇庆二年（1313）。当时规定：科举考试要从《大学》《论语》《孟子》《中庸》中出题，而且要用朱熹的《四书章句集注》。从此以后，

《四书》就成为历代士子参加科举考试的必读之书。《大学》的地位进一步凸显。

第二点，《大学》提供了修身治人的规模。这也是朱熹反复阐述的问题。他跟学生说道理的时候，举了一个例子：就像建造房子，一定要先有地盘，地盘确定了基本的格局，在此基础之上才可以做房屋修建的具体工作。他认为《大学》对于学者为学修身而言，就是确立基本的规模和格局。这么一个文本、这么一个著作，是非常重要的，是前提。这是朱熹对《大学》重要性的一个认识。

当然朱熹还有一个认识，即《大学》是圣人做天下的根本。这一点也非常重要。朱熹曾经和他的学生讨论，他的学生问他："《大学》是不是圣人做天下的根本啊？"他还是用起房子的比喻。成为圣人，平治天下，也是在基础上不断努力、不断发展、不断完善的一个结果。他甚至认为，尧、舜这些圣人能够平治天下，就是因为他们有非常好的格局和规模。

在历史的进程当中，《大学》和帝王之道有非常密切的联系。刚才讲到朱熹为宋宁宗进讲时，用的就是《大学》文本。南宋的经筵讲学非常频繁，朱熹每逢双日早晚都要给宁宗进讲，用《大学》的"正心诚意"之道对皇帝进行劝导，砥砺皇帝进行自身道德修养。

在历史上，有两部关于《大学》的名作和帝王之道有关。它们分别是宋代理学家真德秀作的《大学衍义》和明代丘濬作的《大学衍义补》。这两部书都是谈怎么样去治理天下，影响很大，尤其是真德秀《大学衍义》。他当时将此书送给宋理宗，理宗的评价很高，认为这本书"备人君之轨范"。这就是说，该书把皇帝治理天下的很多东西都讲透了。后来元代的时候，元武宗也说"治天下此一书足矣"，治理天下这一本书就够了。明代时，明太祖朱元璋读书很少，他问当时著名理学家宋濂说："帝王之学，哪一本书是最重要的？"宋濂以《大学衍义》作答。明太祖就派人将《大学》文本写到大殿两边的墙壁上，以便他能够经常看到，可见他对《大学》也是非常重视的。康熙时，《大学衍义》被翻译成满文，八旗子弟都需要学习。可见当时统治阶层对《大学》的重视。

（三）《大学》的结构

我们刚才谈到《大学》的作者、时代、在中国文化史上的定位。现在我们来看《大学》文本本身。首先是《大学》的结构。大学首先有三纲领和八条目的分别。三纲领大家都比较熟悉：明明德、新民、止于至善。八条目就是：格物、致知、诚意、正心、修身、齐家、治国、平天下。在三纲领中，止于至善是总纲，它统括了明明德和新民两个子纲。明明德和新民这两个子纲又统括了格物、致知、诚意、正心、修身、齐家、治国、平天下八个条目。其中格物、致知、诚意、正心、修身，这五个条目是和明明德相对应的；修身、齐家、治国、平天下，这四个条目是和新民对应的。修身既是明明德、也是新民之始。这就是《大学》的三纲领、八条目的基本结构。历史上有学者还根据三纲领、八条目的逻辑关系，画了示意图，这种形式也很清晰。总的来说，以体例划分，《大学》有经、传之分。经提出三纲领、八条目。传就是对经所提出的三纲领、八条目的详细解释。

（四）《大学》的内容

1. 三纲领

《大学》的内容，首先是三纲领。《大学》的文本字数不多，我们会比较详细地把三纲领、八条目的每一个意义进行解释和阐述。三纲领就是“大学之道，在明明德，在新民，在止于至善”。“道”在中国传统哲学当中有多重含义。其本意是道路，但是引申成为宗旨、规律、原则、宇宙万物的本原，等等。大学之道，我们就理解为大学的宗旨。

明明德，这里有两个“明”，前面一个“明”是使彰明的意思，是使动用法，使彰显、使发扬。后面一个“明”是一个形容词，就是光明正大。明德就是盛明之德，光明正大的品德。明明德就是彰显盛明之德，彰显光明正大的品德意思。

第二纲是新民。按程颢和朱熹的观点，结合文字学上的知识，“新”被写成“亲”字。我们根据后面传文所引的《盘铭》《康诰》《诗经》可以看到，“亲”是就是“新”，是革新、弃旧图新的意思。所以“新民”就是指要民众自新，弃旧图新、去恶从善的意思。

止于至善，则是指达到最佳的状态，达到最高妙、最完善的境界。至善是超越一般的善、最高的善。如果我们将人性本有的光明盛大的德性去展示彰显出来，使人心远离私欲污染，就能够对事物体察入微，使得为善能够基于我们人性本来就具备的光明德性。这就是止于至善的基本含义。

这里需要对明明德进行补充和阐发。明明德是大学之道的起点，彰显、发扬、弘扬光明正大的品德，和儒家的思孟学派的人性理论是有关系的。按照思孟的观点，人有先天的固有德性。这种德性虽然先天具有，但需要我们经过后天的努力、修养和学习去不断地扩充彰显它。《大学》里面的明明德，就隐含了这个意思。

接下来的文字是“知止而后有定，定而后能静，静而后能安，安而后能虑，虑而后能得”。知止就是知道做什么和不做什么，停止在事物的边界。或者说居住栖息在至善之地。按后来理学家的解释，最重要的“止”、所应该知“止”的“止”是什么呢？是止住我们纷纭复杂的私心、私欲、杂念。“知止而后有定”，“定”就是明确目标。我们止住欲念之后，就能够自有定向和定力，能咬定青山不放松，有一个非常明确的目标。“定而后能静”，“静”指的是心境的宁静，能够不妄动，使心不再处于心绪杂乱、躁动不安的状态。妄动就是不按规律，不顾现实的条件，不懂进退去违反本有、自然的次序。那么静就是指不妄动，安就是指内心的安泰和舒泰。如果我们内心安宁清静、心不妄动，就会在环境当中处于安适的状态。只有心不妄动，身也不妄动，才能够达到心安理得的状态。才能在不同的环境、不同的地点、不同的境遇当中做到心安。有句著名的诗“此心安处即吾乡”，无论海角与天涯，大抵心安即是家。我们说的这种心安，事实上是儒家所追求的重要境界。还有一个是“虑”，“虑”就是在心安的状态下，就能够把事情做到非常细致、周详的考虑。因为我们心安，能够处事有度，就能够面面俱到地去考虑各种细节的复杂问题，从大的方面考虑、从细节方面考虑，做到巨细不遗。最后，“虑而后能得”，“得”是什么？就是我们会有收获。思考问题，如果我们巨细不遗，能够非常详细周到，那么我们各个方面就都能够达到最佳境界，这就是虑而后能得的状态。

这一段还有一句是“物有本末，事有终始，知所先后，则近道矣”。这是强调任何事情都一定有最根本的东西，除此之外还有一些是细枝末节的东西。我们做事情非常容易被一些细枝末节的东西所左右和蒙蔽，忘记真正的本源问题。所以要分清什么是根本，什么是细枝末节，什么是最重要的，才不会本末倒置。有的时候我们会看到人有弱点，往往醉心于一些蝇头小利，忘掉本性，失去根本，这就是对“物有本末”没有很好理解。同时，事有终始，什么事情都有它的抓手，有一个入手的地方，有一个开端和结束，有一定的路径，有相应的程序。我们一定要把这些问题弄清楚，不能够眉毛胡子一把抓。所以这一段最后说“知所先后，则近道矣”。我们把本末弄清楚，终始弄清楚，知道先做什么，后做什么，有先后次序，这样我们做事情就能够非常顺利。这就是“则近道矣”，达到对道的把握。以上就是对三纲领的基本解读。

2. 八条目

刚才我们谈到的是三纲领，接下来我们说八条目。《大学》里有这么一段话：“古之欲明明德于天下者，先治其国。欲治其国者，先齐其家，欲齐其家者，先修其身。欲修其身者，先正其心。欲正其心者，先诚其意。欲诚其意者，先致其知。致知在格物。物格而后知至，知至而后意诚，意诚而后心正，心正而后身修，身修而后家齐，家齐而后国治，国治而后天下平。”

在这里，我们看到八条目按正序叙述了一次，然后又按反的顺序再申说了一遍。为什么要有这种安排呢?《大学》总共只有1700多个字，为什么在这里正序反序要都说一遍呢？事实上就是为了强调八条目之间的密切的关系。《大学》把本末和先后的关系说得非常清楚，由小及大、由近及远、循序渐进、环环相扣。这里所说的“平天下”，就是使天下协和安宁。说的“治国”就是治理国家。“齐其家”就是整顿、管理自己的家庭、家族。“修身”就是修养自身的品性。“正其心”就是端正内心。“诚其意”就是使意念真诚。“致其知”就是推及原来的知识，提高自己的见识。“格物”就是穷理，探究万事万物之理。当然，关于格物，历来有不同的解释。朱熹把它解释成为“穷致事物之理”，就是去探求万事万物之理。

“自天子以至于庶人，壹是皆以修身为本。其本乱而末治者否矣。其所厚者薄，而其所薄者厚，未之有也。”“壹”是“全部”“都是”“一切”的意思。从天子到庶人，都以修身作为自己的根本。“末”相对于“本”而言，就是指枝节、细节。“所厚者薄”，就是该重视的不重视。“所薄者厚”，就是不该重视的却特别关注。这就是厚薄不分。最后是“未之有也”，就是没有这样的道理，没有这样的做法。这里所说的是，从最高的管理者到平民百姓，从天子到庶人都应该遵循同样的规则。把修养自己的身心作为处事的根本。修养是本，然后提升全民的教养，通过人文化成的功夫，形成文明社会知书达礼的社会状态。治国理政、处理政务要从根本做起，根本是什么呢？就是品德的修养，处理具体的外在事物则是末。要先修养品德，用美德去感化百姓，才是当务之急。这就是这一段文字所要表达的内容。

接下来是对八条目的阐述。我们从格物致知开始，一直到治国、平天下，顺着《大学》文本的思路解读八条目。

首先是朱熹所补的“格物致知传”：“所谓致知在格物者，言欲致吾之知，在即物而穷其理也。盖人心之灵莫不有知，而天下之物莫不有理，惟于理有未穷，故其知有不尽也。是以大学始教，必使学者即凡天下之物，莫不因其已知之理而益穷之，以求至乎其极。至于用力之久，而一旦豁然贯通焉，则众物之表里精粗无不到，而吾心之全体大用无不明矣。此谓物格，此谓知之至也。”

这段话是朱熹补写的，并不见于《大学》原文。这里所说的格物有两个方面。一方面是指外物，指外在世界的各个方面；同时也指事，指我们日用常行之事，日常生活当中的各种各样的事情。我们要注意，作为八条目起点的格物，包含事和物这两个方面。既有对外在世界的了解把握，又有对人伦日用之事的处理，而且在我们传统社会里面，处理日用伦常之事是最主要的方面。

那么格物的“格”是什么意思呢？“格”历代有很多不同的解释。其中有一个解释我很认同，就是把不好的东西、敌对的东西推开。把不好的东西推开，就可以对事物尽可能地加以细致、精微了解。把事物表面的虚幻、引人进入歧途的部分推开了，看到事物最本质的方面。所以格物就是透过现象去看本质，去除很多使我们产生误解的东西。

格物有很多种方式。读书讨论学问是格物的一种方式。讲明义理把事情弄明白、琢磨清楚也是一种格物的方式。还有就是观察时事，对社会上各种各样的事情加以观察、思考，也是格物的一种方式。另外，评论史事，评论历史上所发生的事情，把自己置身到历史的时空当中，进入历史的情境，去观察历史的盛衰之理、当事人的一些表现，然后以史为鉴，为我们今天行事处事提供借鉴启发，也是格物的一种非常重要的方式。

致知就是观照，穷极事事物物之理，获得智能和智慧。致知有两个方面。一方面是外在的，对事物，包括外物和人伦事物的原则、规律、条理、脉络和发生序列有一定的了解把握。致知很重要，我们很多时候做出决定、得出结论的时候，往往没有很好地对事物的来龙去脉、条理脉络，甚至处理此类事情所应遵循的规律原则进行把握。致知主要解决这方面的问题。致知还有非常重要的另一方面，就是对自我的了解，这是相类的。对自我的了解就是所谓的自觉。我们要对自己有一个正确的定位，包括我们的目标。人要立志，一定要确立一个目标，有志向。那么志之所向，确定的目标是不是符合古往今来的大道正轨，这是很重要的问题。不然立志的方向性有错误，没能够很好定位就很麻烦。还有就是怎么能够去除自己的私欲，就是考虑事情的出发点是不是符合社会普遍遵循的原则，能不能够公平、正义、公正、善良。符合这些基本原则也很重要。

所以致知一方面有对事物原则、规律、脉络的理解把握，同时也有对自我的了解，对自己进行自觉正确的定位。如果把格物致知统一起来看，就是说我们要尽可能透过现象去看事物的本质。现象是纷纭复杂的，我们透过纷纭复杂的现象去抓住事物的本质，了解它的规律。然后进一步使我们增加对各种事物的了解，去除本身的蒙昧，变得智慧起来。我认为可以从这样的角度通俗地理解格物致知。

关于诚意，《大学》的文本是这样说的：“所谓诚其意者：毋自欺也，如恶恶臭，如好好色，此之谓自谦，故君子必慎其独也！小人闲居为不善，无所不至，见君子而后厌然，揜其不善，而著其善。人之视己，如见其肺肝然，则何益矣。此谓诚于中，形于外，故君子必慎其独也。”

通过这段文字不难理解，诚意就是不要自我欺骗，不要自欺。在这里《大学》的作者举了一个例子。我们闻见臭味、见到美好的事物，会有很本能的反应，或者远离，或者亲近。见到臭味，我们就会远离；见到美好的事物，就会亲近。这是很自然的。如果我们自欺，进行自我欺骗，又要想欺人，进一步地去欺骗别人，这在根本上是不可能的。为什么这样呢？因为人的内心状态会直接反映到外在的行为中。有智慧的人能够从根本上去除自己内心的私欲，达到意念上的真诚，在意念层面、内心的最深处层面就是真诚的。有于内而形于外，有了这种意念层面的真诚，外在行为上面也一定是真诚的。

在这里《大学》提出一个重要的问题，就是要“君子必慎其独”。慎独这一点在《中庸》里面提到了，在《大学》里面也提到了，在儒家很多文献里都提到了。为什么慎独这么重要呢？其实慎独在儒家历代学者那里都作为非常核心的重要议题在讨论。对于慎独的解释，历代虽有一些差异，但有两个基本的解释。第一个就是当我们个人独处独居的时候，要保持谨慎，这是慎独。就是说不要认为别人看不见，没有人了解你的状况，在独处独居的时候就无所不为，然后见到别人来了就装出一副很恳切、很善良的样子，这是不行的。这是一种解释。但是朱熹又提出来另外一种更深刻的解释。朱子认为慎独不光是指独处独居的时候要谨慎，而且当内心生出只有自己才知道的一些念头想法时也要慎重，要保持真诚。这是什么意思呢？比如说，我们和大家相处的时候内心很多念头是只有自己一个人知道的，但是不要认为这些念头别人不了解，然后就表里不一。外表表现得如何自豪，但是内心那些想法是不符合儒家的原则规定。所以就要从意念层面保持真诚。这两种解释参看起来，就会发现儒家对这一问题讨论很多，也很深入。一方面在我们独居独处的时候，保持戒惧谨慎的状态。另一方面，在我们意念的层面，对只有我们自己才了解的那些念头保持谨慎状态，使之符合规范。

关于正心和修身，《大学》说道："所谓修身在正其心者，身有所忿懥，则不得其正；有所恐惧，则不得其正；有所好乐，则不得其正；有所忧患，则不得其正。心不在焉，视而不见，听而不闻，食而不知其味。"之所以要正心，是因为我们的心思常常是偏颇的，心正和不正从表面上看不出来，很难把握。所以我们需要自己心地端正，进行自我修养，才能够问心无愧。这种修养功夫的关键在于刚才所说的诚意，从意念层面上有一个真诚。如果修身有前提，就是要在心性的调养上、自我陶冶上下功夫，自我加以提升净化灵魂。

之所以要强调和重视正心，《大学》的文本说得很清楚。如果用心不专一，即使我们看到物体，也没有真正地看进我们心里；即使听到东西，也听不出其中的内涵；即使吃了食物，也品尝不出它的真正味道。这就是所谓的"视而不见，听而不闻，食而不知其味"。成语"心不在焉"，也就是这个意思。人心要起主导作用，至于视、听和食，如果缺乏心的主导作用，就没办法辨别、了解其中的真正内涵。在格物、致知、诚意、正心之后，就是修身。修身又是齐家、治国、平天下的基础。所以《大学》在修身的基础上去谈齐家、治国、平天下。

"所谓齐其家在修其身者：人之其所亲爱而辟焉，之其所贱恶而辟焉，之其所畏敬而辟焉，之其所哀矜而辟焉，之其所敖惰而辟焉。故好而知其恶，恶而知其美者，天下鲜矣！故谚有之曰：'人莫知其子之恶，莫知其苗之硕。'"朱熹在《大学章句》中解释，"辟"是偏的意思。这里所说到的五种偏颇的表现，是我们人情中经常出现的。如果我们不好好进行反思，很容易陷于一偏，使我们不能够达到修身的状态。《大学》的文本里面说得比较清楚，一个人对于他所亲近的、所喜爱的、所讨厌的、所尊敬的、所畏惧的、所怜悯的、所哀痛的，或者是骄傲的、懒惰的事物，他总会有所偏颇，认识不全。你最亲近的人，你可能看不到他的缺点；你很讨厌的人，你看不到他的优点。如果我们去反思这种情况，克服这种偏颇，就做到了修身。《大学》还引了一个谚语，"人莫知其子之恶，莫知其苗之硕"。因为自己的儿子非常亲近，看到的都是优点，一些缺点往往被忽视。所以在日常生活中，如果自己的小孩和别的小孩发生矛盾，我们基本上会认为是别人的小孩有错。“莫知其苗之硕”，就是人们总是觉得别人的东西更好，人有一种贪欲，总觉得不满足，我在哪些方面还应该有更多的获得感。这是我们应该去克服的欲念。

接下来谈齐家和治国：“所谓治国必先齐其家者，其家不可教而能教人者，无之。故君子不出家而成教于国：孝者，所以事君也；弟者，所以事长也；慈者，所以使众也。”按朱熹的解释，如果一个人修身的事情做好了，就可以把家里、家族的事情整顿好。做好孝、弟、慈三个方面，是我们修身、齐家的重要方式。在我们对家庭家族成员进行教化的过程中，有三种观念非常重要：要孝顺长辈、尊敬兄长，对人要有仁爱之心。如果我们在家庭或者家族成员当中贯彻这三种理念，再把它推扩到一个国家，也能够做好对国家的治理。所以说提升自身的修为，可以使家族、家庭和睦，进而可以使整个国家安宁协和。

关于治国平天下：“所谓平天下在治其国者：上老老而民兴孝，上长长而民兴弟，上恤孤而民不倍，是以君子有絜矩之道也。所恶于上，毋以使下；所恶于下，毋以事上；所恶于前，毋以先后；所恶于后，毋以从前；所恶于右，毋以交于左；所恶于左，毋以交于右：此之谓絜矩之道。”这一段话比较容易理解，在《大学》看来，治理好国家自然就可以平定天下。为什么这样说呢？如果每个家庭或者家族能够赡养老人、尊敬长辈、关爱弱者，在社会上就会兴起孝顺孝悌的淳朴风气。那么悖乱之事、犯上作乱之事就不会发生。至于“絜矩之道”，指的是人际交往当中有一个原则，如果你很讨厌别人对待你的方式，你就不可以用这种方式去对待别人。这与《论语》“己所不欲勿施于人”相似，你不希望别人所加给你的那些东西，那你就不要把这些东西加给别人，只是《大学》这里阐述得更加明白。在社会生活当中的上上下下、前后左右，各种各样的社会关系中，你如果不喜欢别人强加给你的方式，你就不要用这一种方式去对待别人。

以上就是《大学》的“三纲领”“八条目”，以及对“三纲领”“八条目”的解释。

（五）大学的影响

《大学》是南宋以来士人学者都要读的书，承载着孔孟儒学的精蕴。甚至一般民众的生活也受到了《大学》的广泛、深刻影响。《大学》的宗旨、思想、观念在中国社会的各个方面领域都有不同程度的渗透。在政治领域、文化领域、学术领域都发挥了重要作用。比如说对“格物”的不同解释，就促成了儒学中不同学派的分化和演进。因为“格物”解释的背后，不同的学者有不同的看法，在这种不同的看法后面学者们有自己的一套观念，由此就有不同学派的产生。例如，朱熹就把“格物”解释成为“即物穷理”，穷究事物中的天理。明代的王阳明则把“格”解释成为正，认为格是正其不正、以归于正，意思是要通过格物的功夫，把不正的东西归于正，由此发展出自己的“致良知”学说。朱熹、王阳明代表了宋明理学中的不同的学派——理学派、心学派。派别的判分当然有很多具体的标准，但是对格物的不同解释是这中间重要的切入点。在民国的时候有一句流行语“《大学》十章半理财”，是说《大学》这十章有一半是涉及理财的。我们应该发挥《大学》中的思想观念来为社会中的商业发展提供理论依据。从流行语当中，也可以略窥《大学》对中国古代社会的深刻的影响。

二、《中庸》

我们在了解《大学》之后，继续来了解《中庸》。首先对《中庸》进行介绍，包括《中庸》的版本和作者、《中庸》在中国思想文化史上的地位、《中庸》的结构、《中庸》的内容以及影响。

和《大学》相比，《中庸》不存在版本上的问题。现在通行的《中庸》版本，就是《礼记》中的版本，总共3568字。学界一般认为《中庸》的作者是子思。子思是孔子的孙子。原名孔伋，字子思。这里要说明一下，为什么说是一般认为《中庸》的作者是子思呢？其实存在不同的说法，但是比较多的学者认为《中庸》作者是子思。我们大家非常熟悉的孟子，曾经跟着子思的学生学习。在战国中后期，著名的儒家学者荀子在《非十二子》这篇文章里，就把子思和孟子作为同一个学派进行批评。这就是我们现在所说的思孟学派。这里的“思”，就是指子思，“孟”就是指孟子。思孟学派就是由子思到孟子构成的学派。这个学派最核心的经典，当然就是《中庸》和《孟子》。在《孟子》中，我们可以找到不少的段落和《中庸》的论述非常接近。这也从侧面证明《中庸》是子思所作。

（一）《中庸》地位的变迁

《中庸》是《礼记》中的第31篇。和《大学》一样在《礼记》中是处于“记”的地位。“记”是对经和传的解释，这种情况在唐代有所改变。唐代著名文学家韩愈和他的弟子李翱，开始推崇《中庸》。关于韩愈，宋代著名文学家苏轼有一句话赞叹他是“文起八代之衰，道济天下之溺”。韩愈和李翱当时面临着佛老之学的挑战，要力图建立起能够抗衡佛老心性之学的儒家心性理论，所以要寻找思想源头。他们注意到《中庸》里有不少心性之学的思想资源，所以对这本文献特别推崇。对《中庸》的推崇到宋代的时候又达到一个新的高度。北宋的程颢和程颐兄弟甚至认为《中庸》是“孔门传授心法”，就是说《中庸》是孔门里非常核心的著作，显然把《中庸》的地位抬高了。南宋时二程的四传弟子朱熹把《中庸》正式从《礼记》中独立出来，和《大学》《论语》《孟子》一起结集成为《四书》。《中庸》由此开始受到儒家学者的普遍重视。当然我们做的追溯纯粹是从儒学史的角度来看的，其实《中庸》在中国思想文化史上，不光得到儒家学者的重视，而且比较早就得到了佛教高僧的关注。在唐末五代十国，一些高僧对《中庸》进行研究，将之看作修养性命的重要著作。他们对《中庸》的重视，事实上对儒家学者影响很大。

（二）《中庸》在中国文化史上的定位

《中庸》是对先秦以来孔门儒学中心性道德修养思想的系统总结。这使它在中国文化史上占有重要地位。为什么历代有那么多思想家重视《中庸》，对《中庸》进行系统的解说阐发，甚至把《中庸》作为自己构建思想理论的核心资源？这确实是和《中庸》作为孔门儒学心性道德修养理论的系统总结的地位有关。我们知道理学开山祖周敦颐（濂溪）对《中庸》特别重视。他的《通书》在很大程度上就是对《中庸》思想资源、理论观念的阐发与发展。朱熹也很重视《中庸》，在他的思想体系建构中，《中庸》的思想也非常重要。朱熹揭示了阅读《四书》的一个次序，他认为在《大学》《论语》《孟子》《中庸》中，作为学者应该先读《大学》，然后读《论语》《孟子》，最后才读《中庸》。原因是什么呢?《大学》当然是确立一个人的格局和规模，要首先去读。《中庸》为什么放到最后呢？并不是因为不重要，而是因为《中庸》包含非常精深的义理，抽象、深刻、难以理解，作为初学者入手有困难。所以在先看《大学》确立规模，然后看《论语》《孟子》，有了一定的知识积累之后，再看《中庸》，就能够理解《中庸》里面所说的道理。

朱熹对《中庸》的要旨也有一个阐述。他在南宋淳熙十六年（1189）所作的《中庸章句序》里面说，《中庸》是“子思子忧道学失其传而作也”，也就是说是子思担心道学失传而作。在朱熹看来，从古代开始就有一个道统流传的谱系。从上古的帝王尧、舜、禹到汤、文、武、周公，最后到孔子，有非常系统的道统传承。道统的传承是圣圣相传，他们所传的内容就是非常有名的十六字心传，所谓“人心惟危，道心惟微，惟精惟一，允执厥中”。尧和舜之间、舜和禹、禹和汤传授的，其实都是十六字心传里所表达的内容。在朱熹看起来，治理天下最为核心的内容就是《中庸》里面所阐发的中庸之道。这就是朱熹通过《中庸》所阐发的意思。子思之所以作《中庸》，就是担心这些内容在后世失传，所以他要把尧、舜以来相传的这些内容，再加上平时从他的老师那里所听到的相关解释和阐发记下来，作《中庸》章句，以便后来的学者能够明白这些道理。所以按朱熹的说法，《中庸》的写作缘起就是子思子担忧道学失传。道统从古代一直到今天一直在流传，不管是上古的帝王，还是有名的辅佐大臣之间，还是孔子、颜渊、曾子这些著名的圣贤身上，他们之间所流传的就是这些内容。

（三）《中庸》的结构

《大学》是一种总分式的结构，有总说和分说，先有经，再有传。《中庸》的结构和《大学》不同，相对而言比较复杂。关于这一点，学界的讨论也非常之多。整体来看，《中庸》的结构事实上是一种连环式的结构。按朱熹的分法，《中庸》有33章，每章和每章之间衔接紧密。章和章之间，前后之间，首章和尾章之间都有互相的呼应。在朱熹看来是血脉贯通、义理贯通的文本。

《中庸》的33章按朱熹的观点可以分成三个大部分。其中第1到第11章可以分一个部分，第12到20章可以成一个部分，第21到33章是一个部分。分成三部分以后，有几个关键的章节，就是第1章、第12章和第21章，是三个章节的节点。在朱熹看来，第1到11章的统领章节是第1章，第12到20章统领章节是第12章，第21到33章的统领章节是第21章。我们按朱熹的这种划分，对这三个部分分别作一介绍。

首先是第1到11章。按照朱熹的归纳，这一部分的旨意主要表现在三个方面。第一是指明道德本原是天，但同时道又是和每个人、和日常生活离不开的。第二是从不同的角度来讲明涵养反省的修养功夫。第三个方面是说圣人的学问所要达到的最高境界。在朱熹看来，第1章是这一部分的统领。接下来的10章，就是从第2章到第11章，都是对首章的解释。一个阐发、一个推演，这是第一部分的基本结构。

第二部分的基本结构是从第12章到第20章。第12章说明了第1章所说的道不可以离，离不开每个人、离不开我们的日用常行，接下来的8章，就是从第13章到第20章，再用孔子的话反复阐明这一道理。

第三部分，即第21章到第33章，子思在这里继承孔子有关天道人道的思想，并从不同角度加以阐述和论述。

（四）《中庸》的内容

1. 理解“中庸”

怎样去理解“中庸”这两个字呢？二程说“不偏之谓中，不易之谓庸。”也就是中庸两个字就是不偏不易。“中者，天下之正道；庸者，天下之定理”，中庸就是不偏不易的天下正道，天下定理。朱熹在此基础上，有一更为经典的说法，“中者”就是“不偏不倚”，无过无不及之名，“庸，平常也”。按照二程、朱熹的观点，“中”就是不要出现偏颇，避免过分、不及。不出现不及和不够这两种偏颇的情况。这是从否定意义上面来讲的。那么从肯定意义上面来讲呢？“中”是天下每个人都应当遵循的准则，“庸”就是平常。我们不常常说庸常嘛，它是和常联系在一起的。

儒家认为，“庸”“常”“常道”是平平常常的，是最能够持久、最不容易改变的。这是天下万事万物都要遵循的道理，所以“中庸”两个字在理学家的解释中有非常深刻的含义。特别是朱熹对“中”不偏不倚、无过无不及的解释，给人的启发特别大。在日常的生活中，“中”就是我们考虑事情、做事情一定要防止过分的情况和不够的情况。要做到恰到好处，恰如其分。这事实上就是要把握好平衡度。我们常常忽视“平平常常”才是最为持久的状态。这点在《老子》里面也有涉及，这些道理是相通的，两者可以互相诠释。《老子》中说“飘风不终朝，骤雨不终日”，如果每早刮起狂风，那刮不过一早上，很快就会停止；如果下暴雨，下一阵子一定会停下来。这事实上也是《老子》对天象天道的解说。认识到这一点，对我们理解“庸”“平常”是很有帮助的。

《中庸》第2章还有一句话也有助于我们理解“中庸”的内涵，它说“君子中庸，小人反中庸。君子之中庸也，君子而时中；小人之中庸也，小人而无忌惮也”。君子要秉持中庸原则，小人则站在中庸的对立面无所不用其极。需要注意的是，君子去持守中庸原则，并不是说死板地遵照《中庸》的某些具体原则，而是要“时中”。“时中”是什么呢？是根据具体的实际情况进行灵活变通。在这方面二程和跟他的弟子讨论“中”的时候，有一个说法，可以帮助我们理解“君子而时中”。他说如果在一个房间里，你恰好是在中间，这没问题。但是如果放大视野，是在楼房里面，你还是正中吗？可以说不再是了。在你所处的位置还是正中吗？那更加不是了。那么如果再放大视野，你怎么能说你所处的位置还是中呢？你只是在房间里面处于中。随着视野的扩大，原先所谓的中就不中了。这时候就需要调整。所以我们看到，“君子时中”，就是根据不同的情境、不同的条件、不同的时间地点和对象，去调整处理事情的方式方法。最终的原则是要无过无不及，保持恰到好处、恰如其分，这才是“中”。如果死守一个教条，在不同的场合、不同的地方，去应用僵化的教条，那怎么可能把事情处理好呢？这不是时中。所以君子很重要的一点就是要根据具体的情况进行灵活变通。

《中庸》关于小人的论述称，小人“无所不用其极”，没有“中”的原则。在很多时候做事情没有操守底线。事实上是告诉我们在实际的生活中，我们做事情既要尽心努力，又不能过分。如果我们做事情不尽心，这是违背中庸原则。但如果我们做事情太过分了，也是违背中庸的原则。对“中”的把握，是儒学里很重要的话题，其实也是儒学价值在今天能够体现的重要方面。“中”的原则甚至可以运用到从治国理政到为人处事乃至到个人修养的每一个环节，每一个方面。人和人之间究竟以什么样的方式相处？这中间有一个最恰如其分的方式。有些事情或者是做得不够，或者是做得过头，这中间我们一定要进行反思，使之调整到恰如其分的状态。人和人，不同的集团和不同的集团，不同的群体和不同的群体，中间有度量和边界，我们怎么样去找到度量边界的平衡点，从而不偏某一方面，是极为关键的。比如师生的关系，其实也有一个平衡点。究竟是对学生利益的维护，还是对老师利益的维护，这中间一定有章可循，有一个我们可以找到的平衡点。

2.《中庸》的核心概念

《中庸》核心概念在首章里就提出来了。分别是“性”“道”“教”，当然还有后面所说的“诚”“圣”，等等。“性”“道”“教”在首章里面提得非常集中。首章里面说“天命之谓性，率性之谓道，修道之谓教。道也者，不可须臾离也，可离非道也”。这里就把这三个概念集中地提出来了。

“性”就是上天所赋予我们每个人内在的善良的本性，这和《大学》里的“明明德”可以互相参看。《大学》里说到要彰显我们内在的光明德性，那么明德从哪里来？这种内在的光明的德性就是上天赋予我们的“天命之谓性”。那么“率性之谓道”，就是说我们把每个人的“性”都顺着它本来方向发展到极致，这就是达到了道。“修道之谓教”，则是说如果我们把道进行适当文饰，就形成了“教”。《中庸》特别强调，“道”须臾不可离，和人的日常的生活不能分开。首先，不能够脱离人去谈抽象的道理，这一点是《中庸》里面强调的。所有的天道、人道，其实都和人相关。同时人也不能够离道。我们为人处事、自身修养，如果离开“道”的指导，做事情离开“道”的基本原则，那你怎么可能立身处世呢？所以道须臾不可离也。“道不远人”，道不可以脱离人而存在，也不可能存在脱离人类的道。

3.《中庸》之“道”

怎样才能知晓“道”，或说怎样实践中庸之道？这是《中庸》里的一个大问题。《中庸》第四章有这么一段文字：“道之不行也，我知之矣：知者过之，愚者不及也。道之不明也，我知之矣：贤者过之，不肖者不及也。人莫不饮食也，鲜能知味也。”在《中庸》看来，真正的大道之所以没能施行，一方面是那些自认为知“道”的人做得过分、过头了，另一方面是那些不知“道”的人，什么也不做。真正的大道之所以没能够昌明于天下，是因为有些人自以为知道大道了，不愿意有所作为。这就是说在大道演进过程中为什么很少能够落实，为什么总是有道之不行的情况。《中庸》在这里做了回答。虽然人人都离不开道，但真正把握的又很少，就是因为智者、愚者、贤者、不肖者的表现都没有真正符合无过无不及原则。所以《中庸》说“人莫不饮食也，鲜能知味也”，大家都在喝水、吃饭，但是很少有人知道饮食的真正味道。虽然“道”是我们人人都离不开的，但真正把握“道”的人太少了。

然而，即便难以达到，还是有一部分人能够把握“道”。《中庸》的作者就举出了舜的例子。《中庸》说：“舜其大知也与？舜好问而好察迩言，隐恶而扬善，执其两端，用其中于民。其斯以为舜乎？”舜之所以被认为有大智慧，是因为他不刚愎自用善于听取别人的意见建议，他在听取别人的意见、建议的过程当中，对于那些比较坏的方面就藏起来，不进行宣传宣扬；而那些好的方面，他就把它广为宣传而不隐藏。舜把一件事情的好、坏方面都认识得非常清楚，采取一种大家都能接受的思路，也就是坚持中庸原则。舜在处事的过程当中“执其两端，用其中于民”，把握了中庸之道。这就是圣人把握中庸之道的典型。

《中庸》的作者也认为“中庸之道”是一种很高的智慧，很难达到的一个境界。难到什么程度呢？第九章就有一段话说：“天下国家可均也，爵禄可辞也，白刃可蹈也，中庸不可能也。”做到中庸非常之难。我们知道，治理天下国家是很难，这其中要处理纷繁复杂的很多事情。官位爵禄对人有诱惑力，将其辞掉也是一件困难的事情。还有就是英勇就义，也是一般人很难达到的。但是即使做到了这三者，都还不一定能做得到中庸。可见达到中庸境界非常之难。看起来中庸和“均天下国家”“辞爵禄”“蹈白刃”相比是比较容易，但事实上中庸之道需要人们在日常的生活中不断地去思考、不断地去琢磨、不断地去摸索，然后又不断地坚持下来去实践。这看上去容易，但事实上很难，所以很少有人能做得到。故而按朱熹的说法，这三者看上去是难，事实上相对于中庸之道的把握和实践而言是容易做到的。中庸看起来比较容易做到，事实上又是非常困难的。所以很少有人能达到这一境界，能做到中庸。

《中庸》的作者又看到一种情况。有一些人总是在社会上用一些非常奇怪的行为来博取声名。《中庸》的作者对这些行为进行了批判，将之作为反面的典型，指出君子应该怎样做。这一段文字在第十一章：“素隐行怪，后世有述焉，吾弗为之矣。君子遵道而行，半涂而废，吾弗能已矣。君子依乎中庸，遁世不见，知而不悔，唯圣者能之。”“涂”，就是路途的“途”。所以有一些人总是用奇奇怪怪的行为去博取声名，现在我们社会上还有很多这样的人。君子肯定不会去做这类事情。君子做什么呢？他总是做那种能够持久的、很普通的、很平常的事情。踏踏实实地去做这些普通的事情，就是遵道而行。君子遵道而行，做一些实实在在的事情，能够持之以恒，不会中道而废、半途而废。君子可能一辈子也没有声名，但他不后悔自己所为。中庸难就难在这一点上。因为很可能“遁世不见知”，一直默默无闻，没有很好、很大的名气名望。但是君子在这种情况下不会后悔自己的所作所为。这一点确实一般人很难做到，只有圣人才能做到。《中庸》在这里讲到了实践的难处，这种难度也阐述了作为君子对中庸应该有的态度。

4.《中庸》和道德践履

《中庸》中有一段话：“君子素其位而行，不愿乎其外。素富贵，行乎富贵；素贫贱，行乎贫贱；素夷狄，行乎夷狄；素患难，行乎患难；君子无入而不自得焉。”就是说君子的行为总是和他所处的具体情境、地位是相配合的。这也就是一个德和位匹配的问题。每个人都有不同的境遇，有的人富贵，有的人贫贱。如果身处富贵，就按富贵的方式去行事。按我们现在很多人的观点，富贵意味着你对社会有更大的责任，就要对社会有更多的关切。富贵的人就要按照富贵的方式行事。身处贫贱，就要按照贫贱的方式行事，否则就会被认为有虚荣心，等等。所以君子的境况境遇各不相同，但是在不同的境况境遇中，君子总是表现得非常从容。

这段话紧接着还有一段话：“在上位不陵下，在下位不援上，正己而不求于人，则无怨。上不怨天，下不尤人。故君子居易以俟命，小人行险以徼幸。”身居高位的时候，不要以高凌下，去欺负你的下级；身处下位的时候，不要总是去谄媚；时刻反省自己，而不是去责备他人。这样就能做到不怨天尤人。在我们的日常生活中，可以看到很多怨天尤人的现象，事实上儒家特别强调的一点就是反求诸己，对自己的行为进行反思。我们在《论语》《孟子》里面都能够看到这一点。比如说《孟子》中就有一个比喻，说当你射箭，如果没有射中，你考虑的问题是什么？是说风太大了，周围的环境太吵了使我不能够专心射箭，还是其他的一些外在的情况？你会不会对自己有一个反省，是我射箭的技术还不那么高超，我抗干扰的能力还不那么强？这就是反求之于己啊！看自身，从自身找原因，不要总是怨天尤人。《孟子》射箭比喻的观点和《中庸》这里所言是高度一致的。“君子居易以俟命”，就是君子尽可能地做一些平常的事情，不是一下子去做奇奇怪怪的事情，而不是博取眼球、博取关注、博取虚名，像小人一样投机取巧。

这一点在我们今天有非常重要的借鉴意义。

“君子之道，辟如行远必自迩，辟如登高必自卑。”我们去追求君子之道，努力成为君子，其实方法并不难。就像要达到远方需要有个长远的目标，首先要从近处出发，这是一个非常浅显的道理。要想登到高处，达到一个山顶，必须从山脚下一步一步开始攀登。所以要在日用伦常当中不断地去提升自己，不断地去砥砺自己的德性，慢慢地达到君子、贤人、圣人高度，达到理想的境地。你有宏伟的目标，但是要一步一步地从低处、从近处去接近这目标。“登高必自卑”的“自卑”，和我们现代汉语里所使用的自卑，表示“自己看不起自己”的用法很不相同。这里就是从卑、从低的地方，强调的是不断的积累。事实上这层意思在先秦的典籍里很多。《老子》里面说“合抱之木，生于毫末；九层之台，起于累土；千里之行，始于足下”，就是这个意思。《荀子》所谓“积土成山，风雨兴焉；积水成渊，蛟龙生焉；积善成德，而神明自得，圣心备焉。故不积跬步，无以至千里；不积小流，无以成江海”，说的都是同样的道理。有关“自卑”，我补充一点，很多地方都有“登高必自卑”，登上高处必须从低处出发。湖南大学现在的校园当中还有一个“自卑亭”。很多人到那里去看，就疑惑为什么人要自卑啊？甚至还对“自卑”做出很多其他的解说解读。事实上命名就源自《中庸》，要从低处不断地往高处去走。所以湖南大学的“自卑亭”连着的是“登高路”，“登高必自卑”。

《中庸》在二十章里，还有关于建立道德的表达。这一段话也非常有名：“天下之达道五，所以行之者三。曰君臣也，父子也，夫妇也，昆弟也，朋友之交也，五者天下之达道也。知、仁、勇，三者天下之达德也，所以行之者一也。或生而知之，或学而知之，或困而知之，及其知之一也。或安而行之，或利而行之，或勉强而行之，及其成功，一也。子曰：好学近乎知，力行近乎仁，知耻近乎勇。”这里所说的“达道五”就是五种最基本的伦常关系，有的时候就把它叫“五伦”，分别是君臣、父子、夫妇、兄弟、朋友。在传统宗法社会里面，这五种人和人之间的关系是最基本的人伦关系，是治理国家、天下，为人处事所必须关注的关系。那么怎么样去处理好这五种道德伦理关系呢？《中庸》提出“三达德”，即需要具备知、仁、勇这种三种德性。知、仁、勇这三点，后世有很多学者进行了发挥。《中庸》也提出：好学近乎知，努力地行动就近乎仁，有羞耻心就接近勇。

5.《中庸》和知识养成

《中庸》二十章还有一段非常有名的话：“博学之，审问之，慎思之，明辨之，笃行之。有弗学，学之弗能，弗措也；有弗问，问之弗知，弗措也；有弗思，思之弗得，弗措也；有弗辨，辨之弗明，弗措也；有弗行，行之弗笃，弗措也。人一能之，己百之，人十能之，己千之。果能此道矣，虽愚必明，虽柔必强！”这一段话提出了学习的一个重要方法，这里所说的博学、审问、慎思、明辨、笃行，非常有名。学习的范围一定要广博，胡适先生有一句名言：“为学要如金字塔，要能广大要能高。”这句话说的其实就是要广博。然后发问一定要有所考虑，而不是信口开河式地发问。我们的思考要精密、要详察，我们的分辨要明了、要清晰，我们的行动要踏实。这五者在《中庸》看来是非常重要的、基本的学习方法并被简化成博学、审问、慎思、明辨、笃行。现在中山大学的校训也就是这五点。《中庸》在这里还进一步提出，别人如果用一分的力可以学会，我用一分的力却学不会怎么办？放弃吗？不是的。《中庸》说我用一百分的力去学习。如果别人用十分的力就可以学会，我用十分的力不能学会，那怎么办？我用一千分的力去学就可以了。这就是《中庸》所提倡的一种方法。如果真的有人能这样踏踏实实地去做，即使一开始他很愚蠢，但是有过这样的努力之后，他一定会变得很聪明。开始他可能很柔弱，但是有过这样的历练之后，他一定会变得很刚强。这就把《中庸》和学习、知识养成的关系做了阐述。

6.《中庸》的最高理想

《中庸》二十三章里面有这么一段话：“唯天下至诚，为能尽其性；能尽其性，则能尽人之性；能尽人之性，则能尽物之性；能尽物之性，则可以赞天地之化育；可以赞天地之化育，则可以与天地参矣。”也就是说，我们只有达到诚的极致，才能把内在的本性发挥出来。我们发挥出自己内在的本性，才能够通达所有人的本性。能通达人的本性，才能够进一步地通晓万物的本性。能通晓万物的本性，就能够明白天地之间生命的本质。能够明白生命的本质，人就能够挺立在天地当中，与天地并立而为三。在“赞天地之化育”一句中，朱熹把“赞”解释成为助，就是帮助天地来化育万物。中国文化强调天人合一，人是能够帮助天地来化育万物的。在儒家看来，天地当然有非常大的力量，但也需要人的帮助，才能够把一些事情做好。比如说天地无垠，它所体现出一些天道的原则规律，需要圣人去体会琢磨，然后才制定人间的礼仪规则。天能够生长万物，但在某些情况下，需要人对万物的灌溉，物才能长好。这种时候，人可以帮助天地化成万物。

《中庸》最高理想还有另一方面：“君子尊德性而道问学，致广大而尽精微，极高明而道中庸。”总体而言，君子尊崇德性，对自己先天所具有的光明正大的德性非常尊崇，然后又重视学问的积累。“致广大而尽精微”，追求的是非常宏大高远的目标，同时对事物的细微之处又特别地关注。一方面要努力达到高明境界，但并不因为他要达到高明境界就忽视日常生活的状态。所谓的“道”，是和日常生活中的人伦日用之事离不开的。所以“道”虽然是非常高明的境界，看上去高高在上，抽象玄远，但事实上和日常生活的原则规范联系在一起。如果君子既能够尊德性，又能够道问学；既能致广大，又尽精微；既极高明，又道中庸，就能够实现理想人格的养成。

（五）《中庸》的影响

佛教在两汉之际传入中国以后，不断地推动自身的本土化进程。佛教中国化的过程到唐代达到高峰。当时从皇帝、官僚、读书人，到普通的老百姓，有很多人是佛教的信徒。从唐代中晚期开始，有很多的儒家士人对这种现象进行批判，有的批判还很激烈。到唐末五代十国以后，一直到两宋，士人们继承了韩愈的工作，继续对佛教进行批判。那么具体怎么批判呢？对于儒家来说，佛老之学的挑战非常严重。在这种情况下，儒家士人回应的方式有一个探索的过程，最开始是进行外在的批判，从社会影响、国家治理、国家财政收入等方面去批判；后面慢慢转入理论上的批判，主要从思想理论的角度批判佛教。这中间有一个方式的重要转变。进行理论批判，就一定需要理论武器。最基本的理论武器就是儒家要有自己的一套心性理论。那么儒家心性理论的思想资源从哪里来？他们就向中国传统的儒家典籍里寻找。正是在这一背景下，《中庸》引起了士人学者的重视和关注。从唐代到北宋，再到南宋，很多的士人学者关注、重视《中庸》，从里面吸取思想理论资源，特别是心性之学的资源。最后终于在南宋时期，由朱熹把《中庸》编入《四书》，在中国思想文化史上产生很大的影响，特别是在教育方面影响深远。宋元以后，学校的教科书、科举考试的内容，都和《四书》有关系。《中庸》作为思想资源，在《四书》中扮演了举足轻重的角色。它对儒学的转化与更新，对宋明理学或说新儒学的建立，起了非常重要的作用。

如果总括而言，《中庸》的历史影响体现在三个方面。首先是彰显了儒家的道统谱系，塑造了儒家的理想人格。《中庸》经过程颐、朱熹等学者的阐发，内涵得以充分展现，为宋明理学的形成提供了经典依托，成功回应了佛老之学的冲击。其次，《中庸》特别地强调践履，强调道不远人，强调在日用伦常当中去践行中庸之道，所以在向社会各阶层、各领域传播的过程中，对大众的修身养性、立身行事产生了深刻的影响。第三，《中庸》揭示了尊德性、道问学、中道而行等一系列的修养功夫。《中庸》强调道德和知识的完美统一，强调为人与治学、做事紧密结合，这一点对于今天斯文社会的建设、教育方式和观念的改进，可以提供有益的借鉴。道德和知识应该如何完美地统一在教育过程中，这值得我们从《中庸》当中汲取思想资源。

对《大学》《中庸》和孔门儒学的介绍就到这里。

请大家最后再次阅读这段文字：“博学之，审问之，慎思之，明辨之，笃行之。有弗学，学之弗能，弗措也；有弗问，问之弗知，弗措也；有弗思，思之弗得，弗措也；有弗辨，辨之弗明，弗措也；有弗行，行之弗笃，弗措也。人一能之，己百之，人十能之，己千之。果能此道矣，虽愚必明，虽柔必强。”

杨海文

中山大学哲学系教授、博士生导师，中国孟子研究院特聘专家，泰山学者特聘专家，兼任中国孟子研究院学术委员会委员、中国哲学史学会理事、中国孟子学会副会长、中华孔子学会常务理事、广东儒学研究会副会长等职。主要从事中国哲学领域的研究，代表专著有《化蛹成蝶——中国哲学史方法论断想》(齐鲁书社)、《我善养吾浩然之气——孟子的世界》(齐鲁书社)、《心灵之邀——中国古典哲学漫笔》(安徽文艺出版社)等。在《哲学研究》《中国哲学史》《文史哲》《中山大学学报》等高水平学术期刊发表大量学术论文，尤其对孟子思想、孟学史的研究有重要贡献。

孟子与“孔孟之道”的形成

杨海文

《孟子与“孔孟之道”的形成》这个题目看起来简单，事实上牵扯思想理论与历史文化方方面面的问题。这里想从四个方面进行解读：第一，“孔孟”“孔孟之道”这两个固定说法是从什么时候开始的？第二，孟子为“孔孟之道”做出了哪些理论贡献？第三，后代如何确认孟子与“孔孟之道”的思想关联？第四，“孔孟之道”有哪些精神内涵？

一、固定说法“孔孟”“孔孟之道”的首次出现

今天谈起“孔孟”“孔孟之道”，仿佛它们作为固定说法古已有之，而且是一种强大的历史文化传统。这么想，自然是有道理的。假定我们按照学术研究的理路看这个问题，那就值得进一步深思。

20世纪90年代，《文献》先后刊过两篇文章[①]，探讨“孔孟”“孔孟之道”这两个固定说法究竟何时开始出现。我读了这两篇文章后有一些想法。这里将纠正这两篇文章某些不准确的地方，或者说是与其作者进行商榷。

我们讲“孔孟”作为固定说法究竟何时出现，意思是说“孔孟”两字直接连在一块究竟是从什么时候开始的。孔子生于公元前6世纪，孟子生于公

① 参见曲文军：《“孔孟之道”语源小考》，《文献》1996年第1期，第181页；马固钢：《“孔孟”并称考源》，《文献》1998年第2期，第245—251页。

元前4世纪。“孔孟”最先连在一块，不是在战国、西汉，而是在东汉。东汉经学家马融（79—166）写有《长笛赋》，说道：“温直扰毅，孔孟之方也。”[①]这是最早将“孔孟”连在一块的说法。将“孔孟”连在一块，还有另一种形式。孔子字仲尼，孟子名轲，所以另一种形式是“尼轲”，也是东汉开始出现的。东汉思想家崔寔（103—170，一说生卒年不详）的《正论》说：“世主莫不愿得尼、轲以辅佐，及得之，未必珍也……必待题其面曰鲁仲尼、邹子舆，不可得也。”[②]意思是说：国君都希望得到孔子、孟子那类能够辅佐自己的人才，一旦得到，却未必珍惜。因为没有得到之前，觉得他们很神秘；一旦见到他们，就觉得不神秘了。这是崔寔对于“孔孟”这一历史价值的认识。

所谓东汉已经出现“孔孟”这个固定说法，不是泛泛而谈孔子与孟子、《论语》与《孟子》如何并称；其角度应该是狭义的，而不是广义的。如果从广义的角度看，这类材料很多，而且有许多文献远远早于东汉，甚至可以直接追溯到《孟子》。在我们看来，就孔子、孟子成为中国文化最具象征意义的精神价值而言，广义的角度比不上狭义的角度。就像说起“李杜”，我们都知道是指李白（701—762）、杜甫（712—770）；但说“赵钱孙李”，谁也不知道具体指谁，只知道它们是《百家姓》的一部分。这就是狭义、广义两个角度的区别。《文献》的第二篇文章恰恰是广义的考证，也没有提到马融、崔寔[③]。所以我们要商榷一下。广义的角度为狭义的角度打下深厚的基础，狭义的角度是对广义的角度进行固化、形式化的结晶，这是两者的

① 《文选》卷18，［南朝梁］萧统编、［唐］李善注：《文选》第2册，上海古籍出版社1986年版，第817页。

② 《意林》卷3《正论五卷》第3条，王天海、王韧撰：《意林校释》下册，中华书局2014年版，第375页。又，《政论校注·阙题一》：“且世主莫不愿得尼、轲之伦以为辅佐，卒然获之，未必珍也。自非题榜其面曰‘鲁孔丘’‘邹子舆’，殆必不见敬信。”（［东汉］崔寔、仲长统撰，孙启治校注：《政论校注·昌言校注》，中华书局2012年版，第49—50页；按，个别标点符号略有校改。）

③ 参见马固钢：《“孔孟”并称考源》，《文献》1998年第2期，第245—251页。

辩证关系。

“孔孟”连在一块，作为固定说法，已在东汉出现。“孔孟之道”作为固定说法，出现的时间很晚。东汉末年是公元二至三世纪，但其后八百多年，才出现“孔孟之道”这个概念。很多人对于它的第一次出现并不清楚。

这里以《文献》的第一篇文章为例。这篇文章很短，只是半页的补白。它认为“孔孟之道”作为固定说法，首先出现于南宋思想家胡宏（1105—1161）的《知言》[①]。胡宏说：佛教对于心体很了解，他们的思想讨论无所不到，但缺少最终的皈依，因为佛教否定伦理道德而肆意妄行。因此，胡宏认为佛教思想“不足与言孔孟之道也”[②]。胡宏是南宋人，“孔孟之道”会出现得这么晚吗？北宋的二程是不是早就讲过呢？我觉得“孔孟之道”作为固定的说法不应晚到胡宏才出现。带着这个疑问，我查阅《二程集》，果然发现二程提到“孔孟之道”。二程是两兄弟，有大程程颢（1032—1085），有小程程颐（1033—1107）。第一次提到“孔孟之道”的是小程。我们要特别注意大程、小程的关系，因为今天的讲座会时不时讲到他们看待孟子、颜子这两人的微妙不同。

我们看《河南程氏经说》卷6《论语解》的《泰伯篇》。小程说：“孔孟之道一也，其教人则异。”[③]小程认为：孔子、孟子之道是同样的，只是教人的方式不一样。孔子喜欢往下推，孟子喜欢往上提。孔子往下推，是为了让一般人亲近；孟子往上提，是为了显示人之为人的高贵。小程这里使用了“孔孟之道”的固定说法。《二程集》有很多文章，但“孔孟之道”仅仅出现这一次，意味着什么呢？它包含了很多可让我们思考的问题。借助随后的讲解，我们会慢慢将它涉及的思想史真相揭示出来。小程第一次提到“孔孟之道”，对于后世学者产生了很大影响。

---

① 参见曲文军：《“孔孟之道”语源小考》，《文献》1996年第1期，第181页。

② 参见［南宋］胡宏著，吴仁华点校：《胡宏集》，中华书局1987年版，第22页；按，个别标点符号略有校改。

③ ［北宋］程颢、程颐著，王孝鱼点校：《二程集》第4册，中华书局1981年版，第1146页；按，个别标点符号略有校改。

胡宏的父亲胡安国（1074—1138）是湖湘学派的代表人物。胡安国给小程写的《奏状》提道："然孔孟之道不传久矣，自颐兄弟始发明之，而后其道可学而至也。"①由此可以想道：一方面，胡安国看过小程的文章，知道"孔孟之道"这个固定说法，因此给小程写行状，就用了这个词；另一方面，胡宏子承父业，用到"孔孟之道"，自然不奇怪。我们的分析只是从固定说法的含义而谈，像是抠字眼，但这样做是有必要的。既然"孔孟""孔孟之道"作为固定说法仿佛天经地义，那么，我们总得搞清它是什么时候以及由哪个思想家第一次提出的。这是我们从学理上必须解决的问题，而且还应当注意以下两点：

第一，"孔孟""孔孟之道"作为固定说法，它的思想意义是有局限性的。尽管马融第一次提出"孔孟"，小程第一次提出"孔孟之道"，但这并不是说马融之前的思想家或小程之前的思想家就没有在思想意识上将孔子与孟子连在一块。事实上，我们阅读秦汉以来的思想史文献，看到很多思想家总是这么写道：孔子怎么样，然后孟子怎么样。他们先讲孔子讲得好，再讲孟子讲得好，"孔孟"并提的现象比比皆是。清代唐晏（1857—1920）的《两汉三国学案》卷10《孟子》曾说："然王充《论衡·问孔》之后，即继之以《刺孟》，知汉代固已孔孟并称矣。"②可见"孔孟"并称现象相当普遍，但"孔孟""孔孟之道"作为固定说法是相对晚出的。

第二，"孔孟"在东汉已经形成，"孔孟之道"直到公元11世纪左右的北宋才形成，中间隔了八百多年，这意味着什么呢？从"孔孟"到"孔孟之道"这两个固定说法的形成，表明一个思想史过程正在悄悄发生，就是孟子的地位是如何不断提升的。孔子的地位历来很高，但孟子的地位开始并不高，所以这八百多年显示了孟子的地位正在缓慢、不断地提升。

---

① 《河南程氏遗书》附录，［北宋］程颢、程颐著，王孝鱼点校：《二程集》第1册，第349页；按，个别标点符号略有校改。

② ［清］唐晏著，吴东民点校：《两汉三国学案》，中华书局1986年版，第530页；按，个别标点符号略有校改。

二、孟子为“孔孟之道”做出的四大理论贡献

既然孟子与孔子连在一块，形成了“孔孟”“孔孟之道”的固定说法，那么，孟子对于孔子与儒家思想的传承和发展究竟做出过哪些贡献呢？这个问题看似简单，但真讲起来，难度极大。我这里先用四个成语，简单概括一下孟子对于“孔孟之道”做出的贡献：第一个成语是“温故知新”，第二个成语是“推陈出新”，第三个成语是“破旧立新”，第四个成语是“综合创新”。这四个成语的最后一字都是“新”，就是创新；而前面的“故”“陈”“旧”均与“新”相对，揭示了继承与创新的关系。我们要好好理解继承与创新这组关系。对于任何思想家而言，继承前人是本分，自我创新是本怀。继承是家常便饭之事，创新是可遇不可求之事。人们常说创新特别重要，但从思想史角度看，假设没有扎扎实实的继承，那是根本谈不上创新的。我讲孟子对于“孔孟之道”做出了哪些理论贡献，虽然侧重创新的角度，但心里想讲的是：假设孟子不对孔子的思想进行扎扎实实的继承，哪里谈得上有真正的创新？孟子对于“孔孟之道”究竟做出了哪些贡献呢？

（一）温故知新

据《论语》12·1记载：颜子问孔子什么叫作仁，孔子回答说“克己复礼为仁”[①]。这里先要埋下一个伏笔，即孔子与颜子的关系。它是“孔孟之道”形成过程中极为重要的一组关系，但先按下不表。“克己复礼为仁”代表了孔子的思想，孔子的思想是将仁与礼结合在一块学，或者叫作人际关系学。对于孔子讲的“克己复礼为仁”，孟子、荀子都有发挥。孟子发挥的是仁的一面，荀子发挥的是礼的一面，这就是“温故知新”。孟子与荀

① 以杨伯峻译注《论语译注》（中华书局1980年版）、《孟子译注》（中华书局2010年第3版）为据，下同。

子的关系也是“孔孟之道”形成过程中的重要关系。当然，我们还要追问：难道孟子不研究礼、不讲礼吗？只有荀子研究礼、讲礼吗？不是的。孟子同样是研究礼、讲礼的。《孟子》5·4说：“使契为司徒，教以人伦：父子有亲，君臣有义，夫妇有别，长幼有叙，朋友有信。”这就是五伦。五伦是人与人之间的五种关系，是孟子讲礼的突出体现。“五伦”与《中庸》第20章的“五达道”十分相似。孔子说：“君臣也，父子也，夫妇也，昆弟也，朋友之交也。”[①]这是天下的五种达道。为什么要将孔子讲的“五达道”与孟子讲的“五伦”做对照呢？因为它们在内涵上是一样的，但其微妙的区别在于：孔子将君臣关系摆在五种关系的第一位，而孟子将父子关系摆在五种关系的第一位。

（二）推陈出新

孔子、孟子是有区别的。这意味着孟子对于孔子的思想，不仅要温故知新，而且要推陈出新。孟子对于“孔孟之道”如何推陈出新呢？温故而知新，重在一个“仁”字；推陈而出新，重在“仁义”二字。我们不要小看“仁”“义”这两个概念，它们在儒学从孔子到孟子的思想传承过程中大有一番故事可讲。孔子讲过“君子喻于义，小人喻于利”（《论语》4·16），孔子也是讲义的。但是，《论语》谈仁不谈义，谈义不谈仁，即谈仁就不同时谈义，谈义就不同时谈仁。《孟子》不一样。翻开《孟子》，首章是《孟子见梁惠王》。梁惠王说：你不远千里而来，能给我们国家带来哪些利益？孟子的回答是：“何必曰利？亦有仁义而已矣。”孟子还说：“未有仁而遗其亲者，未有义而后其君者。”（《孟子》1·1）意思是说：你遗弃父母、怠慢君主，肯定是因为你不仁不义。假设你有仁，就不会遗弃父母；假设你有义，就不会怠慢国君。

《孟子》开篇出现的“仁义”二字，就是孟子对于孔子思想、对于“孔

① ［清］阮元校刻：《十三经注疏（附校勘记）》下册，中华书局1980年版，第1629页中栏。

孟”的推陈出新，在“孔孟之道”的形成过程中极具思想史意义。我们看看二程的评价。二程对于孔子、孟子的思想有很多了解。二程说：孔子经常谈仁，但很少既谈仁、又谈义，只是讲《周易》“立人之道曰仁与义”的时候，将“仁义”连在一块。[①]二程还说：“孟子有功于圣门不可言。如仲尼只说一个仁义（‘立人之道曰仁与义’），孟子开口便说仁义；仲尼只说一个志，孟子便说许多养气出来。”[②]孔子仅有一次连用“仁义”，而这一思想经由孟子得以发扬光大，对于孔子的贡献极大。假设我们依据二程尚且无法区分孔子、孟子关于仁义的侧重，不妨看看民族英雄文天祥（1236—1283）临终的说法。文天祥47岁慷慨就义，妻子收拾遗体，看到他的衲里写有一首小诗：“孔曰成仁，孟曰取义，惟其义尽，所以仁至。读圣贤书，所学何事，而今而后，庶几无愧。”[③]文天祥很明确地认为孔子成就了仁，而孟子强调了义。孟子通过“仁义”二字的联袂使用，极大地推进了孔子的仁论，这就是我们说的推陈出新。

（三）破旧立新

我们探讨孟子对“孔孟之道”做出了哪些理论贡献，还必须讲清他有哪些地方真正不同于孔子。讲了“温故知新”“推陈出新”之后，我们现在进

---

① 《河南程氏遗书》卷4《二先生语四》：“仲尼言仁，未尝兼义，独于《易》曰：‘立人之道曰仁与义。’而孟子言仁必以义配。盖仁者体也，义者用也，知义之为用而不外焉者，可与语道矣。世之所论于义者多外之，不然则混而无别，非知仁义之说者也。”（［北宋］程颢、程颐著，王孝鱼点校：《二程集》第1册，第74页。）

② 《河南程氏遗书》卷18《伊川先生语四》，［北宋］程颢、程颐著，王孝鱼点校：《二程集》第1册，第221页。按，点校者注“仲尼只说一个仁义”：“吕本、徐本‘义’作‘字’，句作‘只说一个仁字’，义较长。”（同上书，第221页。）明清两代的《二程全书》，以清同治十年（1871）涂宗瀛刻本较善，中华书局标点本《二程集》即以此作为底本，并校之以清康熙吕留良刻本（简称吕本）、明万历徐必达刻本（简称徐本）（参见《出版说明》，同上书，第2页）。

③ 《宋史》卷418《列传第一百七十七·文天祥》，［元］脱脱等：《宋史》第36册，中华书局1977年版，第12539—12540页。

入第三个方面——“破旧立新”。这里想讲四点：第一点是性善论，第二点是养浩然之气，第三点是孔子作《春秋》，第四个点是距杨墨。

第一点是性善论。《三字经》开篇的四句话是：“人之初，性本善。性相近，习相远。”前两句是孟子讲的，后两句是孔子讲的。孔子讲“性相近，习相远”（《论语》17·2），是说我们的人性差不多，只是因为后天的习惯，导致我们做人做事变得不一样。“性相近，习相远”不直接包含人性本善的思想内涵。但是，孟子讲的是性善论。“孟子道性善，言必称尧舜”（《孟子》5·1）是众所周知的名言。孟子讲性善，为中国思想史奠定了人性论的基本传统。孟子究竟怎么讲性善呢？如果抠字眼，“性善”作为固定词组，《孟子》只出现过三次。第一次是《孟子》5·1说的“滕文公为世子，将之楚，过宋而见孟子。孟子道性善，言必称尧舜”，再就是《孟子》11·6有两次提到“性善”。这两章也是我们了解孟子性善论的基础文本。但是，要真正了解孟子的性善论，更离不开《孟子》3·6，也就是《公孙丑上》第6章。这一章没有出现“性善”二字，但人性善最基本的内涵得到淋漓尽致的表达。

《孟子》3·6讲的是“小孩即将掉进井里，你该怎么办”的故事。孟子说：“所以谓人皆有不忍人之心者，今人乍见孺子将入于井，皆有怵惕恻隐之心——非所以内交于孺子之父母也，非所以要誉于乡党朋友也，非恶其声而然也。”为什么说每个人都有不忍人之心、不想害他人的心呢？现在有个小孩即将掉到井里，孟子并没有在文字上直接说人们会不假思索地救他，但用了三个“非”字，力图表明你已经毫不犹豫地、不假思索地救了这个小孩。因为只有这样，你才能证明你“有怵惕恻隐之心”。这三个“非”是什么？你救这个小孩的当下、瞬间、片刻，一不是为了讨好小孩的父母（“内交于孺子之父母”），二不是为了在乡里乡亲那里得到好名声（“要誉于乡党朋友”），三不是因为讨厌小孩的哭声（“非恶其生而然”）。孟子通过救小孩这个简单而又经典的故事，认定恻隐之心、羞恶之心、辞让之心、是非之心“人皆有之”。假设你没有恻隐之心，没有羞恶之心，没有辞让之心，没有是非之心，那你就不是人。孟子也正是从这里看到：恻隐、羞恶、辞让、是非是仁、义、礼、智的端芽。所以，我们说《孟子》3·6通过小孩马上掉进井里这个故事，淋漓尽致地体现了人性是本善的，人性是向善的。提出性善论是孟子在“破旧立新”方面不同于孔子的第一点，后人的评价极高。程子说：“孟子有大功于世，以其言性善也。”[①]朱熹（1130—1200）的《孟子集注》解释《孟子》5·1说：“性善”一词虽然直到这一章才出现，但《孟子》通篇260章都是围绕这个主题展开的；“其所以扩前圣之未发，而有功于圣人之门，程子之言信矣”，十分认可小程对于孟子性善论的评价[②]。

第二点是养浩然之气。这是《孟子·公孙丑上》第2章的主题。孟子自称：“我知言，我善养吾浩然之气。”公孙丑就说：“敢问何谓浩然之气？”孟子回答：浩然之气很难讲得清楚，“其为气也，至大至刚，以直养而无害，则塞于天地之间。其为气也，配义与道；无是，馁也。是集义所生者，非义袭而取之也。行有不慊于心，则馁矣。我故曰：告子未尝知义，以其外之也。必有事焉而勿正，心勿忘，勿助长也”（《孟子》3·2）。浩然之气是一股道德正气，非常伟大，但要通过不断积累道德修为才能形成。浩然之气的内涵相当丰富，这里不详细展开，我们只看后人是怎么评价的。朱熹引了小程的一句话，亦即小程说孟子讲浩然之气的这一章是“扩前圣所未发”[③]，以前的圣人没有讲过。我们讲“孔孟之道”的形成，要时刻注意大程与小程的区分。小程认为孟子讲浩然之气是“扩前圣之所未发”，是说孟子有极大的创新、极大的创造。

第三点是孔子作《春秋》。以前有六经《诗》《书》《礼》《易》《乐》《春秋》，因为《乐经》亡佚，变成了五经。《诗经》《尚书》《礼记》《周易》都没有固定的作者。《春秋》一开始也没有固定的作者，但到了孟子这里，认为《春秋》就是孔子写的，孔子就是《春秋》的作者。《孟子》对于

① 参见《孟子集注·孟子序说》，[南宋]朱熹：《四书章句集注》，中华书局1983年版，第199页。

② 参见[南宋]朱熹：《四书章句集注》，第252页。

③ 参见[南宋]朱熹：《四书章句集注》，第235页。

孔子作《春秋》有过很多解释，而基本的解释是："世衰道微，邪说暴行有作，臣弑其君者有之，子弑其父者有之。孔子惧，作《春秋》。《春秋》，天子之事也。是故孔子曰：'知我者其惟《春秋》乎！罪我者其惟《春秋》乎！'"（《孟子》6·9）孔子写了《春秋》这本历史书，对历史人物有所赞扬与指摘。写《春秋》本是天子的职权，而孔子是一介匹夫，不得已做了天子该做的事，因此说"知我者其惟《春秋》乎！罪我者其惟《春秋》乎"。孔子究竟如何写《春秋》呢？孔子说：我只是在义理上做了改动。事情还是那些事情，但我用我的笔法进行了改动；通过这些改动，我将我的思想放进了《春秋》。这就是孔子说的"其义则丘窃取之矣"（《孟子》8·21）。

孟子有史以来第一次提出孔子作《春秋》的说法，得到后世史学家的普遍认可，但也有人觉得它不严谨。"五四"新文化运动时期，古史辨学派有两大健将，一位是钱玄同（1887—1939），一位是顾颉刚（1893—1980）。钱玄同认为孟子借重孔子，所以杜撰了"孔子作《春秋》"的说法。他说："孟轲因为要借重孔丘，于是造出'《诗》亡然后《春秋》作'，'孔子成《春秋》而乱臣贼子惧'的话，就这部断烂朝报，硬说它有'义'，硬说它是'天子之事'。""从实际上说，'六经'之中最不成东西的是《春秋》。但《春秋》因为经孟轲底特别表彰，所以二千年中，除了刘知几以外，没有人敢对它怀疑的。"[①]顾颉刚说："在《论语》上，我们绝没有看见《春秋》二字。在《左传》上，我们也没有看见孔子作《春秋》的事。"[②]孟子偏偏说孔子作《春秋》，理由到底在哪里？它关乎人文思想的根本问题。从孟子对于"孔孟之道"的破旧立新看，这个根本问题又涉及距杨墨。

第四点是距杨墨。孔子说："攻乎异端，斯害也已。"（《论语》2·16）孔子虽然认为异端值得批判，但这里并没有拿具体的人、事、物指称哪是异

① 钱玄同：《答顾颉刚先生书》（1923年5月25日），顾颉刚编著：《古史辨》第1册，上海古籍出版社1982年版，第78页。

② 顾颉刚：《春秋时的孔子和汉代的孔子》（1926年10月2日），顾颉刚编著：《古史辨》第2册，上海古籍出版社1982年版，第136页。

端，哪不是异端。到了孟子这里，异端被具体化，直接指向杨朱、墨子。杨朱、墨子是有名的思想家，墨子与孔子的关系尤其密切。先秦两汉文献常常先讲孔子、再讲墨子，叫作孔墨并称。孟子说：“圣王不作，诸侯放恣，处士横议，杨朱、墨翟之言盈天下。天下之言不归杨，则归墨。”（《孟子》6·9）那些流行的言论不是讲杨朱就是讲墨子，杨朱、墨子的思想充满天下，这种情况很不好。为什么不好？因为杨朱、墨子的思想将导致社会走向“无父无君”的混乱局面：“杨氏取为我”，杨朱是无条件地爱自己，一切都要有利于自己，“拔一毛而利天下，不为也”，这是杨朱学派的做派；“墨氏兼爱”，墨子是无差等地爱别人，毫无差等地爱所有人，“摩顶放踵利天下，为之”，这是墨子学派的做派（《孟子》13·26）。孟子认为这两种做派都不好：杨朱是没有国家意识，墨子是没有家庭意识；杨朱的“为我”是无君，墨子的“兼爱”是无父，而“无父无君”就是禽兽（《孟子》6·9）。孟子批判杨朱、墨子的思想，目的在于“杨墨之道不息，孔子之道不著”（《孟子》6·9），坚信不彻底消灭杨墨之道，孔子的思想就得不到发扬光大。孟子也将距杨墨看得很高，认为有史以来的四件事具有划时代的意义：第一件事是“禹抑洪水而天下平”，第二件事是“周公兼夷狄、驱猛兽而天下宁”，第三件事是“孔子成《春秋》而乱臣贼子惧”，第四件事是自己距杨墨（《孟子》6·9）。孟子将自己距杨墨跟大禹治水、周公兼夷狄、孔子作《春秋》相提并论，表明距杨墨是其思想文化生活当中十分重要的一件事。

我们不能说孟子距杨墨毫无负面作用，但其主要方面是对儒家思想的历史发展起到了正面作用。这里举两个皇帝的评价，一个是南宋的理宗（1205—1264），另一个是清代的康熙皇帝（1654—1722），他们写过同名的文章《孟子赞》。宋理宗写道：“道术分裂，诸子为书。既极而合，笃生真儒。诋诃杨墨，皇极是扶。校功论德，三圣之徒。”[①]康熙皇帝写道：“哲人既萎，杨墨昌炽。子舆辟之，曰仁曰义。性善独阐，知言养气。道称尧

① 刘培桂编：《孟子林庙历代题咏集》，齐鲁书社2001年版，第5页。

舜，学屏功利。煌煌七篇，并垂六艺。孔学攸传，禹功作配。”[①]两位帝王对于孟子距杨墨的评价很高。所以上面讲了孟子对“孔孟之道”做出的贡献——破旧立新，它不仅体现为性善论、养浩然之气、孔子作《春秋》，而且体现为距杨墨。

（四）综合创新

综合创新涉及道统论。孟子如何看待前圣？这也是同时代的人们对孟子的追问。孔子的前面有很多圣人，比如伯夷、伊尹、柳下惠，但孟子的回答是“乃所愿，则学孔子也”（《孟子》3·2）。他还说：“君子之泽五世而斩，小人之泽五世而斩。予未得为孔子徒也，予私淑诸人也。”（《孟子》8·22）我虽然没有做成孔子的学生，但私下将孔子的学生认作我的老师。在孟子看来，相比伯夷、伊尹、柳下惠来说，孔子是集大成者（《孟子》10·1）。《孟子》最后一章（14·38）说：“由尧、舜至于汤，五百有余岁，若禹、皋陶，则见而知之；若汤，则闻而知之。由汤至于文王，五百有余岁，若伊尹、莱朱，则见而知之；若文王，则闻而知之。由文王至于孔子，五百有余岁，若太公望、散宜生，则见而知之；若孔子，则闻而知之。”从尧、舜到汤，再到文王，再到孔子，都是相隔五百多年；就尧舜之道来说，汤、文王、孔子是闻而知之者，不是见而知之者。讲完尧、舜传到汤，汤传到文王，文王传到孔子，孟子接着说：“由孔子而来至于今，百有余岁，去圣人之世若此其未远也，近圣人之居若此其甚也，然而无有乎尔，则亦无有乎尔。”（《孟子》14·38）孟子觉得自己如此接近孔子的时代，如此靠近孔子的家乡，立志像孔子那样传承尧舜之道。这段话历来被视作儒家道统论的先声。尽管道统论是后来由韩愈（768—824）明确提出的，但陈寅恪（1890—1969）的《论韩愈》一文认为韩愈自述道统的传授渊源“固由孟子卒章所启发”[②]。康有为（1858—1927）认为孟子一生的学问体现为六个字，

① 刘培桂编：《孟子林庙历代题咏集》，第195页。

② 参见陈美延编：《陈寅恪集·金明馆丛稿初编》，三联书店2001年版，第320页。

“道性善”是三个字，“称尧舜”是另外三个字[①]。“称尧舜”就是作为综合创新的道统论。

综上所述，孟子对于“孔孟之道”做出了四大贡献：第一是温故知新，讲了“仁”这个概念；第二是推陈出新，讲了“仁义”这个范畴；第三是破旧立新，讲了性善论、养浩然之气、孔子作《春秋》、距杨墨；第四是综合创新，讲了道统论。我们讲孟子对于“孔孟之道”做了哪些理论贡献，是立足于创新角度来谈的。但是，我们还要看到：一方面，对于任何思想家来说，他必须充分继承前人的思想，才能有所创新；不充分继承前人的思想，是谈不上创新的。另一方面，对于一般人来说，继承前人的思想是家常便饭，是人生本分；而创新应当是内心的愿望，可遇而不可求，所以不必轻言创新。

三、后世如何确认孟子与“孔孟之道”的思想关联?

既然孟子为“孔孟之道”做了这么多的贡献，后世的思想家究竟如何看待孟子与“孔孟之道”的思想关联，究竟如何看待孟子与孔子之间的思想关联呢？这是下面要重点探讨的话题。我们讲三个问题：第一，汉唐诸子是怎么推崇孟子的？第二，唐宋元明清的孟子升格运动究竟是怎么回事？第三，现在一般认为孔子是至圣、孟子是亚圣，而唐代的时候颜子是亚圣，颜子与孟子的“亚圣”位置是怎么换过来的？孟子在整个儒家思想系统中的地位是怎么一步步上升的？

（一）五位汉唐诸子对于孟子的推崇

孟子以继承、创新的方式推进并发展孔子之道、“孔孟之道”，这一思想史现象得到汉唐时期很多思想家的推崇。汉代有三个人值得重视，就是

---

① 参见康有为：《孟子微》卷1《总论》，楼宇烈整理：《孟子微 礼运注 中庸注》，中华书局1987年版，第7页。

司马迁（约前145—约前87）、扬雄（前53—18）、赵岐（？—201）；唐代有两个人值得重视，就是韩愈（768—824）、皮日休（约834—约883）。

一是司马迁。《史记》有个很有趣的现象：第47卷写孔子，叫作《孔子世家》；“47”倒过来，第74卷写孟子，叫作《孟子荀卿列传》。司马迁的时代其实离孟子过世已经一两百年，但司马迁是第一个为孟子写传记的人。司马迁为孟子写传记，说“天下方务于合从连衡，以攻伐为贤”，战国时代合纵连横，将打打杀杀、能打胜仗当作最大的本事；这个时候，孟子特别强调唐虞三代之德，跟政治不合拍，所以退而与学生万章等人“序《诗》《书》，述仲尼之意，作《孟子》七篇”[①]。司马迁将孟子、荀子写进同一列传，对他们都很推崇。但是，清代史学家赵翼（1727—1814）更看重《孟子荀卿列传》将孔子、孟子并称起来，认为推崇孟子是从司马迁开始的[②]。

二是扬雄。扬雄是西汉末年的大文学家、大思想家，模仿《论语》《周易》写过两部有名的作品——《法言》《太玄》。《法言·吾子》说：“古者，（扬）[杨]、墨塞路。孟子辞而辟之，廓如也。后之塞路者有矣。窃自比于孟子。”[③]扬雄说：古代杨墨之言阻塞儒家正道，孟子距杨墨为儒家思想发展扫清了障碍；今天同样有人阻塞儒家正道，所以我自比于孟子，我要成为像孟子那样的勇者。

三是赵岐。两汉、魏晋时期，很多人为《孟子》做过注解。这些注解后来大都残缺不全，乃至佚亡，只有赵岐写的《孟子章句》完整流传下来。《孟子章句》中的《孟子题辞》有五个观点很重要。第一个观点是说孟子

---

① 参见《史记》卷74《孟子荀卿列传第十四》，[西汉]司马迁撰，[宋]裴骃集解，[唐]司马贞索隐，[唐]张守节正义：《史记》第7册，中华书局1959年版，第2343页。

② 《陔余丛考》卷5“史记三”条：“孔子无公侯之位，而《史记》独列于《世家》，尊孔子也。凡列国《世家》，与孔子毫无相涉者，亦皆书是岁孔子相鲁、孔子卒，以其系天下之重轻也。其传孟子，虽与荀卿、驺忌等同列，然叙忌等尊宠处，即云：‘岂与仲尼菜色陈蔡、孟轲困于齐梁同乎哉！’又云：‘卫灵公问阵，孔子不答；梁惠王谋攻赵，孟子称太王去邠。岂有意阿世苟合而已哉！’皆以孔子、孟子并称。是尊孟子，亦自史迁始也。”（[清]赵翼：《陔余丛考》第1册，中华书局1963年版，第86页。）

③ 《法言·吾子》，[西汉]扬雄撰，韩敬注：《法言注》，中华书局1992年版，第45页。

"长师孔子之孙子思，治儒术之道，通《五经》，尤长于《诗》《书》"[1]，孟子的老师是孔子的孙子子思。第二个观点是说孟子游说诸侯，得不到认可，所以返回祖国，"述尧舜之道而著作焉"，完成了《孟子》，"此大贤拟圣而作者也"[2]。第三个观点是说孟子有"命世亚圣之大才者也"[3]，"亚圣"这个称呼最早是由赵岐给予孟子的。第四个观点是将《论语》《孟子》联系在一块，《论语》是"《五经》之錧鎋，《六艺》之喉衿"，《孟子》是模仿《论语》而写[4]；儒家有那么多经典，唯有《孟子》写得最好[5]。第五个观点是说《孟子》曾被设立传记博士，受到朝廷推崇："汉兴，除秦虐禁，开延道德，孝文皇帝欲广游学之路，《论语》《孝经》《孟子》《尔雅》皆置博士。后罢传记博士，独立《五经》而已。"[6]汉文帝（前202—前157）将《论语》《孝经》《孟子》《尔雅》列为传记博士，这件事是真还是假，我们宁可信其有，不可信其无。后来汉武帝（前156—前87）设立五经博士，所以传记博士被取消。赵岐留下的这个记载，对于我们了解孟子在汉文帝时期的历史地位很有帮助。赵岐高度评价孟子其人、《孟子》其书，一言以蔽之，《孟子》是一本伟大的书，孟子是一个伟大的人。

四是韩愈。《孟子集注·孟子序说》抄有前贤高度评价孟子的语录12条，其中司马迁1条、韩愈4条、程子6条、杨时（1053—1135）1条[7]。由此可见，韩愈与孟子的思想史关系相当深。韩愈对于孟子的评价，有两段话最关键。第一段话是："尧以是传之舜，舜以是传之禹，禹以是传之汤，汤以是传之文、武、周公，文、武、周公传之孔子，孔子传之孟轲。轲之死，

① 参见［清］焦循撰，沈文倬点校：《孟子正义》上册，中华书局1987年版，第7页。

② 参见［清］焦循撰，沈文倬点校：《孟子正义》上册，第13页。

③ 参见［清］焦循撰，沈文倬点校：《孟子正义》上册，第13页。

④ 参见［清］焦循撰，沈文倬点校：《孟子正义》上册，第13页。

⑤《孟子正义》卷1赵岐《孟子题辞》："儒家惟有《孟子》，闳远微妙，缊奥难见，宜在条理之科。"（［清］焦循撰，沈文倬点校：《孟子正义》上册，第25页。）

⑥［清］焦循撰，沈文倬点校：《孟子正义》上册，第17页；按，个别标点符号略有校改。

⑦ 参见［南宋］朱熹：《四书章句集注》，第197—200页。

不得其传焉。"[①]这里，韩愈确定了"尧—舜—禹—汤—文—武—周公—孔—孟"这条尧舜之道的传承线索。第二段话是："孟轲师子思，子思之学盖出曾子。自孔子没，群弟子莫不有书，独孟轲氏之传得其宗。故吾少而乐观焉……故求观圣人之道，必自孟子始。"[②]这里，韩愈确定了"孔子—曾子—子思—孟子"这条孔子之道的传承线索。在这两条线索中，孟子始终处在终点的位置，是终点性的人物。韩愈钩沉的"尧—舜—禹—汤—文—武—周公—孔—孟"与"孔子—曾子—子思—孟子"这两条线索，以及凸显孟子在其中占据的重要地位，对于整个儒家思想发展史的影响之大，可谓无与伦比。

五是皮日休。皮日休是唐末的大思想家，与陆龟蒙（？—约881）并称"皮陆"。他认为《孟子》应当进入科举教育系统，为此写了《请孟子为学科书》[③]。尽管此前也有人提过类似的建议，但皮日休这篇文章在孟子思想发展史上对于后代的影响巨大。

（二）孟子升格运动中的"大事记"

孟子具有独特的人格魅力与深邃的思想魅力，所以倍受汉唐诸子推崇。所谓孟子升格运动，是要将对孟子其人、《孟子》其书的推崇进一步落实到国家制度层面。"孟子升格运动"这个概念是经学史家周予同（1898—1981）首先提出的[④]，惜乎没有进行全面的论证。徐洪兴教授发表在《中国社会科学》的专题论文，列举了北宋时期孟子升格运动的几个有代表性事

---

① 《韩愈全集》文集卷1《原道》，［唐］韩愈著，钱仲联、马茂元校点：《韩愈全集》，上海古籍出版社1997年版，第122页；按，个别标点符号略有校改。

② 《韩愈全集》文集卷4《送王秀才序》，［唐］韩愈著，钱仲联、马茂元校点：《韩愈全集》，第212页；按，个别标点符号略有校改。

③ 参见《皮日休文集》卷9，［唐］皮日休著，萧涤非、郑庆笃整理：《皮子文薮》，上海古籍出版社1981年版，第89页。

④ 参见朱维铮编：《周予同经学史论著选集（增订本）》，上海人民出版社1996年版，第289—290页。

件："熙宁四年(1071)二月,《孟子》首次被列入科举；熙宁七年(1074)，判国子监常秩请立孟轲像于朝廷；元丰六年(1083)十月，孟子首次受封，诏封邹国公；元丰七年(1084)五月，孟子首次被允许配享孔庙；政和五年(1115)，政府承认兖州邹县孟庙，诏以乐正子配享，公孙丑以下17人从祀；宣和年间(1119—1125),《孟子》首次被刻，成为实际的'十三经'之一。"①概括而言，孟子升格运动涉及三方面的内涵：第一，孟子要变成圣人，此即孟子升圣，我们称之为孟子人格的圣人化；第二,《孟子》要变成圣经，此即《孟子》升经，我们称之为《孟子》文本的圣经化；第三，邹县要变成圣地，此即三孟升级，我们称之为孟子故里的圣地化。具体而言，尽管某个事件未必能够直接挂在某一方面的名下，但还是不妨遵循历史演进的时间线索，借助人格圣人化、文本圣经化、故里圣地化的"大事记"，尽力展示孟子升格运动的丰富内涵及其复杂面貌。

颇有意味的是，孟子升格运动始于故里圣地化。1037年，孔子第45代孙孔道辅(985—1039)任兖州知府。他到邹县四基山找到了孟子墓，然后在墓旁建起了孟庙②。这是孟庙的始建，堪称孟子升格运动的标志性事件。孔道辅还在曲阜孔庙旁边建了五贤祠，专门祭祀孟子、荀子、扬雄、王通(584—617)、韩愈③。如果将四基山的"四"、五贤祠的"五"与孔子第45代孙的"四五"联系起来，就仿佛预示了孟子将在整个北宋吉星高照、好事连连。更何况，"四""五"本身就是《孟子》的关键词。"四"是四心、四德：恻隐之心、羞恶之心、辞让之心、是非之心，以及仁、义、礼、智。

① 徐洪兴:《唐宋间的孟子升格运动》,《中国社会科学》1993年第5期，第106—107页；按，括号中的公元纪年系引者所加。

② 《重纂三迁志》卷4《祀典·林庙》："孟子墓在邹县东北三十里四基山之阳，岁久不祀，渐即湮没。宋景祐四年，孔道辅知兖州，始访而表之，立庙于墓之西南。泰山孙复为之记。"([清]孟广均原纂,[清]陈锦、孙葆田重纂:《重纂三迁志》，山东友谊书社1989年版，第212页。)

③ 《重纂三迁志》卷4《祀典·爵享》："宋仁宗朝，孔道辅知兖州时，以孟子并扬、荀、王、韩，设像祀于孔庙西偏，名五贤祠，仍为之记。"([清]孟广均原纂,[清]陈锦、孙葆田重纂:《重纂三迁志》，第203页。)

“五”是五伦：“父子有亲，君臣有义，夫妇有别，长幼有叙，朋友有信。”

1071年，有人建议科举考试加进《孟子》，而且是与《论语》同时加进，从而与《五经》一起作为科举考试的教材。[①]这个“5+2”的考试方案，“5”是考《诗》《书》《易》《周礼》《礼记》五经，“2”是考《论语》《孟子》。《孟子》开始进入科举教育系统，这是宋神宗（1048—1085）的功劳，更是孟子升格运动的标志性事件。

1083年孟子被封为邹国公[②]，同样是宋神宗的功劳；1084年，宋神宗再次下诏：“以孟轲配食文宣王，封荀况、杨雄、韩愈为伯，并从祀。”[③]这两件事历经曲折，正如《宋史》的记载：

> 诏封孟轲邹国公。晋州州学教授陆长愈请春秋释奠，孟子宜与颜子并配。议者以谓凡配享、从祀，皆孔子同时之人；今以孟轲并配，非是。礼官言：“唐贞观以汉伏胜、高堂生、晋杜预、范宁之徒与颜子俱配享，至今从祀，岂必同时？孟子于孔门当在颜子之列。至于荀况、扬雄、韩愈，皆发明先圣之道，有益学者，久未配食，诚阙典也。请自今春秋释奠，以孟子配食，荀况、扬雄、韩愈并加封爵，以世次先后，从祀于左丘明二十一贤之间。自国子监及天下学庙，皆塑邹国公像，冠服同兖国公。仍绘荀况等像于从祀：荀况，左丘明下；扬雄，刘向下；韩愈，范宁下。冠服各从封爵。”诏如礼部议，荀况封兰陵伯，扬雄封成都伯，韩愈封昌黎伯，令学士院撰赞文。又诏太常寺修四孟释菜仪。[④]

---

① 《续资治通鉴长编》卷220《熙宁四年（辛亥）》：“今定贡举新制，进士罢诗赋、帖经、墨义，各占治《诗》《书》《易》《周礼》《礼记》一经，兼以《论语》《孟子》。每试四场，初本经，次兼经并大义十道，务通义理，不须尽用注疏。”（［南宋］李焘：《续资治通鉴长编》，《景印文渊阁四库全书》第317册，台湾商务印书馆1986年版，第622页。）

② 《宋史》卷16《本纪第十六·神宗三》：“元丰六年冬十月戊子，封孟轲为邹国公。”（［元］脱脱等：《宋史》第2册，第311页。）

③ 《宋史》卷16《本纪第十六·神宗三》，［元］脱脱等：《宋史》第2册，第312页。

④ 《宋史》卷105《志第五十八·礼·吉礼八》“文宣王庙”条，［元］脱脱等：《宋史》第8册，第2549页；按，个别标点符号略有校改。

文庙（孔庙）主祭孔子一人，另有若干人配享、从祀。宋神宗诏封孟子为邹国公，钦定孟子在文庙中具有与颜子同等的配享地位；同时被封的还有荀子、扬雄、韩愈，但在文庙中只是从祀。配享（配食）是其塑像立在孔子像的两旁，从祀是其塑像立在殿下的两庑。所以，孟子的地位远远高于荀子、扬雄、韩愈。

1085年，刚刚继位的宋哲宗（1077—1100）下诏将颜子、孟子配享孔庙①。如果孟子排在颜子之后配享孔庙，那又如何安排曾子、子思呢？据《邵氏闻见后录》记载②，时贤就讨论过这个问题。人们先是引用《孟子》12·2说的："徐行后长者，谓之弟；疾行先长者，谓之不弟。"判断一个人是否孝悌，可以看他如何在长辈面前走路。跟在长辈后面慢慢走，就是孝悌；越过长者往前赶，就是不孝悌。人们想用这段话讽刺孟子：你坐在颜子的下面，而坐在你下面的是曾子，坐在曾子下面的是子思，可曾子、子思是你的老师啊！你居然跨越你的两位老师，一步坐到颜子的下面，这怎能叫作"徐行后长"呢？这不是"疾行先长"吗？这不正是不孝悌吗？《邵氏闻见后录》认为：这其实不是孟子的本意，因为若是上天有灵，他肯定不喜欢这种做法。

孟子究竟该不该与颜子一起配享呢？即使到了南宋，人们依然存疑。这次不再是私下发点牢骚，而是搬上了戏台。故事发生在南宋高宗绍兴年间（1131—1162）：

> 绍兴中，李椿年行经界量田法。方事之初，郡邑奉命严急，当其职者颇困苦之。优者为先圣、先师鼎足而坐，有弟子从末席起，咨叩所疑。孟子奋曰："仁政必自经界始。吾下世千五百年，其言乃为圣世所施用。三千之徒，皆不如我！"颜子默默无语。或于傍笑曰："使汝

① 《宋史》卷17《本纪第十七·哲宗一》："（元丰八年三月辛酉）诏颜子、孟子配享孔子庙庭。"（［元］脱脱等：《宋史》第2册，第318页。）按，元丰八年为1085年，二月哲宗即位，沿用神宗年号。

② 参见《邵氏闻见后录》卷3，［南宋］邵博撰，刘德权、李剑雄点校：《邵氏闻见后录》，中华书局1983年版，第25页。

在世非短命而死，也须做出一场害人事。”时秦主李议，闻者畏获罪，不待此段之毕，即以谤亵圣贤，叱执送狱，明日杖而逐出境。[①]

始于唐代，唱戏、看戏成了喜闻乐见的消遣休闲方式。秦桧（1090—1155）当政，想实行经界量田法，但有人反对。这件事就搬上了戏台，孟子、颜子成了戏中的主角。孟子说：“我一千五百多年前就提出‘仁政必自经界始’，现在终于有了实践的时机。不是说孔子有三千弟子吗？他们都不如我！”一旁的颜子默默不语。有人对颜子说：如果你不是短命而死，大概也会做出一场害人的事情。也就是说，对于孟子被封为邹国公，尤其是在文庙的配享排在颜子之后，宋人是有一些微词的。我们做孟学史研究，不妨多注意一下有关孟子与戏剧的这些材料。

王安石（1021—1086）与孟子的关系值得特别一讲。无论《孟子》进入科举教育系统，还是孟子被封为邹国公，并在文庙配享，宋神宗的功劳都是表面的，背后的推手其实是王安石。北宋一朝，王安石可谓极尽殊荣：宋神宗十分信任王安石，王安石过世后被封为至高荣誉的谥号——“文”；1104年，宋徽宗（1102—1106）下诏王安石配享文庙，排在颜子、孟子之后，又追封为舒王[②]。但是，王安石更是天字号的“问题人物”，是是非非不绝于缕。譬如，针对蔡卞（1048—1117）等人“欲升安石于孟子之右”，有出戏就进行了无情的嘲讽。

据《夷坚志》记载[③]，剧情是这样的：孔子先坐在主位，颜子、孟子、

① 《夷坚支志乙》卷4“优伶箴戏”条，[南宋]洪迈撰，何卓点校：《夷坚志》第2册，中华书局2006年第2版，第824页；按，个别标点符号略有校改。

② 《宋史》卷327《列传第八十六》王安石本传：“元祐元年，卒，年六十六，赠太傅。绍圣中，谥曰文，配享神宗庙庭。崇宁三年，又配食文宣王庙，列于颜、孟之次，追封舒王。钦宗时，杨时以为言，诏停之。高宗用赵鼎、吕聪问言，停宗庙配享，削其王封。”（[元]脱脱等：《宋史》第30册，中华书局1977年版，第10550页。）

③ 参见《夷坚支志乙》卷4“优伶箴戏”条，[南宋]洪迈撰，何卓点校：《夷坚志》第2册，第823—824页；按，个别标点符号略有校改。

王安石进场，孔子示意他们就座。王安石请孟子坐上座，孟子推辞说：“天下达尊，爵居其一。轲仅蒙公爵，相公贵为真王，何必谦光如此？”王安石接着请颜子坐上座，颜子推辞说：“回也陋巷匹夫，平生无分毫事业，公为名世真儒，位号有间，辞之过矣。”王安石于是坐了上座。孔子很不高兴，准备拂袖而去。王安石不好意思，忙着与孔子谦让。见此情形，子路相当愤慨，径直从祀堂挽着公冶长而出，说道：“你怎么就不护着你的老丈人呢？你看看人家是如何做女婿的！”子路为什么这么说？因为公冶长是孔子的女婿，蔡卞是王安石的女婿；蔡卞正在谋划将王安石的配享排在孟子之前，公冶长为孔子居然啥也没有做。

思想史不仅有常人看得见的大处，而且有常人不关注的细节。王安石是北宋孟子升格运动的中流砥柱，这是大处；他被人情世故所裹挟，以致与孟子相颉颃，这是细节。既能着眼大处，又能辨析细节，我们才会真正理清王安石与孟子在思想史上的复杂关联。

1115年，朝廷给邹县孟庙加封了一批孟门弟子：“兖州邹县孟子庙，诏以乐正子配享，公孙丑以下从祀，皆拟定其封爵：乐正子克利国侯，公孙丑寿光伯，万章博兴伯，告子不害东阿伯，孟仲子新泰伯，陈臻蓬莱伯，充虞昌乐伯，屋庐连奉符伯，徐辟仙源伯，陈代沂水伯，彭更雷泽伯，公都子平阴伯，咸丘蒙须城伯，高子泗水伯，桃应胶水伯，盆成括莱阳伯，季孙丰城伯，子叔承阳伯。”[①]此时下隔南渡仅有12年，而孟门弟子首次加封及其故里圣地化不由让人唏嘘之叹。

北宋末年，另有石刻《孟子》及其文本圣经化令人耳目一新。我们知道：《孟子》既位列《四书》，又厕身《十三经》。今天所见的《十三经注疏》刻于明代，《孟子》究竟何时进入经部呢？这个问题牵扯儒学史的方方面面。简而言之，五代已有蜀刻的儒家石经，但《孟子》未被石刻。宣和年间（1119—1125），席旦（生卒年不详）出任成都知府，完成了石刻《孟

① 《宋史》卷105《志第五十八·礼·吉礼八》“文宣王庙”条，［元］脱脱等：《宋史》第8册，第2551页。

子》之事[①]。王国维（1877—1927）的《蜀石经残拓本跋》认为石刻《孟子》成于宣和六年（1124）[②]。既云石经，表明《孟子》已被当作儒家圣经看待；即使认为石经《孟子》乃是《孟子》进入经部之始，也未尝不可。

一旦入经，《孟子》的地位就“高大上”了。目录学家为此开辟了新的部类——“语孟类”，“语”是《论语》，“孟”是《孟子》。陈振孙（1181—1262）的《直斋书录解题》卷3《语孟类》指出：“前志《孟子》本列于儒家，然赵岐固尝以为则象《论语》矣。自韩文公称孔子传之孟轲，轲死，不得其传，天下学者咸曰孔、孟。孟子之书，固非荀、扬以降所可同日语也。今国家设科取士，《语》《孟》并列为经，而程氏诸儒训解二书常相表里，故今合为一类。”[③]以前，《孟子》列入儒家。到了北宋，《论语》《孟子》并列为经，成为国家科举教育科目。将《论语》《孟子》并作一类，是宋代目录学家审时度势、与时俱变的结果。

宋祚南移，并未阻隔孟子升格运动的历史步履。1172年李元纲（生卒年不详）的《圣门事业图》提出“道统”概念，认为大程、小程是孟子的传人[④]。放眼整个南宋，无论是从重建儒家道统看，还是重访孟子与“孔孟之道”的形成过程，举足轻重的不二人选必定是朱熹。朱熹经过毕生努力，写成《四书章句集注》。1190年《四书章句集注》首次在福建漳州刊印，朱

① 《郡斋读书志》卷10“石经孟子十四卷（袁本前志、后志未收）”条：“右皇朝席旦宣和中知成都，刊石寘于成都学宫，云伪蜀时刻《六经》于石，而独无《孟子经》，为未备。夫经大成于孔氏，岂有阙邪？其论既谬，又多误字，如以‘频颇’为‘类’，不可胜纪。”（［南宋］晁公武撰，孙猛校证：《郡斋读书志校证》上册，上海古籍出版社2011年版，第417—418页。）

② 参见《观堂集林》卷20，王国维：《观堂集林（附别集）》下册，中华书局1959年版，第979页。

③ ［南宋］陈振孙撰，徐小蛮、顾美华点校：《直斋书录解题》上册，上海古籍出版社2015年版，第72页；按，个别标点符号略有校改。

④ 《十驾斋养新录》卷18“道统”条：“‘道统’二字，始见于李元纲《圣门事业图》。其第一图曰《传道正统》，以明道、伊川承孟子。其书成于乾道壬辰，与朱文公同时。”（［清］钱大昕著，杨勇军整理：《十驾斋养新录》，上海书店出版社2011年版，第355页。）

熹时年61岁。《四书章句集注》确立的文本是《论语》《大学》《中庸》《孟子》，确立的人物是孔子、曾子、子思、孟子，历史影响世罕其匹。从孟子升格运动看，《四书章句集注》中的《孟子集注》堪称巅峰之作，朱熹可谓百代之师。

以南宋为例，尽管朱熹生前屡遭构陷，但身后屡获表彰。1212年，国子司业刘爚（1131—1216）建议刊行《四书章句集注》[①]。1227年，前文提过的宋理宗极度褒扬《四书章句集注》，特赠朱熹为太师，并追封为信国公[②]。1241年，宋理宗下诏说："朕惟孔子之道，自孟轲后不得其传，至我朝周惇颐、张载、程颢、程颐，真见实践，深探圣域，千载绝学，始有指归。中兴以来，又得朱熹精思明辨，表里混融，使《大学》《论》《孟》《中庸》之书，本末洞彻，孔子之道，益以大明于世。朕每观五臣论著，启沃良多，今视学有日，其令学官列诸从祀，以示崇奖之意。"[③]这是正式承认程、朱上接孔孟之道的道统谱系。

1267年，因颜子已封兖国公、孟子已封邹国公，而曾子、子思尚无封号，朝廷追封曾子为郕国公、子思为沂国公；同时，颁定颜子、曾子、子思、孟子为文庙四配，主位孔子之下的四配依次为颜子、曾子、子思、孟子[④]。"四配"始于南宋之末的1267年，这是孟子地位越来越高的体现。

其实，《孟子》真正进入科举教育系统，不是在宋朝，而是在元朝；孟

① 《宋史》卷401《列传第一百六十·刘爚》："请以熹所著《论语》《中庸》《大学》《孟子》之说以备劝讲，正君定国，慰天下学士大夫之心……又请以熹《白鹿洞规》颁示太学，取熹《四书集注》刊行之。"（［元］脱脱等：《宋史》第35册，第12171页。）

② 《宋史》卷41《本纪第四十一·理宗一》："宝庆三年春正月己巳，诏：'朕观朱熹集注《大学》《论语》《孟子》《中庸》，发挥圣贤蕴奥，有补治道。朕励志讲学，缅怀典刑，可特赠熹太师，追封信国公。'"（［元］脱脱等：《宋史》第3册，第789页；按，个别标点符号略有校改。）

③ 《宋史》卷42《本纪第四十二·理宗二》，［元］脱脱等：《宋史》第3册，第821页；按，个别标点符号略有校改。

④ 参见《宋史》卷105《志第五十八·礼·吉礼八》"文宣王庙"条，［元］脱脱等：《宋史》第8册，第2554页。

子地位得到最大提升，不是在宋朝，而是在元朝。我们看以下几件事。

1287年，元世祖忽必烈（1215—1294）下诏说道："凡读书必先《孝经》《小学》《论语》《孟子》《大学》《中庸》，次及《诗》《书》《礼记》《周礼》《春秋》《易》。"①先读《四书》再读《五经》是朱熹的理念，被忽必烈所继承。

1313年，元朝规定科举考试课目必须在《四书》中出题，发挥题意以朱熹的《四书章句集注》为根据。正如《元史》所说：

> 考试程式：蒙古、色目人，第一场经问五条，《大学》《论语》《孟子》《中庸》内设问，用朱氏章句集注。其义理精明，文辞典雅者为中选。第二场策一道，以时务出题，限五百字以上。汉人、南人，第一场明经经疑二问，《大学》《论语》《孟子》《中庸》内出题，并用朱氏章句集注，复以己意结之，限三百字以上；经义一道，各治一经，《诗》以朱氏为主，《尚书》以蔡氏为主，《周易》以程氏、朱氏为主，已上三经，兼用古注疏，《春秋》许用《三传》及胡氏《传》，《礼记》用古注疏，限五百字以上，不拘格律。第二场古赋诏诰章表内科一道，古赋诏诰用古体，章表四六，参用古体。第三场策一道，经史时务内出题，不矜浮藻，惟务直述，限一千字以上成。蒙古、色目人，愿试汉人、南人科目，中选者加一等注授。蒙古、色目人作一榜，汉人、南人作一榜。第一名赐进士及第，从六品，第二名以下及第二甲，皆正七品，第三甲以下，皆正八品，两榜并同。②

1313年《四书章句集注》正式进入元朝的科举教育系统，这在孟子升

① 《元史》卷81《志第三十一·选举一·学校》，[明]宋濂等：《元史》第7册，中华书局1976年版，第2029页；按，个别标点符号略有校改。

② 《元史》卷81《志第三十一·选举一·科目》，[明]宋濂等：《元史》第7册，第2019页；按，个别标点符号略有校改。

格运动中是一个大得不能再大的事件。原因在于：尽管文庙祭祀系统与科举教育系统并行不悖，但真正能够产生长久影响的还是科举教育系统。

元朝对于孟子的父母也有追封，而且是先封父母、后封孟子。1316年，元朝封孟母为邾国宣献夫人，封孟父为邾国公[①]。先封父母，表明孟子提倡的“父子有亲”及其五伦秩序同样有利于元朝的国家治理。前文提及的赵岐说过“孟子有命世亚圣之才”，认为孟子是亚圣，但这只是思想家的一家之言，并未得到朝廷认可。1330年，元朝对于文庙四配做了重新追封：“颜子，兖国复圣公；曾子，郕国宗圣公；子思，沂国述圣公；孟子，邹国亚圣公……”[②]这是尊称孟子为“亚圣”的第一个官方版本。作为文庙四配的颜子、曾子、子思、孟子，1267年被南宋分别封为兖国公、郕国公、沂国公、邹国公，1330年被元朝分别封为兖国复圣公、郕国宗圣公、沂国述圣公、邹国亚圣公。元朝的加封比南宋多了意味深长的两个字，而至关重要的一字是“圣”。

就封号的字数多少而言，从南宋到元朝是做加法，但从元朝到明、清是做减法。1530年，明朝议定将孔子的神位改为“至圣先师孔子”，将四配改为“复圣颜子、宗圣曾子、述圣子思子、亚圣孟子”[③]。1645年，清朝延续明朝的做法：“正中祀先师孔子，南向。四配：复圣颜子，宗圣曾子，述圣子思子，亚圣孟子。”[④]封号的字数多少并非小事，其背后翻滚着文化与政治相互博弈的惊涛骇浪。

---

① 参见《元史》卷25《本纪第二十五·仁宗二》“延祐三年”条，[明]宋濂等：《元史》第2册，第573页。

② 参见《元史》卷76《志第二十七·祭祀五》“宣圣”条，[明]宋濂等：《元史》第6册，第1893页。

③ 参见《明史》卷50《志第二十六·礼四·吉礼四》“至圣先师孔子庙祀”条，[清]张廷玉等：《明史》第5册，中华书局1974年版，第1299页。

④《清史稿》卷84《志五十九·礼三·吉礼三》“至圣先师孔子”条，赵尔巽等：《清史稿》第10册，中华书局1977年版，第2533页。

（三）亚圣易位：从颜子到孟子

孟子升格运动的具体内涵包括孟子其人圣人化、《孟子》其书圣经化、孟子故里圣地化，精神实质在于孟子地位的提升、“孔孟之道”的形成。思想史是由若干关系构成的。比如，孔子与周公相连，形成周孔关系；孔子与老子相连，形成孔老关系；孔子与墨子相连，形成孔墨关系；孔子与颜子相连，形成孔颜关系。孟子也是如此：孟子与颜子相连，形成颜孟关系；孟子与子思相连，形成思孟关系；孟子与庄子相连，形成孟庄关系；孟子与荀子相连，形成孟荀关系。重访孟子与“孔孟之道”的形成过程，有三个不断变化的关系值得重视：一是周孔关系，一是孔颜关系，一是孔孟关系。正因从周孔关系到孔颜关系、再到孔孟关系与时俱进的变化，“孔孟之道”得以形成。这是因为：孟子1330年正式成为亚圣之前，官方意识形态认可的亚圣是颜子；颜子720年正式成为亚圣，则是周孔关系变成孔颜关系使然。

唐初讲究周孔关系，几经反复，最终变成孔颜关系。具体而言，624年，“高祖释奠焉，以周公为先圣，孔子配”[①]，注重古已有之的周孔关系；628年，“停以周公为先圣，始立孔子庙堂于国学，以宣父为先圣，颜子为先师”[②]，周孔关系开始变成孔颜关系；650—655年，“复以周公为先圣，孔子为先师，颜回、左丘明以降皆从祀”[③]，从孔颜关系退回到周孔关系；657年又被恢复，“乃以周公配武王，而孔子为先圣”[④]，从此孔颜关系在唐代得以确立；

① 参见《新唐书》卷15《志第五·礼乐五》，［北宋］欧阳修、宋祁：《新唐书》第2册，中华书局1975年版，第373页。

② 参见《旧唐书》卷189上《列传第一百三十九·儒学上》，［后晋］刘昫等：《旧唐书》第15册，中华书局1975年版，第4941页。

③ 参见《新唐书》卷15《志第五·礼乐五》，［北宋］欧阳修、宋祁：《新唐书》第2册，第374页。

④ 参见《新唐书》卷15《志第五·礼乐五》，［北宋］欧阳修、宋祁：《新唐书》第2册，第374页。

668年，“皇太子弘释奠于国学，赠颜回太子少师，曾参太子少保”[①]；712年，“加赠颜回太子太师，曾参太子太保，皆配享”[②]；720年，先是“先圣孔宣父庙，先师颜子配座，今其像立侍，配享合坐”，后是“以颜子亚圣，上亲为之赞，以书于石”[③]，颜子被正式称为亚圣；739年，“颜子渊既云亚圣，须优其秩，可赠兖公”[④]。总而言之，唐代以前，先圣是周公，先师是孔子；到了唐代，始而孔子成了先圣，颜子成了先师；继而孔子成了先圣，颜子成了亚圣。通过周孔关系变成孔颜关系，颜子在唐代的地位得以提升。

从周孔关系变成孔颜关系之后，颜子成为亚圣。尽管人们津津乐道于“孔颜乐处”，但并不存在能与“孔孟之道”相提并论的“孔颜之道”。与之相比，从孔颜关系变成孔孟关系之后，孟子成为亚圣，“孔孟之道”逐渐形成。现在的问题是：孟子取代颜子成为亚圣之后，颜孟关系是如何具体展开的？假如颜子依然具有冲击乃至凌驾于孟子之上的精神力量，这一思想史现象背后的本质是什么？

周敦颐（1017—1073）的《通书·颜子》曾说：“颜子‘一箪食，一瓢饮，在陋巷，人不堪其忧，而不改其乐’。夫富贵，人所爱也。颜子不爱不求，而乐乎贫者，独何心哉？天地间有至贵至爱可求，而异乎彼者，见其大而忘其小焉尔。见其大则心泰，心泰则无不足，无不足则富贵贫贱处之一也，处之一则能化而齐。故颜子亚圣。”[⑤]孟子升格运动在周敦颐的时代只是揭开了序幕，所以这里既延续颜子720年被称为亚圣的说法，又高度评

① 参见《旧唐书》卷5《本纪第五·高宗下》，[后晋]刘昫等：《旧唐书》第1册，第91页。

② 参见《新唐书》卷15《志第五·礼乐五》，[北宋]欧阳修、宋祁：《新唐书》第2册，第375页。

③ 参见《旧唐书》卷24《志第四·礼仪四》，[后晋]刘昫等：《旧唐书》第3册，第919、920页。

④ 参见《旧唐书》卷24《志第四·礼仪四》，[后晋]刘昫等：《旧唐书》第3册，第921页。

⑤ [北宋]周敦颐著，陈克明点校：《周敦颐集》，中华书局2009年第2版，第32—33页；按，个别标点符号略有校改。

价“孔颜乐处”，一点也不奇怪。

二程是周敦颐的学生，“昔受学于周茂叔，每令寻颜子、仲尼乐处，所乐何事”[①]。二程也是孟子升格运动有力的推动者，但他们眼里的颜孟关系颇为意味深长。二程说：“仲尼，元气也；颜子，春生也；孟子，并秋杀尽见。仲尼，无所不包；颜子示‘不违如愚’之学于后世，有自然之和气，不言而化者也；孟子则露其才，盖亦时然（一作焉）而已。仲尼，天地也；颜子，和风庆云也；孟子，泰山岩岩之气象也。观其言，皆可以见之矣。仲尼无迹，颜子微有迹，孟子其迹著。”[②]孔子的境界之高自不待言，颜子的气象又高于孟子。假如只是将“孔孟之道”简单地理解为“孔子是至圣、孟子是亚圣”的核心价值观，二程这类观点就会大大出乎人们的意料。

人们常说阳明心学的底子是孟子学。殊不知王阳明（1472—1529）甚至认为：“颜子没而圣人之学亡。曾子唯一贯之旨传之孟轲，终又二千余年而周、程续。自是而后，言益详，道益晦；析理益精，学益支离无本，而事于外者益繁以难。”[③]颜子死后，孔子之道灭绝。曾子不过得了“一贯之旨”，将它传给孟子。对于后面的儒家，王阳明的评价都不高。王阳明那个时代，孟子早已称作亚圣，“孔孟之道”已经众所周知。王阳明为何还对颜子的评价如此之高？

孟子升格运动置身其间的宋、元、明、清儒家思想史，其实是错综复杂的。仅以颜子当作参照，我们就绝不能大而化之地理解孟子与“孔孟之道”的形成。一部儒家思想史，诸子之间言孔墨、孔老，圣人之列曰周孔，孔门之内称孔颜，道统之下云孔孟，儒学之中论思孟、孟荀，可谓比比皆

① 参见《河南程氏遗书》卷2上《二先生语二上》，［北宋］程颢、程颐著，王孝鱼点校：《二程集》第1册，第16页。

② 《河南程氏遗书》卷5《二先生语五》，［北宋］程颢、程颐著，王孝鱼点校：《二程集》第1册，第76页；按，个别标点符号略有校改。

③ 《王阳明全集》卷7《别湛甘泉序（壬申）》，［明］王守仁撰，吴光、钱明、董平、姚延福编校：《王阳明全集》上册，上海古籍出版社1992年版，第230页。

是。这些关系显然值得我们深入思考。否则，孟子与“孔孟之道”的形成，只会徒有其表，而不是生动活泼的。

四、“孔孟之道”的精神内涵

“孔孟之道”的精神内涵究竟是什么？作为通俗并深入人心的理解，我们可以说“孔孟之道”就是至圣孔子、亚圣孟子之道，就是以孔孟思想为核心的价值观。与此同时，我们也需要将“孔孟之道”置入两个系统予以观察：第一个系统是文庙祭祀系统，其中有颜子、曾子、子思、孟子的“四配”；第二个系统是科举教育系统，其中有《论语》《大学》《中庸》《孟子》的“四书”。这两个系统既是相互补充的，又有主次之分。从相互呼应看，假如认为“孔孟之道”只是孔子与孟子之道，就会忽略颜子、曾子、子思的地位。以文庙祭祀系统补充科举教育系统，目的就是为了让颜子、曾子、子思——尤其是颜子——能够与“孔孟之道”始终保持牢固的精神联系。从主次之分看，文庙祭祀系统涉及四位配享，科举教育系统涉及四本经典，但以文庙祭祀系统为辅、以科举教育系统为主，目的就是为了让以“孔孟之道”为纲领的《四书》通过社会化的教育制度及其考试机制得以代代相传。

今天，“孔孟之道”已经成为儒学的代名词。儒学的代名词为何不是涉及颜子、二程、朱熹、王阳明的“孔颜之道”“孔程之道”“孔朱之道”“孔王之道”，而是独独选择了“孔孟之道”呢？历史的选择自然有其理由，这些理由有可能是：

第一，从先秦儒学传播过程看。孔子传给颜子，颜子传给曾子，曾子传给子思，子思传给孟子，到孟子这里绝传。如果讲一头一尾，就是从孔子开始、到孟子终结，所以将孔子与孟子连在一块，有了“孔孟之道”的说法。

第二，从儒家道统的以心传心看。《孟子》末章讲“见而知之”“闻而知之”。唯有圣人能够闻而知之，闻而知之尧舜之道的是汤、文王、孔子，闻而知之就是以心传心。孔子之后有颜子，有曾子，有子思。他们见过孔子，所以是见而知之者。孟子说："由孔子而来至于今，百有余岁，去圣人之世若此其未远也，近圣人之居若此其甚也，然而无有乎尔，则亦无有乎尔。"（《孟子》14·38）孟子没有见过孔子，属于闻而知之者。基于以心传心，将孔子与孟子连在一块而形成"孔孟之道"，这是一种体例，而且是一种大体例。

第三，从《四书》作者的确切程度看。颜子没有作品，或者说没有留下作品。所谓《大学》代表曾子的思想、《中庸》代表子思的思想，历来存有异议。从司马迁开始，有了子思写《中庸》之说[①]。曾子写《大学》之说，肇始于二程，定调于朱熹[②]。这两个说法都是慢慢形成的。《论语》代表孔子的思想，《孟子》代表孟子的思想，古已有之，毫无疑义。从这个角度看，将孔子与孟子连在一块而形成"孔孟之道"，可谓水到渠成、自然而然。

"孔孟之道"最大的精神内涵是内在超越。内在超越是相对外在超越而言的。外在超越有两种形式：第一种是依靠宗教信仰，这是一种高阶位的外在超越；第二种是依靠物质财富，这是一种低阶位的外在超越。依靠宗教的高阶位的外在超越，是神文；依靠物质的低阶位的外在超越，是物文。"孔孟之道"是真实无妄的内在超越，代表了人文的方向，这种人文主义通过道德理想主义与文化守成主义相结合的方式得以实现。"孔孟之道"一方面是道德理想主义，一方面是文化守成主义，旨在通过文化守成主义实现并达成道德理想主义。时至今日，"孔孟之道"仍有其举足轻重的现实意义与时代价值，就在于它是内在超越的，是人文主义的内在超越，是一种将道德理想主义、文化守成主义集于一身的理想，因而真正契合于当代社会的人文文化建设。

---

① 参见《史记》卷47《孔子世家》，[西汉]司马迁撰，[宋]裴骃集解，[唐]司马贞索隐，[唐]张守节正义：《史记》第6册，第1946页。

② 参见《大学章句·经一章》，[南宋]朱熹：《四书章句集注》，第4页。

郑杰文

山东大学讲席教授、国际汉学研究中心主任、博士生导师，教育部人文社会科学重点研究基地山东师范大学齐鲁文化研究院学术委员，国家重点文化工程“全球汉籍合璧工程”首席专家，山东省文史研究馆馆员，兼任中华文学史料学会古代文学史料研究会会长。主要从事先秦两汉文史研究，在先秦文献特别是先秦诸子文献和上古文化史领域，成果丰硕。代表性著作有《中国墨学通史》（人民出版社）、《中国经学学术编年》（凤凰出版社）等。荣获全球华人国学成果奖、全国高校人文社会科学研究优秀成果奖一等奖、山东省社科重大成果奖等重要奖项。荣获山东省社会科学突出贡献奖、山东社会科学名家称号等。

墨子与墨学

郑杰文

一、墨子其人

（一）姓氏

墨子是晚于孔子的战国前期诸子之一。先秦诸子，号称“百家”，重要者有“九流十家”。所谓“九流十家”，指《汉书·艺文志·诸子略》中的儒家、道家、阴阳家、法家、名家、墨家、纵横家、杂家、农家和小说家，其中小说家不入流，即不被视为主流学术。墨子创立的墨家学说是“九流十家”中之重要一家。

墨家的创始人是墨子。“子”是“先生”的意思，墨子即“墨先生”。为何称他为“墨先生”呢？钱穆先生认为，称他为“墨子”是因为他曾受过墨刑。也有人提出不同看法，认为墨是指木匠用来打线的绳墨；墨子创绳墨技巧，故被人称为“墨先生”。

结合先秦时期存在“姓氏之辩”这一事实看，当以后说为是。先秦时期，有姓有氏，姓以别婚姻，氏以别贵贱。古姓来源有二：一是根据女性始祖受孕的原因而得姓，如契之母简狄因吞燕卵而生契，故商人以子（卵）为姓；二是根据女性始祖生育时的地点而得姓，如“姚，虞舜居姚虚，因以为姓”，“姜，神农居姜水，以为姓”（《说文解字》）。一个姓之下可分为若干氏，如齐国国君为姜姓，姜姓下又分为申氏、吕氏、许氏、崔氏等若干氏。古人的得氏方式有以下几种：一是以封国为氏，如管仲之管氏；

二是以居地为氏，如东郭牙之东郭氏；三是以先辈的名或字为氏，如公孙弘之公孙氏；四是以次第排行为氏，如孟子之孟氏；五是以官职、爵位为氏，如司马迁之司马氏；六是以技艺为氏，如晋国的屠蒯，因杀牛宰羊的技艺高超，其后人以屠为氏。因此墨子因发明绳墨而以墨为氏，当更接近历史真实。

墨子，名翟。翟，《说文》："山雉尾长者。"元伊世珍《琅嬛记》卷下引贾子《说林》述其得名之由："墨子姓翟，名乌，其母梦日中赤乌飞入室中，光辉照耀，目不能正，惊觉生乌，遂名之。"

（二）里籍

关于墨子的里籍，主要说法有四：（1）宋人说，《史记·孟子荀卿列传》载"墨翟，宋大夫也"；（2）鲁人说，东汉末年高诱在《吕氏春秋·当染》《慎大》两篇的注中认为墨子是鲁国人；（3）楚人说，清人毕沅《墨子序》认为墨子是鲁阳人，鲁阳于战国初属楚；（4）齐人说，此说依据为《墨子·公输》曾载墨子"起于齐"即自齐国出发，行十日十夜至楚，以阻止楚国攻宋。

目前，一般认为墨子是战国前期鲁国人。其祖先是目夷子。目夷子为春秋时期宋襄公哥哥的长子，因封于目夷一地，故名"目夷子"。今山东滕州市木石镇木石村有目夷亭，村西有目夷山、目夷河，则目夷一地当位于此。后来，目夷被并入小邾国，再后又被并入鲁国。墨子生于此地，故应为鲁国人。

（三）国籍

20世纪20年代末，学术界曾发生过关于墨子国籍的争论。1928年4月，胡怀琛在《东方杂志》第25卷第8期发表《墨子为印度人辨》一文，认为墨子是印度人。胡氏认为墨子是印度人的主要理由有如下几点：（1）墨子之所以名"墨"是因为其面黑，而印度人面黑；（2）孟子斥墨子兼爱学说为"无父"，亦即不要家庭，此正与佛教徒出家行为相合；（3）墨子"摩顶放踵”，此为“秃头赤足之僧装”即和尚装束。综合以上诸点证据，胡怀琛遂谓墨子为印度人。后陈登源先后发表《为墨翟国籍质胡怀琛君》《为墨子国籍事再质胡怀琛君》《为墨子国籍致胡怀琛君》等文章驳斥胡怀琛之说。此外，金祖同还曾撰《墨子为回教徒考》一文，主张墨子是阿拉伯回教徒。方授楚撰《评古史研究者之墨子国籍观》一文予以反驳。

关于墨子国籍的争辩，终以胡怀琛、金祖同等人显露出世界史知识贫乏而强辩、学界多以墨子为中国人而结束。这场争论涉及的虽是具体问题，但胡怀琛等人疑墨子非中国人，却反映了20世纪初疑古思潮在学术界的巨大影响。

（四）生卒年

关于墨子的生卒年也是学术界莫衷一是的问题。孙诒让认为墨子“卒于安王之季”，周安王卒于前376年；梁启超定墨子卒年为前390—前382年；方授楚定在前403年；胡适定在前425—前416年。据《吕氏春秋·上德》，前381年吴起死时，孟胜已为墨家巨子，则墨子已于此前辞世，故梁启超说为最近情理。

（五）身份与职业

墨子自称“北方之鄙人”（《吕氏春秋·爱类》），以掌握手工技艺而谋生。《韩非子·外储说左上》载：“墨子为木鸢，三年而成，蜚一日而败。弟子曰：‘先生之巧，至能使木鸢飞。’墨子曰：‘吾不如为车輗者巧也。用咫尺之木，不费一朝之事，而引三十石之任，致远力多，久于岁数。今我为鸢，三年成，蜚一日而败。’惠子闻之曰：‘墨子大巧，巧为輗，拙为鸢。’”墨子制造的木鸢能在空中飞行一日，墨子所造车的车轴能承载30石的货物。120斤为一石，30石即3600斤。墨子能在先秦时期制作载重1.8吨的木质车轴，足见墨子手工业技艺之高超。

春秋及春秋之前，“学在王官”“工商食官”，工匠及制作技艺为王朝或诸侯国官府专有，与学术、技艺有关的职务也世传世守。墨子由手工工匠而成为具有自由身份的诸子，与其时周王室衰微、“官学下移”的学术背景有关。

（六）墨子弟子

墨子由工匠而成为思想家，并创立了墨家学派。为了传布学说，故广招弟子。由于将来从事的工作不同，故墨家弟子学习的内容和方法也不同。据《墨子》一书，墨家弟子可根据学习内容及从事工作性质的不同，分为“从事”“说书”“谈辩”三类。

1. “从事”类弟子

“从事”类弟子的课业内容是“为方以矩，为圆以规，平以水，直以绳，正以县（悬）”（《墨子·法仪》）这五种工匠技艺，以及“学射”等军事技艺。

“从事”类弟子是墨子弟子中最重要的一类，墨子止楚攻宋所依傍的就是他们。墨子最著名的弟子禽滑釐即是此类弟子的首领。据《墨子·备城门》等篇，禽滑釐曾向墨子问守御之术。墨子死后，“从事”类弟子遭受了灭顶之灾。《吕氏春秋·上德》载：“墨者巨子孟胜，善荆之阳城君。阳城君令守于国，毁璜以为符，约曰：‘符合听之。’荆王薨，群臣攻吴起，兵于丧所，阳城君与焉。荆罪之，阳城君走。荆收其国。孟胜曰：‘受人之国，与之有符。今不见符，而力不能禁，不能死，不可。’其弟子徐弱谏孟胜曰：‘死而有益阳城君，死之可矣；无益也，而绝墨者于世，不可。’孟胜曰：‘不然。吾于阳城君也，非师则友也，非友则臣也。不死，自今以来，求严师必不于墨者矣，求贤友必不于墨者矣，求良臣必不于墨者矣。死之，所以行墨者之义而继其业者也。我将属巨子于宋之田襄子。田襄子，贤者也，何患墨者之绝世也？’徐弱曰：‘若夫子之言，弱请先死以除路。’还殁头前于孟胜。因使二人传巨子于田襄子。孟胜死，弟子死之者百八十。三人以致令于田襄子，欲反死孟胜于荆，田襄子止之曰：‘孟子已传巨子于我矣，当听。’遂反死之。”墨家巨子孟胜率墨家从事类弟子为楚之阳城君守城，因不能尽职而集体自杀。

2. “说书”类弟子

“说书”类弟子的职责是传墨子之学，墨子则十分重视向他们传授文献典籍。《墨子·贵义》载：“子墨子曰：‘古之圣王，欲传其道于后世，是故书之竹帛，镂之金石，传遗后世子孙，欲后世子孙法之也。今闻先王之遗而不为，是废先王之传也。’”据《淮南子·要略》，墨子改革孔门儒学弊端的途径是“背周道而用夏政”，倡“夏政”故讲“古之圣王”之“道”。从事“说书”类活动而传墨子之学的弟子有县子硕、隋巢子、胡非子等人。

3. “谈辩”类弟子

“谈辩”类弟子是将来要外出游说和为官的弟子。墨子强调他们学习“揣曲直”，即提高自身的分析和感悟能力，以便将来面对纷纭复杂的政治形势和各类棘手的问题时，可以从容应付。这类弟子的作用体现在通过到诸侯国出仕来推行墨家的思想学说，坚持“墨子之道”。尽管诸弟子都各尽其能，或“三朝必尽言”，或以墨子之道说越王而使“越王大说”，但均不得其用，或“言无行”，或不能“用墨子之道”。

在外派弟子“谈辩”出仕时，墨子有一套整体规划，如让高石子仕卫前，先“使管黔敖游高石子于卫”；如胜绰违背墨子所遣的初衷而“三从”“项子牛三侵鲁地”时，墨子“使高孙子请而退之”。如此等等，都说明了墨家学团在“谈辩”从政、推行学说时有周密的部署和统一的行动。

（七）墨家学团

上述三类弟子是墨家学团的早期骨干。墨家学派之所以被称为“学团”，主要基于以下三点：

1. 墨家集团的半宗教性质

《庄子·天下》载：“相里勤之弟子，五侯之徒，南方之墨者苦获、已齿、邓陵子之属，俱诵《墨经》，而倍谲不同，相谓别墨；以坚白同异之辩相訾，以觭偶不仵之辞相应，以巨子为圣人，皆愿为之尸，冀得为其后世，至今不决。”墨家后学不仅以墨家之巨子为“圣人”，而且“皆愿为之尸，冀得为其后世”，这就不仅是思想上的崇尚，而且有些宗教崇拜意味了。

2. 半军事化组织

这个特点主要体现在负责制造守城器械，帮助各诸侯国守城的“从事”类弟子身上。美籍华裔学者何炳棣在《国史上的“大事因缘”解谜：从重建秦墨史实入手》一文中认为，墨家从事类弟子曾在秦献公时期秦与魏的河西攻防战中助秦守御、攻城，发挥了巨大作用。

3. 经济一体化

《墨子·耕柱》载：“子墨子游荆耕柱子于楚，二三子过之，食之三升，客之不厚。二三子复于子墨子，曰：‘耕柱子处楚无益矣，二三子过之，食之三升，客之不厚。’子墨子曰：‘未可智也。’毋几何，而遗十金于子墨子，曰：‘后生不敢死，有十金于此，愿夫子之用也。’子墨子曰：‘果未可智也。’”耕柱子仕于楚，墨家“二三子过之”，因耕柱子招待不周而遭到“二三子”的埋怨，这当是在墨家学团实行一体化的经济制度下才有的事。因其经济一体，墨家弟子过楚时，仕于楚的耕柱子负有接待的责任，所以才有“处楚”是否有益的讨论。耕柱子“遗十金于子墨子”而谓“愿夫子之用”，此“夫子之用”当是让墨子用作墨学集团之共用。否则，若耕柱交回的“十金”不是学团共用而是墨子自用，那么常被弟子质问和批评的墨子便不好以此作为平息“二三子”之怒的依据。由此可见，墨家弟子在外出仕交回学团的钱财，是由学团首领统一支配、而在墨家学团内部统筹使用的，即墨家学团实行经济一体化制度。

总之，因墨家学团具有半宗教信仰、按照半军事化组织，并实行经济一体化体制，故被称为“学团”。

二、墨家社会学说

墨子由工匠而成为思想家，得益于向儒家学派的学习。《淮南子·要略》载，墨学是因纠正儒学弊端而产生的学派：“墨子学儒者之业，受孔子之术，以为其礼烦扰而不说，厚葬靡财而贫民，久服伤生而害事，故背周道而用夏政。……故节财、薄葬、闲服生焉。”

（一）节用

墨子创立节葬、节丧、非乐诸学说的起因，在于纠正儒学之弊，而其学说的出发点则是为了爱人，为了减轻世人的经济负担，为了爱“生人”胜过爱死人，亦即《荀子·礼论》中所说的“刻死附生”。

儒家之所以提出尊礼学说，与其文化背景有关。儒家创始人孔子生于鲁国国都曲阜，而鲁国自西周初年以来即为姬姓大国，较完整地保存了周礼。《史记·周本纪》载，周之始祖弃“好种树麻、菽，麻、菽美。及为成人，遂好耕农，相地之宜，宜谷者稼穑焉，民皆法则之”，故帝尧“举弃为农师”。由此可见，姬周族是以农业起家的部族。原始农业发展主要靠生产经验的积累，故周人尚老，进而由尚老习俗发展出了厚葬、繁礼等礼制。

自幼生活在鲁国的孔子，深受姬周族礼文化的熏陶，自幼即“陈俎豆，设礼容”（《史记·孔子世家》），成年后亦靠熟悉周礼起家。《左传·昭公二十四年》载，鲁国大夫孟僖子因至楚不能相礼而被楚人耻笑，故于鲁昭公二十四年临终时嘱托其子孟懿子、南宫敬叔向孔子学礼。在孔子等人的倡导下，儒家发展出了以“破家而葬，服丧三年，大毁扶杖”（《韩非子·显学》）为突出代表的烦琐仪节。

墨子出于减轻社会经济负担的考虑，反对“厚葬久丧，重为棺椁，多为衣衾，送死若徙。三年哭泣，扶后起，杖后行，耳无闻，目无见”（《墨子·公孟》）的葬礼仪节，认为“棺三寸，足以朽体。衣衾三领，足以覆恶”（《墨子·节用中》），故埋葬逝者时，“下毋及泉，上毋通臭”即可，举办丧礼时，“哭去哭来”，服丧三月即可。

墨子不仅主张不要把社会财富耗费在死人身上，即便是生人，也要节俭：衣着方面，冬“轻且暖”、夏“轻则清”即可，不必纹绣；饮食方面，“足以充虚继气，强股肱，耳目聪明”即可，不必厚味；居住方面，能“辟润湿”“圉风寒”“别男女”即可，不必雕梁画栋；出行方面，“车服重致远”“舟可济大川广谷”即可，不必修饰。

（二）非攻

在墨子看来，仅改变社会风俗、礼制还不够，战国前期各诸侯国间的争霸、兼并战争更需要制止。

周人代殷，曾有过残酷的战争，《尚书·武成》状其残酷程度谓“血流漂杵”。周人灭殷后面临着两大思想问题：（1）周人是否有作为“天之子”的资格？（2）周人与殷人同有作为“天之子”的资格，“小邦周”凭何取代“大邑商”？

针对第一个问题，周公旦仿殷人始祖诞生的传说，创“姜嫄履巨人迹生后稷说”。《史记·殷本纪》载殷人始祖契诞生的过程为：“殷契，母曰简狄，有娀氏之女，为帝喾次妃。三人行浴，见玄鸟堕其卵，简狄取吞之，因孕生契。”周人始祖弃诞生的传说与此类似：“周后稷，名弃。其母有邰氏女，曰姜嫄。姜嫄为帝喾元妃。姜嫄出野，见巨人迹，心忻然说，欲践之，践之而身动如孕者。居期而生子。”（《史记·周本纪》）通过建构周人始祖感天而生的传说，周人也成了“天之子”。

针对第二个问题，周公旦强调“天命靡常，唯德是辅”（《诗经·大雅·文王》）；并谓“有德无德”的标示要看民心——殷卒于牧野之战时倒戈，引导周人攻下鹿台使得殷纣王自杀，是周人有德而得天命的表现。

周公于西周初年创立的天命据德、德看民心说，在春秋时期引发了“神民易位”的思想观念变动。在这一变动中，神的绝对权威消解，人的社会地位得到抬升。虽然“神民易位”提高了人在社会发展中的地位，但也带来了社会动荡，其主要表现有二：

一为诸侯间互相征伐，诸侯僭越天子。《论语·季氏》载孔子之言：“天下有道，则礼乐征伐自天子出；天下无道，则礼乐征伐自诸侯出。”西周时期“礼乐征伐自天子出”的局面变为春秋时期“礼乐征伐自诸侯出”的“天下无道”局面。各诸侯国间屡起争霸战争，天下大乱，民众陷于水火之中。

二为私田大增，大夫僭越诸侯。神的绝对权威消解后，周王朝最大权力——“普天之下，莫非王土”的社会理念受到质疑。人口增殖所引发的

“粮荒”获得了解决途径——开垦私田。大夫所掌握的私田数量大增，某些大夫的兵车数量甚至超过了诸侯。鲁宣公十五年（前594）鲁国实行的“初税亩”制即为承认私田具有合法性的田赋制度。由于部分大夫的经济实力超越诸侯国国君，遂出现大夫僭越诸侯、诸侯国内大夫互攻的现象。《左传·桓公元年》载，宋太宰华父督见司马孔父嘉之妻于路，目逆而送之，曰：“美而艳。”次年春，华父督即攻打孔父嘉，“杀孔父而取其妻”。宋殇公怒，华父督“遂弑殇公”（《左传·桓公二年》）。

墨子创立非攻学说，就是为了改变这种诸侯频繁攻战、国内大夫互攻乃至弑君的社会局面，这既是为了改变世人的生存环境，也是为了更好地爱人。所以，爱人论说即“兼爱”学说是墨子所创学说的出发点和立足点，是墨学的核心要义。为了推行非攻学说，墨子除了如《墨子·公输》篇所载，带领“从事类”弟子助人守城外，还倡导“天志论”以警示好战诸侯。

（三）天志

墨子的“天志”说认为上天有好生之德，不欲人相互杀伐。《墨子·鲁问》载：“鲁阳文君将攻郑，子墨子闻而止之，谓阳文君曰：‘今使鲁四境之内，大都攻其小都，大家伐其小家，杀其人民，取其牛马狗豕布帛米粟货财，则何若？’鲁阳文君曰：‘鲁四境之内，皆寡人之臣也。今大都攻其小都，大家伐其小家，夺之货财，则寡人必将厚罚之。’子墨子曰：‘夫天之兼有天下也，亦犹君之有四境之内也。今举兵将以攻郑，天诛亓不至乎？’”

天诛，是“天谴”的一种。天谴，指上天以自然灾害，比如地震、暴雨、龙卷风、雷电等对世人进行警示。大的自然灾害多认为是警示天子，局部灾害认为是警示当地诸侯，此即“承负说”的源头。关于“承负说”，东汉道教典籍《太平经》卷三十九有详述：“承者为前，负者为后，承者，乃谓先人本承天心而行，小小失之，不自承者知，用日积久，相聚为多，今后生人反无辜蒙其过谪，连传被其灾，故前为承，后为负也。负者，流灾亦不由一人之治，比连不平，前后更相负，故名之为负。负者，乃先人负于后生者也，病更相承负也，言灾害未当能善绝也。”这就是说，今人受到的祸福归结为祖先的行为善恶，同时今人的善恶行为也会使后代得到相应的福祸结果——先人有过失遗其恶果于后代，为负；后人承受先人过失的恶果，为承；代代既相负又相承。

（四）明鬼

天子、诸侯有“天谴”警示，那么普通世人靠什么来约束呢？墨子认为要靠鬼神观念。《墨子·明鬼下》中举了很多例子来宣扬世间有鬼，并渲染鬼可以明辨人间是非曲直，能保佑世间行善者，能惩罚世间作恶者，并可以代世间人报难报之仇。

1. 鬼可以明辨是非

《墨子·明鬼下》：“昔者齐庄君之臣，有所谓王里国，中里徼者。此二子者，讼三年而狱不断。齐君由谦杀之，恐不辜；犹谦释之，恐失有罪。乃使之人共一羊，盟齐之神社……读王里国之辞既已终矣，读中里徼之辞未半也，羊起而触之，折其脚，祧神之而槁之，殪之盟所。”这种羊，后世奉为獬豸兽。王充在《论衡·是应》中记载“中国司法鼻祖”皋陶用獬豸治狱的传说：獬豸，“一角之羊也，性知有罪。皋陶治狱，其罪疑者，令羊触之，有罪则触，无罪则不触……故皋陶敬羊”。后世司法衙门多有此兽画像或雕像。

2. 鬼可以奖赏善者

《墨子·明鬼下》：“昔者郑穆公当昼日中处乎庙，有神入门而左，鸟身，素服三绝，面状正方。郑穆公见之，乃恐惧，奔。神曰：‘无惧，帝享女明德，使予赐女寿十年有九，使若国家蕃昌，子孙茂，毋失。’郑穆公再拜稽首，曰：‘敢问神名。’曰：‘予为句芒。’”

3. 鬼可以复前世之仇

《墨子·明鬼下》：“周宣王杀其臣杜伯而不辜，杜伯曰：‘吾君杀我而不辜，若以死者为无知，则止矣；若死而有知，不出三年，必使吾君知之。’其三年，周宣王合诸侯而田于圃，田车数百乘，从数千，人满野。日中，杜伯乘白马素车，朱衣冠，执朱弓，挟朱矢，追周宣王，射之车上，中心折脊，殪车中，伏弢而死。”

《墨子·明鬼下》又载：“昔者燕简公杀其臣庄子仪而不辜，庄子仪曰：‘吾君王杀我而不辜，死人毋知亦已，死人有知，不出三年，必使吾君知之。’期年，燕将驰祖，燕之有祖，当齐之社稷，宋之有桑林，楚之有云梦也，此男女之所属而观也。日中，燕简公方将驰于祖涂，庄子仪荷朱杖而击之，殪之车上。”

在列举了以上诸鬼明辨是非、奖赏善者、复前世之仇等事例后，《墨子·明鬼下》总结道：“以若书之说观之，鬼神之有，岂可疑哉？”

墨子倡导“明鬼”说的目的是宣扬人世间有鬼神监督，警戒世人不要做坏事。从学术发展的角度来看，墨家这一主张更多是继承了夏、商的“事鬼”思想传统。从文化发展的角度讲，它是先秦时期两种不同族源文化系统存在的反映。

（五）兼爱

墨子倡导天下之人要“兼相爱”。《墨子·兼爱上》：“爱人若爱其身，犹有不孝者乎？视父兄与君若其身，恶施不孝？犹有不慈者乎？视弟子与臣若其身，恶施不慈？故不孝不慈亡有。犹有盗贼乎？故视人之室若其室，谁窃？视人身若其身，谁贼？故盗贼亡有。犹有大夫之相乱家，诸侯之相攻国者乎？视人家若其家，谁乱？视人国若其国，谁攻？故大夫之相乱家，诸侯之相攻国者亡有。若使天下兼相爱，国与国不相攻，家与家不相乱，盗贼亡有，君臣父子皆能孝慈，若此则天下治。”

墨子与巫马子的论辩，对兼爱学说要义申述得更为明白。《墨子·耕柱》：“巫马子谓子墨子曰：‘我与子异，我不能兼爱。我爱邹人于越人，爱鲁人于邹人，爱我乡人于鲁人，爱我家人于乡人，爱我亲于我家人，爱我身于吾亲，以为近我也。击我则疾，击彼则不疾于我，我何故疾者之不拂，而不疾者之拂？故有杀彼以利我，无杀我以利彼。’子墨子曰：‘子之义将匿耶？意将以告人乎？’巫马子曰：‘我何故匿我义？吾将以告人。’子墨子曰：‘然则，一人说子，一人欲杀子以利己；十人说子，十人欲杀子以利己；天下说子，天下欲杀子以利已。一人不说子，一人欲杀子，以子为施不祥言者也；十人不说子，十人欲杀子，以子为施不祥言者也；天下不说子，天下欲杀子，以子为施不祥言者也。说子亦欲杀子，不说子亦欲杀子，是所谓经者口也，杀常之身者也。’子墨子曰：‘子之言恶利也，若无所利而不言，是荡口也。’”

总之，墨子学说的主要内容在于：在社会经济方面宣传节葬、节丧、非乐的节用说；在社会政治方面宣扬非攻止战的和平学说；在社会伦理方面宣扬无等差之爱的兼爱说；在宗教哲学方面宣扬鬼监鬼罚、尊天事鬼的天威学说。由此形成政治、经济、伦理、哲学四位一体的早期墨家学说。

三、墨家科学成就

胡适将《墨子》五十三篇分为五组：自《亲士》到《三辩》为“前七篇”，自《尚贤上》到《非儒下》为“墨者演墨子的学说所作的”篇章；《经上》《经下》《经说上》《经说下》及《大取》《小取》为“墨经”；自《耕柱》到《公输》为“后五篇”；自《备城门》以下至《杂守》为墨家城守诸篇。其中的《墨经》部分保存了墨家在自然科学和逻辑学方面的论说，城守诸篇则反映了墨家在军事技术方面的成就。

与城守诸篇的内容均集中于军事领域不同，《墨经》部分的内容比较庞杂。据侯外庐等人所著《中国思想通史》第一卷统计，《墨经》中讲逻辑学的内容最多，居于第一位；其次是关于自然科学的内容；讲伦理道德的占第三位；讲心理学的占第四位；此外，还有一些经济、政治理论和对其他诸子学说的批判。

（一）数学

据《墨经》内容可知，墨家在数学领域所取得的成就达到了彼时的高峰。在两千多年前的先秦时期，《墨经》就给点、线、面、体等几何概念做出了科学的定义。

1. 点

《墨子·经上》："端，体之无厚而最前者也。"《墨子·经说上》："端，是无同也。"

"端"没有厚度和长宽，同欧几里得几何学中对"点"的定义一致。但古希腊人欧几里得活动于公元前330—公元前275年，墨子则生于公元前476年前后，卒于公元前390年前后，比欧几里得早150年左右。

2. 圆

《墨子·经上》："圜，一中同长也。"清人陈澧《东塾读书记·诸子》："《几何原本》云：'圜之中处一圜心，一圜惟一心，无二心，圜界至中心作直线俱等。'即此所谓'一中同长'也。"这是我国最早关于圆的定义，比西方欧几里得关于圆的定义要早150年左右。

3. 数位

《墨子·经下》："一，少于二，而多于五。"《经下》中所反映出的数位概念与算盘数位相同。但算盘是于宋朝才流行的。依据是：（1）在宋代名画《清明上河图》中，画有一家药铺，其正面柜台上赫然放有一架算盘，经中、日两国珠算专家将画面摄影放大，确认画中之物是与现代使用算盘形制类似的串档算盘。（2）1921年在河北巨鹿县曾在宋人故宅中出土一颗木制算盘珠，虽然已被湮没八百年，但仍可见其为鼓形，中间有孔，与现代算珠毫无两样。

（二）物理学

在物理学方面，《墨经》几乎涉及了古代物理学的所有分支。诺贝尔物理学奖得主丁肇中在领奖时说："墨子在公元前四世纪就曾研究光和物质的相互作用。"《墨经》中的物理学成就突出表现在以下几点：

1. 小孔成像

《墨子·经说下》："景，光之人煦若射，下者之人也高，高者之人也下。足蔽下光，故成景于上；首蔽上光，故成景于下。在远近有端与于光，故景障内也。"这句话的意思是说，光线照入小孔就像射箭一样，从下面射来的光线通过小孔到达高处，从上面射来的光线通过小孔到达下方。脚挡住了下面的光线，所以成像于上方；头挡住了上面的光线，所以成像于下方。在远处或近处有小孔干预了光线的行进，所以光线在另一边形成了倒像。这正是在物理学中十分重要的小孔成像理论。

2. 力

《墨子·经上》中明确提出，力是物体加速运动的原因，即“力，刑之所以奋也”。《经说上》中解释：力与重力等效，即“力，重之谓”。这种论断与近两千年后伽利略、牛顿的理论极为接近。

3. 时空

《墨经》还对空虚无义的时空观念进行了相当深刻的界定和阐述。如：“久，弥异时也”，“宇，弥异所也”(《经上》)。“久”即时间，而“宇”指的则是空间。这两句话的意思是：“时间，涵盖各种不同的时段。空间，涵盖各种不同的处所。”

（三）军事技术

因为墨子率领其“从事”类弟子为各诸侯国守城，加之墨子原为手工业者，故墨家掌握了高超的制作攻守城器械的技术。据《墨子·备城门》等城守诸篇记载，墨家所能制造的攻守城器械主要有以下几种：

1. 连弩车

据《墨子·备高临》，连弩车是一种置于城墙上可同时放出大弩箭60支、小弩箭无数的大型机械装置。一部连弩车需要十个人来操纵，其最为巧妙的设计是，长为十尺的弩箭的箭尾用绳子系住，射出后能用辘轳迅速卷起收回。连弩车的结构极其复杂，一次射出数十支箭所产生的反作用力甚大，故制造连弩车的木材两端须一尺见方，长度视城墙厚度而定。

2. 转射机

据《墨子·备城门》，转射机也是一种置于城墙上的大型发射机。机长六尺，由两人操纵。与连弩车不同的是，转射机更为轻便、灵活，能够在一人射箭的同时，由另一人将机座旋转，需要的操作人数较少，且器械的守备范围也比较大。

3. “赣车”

“赣车”是一种攻城战车，其上覆盖有生牛皮，里面可以装载十人。在攻城时，由士兵推动它直抵城墙，并在其掩护下挖掘破坏墙体，堪称“古代的坦克”。

4. “籍车”

“籍车”由金属打造，一部分埋在地下，由多人操纵，能够投掷炭火、石块等，类似于古代的投石机。

（四）墨家科技与“李约瑟之谜”

英国学者李约瑟（Joseph Needham，1900—1995）在系统研究了中国古代科学技术发展史，并编著了多达15卷的《中国科学技术史》一书后，提出了一个问题：“尽管中国古代对人类科技发展做出了很多重要贡献，但为什么科学和工业革命没有在近代的中国发生？”1976年，美国经济学家肯尼思·博尔丁将其称为“李约瑟难题”。

据有关资料，从公元6世纪到17世纪初，在世界重大科技成果中，中国所占的比例一直在54%以上，而到了19世纪，骤降为只占0.4%。中国与西方为什么在科学技术上会一个大落，一个大起，拉开如此之大的距离，这就是李约瑟觉得不可思议、久久不得其解的难题。

李约瑟提出“李约瑟难题”后，诸多学者从不同角度给予了不同的回答。在笔者看来，中国的科学技术之所以在19世纪后落后于西方，这与中国传统学术的形态有密切关系。从“关系”角度看，中国传统学术可分为三大板块：探索自然奥秘及如何将自然物为人所用的天人之学，研究人际关系以维系社会运行的人人之学和揭示生死关系的生往之学。

在探讨生往之学方面，早期代表是战国时期的庄周学派。《庄子·至乐》载：“庄子妻死，惠子吊之，庄子则方箕踞鼓盆而歌。惠子曰：‘与人居，长子、老、身死，不哭，亦足矣，又鼓盆而歌，不亦甚乎！’庄子曰：‘不然。是其始死也，我独何能无概然！察其始而本无生，非徒无生也而本无形，非徒无形也而本无气。杂乎芒芴之间，变而有气，气变而有形，形变而有生，今又变而之死，是相与为春秋冬夏四时行也。人且偃然寝于巨室，而我噭噭然随而哭之，自以为不通乎命，故止也。’”在庄子看来，人死之后“是相与为春秋冬夏四时行”，即复归于自然，进入到下一轮聚而为人的物质循环之中，故不需要为人死而悲伤。《庄子·知北游》中亦有类似观点：“人之生，气之聚也；聚则为生，散则为死。若死生为徒，吾又何患！”但产生于战国时期的子华子的“厚生”说及盛行于燕、齐一带的方士长生说则将中国人的生死观念导入歧途，形成“喜生恶死”的生死观。因此，为寻求生命寄托，东汉后人们更多地转向皈依佛教。

天人之学侧重于探讨天人关系特别是自然界奥秘。先秦时期，中国的天人之学一度发达，上文所述《墨经》在数学、物理学和军事技术方面所取得的成就即为代表。但随着汉代之后以研究人人之学为主要内容的儒家学说被奉为官方学说，成为社会思想主流，天人之学遂逐渐趋于衰落。

人人之学主要探讨人际关系，其承载主体是儒家。西周初年，周公在改造殷商以神为本的思想观念过程中，提出了“天子资格”“惟德是辅”“观民知道”等思想命题，在制度设计上则根据周人在原始农业基础上形成的“尚老”传统而创立礼乐等级制。春秋末年，孔子面对动荡纷争、礼崩乐坏的社会现实，继承周公学说，创立儒家学派。儒家学说经过战国至汉初的传承、发展，至汉武帝时被立为官方学说。而且，自西汉至明清，儒家学说成为官府取士的依据。因此，中国古代的大多数读书人都竞相钻研以人人关系为主体内容的儒家学说，而不甚关注“生往之学”和“天人之学”，遂造成了中国近代科学技术的落后，进而有了中国近代的西学东渐以及“李约瑟难题”这类问题的提出。

四、墨家的社会活动

墨子因怀疑儒家学说而逐步创立墨家学说。待墨子形成自己的理论体系后，便不断带领弟子外出游说以推行墨家学说。由现存材料看，墨子带领弟子到过齐、宋、楚、越、卫等地游说，今举其要者如下：

（一）游齐止战

《墨子·贵义》载："子墨子北之齐，过日者。日者曰：'帝以今日杀黑龙于北方，而先生之色黑，不可以北。'子墨子不听，遂北，至淄水，不遂而反焉。日者曰：'我谓先生不可以北。'子墨子曰：'南之人不得北，北之人不得南，其色有黑者有白者，何故皆不遂也？且帝以甲乙杀青龙于东方，以丙丁杀赤龙于南方，以庚辛杀白龙于西方，以壬癸杀黑龙于北方，若用子之言，则是禁天下之行者也。是围心而虚天下也，子之言不可用也。'"其文曰"子墨子北之齐"，是自南而往。据《墨子》所载，墨子曾游鲁、宋、楚、越、卫，其地皆在齐之南。但自宋、楚、越、卫之齐，应沿泰沂山脉西边沿至大清河南，循泰沂山脉北边沿而东至临淄，那便不会遇到淄水。但墨子若自鲁步行之齐，便会走近路，自穆陵关穿过泰沂山脉去临淄，一定要过淄水。淄水是一条季节河流，夏天雨水多时便水势浩大，即如《战国策·齐策三》载苏秦所言，"至岁八月，降雨下，淄水至"，徒步绝不可涉，笔者少年在家乡临淄时尚如此。此载"遂北至淄水"，必是自鲁而往。日者以五方五色等阴阳五行学说阻拦墨子出行，墨子以"围心而虚天下"驳之。"围心而虚天下"，张纯一《墨子集解》曰："《广雅·释诂》'围，裹也'。此言人心所之，六合无碍，本无时地可分。若以占方自述，是自裹其心，即自裹其足，必致人事毫无进步，而天下为墟也。……此知墨子独能破除一切迷信，务自苦而为义。"墨子倡"明鬼"，张纯一谓墨子"破除迷信"，言过其实；但其谓墨子意在为兴义而奔走，则于理为合。日者不理解墨子奔走行义的执着精神，故劝其不可"北"；后学明白墨子奔走行义的止战目的，故将此则故事记录下来。

见于《墨子》记载的墨子说齐止战还有另一次。《墨子·鲁问》："子墨子见齐大王曰：'今有刀于此，试之人头，倅然断之，可谓利乎？'大王曰：'利。'子墨子曰：'多试之人头，倅然断之，可谓利乎？'大王曰：'利。'子墨子曰：'刀则利矣，孰将受其不祥？'大王曰：'刀受其利，试者受其不祥。’子墨子曰：‘并国覆军，贼杀百姓，孰将受其不祥？’大王俯仰而思之，曰：‘我受其不祥。’”此次墨子说齐止战的理由是“受其不祥”，与《墨子·鲁问》载墨子说鲁阳文君勿攻郑的理由为是否“顺于天之志”、是否代替“天加诛”相似，都是以“天志”“鬼罚”为说。墨子的非攻学说，在晚年才与天志说结合起来。那么此次说齐发生在什么时候？此记墨子此次游说对象是“齐大王”，考魏、齐“徐州相王”在前334年；但吴起于前381年死时，墨家已由巨子孟胜执掌，当时墨子已辞世，由此可知墨子游说之“齐大王”非指真正称过王的齐威王及以下诸王；由姬周族曾追称古公亶父以下诸公曰“王”可见，田齐也有可能追尊被周王立为诸侯的田齐太公以下诸君曰“王”，而为记录墨子言行学说的后学所称用；但齐威王以下诸王是绝不会追尊姜齐诸君曰“王”的。据《史记·田敬仲完世家》及《六国年表》，周安王十三年（前389），齐太公田和被周王立为诸侯；自此至前381年吴起死前，齐攻鲁见于记载者仅一次，即《史记·六国年表》载周安王十七年（前385），齐“伐鲁，破之”。准此，墨子游说之“齐大王”最早当指田齐太公。那么，墨子游说之“齐大王”事当发生于前385年。此系墨子晚年之事，故在止战说辞中有“天志鬼罚”内容。

（二）墨子游楚

在众多出游中，以墨子游楚并与公输盘的斗智影响最大。《墨子·公输》载，墨子听到公输盘“为楚造云梯之械，成，将以攻宋”后，至郢“见公输盘。公输盘曰：‘夫子何命焉为？’子墨子曰：‘北方有侮臣，愿藉子杀之。’……公输盘曰：‘吾义固不杀人。’子墨子起，再拜，曰：‘请说之。吾从北方闻子为梯，将以攻宋。宋何罪之有？荆国有余于地而不足于民，杀所不足而争所有余，不可谓智。宋无罪而攻之，不可谓仁。知而不争，不可谓忠。争而不得，不可谓强。义不杀少而杀众，不可谓知类。’公输盘服。……子墨子见王，曰：‘今有人于此，舍其文轩，邻有敝舆而欲窃之；舍其锦绣，邻有短褐而欲窃之；舍其粱肉，邻有糠糟而欲窃之。此为何若人？’王曰：‘必为窃疾矣。’子墨子曰：‘荆之地方五千里，宋之地方五百里，此犹文轩之与敝舆也。荆有云梦，犀兕麋鹿满之，江汉之鱼鳖鼋鼍为天下富，宋所为无雉兔狐狸者也，此犹粱肉之与糠糟也。荆有长松文梓楩楠豫章，宋无长木，此犹锦绣之与短褐也。臣以三事之攻宋也，为与此同类，臣见大王之必伤义而不得。’……子墨子曰：‘公输子之意，不过欲杀臣。杀臣，宋莫能守，可攻也。然臣之弟子禽滑釐等三百人，已持臣守圉之器，在宋城上而待楚寇矣。虽杀臣，不能绝也。’楚王曰：‘善哉，吾请无攻宋矣。’”据钱穆考证，墨子止楚攻宋在公元前444年，约略在墨子“而立”之年前后。

另外，墨子晚年还曾游说过楚之鲁阳文君。《墨子·鲁问》载：“鲁阳文君将攻郑，子墨子闻而止之，谓鲁阳文君曰：‘今使鲁四境之内，大都攻其小都，大家伐其小家，杀其人民，取其牛马狗豕布帛米粟货财，则何若？’鲁阳文君曰：‘鲁四境之内，皆寡人之臣也。今大都攻其小都，大家伐其小家，夺之货财，则寡人必将厚罚之。’子墨子曰：‘夫天之兼有天下也，亦犹君之有四境之内也。今举兵将以攻郑，天诛亓不至乎？’鲁阳文君曰：‘先生何止我攻郑也？我攻郑，顺于天之志。郑人三世杀其君，天加诛焉，使三年不全，我将助天诛也。’子墨子曰：‘郑人三世杀其君，而天加诛焉，使三年不全，天诛足矣。今又举兵，将以攻郑，曰‘吾攻郑也，顺于天之志’，譬有人于此，其子强梁不材，故其父笞之，其邻家之父举木而击之，曰‘吾击之也，顺于其父之志’，则岂不悖哉！’”

《墨子·鲁问》又载：“子墨子谓鲁阳文君曰：‘攻其邻国，杀其民人，取其牛马粟米货财，则书之于竹帛，镂之于金石，以为铭于钟鼎。传遗后世子孙，曰‘莫若我多’。今贱人也，亦攻其邻家，杀其人民，取其狗豕食粮衣裘，亦书之竹帛，以为铭于席豆，以遗后世子孙，曰‘莫若我多’。亓可乎？’鲁阳文君曰：‘然。吾以子之言观之，则天下之所谓可者，未必然也。’”以上记载，都是墨子游说楚之鲁阳文君勿攻郑的说辞。钱穆定墨子游说鲁阳文君在周安王八、九年，即前394年或前393年。

（三）集体自杀

墨子可能终死于鲁阳，故其所率弟子都留在了鲁阳，由孟胜接任首领，成为墨家巨子，率领墨徒继续从事活动。

墨家守卫鲁阳一事，因涉及吴起之死，故有年代可循。据《韩非子·和氏》，吴起在楚改革，“使封君之子孙三世而收爵禄，绝灭百吏之禄秩，损不急之枝官，以奉选练之士”，结果“悼王行之期年而薨矣，吴起枝解于楚”。楚悼王死于前381年，吴起亦同年被楚贵族射死。太子臧即位，诛杀射吴起时箭中悼王尸之楚国贵族，阳城君亦在被诛之列。《吕氏春秋·上德》载：“墨者巨子孟胜，善荆之阳城君。阳城君令守于国，毁璜以为符，约曰：‘符合听之。’荆王薨，群臣攻吴起，兵于丧所，阳城君与焉，荆罪之。阳城君走，荆收其国。孟胜曰：‘受人之国，与之有符。今不见符，而力不能禁，不能死，不可。’其弟子徐弱谏孟胜曰：‘死而有益阳城君，死之可矣。无益也，而绝墨者于世，不可。’孟胜曰：‘不然。吾于阳城君也，非师则友也，非友则臣也。不死，自今以来，求严师必不于墨者矣，求贤友必不于墨者矣，求良臣必不于墨者矣。死之，所以行墨者之义而继其业者也。我将属巨子于宋之田襄子。田襄子，贤者也，何患墨者之绝世也？’徐弱曰：‘若夫子之言，弱请先死以除路。’还殁头于前。孟胜因使二人传巨子于田襄子。孟胜死，弟子死之者百八十三人。以致令于田襄子，欲反死孟胜于荆，田襄子止之曰：‘孟子已传巨子于我矣，当听。’遂反死之。”

由《吕氏春秋·上德》见，孟胜自言欲死的原因，首先是因为“受人之国，与之有符。今不见符，而力不能禁，不能死，不可”，是基于“义”字。一诺千金而死事，是古代士人的通常信条。从中看出，墨子“从事”类弟子虽是下层“贱人”，却以“士人”的标准要求自己。这除了当时的社会舆论和大众向往外，还可能与墨子曾接受儒家教育有关。孟胜欲死的深层原因，是他向弟子徐弱所说的“不死，自今以来，求严师必不于墨者矣，求贤友必不于墨者矣，求良臣必不于墨者矣”。可见“严师”“贤友”“良臣”是早期墨家集团的理想追求。“严师”可使欲学立身处世本领的青年人趋之若鹜，“贤友”能让墨家具有广泛的真挚朋友而学说大行，从墨徒中选“良臣”会给墨家弟子带来更多的施展才华的机会，因而使更多的年轻人加入墨家集团中来，从而扩大墨家队伍，形成弟子人数更多——社交朋友更广——从政机会更多的良性循环，使墨家事业更发达。

这里还有一个问题需要讨论。墨子死前是所有墨徒的当然首领，所有弟子都听命于他，可能没有问题；但墨子死后孟胜为巨子的时代，这种“墨家一体”的格局是否还能保持呢？即《庄子・天下》所说的墨子死后墨离为三、相互争辩的情况出现在何时？是墨子死后墨家马上就分化为三？还是维持了一段“墨家一体”的格局后才分为三的？

由前论可见，墨子在世时，墨徒既分为“谈辩”“说书”“从事”三类；孟胜死于鲁阳时，身边有弟子百八十余人，已较止楚攻宋时助守宋城时的“弟子三百人”为少，故不可能有大批的“谈辩”“说书”弟子跟随身边；也就是说，大批的“谈辩”“说书”弟子在墨子死后散在鲁阳之外的各地，田襄子一系在宋就是一例。那么，散在鲁阳之外的“谈辩”“说书”类弟子的首领，是否服气孟胜为墨家巨子呢？或者，他们因墨子的遗嘱，还算服气孟胜为巨子，但对于孟胜匆匆传位的下一代巨子田襄子，他们是否服气？在性命攸关的紧要关头，孟胜之二弟子已当面不听从田襄子止死的命令，坚持回鲁阳从容赴死。陈奇猷解此曰“二人之巨子系孟胜，非田襄子”“人各有巨子”。那么，其他各地的墨徒会怎样面对田襄子的号令？抑或战国时期“墨离为三”的局面，就是这时形成的。

五、墨学的影响

（一）社会思想

1. “兼爱”思想

在先秦诸子中，儒家与墨家均提倡爱人，但儒家强调的爱是基于等差血缘的爱，墨家则强调推行“兼爱”，即社会普世之爱。

关于儒、墨二家在爱人上的差异，在墨子与巫马子的辩论中有明确体现。《墨子·耕柱》载："巫马子谓子墨子曰：'我与子异，我不能兼爱。我爱邹人于越人，爱鲁人于邹人，爱我乡人于鲁人，爱我家人于乡人，爱我亲于我家人，爱我身于吾亲，以为近我也。击我则疾，击彼则不疾于我，我何故疾者之不拂，而不疾者之拂？故有杀彼以利我，无杀我以利彼。'子墨子曰：'子之义将匿耶？意将以告人乎？'巫马子曰：'我何故匿我义？吾将以告人。'子墨子曰：'然则，一人说子，一人欲杀子以利己；十人说子，十人欲杀子以利己；天下说子，天下欲杀子以利己。一人不说子，一人欲杀子，以子为施不祥言者也；十人不说子，十人欲杀子，以子为施不祥言者也；天下不说子，天下欲杀子，以子为施不祥言者也。说子亦欲杀子，不说子亦欲杀子，是所谓经者口也，杀常之身者也。'子墨子曰：'子之言恶利也，若无所利而不言，是荡口也。'"

由此则论辩可见如下三点：(1)巫马子，苏时学谓"当为儒者"。巫马子扬言自己"我爱邹人于越人，爱鲁人于邹人，爱我乡人于鲁人，爱我家人于乡人，爱我亲于我家人，爱我身于吾亲，以为近我也"，所宣扬的是儒家的等差亲亲之爱，可见墨家"兼相爱"的兼爱学说也是为改造儒家"差等爱"的弊端而产生的。(2)巫马子说"有杀彼以利我，无杀我以利彼"，所宣扬的又不纯粹是儒家的从血缘近疏出发的"差等爱"，又近于《孟子·尽心上》所攻击的杨朱"拔一毛而利天下不为也"的"为我说"，可见墨子宣传自己学说时面对的论敌不仅有儒家，还有"为我说"一派。(3)据钱穆考证，杨朱与孟子同时而稍前，那么杨朱创立学说必在墨子创立学说后。据此，宣传"有杀彼以利我，无杀我以利彼"的"为我说"的巫马子，必不是杨朱的学生而是杨朱的前辈。巫马子的学说出自儒家那从血缘近疏出发的"差等爱"而又不同于儒家，可见其也是从儒家分化出来而自创新说的另学派，与墨子同，故孟子对墨子和发展了巫马子学说的杨朱大加鞭挞。

虽然儒家反对墨家的"兼爱"观点，甚至斥之为"无父"之说，但在战国诸子思想互相激荡、影响的环境之下，儒家思想也难免受到墨家思想特别是作为墨家核心思想的"兼爱"学说的影响。如《礼记·礼运》载儒家宣扬其爱人的内涵是："大道之行也，天下为公，选贤与能，讲信修睦。故人不独亲其亲，不独子其子，使老有所终，壮有所用，幼有所长，矜寡孤独废疾者皆有所养。"这与《墨子·兼爱下》中的"是以老而无妻子者，有所侍养以终其寿；幼弱孤童之无父母者，有所放依以长其身"相比，二者所描述的理想境界几乎如出一辙。可以说《墨子·兼爱》三篇所阐发的，正是"不独亲其亲，不独子其子"的大同思想。

2. "尚同"思想

墨家认为："古者天之始生民，未有正长也，百姓为人。若苟百姓为人，是一人一义，十人十义，百人百义，千人千义。逮至人之众，不可胜计也。则其所谓义者，亦不可胜计。此皆是其义，而非人之义，是以厚者有斗，而薄者有争。"为消除此"厚者有斗"与"薄者有争"的动荡局面，墨家提出了"尚同"的政治主张。《墨子·尚同下》载墨家"尚同"内涵为："欲同一天下之义也，是故选择贤者，立为天子。天子以其知力为未足独治天下，是以选择其次，立为三公。三公又以其知力为未足独左右天子也，是以分国建诸侯。诸侯又以其知力为未足独治其四境之内也，是以选择其次，立为卿之宰。卿之宰又以其知力为未足独左右其君也，是以选择其次，立而为乡长、家君"；然后"使家君总其家之义，以尚同于国君"，然后"使国君选其国之义，以尚同于天子"。通过以上措施，最终形成"天子之所是，皆是之；天子之所非，皆非之"的局面，使全体百姓"上之所是，必亦是之。上之所非，必亦非之"(《墨子·尚同中》)，进而达到天下一同。

墨家的"尚同"主张对其后的法家学派产生了重要影响。墨子倡导"尚同"说，第一次提出了政治上集权、思想上统一的原则，并称之为"为政之本，治之要也"。而战国时期的法家也主张"事在四方，要在中央。圣人执要，四方求效"(《韩非子·扬権》)，与墨子的尚同论有着异曲同工之妙。此外，韩非子还提出了"势者，君之车也；威者，君之策也；臣者，君之马也；民者，君之轮也"(《太平御览》卷六二〇引《韩非子》佚文)的君主中心论。可以说，韩非子的君主专制主义对墨家的"尚同"思想有着直接的继承关系。

（二）经济思想

战国时期，墨家与儒家并称“显学”，具有广泛的社会影响，就墨家“节用”学说而言，也是如此。儒家、道家、法家、杂家都曾受到墨家“节用”学说的影响，都曾对墨家的“节用”做出过积极的或消极的反应。

战国晚期儒家代表荀子曾从维护礼治的角度对墨家“节用”学说进行了批判。墨子是荀子所非的十二子之一。《荀子·非十二子》曰：“不知壹天下、建国家之权称，上功用、大俭约而僈差等，曾不足以容辨异、县君臣；然而其持之有故，其言之成理，足以欺惑愚众，是墨翟、宋钘也。”荀子认为墨子“上功用、大俭约而僈差等”等“节用”主张，破坏礼治，欺惑愚众。

虽然，荀子对墨家的“节用”学说进行了严厉批判，但是荀子并非不提倡“节用”。《荀子·富国》曰：“足国之道，节用裕民而善臧其余。节用以礼，裕民以政。彼裕民，故多余。裕民则民富，民富则田肥以易，田肥以易则出实百倍。上以法取焉，而下以礼节用之，余若丘山，不时焚烧，无所臧之，夫君子奚患乎无余？故知节用裕民，则必有仁义圣良之名，而且有富厚丘山之积矣。此无它故焉，生于节用裕民也。不知节用裕民则民贫，民贫则田瘠以秽，田瘠以秽则出实不半，上虽好取侵夺，犹将寡获也，而或以无礼节用之，则必有贪利纠譑之名，而且有空虚穷乏之实矣。此无它故焉，不知节用裕民也。《康诰》曰：‘弘覆乎天，若德裕乃身。’此之谓也。”荀子认为“节用裕民而善臧其余”是富国之道。“彼裕民，故多余。裕民则民富”，章诗同《荀子简注》断句为：“彼裕民故多余，裕民则民富”，并对“彼裕民”之“裕民”注曰：“裕民，疑当作‘节用’，才与上文符合。”我们认为此说有理，即节用所以多余，有余才好富国。

道家的庄子因主张回归自然，反对铺张修饰，故对墨家的“节用”学说表示赞赏。《庄子·天下》述墨翟、禽滑釐之学说为：“不侈于后世，不靡于万物，不晖于数度，以绳墨自矫而备世之急，古之道术有在于是者。墨翟、禽滑釐闻其风而说之，为之大过，已之大循。作为《非乐》，命之曰《节用》；生不歌，死无服。墨子泛爱兼利而非鬬，其道不怒；又好学而博，不异，不与先王同，毁古之礼乐。黄帝有《咸池》，尧有《大章》，舜有《大韶》，禹有《大夏》，汤有《大濩》，文王有辟雍之乐，武王、周公作《武》。古之丧礼，贵贱有仪，上下有等，天子棺椁七重，诸侯五重，大夫三重，士再重。今墨子独生不歌，死不服，桐棺三寸而无椁，以为法式。以此教人，恐不爱人；以此自行，固不爱己。未败墨子道，虽然，歌而非歌，哭而非哭，乐而非乐，是果类乎？”

庄子认为“古之道术”节用而自苦，墨子、禽滑釐能继承“古之道术”，“不侈于后世，不靡于万物，不晖于数度”，节俭尚用，并在此基础上创立了墨家的“节用”学说。庄子称赞了墨家能继承“古之道术”节用而自苦的精神。墨子“不与先王同，毁古之礼乐”，“独生不歌，死不服，桐棺三寸而无椁，以为法式。以此教人，恐不爱人；以此自行，固不爱己”，虽然如此，但是庄子认为“未败墨子道”。又《庄子·天下》曰：“墨翟、禽滑釐之意则是，其行则非也。将使后世之墨者，必自苦以腓无胈胫无毛相进而已矣。乱之上也，治之下也。虽然，墨子真天下之好也，将求之不得也，虽枯槁不舍也。才士也夫！”就节用自苦而言，庄子称赞墨子“真天下之好也”“才士也夫”！

法家的代表韩非子则从消除“杂学”、加强法治的角度对墨家的“节用”学说给予了批判。《韩非子·显学》：“世之显学，儒、墨也。儒之所至，孔丘也。墨之所至，墨翟也。……墨者之葬也，冬日冬服，夏日夏服，桐棺三寸，服丧三月，世主以为俭而礼之。儒者破家而葬，服丧三年，大毁扶杖，世主以为孝而礼之。夫是墨子之俭，将非孔子之侈也；是孔子之孝，将非墨子之戾也。今孝戾侈俭俱在儒、墨，而上兼礼之。……今兼听杂学缪行同异之辞，安得无乱乎！”儒、墨在当时号称显学，具有广泛的影响。“墨者之葬也，冬日冬服，夏日夏服，桐棺三寸，服丧三月，世主以为俭而礼之。”墨者节用节葬，不铺张浪费，“世主以为俭而礼之”，受到当时诸侯的礼遇。韩非在此虽然是将墨家与其他诸家作为“乱世”的罪魁来批判的，但是也从一个侧面反映了墨家“节用”学说在当时的社会影响。

（三）精神境界

战国秦汉是侠文化形成的关键时期。我们认为此时期侠客精神气质的形成曾受到墨家影响。《墨子·经上》云："任，士损己而益所为也。"又《经说上》云："任，为身之所恶，以成人之所急。""任"，毕沅认为即是任侠。墨家主张任侠，倡导损己以成人之急，即救人之急，不惜赴死。这种精神也是侠之精神的精髓。鲁迅说："儒家之徒为儒，墨家之徒为侠。"闻一多说："所谓侠者，不又是堕落了的墨家吗？……墨家失败了，一气愤，自由行动起来，产生所谓游侠了。"鲁迅和闻一多都认为侠客是由墨家直接转化而来的，下论断不免有些过勇。但是，他们之所以有这样的看法正是因为注意到了墨家与侠客之间在精神气质上存在极大相似性这一事实。墨家不辞杀己以利天下，急人之难，行为本身就与侠客十分相近，因此不难理解会有一部分墨家成员转化为侠客。但是，我们说墨学影响侠文化的形成，主要是从墨学影响侠客精神气质的形成而言的。

墨家主张兼爱平等，所以墨家锄强扶弱，趋人之急，反对强者凌弱，为弱者打抱不平。比如，强大的楚国想要攻打弱小的宋国，墨子听说之后就行"十日十夜而至于郢"，去阻止楚王。墨子阻止楚王与公输班攻宋时，已将自己的生死置之度外，考虑的不是自己的生命安危，而是自己如果被杀害，宋国是否还能守得住。他说："公输子之意，不过欲杀臣。杀臣，宋莫能守，可攻也。然臣之弟子禽滑厘等三百人，已持臣守圉之器，在宋城上而待楚寇矣。虽杀臣，不能绝也。"正是在墨子的亲身示范之下，墨家成员一般都具有这样勇敢无畏的牺牲精神。正如陆贾《新语·思务》所云："墨子之门多勇士。"《淮南子·泰族》也说，墨家弟子"皆可使赴火蹈刃，死不还踵"。墨家这种勇于损己以救人之急的精神为侠所继承。汉朝朱家是著名的游侠，《史记·游侠列传》载："（朱家）专趋人之急，甚己之私。既阴脱季布将军之阨，及布尊贵，终身不见也。"朱家"专趋人之急，甚己之私"与墨家损己以救人之急的精神一脉相承。

（四）社会礼俗

1. 丧期

儒家提倡三年之丧。《论语·阳货》载有孔子与其弟子宰予辩论丧制一事："宰我问：'三年之丧，期已久矣。君子三年不为礼，礼必坏；三年不为乐，乐必崩。旧谷既没，新谷既升，钻燧改火，期可已矣。'子曰：'食夫稻，衣夫锦，于女安乎？'曰：'安。''女安则为之！夫君子之居丧，食旨不甘，闻乐不乐，居处不安，故不为也。今女安，则为之！'宰我出。子曰：'予之不仁也！子生三年，然后免于父母之怀。夫三年之丧，天下之通丧也。予也有三年之爱于其父母乎？'"孔子坚持"三年之丧"，弟子宰予认为"期年"即可。

《淮南子·要略》认为墨家学说即因墨子反对儒家烦琐之丧礼而起："墨子学儒者之业，受孔子之术，以为其礼烦扰而不说，厚葬靡财而贫民，[久]服伤生而害事，故背周道而用夏政。……故节财、薄葬、闲服生焉。"较之于儒学，墨学的特点是改"从周"为"从夏"，改周之奢为夏之俭。墨子针对儒家"厚葬靡财""久服伤生"的烦琐丧礼而倡导行"三月之丧"。

《墨子·公孟》载："公孟子谓子墨子曰：'子以三年之丧为非，子之三月之丧亦非也。'子墨子曰：'子以三年之丧非三月之丧，是犹倮谓撅者不恭也。'"公孟子，惠栋曰："公孟子即公明子。"宋翔凤曰："《孟子》'公明仪''公明高'，曾子弟子。……'孟'与'明'通，公孟子即公明子，其人非仪即高，正与墨翟同时。"曾子以孝闻名，其弟子为维护表示孝道的"三年之丧"的儒家主张，故与主张"三月之丧"的墨子发生争论。

墨子之所以反对"三年之丧"，是因为他认为烦琐的丧礼会对社会治理造成阻碍并妨害社会生产。《墨子·公孟》载墨子之言："丧礼，君与父母、妻、后子死，三年丧服；伯父、叔父、兄弟期；族人五月；姑、姊、舅、甥皆有数月之丧。或以不丧之间诵《诗》三百，弦《诗》三百，歌《诗》三百，舞《诗》三百。若用子之言，则君子何日以听治？庶人何日以从事？"墨子认为儒家之"三年丧制"会使得"君子无日以听治，庶人无日以从事"。

2. 鬼罚与辞灶

汉代产生的道教对墨家“天志鬼神监察赏罚说”加以改造补充，发展为“天志鬼神除算减年”说。

道教接受了墨家的“天志”学说，不但认为天是有意志的，而且认为天欲使世人为善，不欲世人为恶。这种宣扬，就使得“天志”说在民间的推行更具有心理威慑基础。此外，道教不但宣扬天有意志、欲令世人为善而不为恶，也宣扬天通过鬼神在暗中监察世人。道教还把“天志鬼神监察赏罚说”与国家治理结合起来。《太平经·四吉四凶诀》说：“犯四大凶，贡非其人也，乃使帝王愁苦，治云乱。凡害气动起，不可禁止，前后不理，更相承负。天地大怒，群神战斗，六方不喜，八远乖错，终古不理，天上名是为曰减年短命之符。”宣称世人犯凶而天怒，这就更能达到教育和威慑民众的目的。

道教徒们在民间大力推行这种经过改造了的“天志鬼神除算减年说”。《太平经·七十二色死尸诫》说：“及治生，天知少智，故为施善恶救命之文，以戒前后，勿轻恶言，以为谈首，动作进退，辄有殃咎。故下此文以示子，使思其意，使无自怨。”到魏晋南北朝时，道教的这种“天志鬼神除算减年说”与道教养生术结合起来，在社会上层广为传播。如《抱朴子·微旨》宣扬，欲炼养长寿者，其“禁忌之至急，在不伤不损而已。按《易内戒》及《赤松子经》及《河图记命符》皆云，天地有司过之神，随人所犯轻重，以夺其算，算减则人贫耗疾病，屡逢忧患，算尽则人死，诸应夺算者有数百事，不可具论。又言身中有三尸，三尸之为物，虽无形而实魂灵鬼神之属也。欲使人早死，此尸当得作鬼，自放纵游行，享人祭酹。是以每到庚申之日，辄上天白司命，道人所为过失。……大者夺纪。纪者，三百日也。小者夺算。算者，三日也。”

经过道教此番改造、宣传和推扬，“天志鬼神除算减年说”深入民间，集中反映在祀灶信仰到灶神职能崇拜的转变中。

祀灶原是上古一种祭祀仪式，其起源可能与先民发明用火有关，故《太平御览》卷一百八十六引《李尤灶铭》云“燧人造火，灶能以兴”。用火烧烤食物乃至发展到用灶炊饭，是所有先民部族都曾走过的共同生活历程；先民垒灶以饭，使自己脱离膻腥之苦，由此而产生对火、对灶的崇拜，故祀灶应是上古各部族先民共有的祭祀。

上古祀灶信仰产生的真正原因在于它为先民生活提供了功用性的便利，上古先民祀灶，是崇拜其生活性功用，尚无后世那样的祈福避祸的宗教性目的。但自西汉起，祀灶目的却悄然发生变化。《史记·封禅书》载汉武帝时方士李少君曾宣扬“祠灶则致物，致物而丹沙可化为黄金，黄金成以为饮食器则益寿”，其祀灶目的由感谢先圣作灶以去膻腥，而渐变为“祠灶可致物—致物可炼金—金成作饮食器可益寿”这种带有信仰性的功利目的。后来，这种信仰性功利目的在世人的心理层面更加明确，《后汉书·樊宏阴识列传》言：“宣帝时，阴子方者，至孝有仁恩，腊日晨炊而灶神形见，子方再拜受庆。家有黄羊，因以祀之。自是已后，暴至巨富，田有七百余顷，舆马仆隶，比于邦君。”在此“祀灶可致富贵利禄”信仰的吸引下，在求福求禄心理的促动下，祭灶成为汉人的常祀，祈福成为汉人祀灶的新兴宗教性目的，故《续汉书·礼仪中》载“立夏之日，夜漏未尽五刻，京都百官皆衣赤，至季夏衣黄，郊。其礼：祠特，祭灶。”

祀灶祈福，福不常至，汉人这种“祀灶可致富贵利禄”的功利性目的之实现的或然性，妨碍了祀灶信仰的传播，因而在“祀灶祈福”信仰流行的同时，又流行着“祀灶避祸”的信仰。“祀灶避祸”信仰，后经道教渲染，谓“天遣神往记”人间善恶，“过无大小，天皆知之”，然后“簿疏善恶之籍，岁日月拘校，前后除算减年”（《太平经·大功益年书出岁月戒》），发展成灶神信仰，使得“灶神监督、除算减年”的信仰深入民间。自唐代之后，灶神监督世人而上天报告善恶而除算减年的灶神信仰，成为笃定不疑、流传久远的民间信仰，至明、清、近现代仍历久不衰。

至近现代，此一信仰不减。陈邦贤的《自勉斋随笔》载：“普通的习俗，每年腊月二十三日或是二十四日送灶，除夕接灶。送灶是把灶神送了上天，希望他在上帝面前说几句好话，所以‘灶对’上都说：‘上天言好事，下界保平安’，中间贴一张‘司命府’，可见灶神的权威了。”从中可见灶神信仰在民间流传的久远。

黄朴民

中国人民大学国学院教授、博士生导师，中国人民大学国学院原执行院长、中国人民大学图书馆原馆长，教育部人文社会科学重点研究基地山东师范大学齐鲁文化研究院学术委员。他是《孙子兵法》与中国古典兵学研究领域的代表性学者。代表专著有《先秦两汉兵学文化研究》(中国人民大学出版社)、《王者无外：中国古代国家统一战略研究》(岳麓书社)、《中国兵学思想史》(南京大学出版社)、《春秋军事史》(《中国军事通史》第2卷，军事科学出版社)等多部。在《历史研究》《中国史研究》《文史》等高层次学术刊物上发表学术论文近百篇。他主持或作为主要作者参与的项目与著述，多次荣获各类图书奖、社科成果奖、教育教学成果奖。

中国古代兵学与《孙子兵法》

黄朴民

欢迎大家来到齐鲁文化大型电视讲座。我是中国人民大学国学院的教授黄朴民，很高兴跟大家来分享齐鲁文化的一个重要方面——兵家文化。

讲兵家文化，肯定要讲齐鲁文化。而齐鲁文化中的兵家文化也是中国兵家文化的主要代表。我们的讲座会分以下几个部分。

一、兵家文化的历史地位和价值

（一）兵家文化的重要地位

兵家问题，实际上是了解中国历史文化的一个重要窗口，也是一个非常重要的平台。读中国历史，如果把战争，比如牧野之战、长平之战、楚汉战争、赤壁之战、淝水之战等等都拿掉，中国历史也就几乎没有什么可以讲了。自古以来，军事，实际上是历史发展最重要的动力之一。《左传·成公十三年》里面讲道："国之大事，在祀与戎。""投笔从戎"的"戎"是什么意思呢？国家最重要的、最核心的两件事情，一件是祭祀。为什么要祭祀？就是要说明我的权力来自上天的授予，"天命神授"。电视剧中常有一个情景：往往读圣旨的时候念"奉天承运皇帝诏曰"——统治权是来自天意的，他要证明自己的统治的合法性、神圣性。第二件事情就是"戎"，就是国防，强大的国防、军队。这就是两件主要的事情。

历史上最好的工艺、最好的技术，都被运用到兵学领域，也就是军事领域里面。目前所知的最早记载，是《国语·齐语》里面讲到的“美金以铸剑戟”。这个“美金”，就是青铜，好的金属，是拿来做剑戟的，是用来打仗用的。锋利不锋利，“试诸狗马”，砍一下就知道它锋利不锋利了。“恶金”，是差的金属，用来做农具。它好不好用，就在耕田、锄土的时候来试试。齐国的一本重要典籍《管子》也讲到“来天下之良工”“聚天下之精材”，就是说要把最优秀的人才用到军事领域里，把最优质的原材料用到军事领域。《国语·齐语》和《管子》都是齐文化的代表作，而且都讲到，军事是生产力最核心的、最强大的动力，也是最先进技术的体现者。

很多其他的政治制度、办法都是在军事领域里先实行，然后才推广到社会上的。譬如保甲法、连坐法、军功爵制，都是部队里面先实施，然后推广到地方上。重大的改革，像王安石变法里面的保甲法、保马法等等，都是军事改革。有的改革就纯粹是一场军事改革。像赵武灵王的胡服骑射，那就是用军事改革带动整个社会、政治、文化这些方面的改革。

所以，军事是中国历史中非常重要的一个方面。这种情况在先秦两汉的时候更加突出。比如先秦“六艺”。现在讲的“六艺”都是孔门弟子在孔子以后整理的儒家典籍。后来，儒家文化占据了中国学术的统治地位，《诗》《书》《礼》《乐》《春秋》和《周易》这六种最核心的、代表国家统治思想的经典被称作“六艺”。但是，在孔子之前，“六艺”是类似于学科体系的一种学问技术建构。一个贵族要学六种基本的技能、基本的理论。其中，第一个是“礼”。作为贵族，要知道做人的道德伦理，要知道政治上的正确立场等等，这就是“礼”的要求。第二个是“乐”。我们可以把它看成是文化修养。比如，作为贵族，他要看看画展，要会懂点音乐，能够写个书法。这就是“乐”，是一种文化艺术的熏陶。第三个就是“射”，射箭的“射”。第四个是“御”，“御”就是驾车。这两项都是军事学的内容。“御”和今天所说的驾车有很大不同。当时没有现在的“自动档”；当时的道路不是今天的柏油马路，而是坑洼不平的土路；轮子也不是橡胶轮子，是木轮，很大很笨重，三十根辐条联结起来的。如果战车翻了，不用说打仗，车上人都有受伤甚至丧命的危险。所以“御”是重要的军事技能。第五项就是“书”。贵族需要有识文断字的能力。第六项“数”，就是说经济能力的培养。也就是说，老的“六艺”是孔子之前的技能培养，是一种德、智、体、美全方位发展的健全人格的培养。六项里面，军事占了两项。从中就可以发现当时军事的地位。

当时的学校又是什么样呢？经好多学者考证，先秦的学校从本质上来说是“武学”，学的主要内容就是射箭、驾车这种军事技能。用通俗的话来讲，先秦的学校不是北京大学这类综合院校，而是国防大学、国防科技大学这类军事院校。所以顾颉刚先生曾考证指出，春秋以前的士，实际上就是武士。当时整个社会弥漫着一种尚武进取的精神。中国文化的特点从先秦到之后有个变化：由尚武变成了崇文，由阳刚变成了阴柔，由进取变成了守成。所以，先秦时文质彬彬的书生的社会地位会很低，真正在社会上有地位的人是那些能拿武器打仗的、能驾战车能射箭的那些武士。所以，《诗经》里面讲：“赳赳武夫，公侯干城。”现在说“赳赳武夫”那就是四肢发达、头脑简单的草包了。先秦时的“赳赳武夫”是国家栋梁。这是尚武精神在当时的反映。

（二）齐鲁文化与尚武精神

1. 齐鲁文化中的尚武因素

齐鲁文化同样体现了一种尚武精神。有文献记载的中国历史第一战，是涿鹿之战。战争的双方，一方是从今陕西东来的黄帝和炎帝的联盟——华夏集团；还有一方就是以齐鲁地区为根据地、发祥地的东夷集团，它的首领是蚩尤。蚩尤就是武力强盛的一个象征。当然，蚩尤不幸失败了。但是这种尚武精神没有消亡。据汉代文献的记载，齐地要祭祀八个神，其中“兵神”，即兵祖，就是蚩尤。刘邦起义反抗秦朝暴政统治的时候，也曾祭祀蚩尤。因为蚩尤作为“兵神”可以保佑施祭者，增强他们的威力。所以，尚武精神是齐鲁文化的一个重要的组成部分。东夷的“夷”，有的人说就是拿着弓箭的人。弓箭就是尚武的一种象征和体现。所以，中国文化的一个起点，就与这种尚武的精神紧密相关。

先秦的情况与现在不同。现代人观念中的“儒”有很高地位，是一种有文化的象征。譬如，一个医生医术高明、救死扶伤又宅心仁厚，还能读《本草纲目》《伤寒杂病论》《黄帝内经》的话，会被称为“儒医”。若是一个商人经商很成功，而且酷爱学习，喜读四书五经，同时又能对社会有所贡献，就会被称为“儒商”。若是一个将军既擅长军事，又能诗会写，就会被叫作“儒将”。总而言之，跟“儒”搭上之后就会显得与众不同，非同一般。

实际上，先秦的儒不见得有很高地位。古代有种“右文说”。“右文说”是讲，一个字的左边偏旁是类别，右边偏旁既发声也表意。譬如，“线”字，右边是“戋”，凡是跟这个偏旁挂钩的，都是少的、小的、渺小的意思。绞丝旁加上这个偏旁就是最细的线。水少的话就叫作“浅”。地位低下的话就叫作“贱”。加“木”旁叫作“栈”。所谓“明修栈道，暗度陈仓”，肯定不会是一个四车道、八车道的大路。

现在来看“儒”这个字。与“需”字搭配而成的字，实际上都是软弱、迂腐、难成事之类的意思。竖心旁加上“需”是懦弱的“懦”。口字旁加上“需”是“嚅”，就是讲话讲不清楚的意思。木头旁加上“需”是“樗”，又叫作泡桐树，那根本派不上用场。子旁加上“需”是孺子的“孺”，小孩子。王字旁加上“需”是质地很差的一种玉。土字旁加上“需”指的是不长庄稼的盐碱地。同理，人字旁加上“需”就是“儒”，“儒”会太好吗？章太炎先生的《原儒》、胡适之先生的《说儒》，实际上把儒的来龙去脉都讲清楚了，值得参考。秦以后，儒的地位提升。先秦时，不见得儒有很高的社会地位。

尚武的精神在当时的图书种类上也有所体现。现代人讲国学、讲传统文化，都会说经、史、子、集。这个当然是对的，但不是完全对。经、史、子、集的图书分类法是隋唐以后正式确立的，汉朝时就不是这样的。在《汉书·艺文志》里，图书分为六大类。第一类是《六艺略》，是国家统治思想，类似于今天高校里的两课，就是大家都要学的正统的、占有领导地位的统治思想。第二类是《诸子略》，诸子百家，就是学术文化思想。第三类叫《诗赋略》，就是文学艺术创作。第四类是《兵书略》。所以《孙子兵法》之类的书在当时是个独立的学科。所以，现在研究墨家、道家在汉代类似于今天的“二级学科”，而研究兵书则属于“一级学科”，因为《兵书略》就是单独的一个门类。第五类是《术数略》，相当于今天的纯理科，数、理、化、生物学等等。第六类是叫《方技略》，类似于今天的工科。在汉代，研究兵书、兵学是一个独立的学科，在六大分类里占据其一。所以，兵学的地位很高。

在先秦两汉，齐鲁文化之所以占据中华文化的主流，有这么高的地位，在相当程度上是因为它的兵学占主流。《汉书·艺文志》中著录兵学类的书籍，流传到今天的，基本上都是齐鲁文化的产物。《孙子兵法》就不用说了。最后定型的今本《司马法》是战国时稷下学宫里懂军事、懂兵学的人整理的，也是齐国的。《孙膑兵法》也是齐文化的产物。《六韬》托名姜太公，当然不能说此书就是姜太公所作的，但姜太公的思想对此是有影响的，而且最后也是在战国齐地成书的。所以，《武经七书》里的大部分都跟齐地有关系。李零教授曾经指出：“齐国兵学甲天下。”这不是随便说的，这是有充分的史料文献做依据的。另外，吴子虽然是卫国人，但是他的兵书里面带着浓厚的儒家文化色彩。因为吴子曾经在儒家曾子门下当过学生。这种师承关系使得他虽然以法家、兵家的形象出现，但是他骨子里也一定留有部分儒家文化因子。所以吴子属于儒文化，也就是属于齐鲁文化的体系中的。《武经七书》总共是七本书，加上《孙膑兵法》，一共八本。八本书里面，有六本是先秦的，一本是秦汉的，一本是隋唐的。属于齐鲁文化的作品占了五到六本。为什么是“五到六本”？因为《尉缭子》属于三晋兵学文化的作品。但是宋金时期的学者施子美也说过：“尉缭子，齐人也。”他这么说的原因是什么，今天还不好下结论，但他必有依据。总而言之，在齐国文化中，兵学文化是一个重要的组成部分，而兵家文化又是尚武精神的一个集中体现。

2. 尚武精神的延续和转变

这种尚武精神一直延续了下来，至少延续到隋唐是没问题的。所谓的“汉唐雄风”实际上讲的是尚武的、阳刚的那种进取的气质或气象。这样就能理解，为什么张骞在没有罗盘、全球定位仪、手机的情况下敢于去“凿空”；班超投笔从戎，把今天的新疆地区纳入了我们国家的版图。陈汤曾说过铿锵有力的话：“犯我强汉者，虽远必诛。”再比如唐朝时，“初唐四杰”之一的杨炯作诗说：“宁为百夫长，不作一书生。”百夫长相当于今天部队上的连长，宁可去军队当连长，也不当博士，不做博士后。这就是尚武精神。

但到了两宋以后，汉唐雄风出现了变化。宋代讲究“以文制武”，其中一个方面的原因是我们的文化更加昌盛，更加繁荣。但对“山外青山楼外楼，西湖歌舞几时休”这种文弱文化的过分推崇，使得尚武精神逐步被抛弃。换言之，尚武精神在宋朝开始出现了转折。所以现在社会上往往会出现一些称谓，称男性是“伪娘”“奶爸”，称女性是“虎妈”。原来的“严父慈母”变成了“严母慈父”。这叫作“阴阳失序”“乾坤颠倒”。本来两者应该是平衡关系，在先秦的齐文化里这个平衡做得非常好。但到了后来，这个平衡打破了。虽然北京有两座门，一座叫崇文门，一座叫宣武门，但是文官、武官的实际地位是不一样的。这虽有一定的合理性。但它带来的弊端也是很多的。现在社会上“阴阳失序”的现象，是国防意识淡薄的表现。今天讲齐鲁文化，实际上也是唤起原来那种已经消失的尚武精神，强化我们的国防意识。这个意义非常重大。

所以，要把齐鲁文化放在整个中华文化的大格局当中去看。中国文化精神怎么由阳刚转换成阴柔的，从这个角度去看，就可以对齐鲁文化包括齐鲁兵学文化有更好的认识。北京大学袁行霈先生正在主编“中国传统文化百部经典”，一百部里面，九十九部是“文”的，“武”的只有一部《孙子兵法》。不唯现在如此，清朝时也如此。汉朝《汉书·艺文志》统计的当时兵家学派，兵权谋，十三家；兵形势，十一家；兵阴阳，十六家；兵技巧，十三家，一共五十三家，至少五十三部兵书。可是到了清朝时，《四库全书》收录的兵书只有二十部。汉朝到清朝，图书数量增加了不知道几百倍、几千倍，可是兵书中能够作为正式图书收录进去的，反而由五十三部变成二十部。为什么出现这种情况？齐鲁文化的根自己把它弄断了，这是很大的遗憾。

因此，齐鲁兵学文化要放到整体的兵家文化和中国文化精神演变长河中去考量。只有这样，我们才会对齐鲁兵家文化有坐标性的认识，才能有更好的把握，有更深刻的领会、感悟。

二、齐鲁兵家文化的发展历程

齐鲁兵家文化的发展历程，也是中国古代早期兵学发展的历程。

（一）中国兵学的萌芽阶段与齐鲁兵家文化

中国兵学的第一个阶段，是原始社会后期到夏朝、商朝的萌芽时期。在甲骨文里，在后人记载中，我们可以看到一些属于兵家文化的文献。兵家文化要成型，有三个基本条件。其一，要有文字。商朝有甲骨文，前人那些口耳相传的东西可以记载了。其二，要有一定数量的战争。所谓“实践出真知”，理论一定是来源于实践。没有一定数量的战争，就无法对兵学的基本的原则做出归纳、提炼和总结。其三，人类的思维要发达到一定的程度。《孙子兵法》这样的鸿篇巨制，是跟《论语》《道德经》差不多同时候出现的。此时，人们的思维大概在同一个层面上，无非选择点不同，有的人选择研究政治学，有的人选择研究哲学，有的人选择研究兵学，但实际上的思维状态是在同一个层面上。那些东西应该说是吉光片羽，是不成系统的，但也是弥足珍贵的。没有早期的这些东西，就没有办法理解后来的进一步发展。

1. 中国兵学萌芽阶段的两个载体

萌芽阶段是第一个阶段，也是齐鲁兵学的初步成型时期。正式形成的标志性成果，就是所谓的从西周到春秋中期以前的中国兵学。它的主要载体有两个。一个是包含了好多兵学思想的《周易》。《周易》讲“师出以律，失律凶”。军队行动要强调纪律，要做到令行禁止。古往今来大概都是一样的。《周易》讲要“伏戎于莽，升其高陵，三年不兴”。在灌木丛中埋伏重兵，隐蔽这些兵力，然后占领制高点，打敌人一个伏击战，这样可以让敌人伤筋动骨，大伤元气，三年不得恢复。所以，不要把《周易》看得太神秘，它的许多东西都是从实战当中来的。再譬如说，它讲“师，左次，无咎”，就是军队靠左边驻扎，军队就能安全，就不会有危险。为什么靠左边驻扎安全，靠右不安全呢？这很简单，用右手的人多。在战场上左手一般是辅助性的，拿的是盾牌。右手拿的是矛、戈、戟或者短剑。如果是靠右的话，人在出击的时候手是勾过来的，就不方便。这就是为什么军要“左次”，实际上就是在作战中积累经验并上升到了理论层面。

早期兵学在初步成型期的另一个重要来源，是所谓的“古司马兵法”。这个“古司马兵法”不能加书名号。也就是说“古司马兵法”不是一本书，而是有关军事方面的著作文献、军事类图书都叫作“古司马兵法”。《唐太宗、李文卫公问对》中讲自古兵家者，兵家流皆出司马法。兵家分成兵权谋、兵形势、兵阴阳、兵技巧四大流派，归根结底都来自司马法。而司马法又来自太公——姜太公。所以，这个“古司马法”和齐地兵学文化有一种深厚的渊源关系。“后世之言兵及周之阴权，皆宗太公为本谋。”所以，孙子是中国历史上兵家文化的杰出代表，叫作“兵圣孙武”。但是要说兵家鼻祖的话，那就不是孙子了，而是姜太公。姜太公就是“古司马兵法”最重要的代表人物。“古司马兵法”还包括了各种各样的图书，譬如《孙子兵法》引用的《军政》,《左传》经常会引用的《军志》，都是专书。齐国有兵学类的书叫《大度之书》，审时度势的“度”，就是注重战略。还有楚国的军事文献叫《令典》。这些专书合在一起就是“古司马兵法”。

2. 齐地对“古司马兵法”的总结之功

如果没有齐地的文人学者整理“古司马兵法”，它是不会流传下来的。现在这本《司马法》，也即我们能看到的《武经七书里》中的《今本司马兵法》，总共只有五篇了。关于它的来历，司马迁等人讲得很清楚。实际上，这本兵书就是对中国兵家文化从早期到中期(《孙子兵法》之前)的一个完整总结。它的主体部分内容属于西周文化，周公制礼作乐，其中的兵学文化是姜太公他们来完成的。第二部分就是春秋后期，比孙子稍微早点的齐国大司马司马穰苴的军事思想。第三部分是战国齐威王让稷下学宫学士们整理的前人的东西。但在整理过程中，他把战国的兵家文化的一些特色也杂糅进去了。

所以，今天我们看到的《司马法》就是“古司马兵法”的一个浓缩本。它的时间跨度有一两千年，由三部分组成的。主体部分是西周到春秋中期的那些基本的原理和内容；第二部分就是春秋后期的司马穰苴的思想；第三部分就是战国时期一些兵家的观点。“古司马兵法”是三部分的一个组合。齐鲁文化引领了当时整个中华军事文化的总方向。

3. “古司马兵法”中的战争规则

有关战争学问的一些原则在《孙子兵法》时已有革命性的创新和变革，但是“古司马兵法”与《孙子兵法》之间有明显的传承关系。譬如孙膑强调“战胜而强立”，就是为了国家统一，为了兼并，为了夺取胜利。而“古司马兵法”不是这么说的。“古司马兵法”说战争的目的是“吊民伐罪”。尽管不一定真是这么做，但它的口号要是这么喊的——拯救老百姓于水火之中。再比如，打仗有禁忌：“不加丧”，“不因凶”。所谓“不加丧”，国君死掉的时候，别国不能派兵去打。按现在的逻辑来说，人家国君死掉了，正是群龙无首、内部乱成一团的时候，是攻击的最佳时机。而先秦时，讲人道、讲贵族精神、讲礼让精神，反而不能打。据《左传》记载，晋国出兵去打齐国，走到半路上获得消息，齐国的国君离世了。晋国将领马上开会研究，决定不再出兵。按传统的《司马法》和军礼的要求，这种情况下不能再打齐国，于是晋军班师返回。这就是“不加丧”。所谓“不因凶”，就是说一个国家发生灾荒（旱灾、水灾、地震、蝗灾）时，他国不能去攻打，而且要发扬人道主义精神，加以援救。所以，吴王夫差跟越王勾践打得不可开交，可是越国闹灾荒了，就理直气壮地向吴国去借种子，借粮食。吴王夫差就借给越国了。《司马法》要求“不因凶”，而且要施以援手。可是越王勾践却未能如此。等到吴国闹灾荒问他借种的时候，他提前把种子煮熟了。所以越王勾践为什么在吴越战争取胜？因为他破坏了一切规则，突破了最后的底线。后来，这种东西多了，就把中国人的人心给教坏了。再譬如，战场上有一个规定叫作“逐奔不过百步”。敌人逃跑的时候，获胜的一方可以追击，但追一百步没追上人家，那就要放过人家。所以《孟子》讲“五十步笑百步”，为什么不说一百步笑两百步？当时最大的限度就是一百步。再比如，“纵绥不及三舍”，就是人家主动退却的时候，敌方可以追击，但是最大的距离就是三舍九十里路。超出九十里路之外，也要放过人家。成语说“退避三舍”，而不叫“退避四舍”，这都是有理由的。

《司马法》实际上都是这些军礼的规则。这种军礼规则不光停留在理论层面，在实战中也会遵循。比如“逐奔不过百步”“纵绥不及三舍”。城濮之战时，晋文公主动退避三舍以后，楚国还要追击，原来保持中立的齐、秦这些诸侯国便都站在晋国这边去了，因为楚国违背了《司马法》中军礼的标准和要求。公元前597年，晋国的军队在邲之战中被打败了，楚国的军队开始追击晋军。《左传》有一段生动的记载：有一辆晋军的战车不小心陷到坑里了。楚军追上后，并没有俘虏敌人，而是开始指点他们将车抬出来。晋军表示感谢。当时社会是讲礼乐文明的。《司马法》规定，“不重伤，不禽二毛”。敌人受了伤，不能再予以攻击。头发已有黑白两色（老年人）的叫“二毛”，对这些年老的士兵、中年以上的士兵要优待。《司马法》还讲“古之为军，不以阻隘也”，就是不能利用地形打敌人的埋伏，要“成列而鼓”，就是堂堂正正地交锋不能搞偷鸡摸狗那种偷袭。这些都是《司马法》里的原则。

这些原则实际上一直是传承下来的。所以说，在绝对正确的胜利之上，还有绝对正确的道德伦理。我们中国的兵学为什么伟大？为什么只有齐鲁文化能够独领风骚？因为它在胜利之上还有道德规则，还有人文关怀。这就是最大的价值所在。这种文化跟当时贵族文明是连在一起的。

（二）孙子时代与《孙子兵法》的时代意义

1. 孙子时代的战争特点

但是到了孙子的时代，第二个阶段出现，情况变了。

第一，军队人数扩大了，战争的规模变了。原来只有贵族（国人）能当兵，野人（乡下人）是不能当兵的。而到了此时，战争变多，军队扩充了。这就像我们的大学一样，早期时每年招生二十多万、三十万，现在每年扩招，到了八百万——由精英教育变成大众教育了。这么多普通人进入军队，之前要学的贵族六艺，礼、乐、射、御、书、数，就不可能都学会了。

第二，战争的主题变了。春秋时，各诸侯国都是有亲戚关系的兄弟之国或者甥舅之国。当时有个要求，“同姓不婚”。鲁国、郑国都是姬姓国，鲁国的国君就不能到郑国去娶妻。而齐国和鲁国为异姓，就可以联姻，生出来孩子是对方国君的外甥或者外孙，大家都是血缘关系。至于兄弟之国那就更是了。所以打仗都是点到为止。当时打仗的最高宗旨是为了争霸，为了当“老大”“领头人”。而到了战国就不一样了，血缘关系疏远了，多少年以后亲戚也不走动了，都变成地域文化了，没有亲情了。那么战争的目的就由争霸变成兼并，到后期就变成统一了。兼并战争跟争霸战争完全不一样，兼并战争不但要打败敌人，还要把对方的土地占为己有，把对方的民众占为己有。失败方肯定不甘心，他要殊死抵抗。所以战争的残酷性就大大地提高了。所以，《孟子》讲了很多战争的场面：“争地以战，杀人盈野”“争城以战，杀人盈城”等等。长平之战，坑卒四十多万，春秋没出现过这种情况。所以，战争性质变了。

第三，战争的区域变了，导致战争的节奏发生变化。原来战争都是在黄河中下游地区，今天的河南、山东这些地方打。到此时，钱塘江、太湖边、汉水流域等等，都是交战地。那就不一样了，那些地方都是丘陵、沼泽地、河流、湖泊。原来在大平原上打，大家可以用战车，摆阵以后才能打。到此时都是步兵、水兵，机动性大大提高了。原来要求打仗要“车不驰，徒不趋”，就是战车不要开得太快，士兵也不要过度奔跑。到此时，孙子会讲“兵之情主速，乘人之不及，由不虞之道，攻其所不戒也”。这就是强调机动性。所谓“兵以诈立”，靠诡诈、欺骗来取得成功。“兵者，诡道也”“兵不厌诈”都讲了这些问题。所以，战争的性质变了。

第四，武器装备出现了极大的发展。武器装备的发展带动了齐国兵学，甚至是带动了《孙子兵法》的面世。齐国兵学由司马法时代进入了《孙子兵法》时代。为什么这么说呢？武器装备是最重要的因素。马克思说过：“批判的武器不能代替武器的批判。”新式武器发明之后，原来的传统打法就行不通了。比如，弩机是改良型弓箭。弓箭是原始社会后期为打猎发明的东西，但是大部分人准头有限；再者，射程也有限。但是弩机不一样，弩机有两个最重要的改良：有瞄准器，射击的精确度大大提高；射程、射速也有了极大升级。这就改变了战争的进程。弩机到了三国的时候还发展出了连弩，相当于今天的机关枪，杀伤力就更大了。之前那种贵族式高雅的战争不能再现了。战争的情况完全改变了。不唯中国，欧洲军事史的情况也一样。战争样式的改变、作战技术的进步，关键取决于武器装备的发展。所以恩格斯说：

> 火药自从阿拉伯人从中国引进传到欧洲以后，欧洲那种封建的小城堡就维持不下去了。原来欧洲那些贵族、重装骑兵在枪炮的面前就成了靶子了。

恩格斯用很形象的语言，来描写火药传入对欧洲社会结构封建制度的影响，叫作：在欧洲封建城堡的地平线上升起了近世纪的曙光。文字很优雅，很漂亮，但是讲的是一个道理。这就是《孙子兵法》诞生的一个重要的契机。

2.《孙子兵法》为齐国带来的进步

不论是在中国古代军事思想史、兵学文化史上，还是在齐鲁文化发展史上，《孙子兵法》都是一次革命性的进步。那么其后的情况又如何呢？《孙子兵法》是齐国兵家文化的最高峰阶段。而且这个最高峰不是一个，而是“一波”。除了孙子带头外，后面还有《孙膑兵法》，还有《今本司马法》。《管子》中也有好多篇章属于兵学内容。可以说，这是齐鲁兵学最丰富最发达的时候。《墨子》中有《城守十二篇》，也属于齐鲁文化的系统。换言之，这个最高峰不是一部兵书，而是一批兵书完成了兵学文化、齐鲁文化的转型。

这个转型意义重大。明代有个兵学家叫茅元仪。他说：

> 前孙子者，孙子不遗。后孙子者，不能遗孙子。

这句话的意思是说，孙子之前也有兵书，但它们的内容精华都被《孙子兵法》继承了下来，没有任何遗漏。《孙子兵法》出现以后，之前的兵书便渐次消亡了。比《孙子兵法》后出的兵书，像《今本司马法》《吴子兵法》《孙膑兵法》《尉缭子》等等，都不能绕开《孙子兵法》另起炉灶，只能在孙子的这个兵学文化框架里做一些修补工作。作为中国兵家文化的最高峰，《孙子兵法》是永远没有办法超越的。

所以，孙子是兵家文化转型的领头羊。后面还跟了一批后起之秀：《管子》里面的兵学篇章、《墨子》的《城守》篇以及《吴子兵法》《孙膑兵法》《尉缭子》等等，都是在这个阶段出现的。先秦兵学的主体部分进入了高峰。齐国兵学、齐鲁兵学进入了高峰。

高峰以后还会有一个总结，有一个收官。这个总结就是《六韬》。

（三）中国兵学总结阶段与《六韬》

1. 战国中后期的中国文化汇合趋势

中国的文化，包括齐鲁文化的走向有一个根本特征——由分散走向汇合。文化原来是分散的状态。例如，河姆渡文化归河姆渡文化，它跟仰韶文化之间似乎没什么直接联系。龙山文化跟辽宁的红山文化之间，跟巴蜀的三星堆文化之间，跟浙江的良渚文化之间，都没有明显联系。这是散的。但天下大势，分久必合，合久必分。到了一定时期，就会出现汇合局面。西周初年周公制礼作乐，就是第一次大的整合。但到春秋战国时期，出现了百家争鸣。诸子蜂起，私学勃兴。“学在官府”的限制被打破，学术下移了。儒家、道家、墨家、兵家、农家、法家等等，都在此时出现。到了战国中后期，中国文化又走向合的过程。孟子说“天下恶乎定”，怎么才能够安定下来？统一了，国家才能安定，民众才能安居乐业。所以，政治上的发展方向，就是走向统一的君主专制集权。

文化、学术也要汇合。在这个时候，儒家学派中出现了整合原始儒家（孔孟之道）而又吸收部分法家思想的荀子。荀子是儒家的集大成者，主张礼法并用，但他最优秀的两个学生恰恰都是法家：韩非子、李斯。道家也出现了汇合的趋势。道家一部分继续沿着老子、庄子这条线走下去，还有一条就是所谓的黄老之学。黄老之学实际上是以道家老子的思想为主体，吸收儒家、法家、墨家、阴阳家的一些东西。统治者借助黄老之术可以进行高效率的统治。法家各派也在汇合。原来法家有三大派：法学派的代表是商鞅，术派的代表是申不害，势派的代表是慎到。韩非子把法家三派整合起来，还吸收了道家的内容，形成了新的君人南面之术。目前所知的历史上第一个系统注释《老子》的人恰恰是韩非子。《韩非子》中有《喻老》篇、《解老》篇，都是解释《老子》的专篇文章。他师从儒家集大成者，还吸收了儒家的三纲五常思想。而且，他比儒家更为强调君臣等级秩序。所以法家也在汇合。而且，当时出了一个完全综合的学派，就是吕不韦的《吕氏春秋》，叫杂家。与此同时，先秦齐鲁兵学也进入了总结综合的阶段。

这个总结综合的阶段以《六韬》为代表。

2.《六韬》的特点与文化转型

《六韬》作为先秦齐鲁兵学总结综合的代表，有如下几个鲜明特点。

第一，体量增加。今人能看到的《孙子兵法》是五千九百多个字。现存的《吴子》有四千个字。《今本司马法》有三四千个字。《尉缭子》篇幅长，也只有万把字。但是，《六韬》将近三万字。《孙子兵法》是十三篇。《六韬》有六十篇。它在体量上综合已有兵书，什么都要讲到。前面四大派的内容，《六韬》里面都有。

第二，思想丰富。它不是单纯地讲军事，更多的是政治和军事的综合、经济和军事的综合。它的思想不单纯是兵家的思想，而是吸收了儒家、道家、法家、墨家的很多思想。譬如《六韬》第一韬叫《文韬》，《文韬》总共十二篇文章，没有一篇讲如何具体地用兵打仗的问题，都讲的是怎么用人才，怎么治理国家，怎么爱惜劳动力，注意剥削不要太过分，讲生产关系和经济基础，讲经济基础和上层建筑的关系。《六韬》的重心完全变了，它变成一个国家层面的、全方位的综合战略，而不是一个单纯的军事战略。

第三，内容具体而细致。《六韬》跟之前兵书有一定的区别，它把兵权谋、兵形势、兵阴阳的内容融汇在一起。这是《孙子兵法》没有做到的。《孙子兵法》是很抽象、很宏观、高屋建瓴式的，但《六韬》却很具体、很细致。譬如《六韬》讲一支军队要有一个司令部，司令部由七十二个人组成；七十二个人分为哪几个部门，每个人负责什么等等，它都讲得清清楚楚。

第四，反映了当时社会政治形态的变革。《六韬》也有特殊时代的特殊烙印。《孙子兵法》讲，一个将帅要有五种品德：智、信、仁、勇、严。智，就是睿智，将帅首先要聪明。信，就是讲诚信，守诺言。仁，就是爱护民众、关心部属；有开阔的胸襟和肚量，能够做到海纳百川，有容乃大；要有包容心。勇，是敢于冲杀，不怕牺牲，能够担当，敢于负责。严，正所谓"慈不掌兵"。《孙子兵法》讲的是这五个方面。《六韬》还是五个，但是内容调整了。原来排在前面的智、仁反而边缘化。《六韬》中的第一项是勇。勇之前在《孙子兵法》中居第四位。为什么出现这种变化？秦始皇最终能够建立专制独裁的体制，是长期以来积累的结果。"冰冻三尺非一日之寒"。战国后期，各个诸侯国实际上都在搞这种君主专制。在这种体制下，决不能让将帅太过智慧、仁义。太聪明了，不好对付，控制不了。太讲仁义的话，将帅会收买人心，另起炉灶，另立门户。《六韬》首先讲的是勇。在当时国君看来，将帅不要聪明，不用讲仁义，最重要的品德就是敢于杀敌。这种将帅才是整个专制机器上的一颗螺丝钉——绝对服从就行，会打仗就行，另外的事情都不是考量的对象。《六韬》还指出，将帅必须具备的一个重要的素质是忠。这也是专制社会特别强调的素质。春秋时没有过分强调忠的问题。所以，《六韬》表明，齐鲁文化正要从封建时代、贵族共和时代逐步转到帝国时代、君主专制时代。

齐鲁文化在转型，整个中国文化也在转型。正是因为转型，原来齐鲁文化崇尚开放、崇尚交流、崇尚创新的个性逐步被消解、淡忘了。所以，齐鲁文化衰落的原因，跟齐鲁兵家文化衰落的道理是一样的。整个社会条件变了，政治环境变了，政治氛围变了，那么齐鲁文化继续发展的土壤就缺乏了。它缺乏新的、有机的那种养料，缺乏活力和生机。《六韬》跟《孙子兵法》的差别恰恰是对这种转变的证明。

所以说，如果要了解齐鲁文化，没有时间去全方位去掌握的话，可以关注齐鲁兵家文化的发展脉络。齐鲁兵家文化的发展脉络实际上就是齐鲁文化的发展脉络，从中就可以清晰看到它的特征、背景、转变的原因、内在的逻辑以及其中的规律性问题。这样也就可以举一反三，触类旁通了。以上，是我对齐鲁兵学文化、齐鲁文化发展阶段的总体认识。

三、《孙子兵法》的基本内容及其现实价值

作为齐鲁文化的代表作，《孙子兵法》体现了齐鲁兵家文化的基本特征和战略智慧，体现了齐鲁文化的核心精神。至今，《孙子兵法》仍然有现实的价值。

前面讲的内容实际上都是宏观的视野，高屋建瓴地看。我们画出了纵、横坐标，然后给齐鲁兵家文化做了一个正确定位，并进行了一个全面、系统的宏观把握。接下来我们要做微观的剖析。

齐鲁兵家文化最重要的代表作就是《孙子兵法》。《孙子兵法》篇幅不大，也就是五千九百多字（《武经七书》本），有的版本，比如十一家注本，可能是六千零几十个字。两个版本除了个别地方有差异外，其他大部分差别不是太大。1972年，在山东临沂银雀山汉墓里出土了一批竹简。其中有不少《孙子兵法》的内容。目前可以释读的文字有两千多个。实际上，《孙子兵法》的版本大概就是这三种。

《孙子兵法》五千九百多字的这个版本，总共是十三篇。为什么是十三篇呢？十二加一是十三。在古代的数字观念中，十二是一个轮回。十二个生肖、十二个月，都是如此。一，代表重新开始。《孙子兵法》跟这个道理是一样的，就是否定之否定，转了一个圆圈后它又重新开始循环往复，生

生不息。《孙子兵法》的第一篇是《计篇》。《计篇》讲庙算，讲五事七计。知彼知己，来做出打与不打的决策。所以《孙子兵法》用“知彼知己”开始，而以《用间篇》做最后一篇。《用间篇》就是用间谍来搞情报，目的就是为了知彼知己，为决策提供充分的依据。所以，《孙子兵法》是从“知彼知己”开始，又到“知彼知己”结束，是这么一个理论框架。我们对它的具体内容不能一一展开了。我读《孙子兵法》，认为《孙子兵法》那就是讲了三个规律、三个道。

（一）竞争之道

第一个道是竞争之道。竞争、博弈，战争是最残酷的竞争，是流血的博弈。那么《孙子兵法》五千九百多个字，其中基本的道理，实际上就是竞争的规律问题。其他各行各业，只要有博弈，只要有竞争，有分出输赢、高下、胜负的地方，《孙子兵法》的道理都是适用的。

所以《孙子兵法》全文实际上就分成两个部分，两个字可以概括：第一个字是“算”，就是战略筹划、战略分析、战略评估、战略预测、战略选择，用古人的话来说就是“运筹于帷幄之中”。第二个字是“骗”。《孙子兵法》的灵魂所在，孙子很明确地说“兵者，诡道也”，诡道就是诡诈之道，讲的是兵不厌诈。它强调的是兵以诈立，军队打仗靠诡诈欺骗来取得成功。三十六计里的那些谋略实际上都是诡诈、欺骗之道。声东击西、瞒天过海、上屋抽梯、李代桃僵、指桑骂槐，除了战略欺骗就是战术欺骗。第一部分讲战前的战略规划问题，“运筹于帷幄之中”；第二部分讲的是战争过程中如何巧妙落实和实施既定计划，即“决胜于千里之外”。

1. “算”

做任何事情，包括打仗在内，在动手之前有五步工作是一定要做的。

第一步，尽可能多地收集各种信息数据。现在很多事都是数字化管理，在大数据时代，数字信息对最后做决策至关重要。掌握充分的信息，胜负的趋势也就看清楚了。孙子一再强调要知彼知己，要知天知地，了解敌人和我方，了解客观环境、战略时机，就是既要了解外界环境，也要了解主客观条件。

第二步，分析事情的利弊得失。利弊得失太重要了。孙子和老子一样，他认为任何事物都是利弊相杂的。所以他要求战略指挥导者“知（智）者之虑，必杂于利害”，把利和害作为一个统一体来通盘地考量。在孙子看来，任何事物都是利弊相杂，有一利必有一弊。世上万事万物没有单纯的利，也没有单纯的害，都是利中有害，害中有利。关键是抓核心的利、长远的利、全局的利，有时候不得不牺牲暂时的利、眼前的利、局部的利。利弊相杂，因为孙子看得清楚，要得到它的利的话，就要容忍和接受它的害；如果拒绝了它的害，那么也就得不到它的利了。这是一枚钱币的正反两面。最好的东西有短板有软肋，最坏的东西也有它的优点，也有它的长处。这跟老子的观点一样。利弊关系都处在变化之中。“祸兮，福之所倚；福兮，祸之所伏”；天无弃物，天无弃人。譬如核武器出现之后，人类社会就笼罩在自我毁灭的阴影当中。但如果换一个角度去看，核武器在某种情况下又是好东西。大国之间不可能再打大规模的热战了。一战、二战那种世界性规模的战争不会再出现了。所以，最坏的东西反而起着维持世界和平的作用，尽管是笼罩在核威胁阴影当中。比如，美国和苏联在古巴导弹危机中剑拔弩张，形势一触即发，但最后双方也得妥协。之前，印度和巴基斯坦经常打仗，现在不打了，因为印度和巴基斯坦都有原子弹了。所以，最坏的东西反而在某种程度上维系着和平。

第三步，看清发展趋势。在运筹帷幄时，就是在“算”的过程中，一定要考量一个问题：怎么预测事物发展的趋势。这个趋势特别重要。如果没有看清楚，容易劳而无功、适得其反。要在发展的过程中把握一个节点，要有一个清醒的认识，看到它的前景。譬如，在战列舰时代，就要看到代替战列舰的是什么，那就是航母。所以日本当时尽管偷袭珍珠港取得了很大的战果，但是从某种程度上它的战略目标没有把捏住，因为炸沉炸伤的都是战列舰。日本军方没有看到海上作战的革命性变革——海军航空兵时代到来了。海上作战最后取胜要靠飞机来实现，否则，最多的战列舰也是废铜烂铁。所以，美国在珍珠港事件里没伤筋动骨，就是因为被偷袭时美国所有的航母都不在夏威夷，都不在珍珠港。日本人炸沉炸伤的都是那些战列舰。所以，如果看不清这个方向，会是劳而无功、徒费精神的。

第四步，正确评估竞争双方的实力。对方一定有强项，但是也有软肋和短板。我方有弱点但也有优势。比如，诸葛亮和周瑜在赤壁之战之前分析曹军的强项以及致命弱点。这就是综合比较的一个重要部分。

第五步，要选择正确的突破方向。孙子的一个重要原则，是在考量问题时要讲整体性、系统性、全面性，但是在解决问题时一定要抓重点、抓关键。在孙子看来，做任何事情都不能平均用力。面面俱到等于面面不俱到。什么都是重点了，就会没有重点。孙子讲得很明确：军队防御的时候，不论兵力多到什么程度，处处都要设防的话，兵力永远是不够用的，永远是捉襟见肘、顾此失彼、疲于奔命。“备前则后寡，备后则前寡”；“备左则右寡，备右则左寡”。最后孙子得出结论，“无所不备，则无所不寡”。这种思路特别重要。所以孙子看问题的时候是系统的、整体的，处理问题的时候一定要抓重点。

《孙子兵法》的任何一句话，都不能随便用。举一个例子。我们经常喜欢说的“知己知彼”，如何如何。这绝对不是孙子说的话。任何一种版本的《孙子兵法》里都不叫“知己知彼”，孙子思想的逻辑也不可能叫“知己知彼”，原文是“知彼知己”。不要看一字之差，意思差别大了。孙子首先是讲整体的，讲全面的，是矛盾的两点论者。要打败敌人，就要了解对手，也要了解自己，两个都要了解。但是孙子更是矛盾的重点论者。了解自己相对比较容易，真正困难的是了解对手。对手在暗处，他们的真实战略动机、军事实力，需要透过假象的迷雾看到本相，那是难上加难。所以“知彼”是第一位的，“知己”是第二位的。所以说“知己知彼”是错的，不是孙子的意思。《孙子兵法》的科学性、严谨性就是这个道理。

2. “骗”

“兵者，诡道也”，讲的就是如何巧妙实施和落实策略的问题。它强调在过程当中如何实际行动，制造假象，隐瞒真相，引诱敌人上当；如何合理地配置资源，如何来扬长避短，避实就虚；如何奇正相生，制定各种方案，趋利避害，“争取最好，立足最坏”。

“上兵伐谋，其次伐交，其次伐兵，其下攻城。”根据战争成本大小，他排出了上、中、下三策。最好的当然是“伐谋”，但概率太小。退而求其次是“伐交”。再次是“伐兵”，就是野战。最差的就是攻城。在冷兵器时代没有炸药的情况下，攻城是成本最大的，会产生很多伤亡。需要注意的是，孙子认为，最差的选择也是种选择，比没有办法要好。

同时孙子又强调，在坚持原则性的同时，要运用灵活性。没有灵活性肯定不行，典型案例就是马谡的事。他按《孙子兵法》的原则来打仗，把军队驻扎在山坡上。部属建议应该到平地上去扎营。他说兵法里面讲的，“居高临下，势如破竹”。《孙子兵法》确实有这个意思。军队驻扎应该居高向阳。部属说山上没有水源，敌军把山包围后，军队不战自乱。马谡坚持认为，《孙子兵法》里面讲“置之死地而后生，投之亡地而后存”。但是他忘了一个灵活性的问题。他的对手张郃是作战经验极为丰富的人，马谡照搬《孙子兵法》，在张郃面前完全没有优势。这就是不懂灵活性。孙子一再强调用兵打仗要有灵活性，这是他的一个原则。“兵无常势，水无常形。能因敌变化而取胜者，谓之神。”在孙子看来，学他的兵法不是当教条来背，而是融化到思维中；没有规则就是最高的规则，没有规则才是唯一的规则。所以最高的境界就是“上骗不言骗”。这和金庸武侠小说里面讲的“无招胜有招”是一样的道理。

孙子虽然强调灵活性，但绝对没有抛弃原则性。原则性就是兵法中的原理，不要轻易去否认。前人总结出来的那些规则、原理，是用鲜血和生命换来的，必须尊重。没有传承，就谈不上发展。没有积累，就谈不上创新。否则的话，创新是无本之木，无源之水。有可能造成朝令夕改、出尔反尔，让下面的人无所适从。一定不要盲目地把创新当成口号来喊，没有这么多创新。实际上，孙子已经提到，在巧妙落实和实施中怎么在原则性和通权达变之间掌握平衡点。

《孙子兵法》五千九百多个字讲的首先是竞争之道。这些原则不但打仗可以用，其他地方也可以用。

此处需要强调。在实际应用中，“算”，大家多用点。也就是说，多用点战略运筹。后面一个字，“骗”，要少用点。现代人把《孙子兵法》庸俗化了，乱用。什么企业管理、人际关系、生产经营，都用《孙子兵法》。尤其是用它战术层面的东西，宣扬“兵不厌诈”“兵者诡道”，那是不太合适的。《孙子兵法》本质上讲，就是个兵法，是在战场上你死我活，解决敌我矛盾的方法。现在的企业管理、经营人际关系也有矛盾，但是矛盾的性质是不一样的，是人民内部矛盾。战争讲究胜利。而我们现在的管理、经营、人际交往强调的是多赢、双赢。如果不加分别地将“兵以诈立”变成“商以诈立”，那是很恐怖的事。这就是混淆了两类不同性质的矛盾，造成了道德没有底线，游戏没有规则；在社会中形成了只有功利之心，没有感恩之心、是非之心、敬畏之心的风气。这是很恐怖的。

所以，《孙子兵法》在适用范围上还是有所选择的，不要泛《孙子兵法》化。中国的传统文化从来不是一本书可以包办天下的。我们首先要读儒家的《论语》。读了以后就有了做人的底线，有了做人的基本原则，有了伦理道德的标准。但《论语》太过就事论事，局限在某一点上。要扩大自己的气象，提升自己的眼界，升华自己的境界，就需要读老子的《道德经》。它让你明白一些宏观的问题，全真保性，以免外物累形。这样一来，人的境界、气象、心胸就不一样了。同时要学点《孙子兵法》，目的就是掌办事的能力和看问题的智慧。有道家的境界，有儒家的立场，有兵家的能力，这三者结合起来，传统文化才算综合地融汇一体。这个是很重要的。

（二）战略之道

1.《孙子兵法》得以传世的原因

中国古代的兵书浩如烟海。不同学者统计过不同的数字。有一位叫陆达节的学者，他在《中国历代兵书考》中统计了一千三百零四种兵书。军事科学院图书馆的原副馆长许保林先生在《中国兵书总目知见录》里面做统计，是三千三百多种。曾经在山东社科院工作过的刘申宁先生出过一本书叫《中国兵书总目》。他统计出四千多种。越到后面，统计的数量越多。我个人的感觉，排除重复的，排除那些不应该属于兵书的，有一两千种是肯定没问题的。

但是普通大众所掌握的兵书非常可怜，非常有限。在座的听众们要说的话可能说得出《孙子兵法》或者《三十六计》。《三十六计》都不能说是严格意义上的兵书。因为它从来没有被公私目录书著录过。它是民国期间在四川成都的小书摊上发现的一个手抄本，可以称它为“地摊文学”，来历不明，形迹可疑。而且，《三十六计》这本书的方法论有严重的片面性，光讲阴谋诡计，怎么阴损，怎么下三烂怎么来。看看它的篇章名就知道了：瞒天过海、借刀杀人、顺手牵羊、树上开花、浑水摸鱼、趁火打劫、美人计、反间计。总而言之都是这些东西。《孙子兵法》不一样，《孙子兵法》讲谋略，重视讲实例。在它那里，主客观是辩证统一的。所以，《三十六计》算不上是严格意义上的兵书。知识面广一点的人会对戚继光的《纪效新书》《练兵实纪》有所了解。因为戚继光是山东人，所以这两部著作也是齐鲁兵学文化在明代的一种遗留、遗存。此外，了解《曾胡治兵语录》的，就属于学问渊博了，就很少见了。更厉害的能说得出《武经七书》。

《孙子兵法》流传下来，为今人所熟知。而古代的其他兵书多数没有流传下来。这主要有两个原因。

第一个原因是《孙子兵法》的文字优美、高雅。它跟《论语》《孟子》《庄子》《老子》在同一个层面上，比《墨子》要好得多。所有的现代汉语修辞方法，《孙子兵法》都用上了。它的句子很优美。“故百战百胜，非善之善者也。不战而屈人之兵，善之善者也。”“上兵伐谋，其次伐交，其次伐兵，其下攻城。”“知彼知己，百战不殆。”“知天知地，胜乃可全。”等等，都是排比句，是押韵的。孔夫子讲：“言之无文，行之不远。”孙子后人中有个叫孙膑的，他打了很多漂亮仗，如桂陵之战、马陵之战。他也有兵书，在汉朝以后就失传了。1972年，在山东临沂银雀山汉墓出土的竹简中，《孙膑兵法》重见天日。为什么《孙膑兵法》在历史上失传了？因为从汉简来看，这本书的思想内容、文字水平、理论提炼，都跟《孙子兵法》不在一个档次上。所以,《孙子兵法》作为传世文献流传了下来；而《孙膑兵法》则在历史上失传了。大浪淘沙，最后留下来的一定是最好的东西。

第二个原因,《孙子兵法》重战略而轻战术。大部分兵书的中心内容都是讲战术，战术就会过时。随着武器装备的发展，随着作战样式的改变，随着军队编制体制的调整，原来那种战术的原则会成为明日黄花、过眼云烟。《孙子兵法》中当然有讲战术的内容。它的第九篇《行军》、第十篇《地形》以及包括后面的《火攻》《用间》都是具体的战术问题。但是,《孙子兵法》最核心的内容是讲战略。战略是宏观的，是抽象的，是超越时空的，是不会过时的。《孙子兵法》讲“知彼知己”永远不会过时。古今中外哪一仗不要做到知彼知己？它不会过时的。

2. 战略的四个主要命题

《孙子兵法》讲的是最朴素的道理。《孙子兵法》回答了战略的四个核心命题。五千九百多个字都是围绕四个问题来写的。

战略的第一个主要命题，就是做还是不做的问题。这是最核心的。许多事情有意义，有价值，值得做。但是客观环境、客观条件不允许，我们只好忍痛割爱，或者说暂时搁置。做还是不做，这是战略，是所有问题的出发点。所以英国战略学家利德尔·哈特有部著作叫《战略论》，该书写到最后，他有个总结，军事战略的核心命题就是告诉我们什么事情可以做，什么事情不能做。《孙子兵法》解答了是做还是不做的问题。这个最重要了。东西方的思维方式都是一样的。英国戏曲家莎士比亚有一部代表名作，叫《哈姆雷特》。里面最关键的一句台词，我们翻译成“生存还是死亡”(to be or not to be)。其实,《哈姆雷特》里面所有悲剧的酿成，就是主人公在做和不做之间犹豫不决，瞻前顾后，患得患失，优柔寡断，最后导致悲剧。所以，做，还是不做，这是最重要的战略。

战略的第二个主要命题，何时做的问题。确定要做，但是有时机把捏的问题。

过早地做了,“枪打出头鸟”,“出头的椽子先烂”，就是说容易成为矛盾的焦点，会成为众矢之的，会四面受敌，乃至是陷入两线作战的被动困境中。中国人最不能容忍的就是鹤立鸡群，所以，过早做不行。曹操之所以在赤壁打败了，就是因为行动过早了。当时贾诩建议，刚刚打下荆州，那么主要任务就是巩固胜利成果，争取荆州老百姓的拥护；这种情况下需要收买人心，要重用知识分子，要发展经济，然后发展水军；到了一定程度以后才可以跟东吴、刘备做最后较量。可是曹操让胜利冲昏头脑了。“月明星稀，乌鹊南飞，绕树三匝，何枝可依。”他把敌人已经看成乌鸦，已经快完蛋了。他自己又以周公自居，“山不厌高，水不厌深，周公吐哺，天下归心”。操之过急，在错误的时间、错误的地点打了一场错误的决战，所以才有了赤壁之战的惨败。他统一天下的梦想从此破灭。

但是也不能过晚做。中国有句老话，“过了这个村没有这个店了”。蛋糕已经分割完毕，动手晚就被边缘化了，就出局了，再也没机会了。所以诸葛亮要求刘备抓紧时间去抢荆州、益州，不能错失良机。孙子回答的第二个战略问题，就是何时做的问题。要把捏时机，恰到好处，收放自如，见好就收；既不要做不到，也不要做过头。

在这点上《孙子兵法》和儒家的中庸思想高度相似。有时候，《孙子兵法》比中庸思想还要深刻。儒家不大会说“廉洁不好”或是“爱民不好”的。但是《孙子兵法》讲，廉洁、爱民是天大的灾难。孙子认为一个将帅有五种容易犯的致命错误。这是造成将帅身败名裂，造成军队覆灭、国家灭亡的最重大的错误。一、打仗不怕死；二、打仗时不做无谓牺牲，善于保全；三、打仗时有激情，能鼓舞士气；四、廉洁奉公；五、爱民如子。这五条哪里是错误？都是优点。后面两种就不用说了，前面的也是优点。这些好的优点，正常人都会去强调，都会去推动，都会去提倡。但是，大家都去推动、提倡，它就容易被推到极端。一旦到了极端的话，那么事物就走向反面了。“真理过了一步就成了谬误。”播下的是龙种，收获的是跳蚤。这就是孙子看问题的方法。所以我们可以看到，何时做，讲的就是把捏时机的问题。

战略的第三个命题，是何地做的问题，就是水土服不服的问题。许多事情在山东可以做，在甘肃不一定能做；在中国可以做，在美国不一定能做。我在部队里工作过，以师职干部的身份在团里面代职。每年部队要进新兵，复员（就是退伍）老兵。团里计划进八百人，其中两百广东兵，三百湖南兵。他们来征求我的意见，请示在哪个省份多要兵。我回复说不要江浙兵、上海兵。他们太聪明了，管理起来比较费力。也不要太落后地区的兵，因为那些地方的人本分纯朴，但是教育程度偏低。最好的兵应该到齐鲁大地去找。山东靠海，人脑灵活；山东又是孔孟故乡，久经传统文化熏陶，所以守规矩。这样的兵可以多要一点。这就是何地做的道理。

战略的最后一个命题，是何人做的问题。《孙子兵法》特别强调的是将帅。《孙子兵法》中有些将帅个人主义、将帅中心主义的色彩，实际上是对的。“兵熊熊一个，将熊熊一窝”；“置将不慎，一败涂地”；“千军易得，一将难求”。孙子看到问题的重点了。在部队里，将帅就是军队的灵魂、军队的大脑。现在我们的干部队伍也是如此。为什么现在要抓领导干部的学习？就是抓关键少数。经常会出现这种情况：有很好的思路、很好的规划，但是环顾自己的团队会发现，没有人可以独当一面；再好的规划也只能暂时搁置。所以，何人做，是最关键的。

《孙子兵法》强调的就是这四个方面的命题：“做不做”“何时做”“何地做”“由谁做”。这是战略的基本问题。1988年我从山东大学博士毕业后到军事科学院任职，补课的第一本书就是《战略学》。战略，就是一句话定义：战略是指导战争全局的方略。短短一句话十多个字包含了四层意思：第一，战略的本质是为军事斗争服务的；第二，战略是指导性的，也就是决定性的、引领性的；第三，战略所面对的问题是全局的，不是局部的，是长远的，不是眼前的，是根本的，不是枝节的；第四，战略是方略，是在实战中可以操作、可以落实的具体方针和策略。

所以，《孙子兵法》第二个特征，也是齐鲁兵家文化第二个根本特征，就是讲战略。它也规范了中国兵家文化的根本特征，就是从战略层面来分析问题。

（三）统帅之道

《孙子兵法》第三个原则，就是统帅之道。这是一门领导艺术、管理艺术。说它是“艺术”比较好听，实际上就是“管理的权谋”。我不提倡人人都学《孙子兵法》。普通人学国学，学《三字经》《弟子规》就可以了。《孙子兵法》是有一定职务的管理干部才学的东西。汉朝时有规定。军队里面的普通军官和士兵学《司马法》，《孙子兵法》是少将以上的人学的。对普通士兵来说，《司马法》就足够了。到了汉代以后，《司马法》就是军事规则、士兵守则、军官守则而已。它的内容主要是，下级见了上级要敬礼，到一个地方要放警戒，晚上要查岗、对口令。能做到这些，就是个合格军官、合格士兵。而《孙子兵法》是统帅们学的。所以，《司马法》的“法”和《孙子兵法》的“法”在中文里是一个字，但是翻译成英文，必须有差别。《司马法》翻译成规则或法律；但《孙子兵法》从未被翻译成规则或是法律，而是艺术，art。艺术有无限发挥和想象运作的空间。

《孙子兵法》是种生活的哲学，也是种管理的哲学、领导的方法。领导不论大小，都是同样的一个道理。我在人民大学当博士生导师，也经常用《孙子兵法》来对付一下我的学生。来考我博士生的学生，一般来自三个地方，山东、河南、河北，尤其是山东。山东是人口大省，考试的人数很多。而且他们一上大学就准备考研，很多人成绩很好。我对山东人有不错的印象。齐鲁文化源远流长，一直到今天，还渗透在山东人的生活中。但他们的学识结构肯定是有缺陷的。他们所掌握的知识基本上是教科书里的东西；应付考试是可以了，但要写出像样的高质量博士论文是要进一步努力的。然而，他们入学之后心态会变，“船到码头车到站”，有可能忙于其他事情而不用功读书。所以我会找学生谈话，一般主要是三个内容。其一，向他表示庆贺。其二，要拉近感情，拉近距离。其三，是重点，着重问一些偏门的、学生肯定没读过的书籍著作。他回答不出来，就会感到很惭愧。这时，拿出开好的书单给他。去看书，马上补充知识。这时候他就老老实实去看书了。其实这些书我自己也没看过。这就是《孙子兵法》中的智慧。

所以,《孙子兵法》一点都不神秘，它就是我们生活中的哲学，我们天天在跟它打交道。这也从另外一个角度、另外一个层面说明，齐鲁文化虽然从汉朝以后式微了，中衰了，但实际上已经渗透到我们的灵魂里，渗透到我们的血液里。它是中华文化最重要的一个组成部分。至少在兵家文化里，如果不懂齐鲁文化，不懂齐鲁兵家，就永远不能真正了解中国兵家文化的精神风貌及其不朽价值。

好，今天我们的讲座就一起分享到这里。“齐鲁兵学甲天下”，这是我深信的，大家也会得出相同的结论。谢谢大家。

郑开

北京大学哲学宗教学系教授、博士生导师、中国哲学教研室主任，北京大学道家研究中心主任。曾任中国社会科学院世界宗教研究所研究员。他在早期思想史及道家哲学、中国意识的思想史建构、庄子哲学、古礼思想等研究领域都有建树。代表作有《德礼之间——前诸子时期的思想史》（三联书店）、《道家政治哲学发微》（北京大学出版社）、《道家形而上学研究》（中国人民大学出版社）、《庄子哲学讲记》（广西人民出版社）。在《中国社会科学》《世界宗教研究》《哲学研究》《文史哲》等高水平刊物中发表多篇学术论文。

稷下学宫与诸子百家

郑 开

观众朋友们大家好！欢迎来到齐鲁文化电视系列讲座！今天我讲的内容是稷下学宫与诸子百家。

一、稷下学宫与稷下先生

首先需要给大家解释一下“稷下学宫”的名称。“稷下”指的是齐故都的西门，也称之为稷门。稷下学宫是齐桓公田午设立的一个教学科研机构，位置就在齐故都的稷门外面。“学宫”这两个字在西周的青铜器铭文里面就出现过，研究认为它就是古代办公的地方，相当于古代的学校。古代的学校跟今天的学校稍微有点不一样。学校从西周以来就不仅仅是一个教育机构，同时也是一个议政的机构，还是举办一些公共活动的场所。除了教书育人，它还有研究、制定国策的功能，因而兼具了一部分政府职能。就是说，一部分政府职能是由学校承担的。

齐国建立稷下学宫，具有历史的动因和意义。为什么这么讲呢？稷下学宫始于齐桓公田午，它的重要契机就在于田氏取代姜氏，进而取得对齐国的统治。这一事件就是从田午开始的。这个时间点是特别值得注意的。我们推测，它是为了田氏代替姜氏做理论准备或舆论准备。这样的动机是非常强的。有了这个设施之后，齐国开始推行一系列的政策，招揽天下游士贤达汇聚此处进行教学活动，开展学术研究。

这样一个举措和战国中期社会结构发生的巨大变化也是有关系的。从春秋中晚期以来，社会结构发生了一些持续不断的、深刻的变动。很多贵族子弟在这一变动中从以前的贵族体系里沦落为普通人，这样就产生了一些游士。游士就是浮游的知识分子。战国年间这一情况比春秋时期更加普遍。浮游的知识分子为人才的流动创造了条件。那么稷下学宫的成立也和这一历史契机有着千丝万缕的联系。设立学宫一个特别重要的前提就是招揽天下贤士。浮游的知识分子来到齐国稷下讲学，齐国的统治者可以借助来推动国家改革，实现富国强兵等目标。这是建立稷下学宫的另一个重要动机。

在稷下学宫里面出入的知识分子被称为“稷下先生”，说明当时齐国的统治者非常礼遇他们。甚至会给一些著名的学者“大夫”的字号，或者让其位列卿大夫，俸禄非常高。请他们来干什么呢？就是让他们来做学术研究。因为他们有一定官职又不必承担一般意义上的行政事务。所以当时又把这些人的活动称之为“不治而议论”，不处理具体的行政而主要是议论。大家汇聚到这个地方，进行各种意见说法、思想学说的交流碰撞，久而久之这里就形成了一种自由兴盛的学术研究氛围，也形成了知识阶层的共同体。这个共同体可以笼统地称为稷下先生。稷下先生和在稷下学宫里面的活动，在历史上是空前的盛举。

稷下学宫设立之前，关于古代的教育或者说学术研究的史料是非常少的。稷下学宫给我们留下了非常宝贵的史料。稷下先生的思想遗产同样具有非常重要的意义。稷下学宫在中国教育史、学术史上的地位举足轻重。稷下学宫从齐桓公田午创立开始，历经了威王、宣王、湣王、襄王，一直到齐王建，大概延续了150年的历史。在这期间，出入稷下的知识分子非常多。根据相关的史料记载，到了宣王时期，稷下学宫非常兴盛，人数超过了一千人。这样的规模当时无论在中国还是西方，都是非常罕见的。因此，稷下学宫在教育史上是一个具有划时代意义的标志。

虽然稷下学宫有一千多人，但人数多不一定代表水平高，水平高需要大师的出现。这些大师就出现在威、宣之际，当时稷下先生有76人，这76人是有名有姓的76人。这个数目就超过了仲尼的弟子72人。现在根据各种文献，可以考究到的稷下先生的名字将近20位。我们知道留名青史从来不是一件容易的事情，他们都是名垂史册的人物，这本身是十分了不起的。

在这些有姓名可考的人物里面，有大名鼎鼎的淳于髡、彭蒙、慎到、宋钘、尹文；还有一些像邹衍、邹奭一类的人；还有一些更加有名的、儒家两个非常重要的宗师——孟轲与荀况。他们俩都和稷下有十分密切的联系，是稷下先生里面的代表。在稷下学宫里面涉及的人物众多，涉及儒、道、名、墨、阴阳、法诸家，甚至于兵家和农家也在其中。各种各样的思想在这个地方汇聚碰撞，最终激发了古代自由争鸣的思想格局。

西周以来，学术思想文化基本上都被官学垄断。王官之学囊括一切书籍、典策，具有最高的教育权力。然而随着历史的演进，私学在春秋末年开始出现。孔子授徒讲学性质上就属于私学范畴。正因如此，我们才把孔子称为教师的祖师爷，说他是私学的代表。战国时期私学越来越发达，尽管周天子的王官之学不断失守，古之学官不断地分散于四方，但官学也没有彻底消亡。各个诸侯国为了书写自己的历史，掌管自己的典籍，或者说在一些特殊的人文动机的推动下，他们也会设置自己的官方教学研究机构，从而扩展自己的影响力。稷下学宫就是这样一种典型的具有官方性质的学术教育机构。

齐桓公田午为了取代姜氏绵延已久的统治权，他就一定要想方设法论证自己取得政权的合法性。他招揽天下游士贤达在稷下讲学，一方面确实促进了学术自由的风气，但另一方面主要还是为自己的政权服务。这种情况实际上在战国时期非常普遍。春秋战国时期的重要人物，像春申君、平原君、吕不韦或者一直到汉代的淮南王刘安，他们都在招致门客汇聚于自己的门下，讲学、做研究，并将这些讲学研究的成果汇编成册。比如我们熟知的《吕氏春秋》和《淮南子》，这是两部特别重要的经典。稷下先生的一些言论和成果，也被载于齐国各种各样的史册或者典籍当中。我们知道《管子》这部书的内容非常丰富、非常复杂，它里面包含了不同时期的文献档案和思想片段，乃至一些理论的著述，当然也包含了一些稷下先生的著作，在《管子》里面仍然能看到关于稷下先生思想学说的记录。

兴盛于战国中期的稷下学宫是中国教育史、学术史、思想史上一个重要的分水岭，甚至于可以把稷下学宫的重要性和柏拉图创立的academy（学园）相提并论。

下面谈一谈稷下先生的主要职责。稷下先生主要的职责就是议论。他们不承担具体的行政职务，也不处理具体事务，齐国授予他们大夫或者列大夫的官职，却并不是荣誉性的虚名。一方面，统治者要给他相当丰厚的俸禄；另一方面，稷下先生在政治制度层面也发挥一定作用。这个作用可以在西周的王官之学里面看到一些端倪。比如说在西周史官系统里，有一部分史官就不处理具体政务，但他们的地位却非常高。有的史官可能就是掌管一些典籍，负责一些文书，有的可能是负责教育贵族子弟。这些史官都被列为王官之内。对比来看，稷下学宫的设置与古代官学显然是有关系的，甚至可以说是对古代王官之学的推陈出新。

稷下学宫里面设的这些官职，其职责是不治而议论。这个对秦汉以来的博士制度有启发作用，或者说它开后世博士制度的先河。在汉代经学系统里面，如果某一本经典立于学官的话，就会称精通此经典的人为“某某经博士”。博士实际上就是一种体制内的学者，他在体制内有一席之地。他们除了掌管教育、文书之外，还要承担起参政议政的职责。我们知道中国古代历史上基本上都有言官的存在，他们的职责就是专门提意见、专门发表议论的，从言官的职责来看，后世言官的长期存在同样和稷下学宫有着重要联系。

如果跟现在的制度设施比，稷下学宫就相当于现在的大学。现在的大学是分科的教育，稷下学宫是一个比较笼统的教育机构，它可以说是现代大学的雏形。稷下学宫的任务之一是对经典的研究学习，主要是进行理论的探讨。在此地求学的学生也不见得全是贵族子弟。稷下先生本身就是来自四面八方的天下游士，故他们的学生也有可能是出身寒微的布衣。因此可以说，稷下学宫在受教育者方面推动了一定的变革。比这个时代稍早一点的墨子就出身于贫寒。他虽不是饱读诗书之士，但思想却很深刻，可以说是一个从庶民上升为士的典型代表。我们从各种各样的史料来推测，稷下学宫学生的来源应该是非常多元化的，既有贵族子弟，也有平民子弟，这样就给稷下学宫增添了巨大的活力。

稷下学宫推动中国教育进入了一个新时代。前面说到，著名的稷下先生有近20位，他们是天下各家各派的精英代表。这样就打破了门户之见、形成了自由、开放、充满活力的学术传统。这一传统是非常重要的。在战国中晚期，中国历史上出现了黄老之学，与其他诸子派别相比，黄老学有更强的现实针对性，这个学派在稷下学宫里扎根非常深。稷下先生的来源是很多元化的，他们的思想是非常有活力的，他们的历史影响也是非常深远的。稷下先生的思想在中国学术史上打下了很深的印记。

二、稷下学宫与诸子百家

诸子百家之学在稷下学宫非常兴盛，因为有学术自由的风气和条件。稷下先生根据自己所长，针对现实问题都有自己的独立思考。这一点是非常重要的。那么我们为什么这样讲呢？在诸子百家兴起之前，或者说在春秋和战国之交的这条线之前，很少有个人的思想。从相关史料可以看到，无论是周公所说，还是召公所说，还是其他一些著名人物所说，揣摩其文辞、斟酌其思想，我们会发现，他们所讲的都是官方的文献，里面几乎没有什么个人的特点。《诗》《书》就具有这样的特点，它是官方的文档。其他的一些史料更是如此。比如青铜器的铭文就是非常格式化的题材，里面包含了非常多的套语。所以说在诸子百家兴起之前，个人性质的思想很不发达，它是在春秋中晚期以后才逐渐地发展起来。他们在议论这些文书、诰命的过程中，口头表达能力越来越强。这个趋势反映了个人性质的思想逐渐成长起来。

哲学思想非常重要的特点是：它是个人性质的思想。不同哲学家的思想是完全不一样的，每一个哲学家都有自己的特长，一个人的哲学思考往往会反映这个人的气质。诸子百家思想同样各不相同。每一家跟每一家都是相对独立的，相互之间显示出来明显的差异，稷下学宫里面同样体现了这一特点。诸子百家的范围很广，在稷下学宫里面都能找到。需要强调的是，其中的儒家思想是稷下学宫诸子百家思想的基础，黄老思想也是其中非常重要的一支力量。其他还有名家、法家、阴阳家、墨家、农家、兵家、杂家等。稷下学宫里面的诸子百家为我们提供了比较广阔的历史背景。在稷下学术里面，儒家思想具有重要性，因为孟子、荀子都曾游学于稷下，作为稷下先生受到了齐国政府的高度重视，给予了他们非常高的礼遇。孟子不止一次来到稷下；荀子在稷下三为祭酒，待的时间非常长。所以说儒家的影响不容小觑。

目前所能看到的关于稷下先生的最直接的史料记载是出自《史记·孟轲荀卿列传》。此外《庄子·天下篇》和其他篇章里面也记录了一些，如《天下篇》里面宋钘、尹文、彭蒙、慎到这些稷下先生的思想，这意味着《天下篇》的作者对稷下思想、学术非常了解。根据《天下篇》这个史料，多少可以还原当时稷下学宫诸子百家的一些状况。

下面我们根据现存的传世史料和出土文献，简单介绍一下齐国稷下的诸子百家究竟有哪些人物。

第一个是淳于髡。他的言论、思想被载于各种史料之中，呈现出一种碎片化的形象。借助这些零散史料并结合《孟轲荀卿列传》中的记载，我们推断淳于髡在稷下学宫里的地位是非常高的。一个原因是他年长；另一个原因是他特别善于辞令，并且滑稽幽默，感染力非常强。他经常作为外交使节出使国外，能够不辱使命。他非常善于对“名”的辩论，作为善于名辩的学者，自然在思想史上有特殊的地位。过去公孙龙、惠施都号称是名家。所谓名家，就是擅长名辩的人，战国时期被称为辩士。从某种意义上讲淳于髡也是辩士，他有长于论辩的能力。善于名辩的学者在思想史上的重要意义在哪里呢？我们思考某种事物的时候，比如思考山川大地，我们不会把大家都叫到野外指着山川大地说，你看这是山川大地，古代人也是这样的。他要把山川大地赋予一个名，宇宙万物都要赋予一个名，有了名才能确立思想的世界，有了思想世界，才能谈思想史。它的重要性就在这个地方。另外一个层面，你有你的名，他有他的名。名跟名之间到底有些什么样的规律呢？名能不能反映你所想表达的那个实在？我们确立了一个思想世界之后，还要反思这个思想世界，而反思就需要辩论，真理就在辩论当中显现出来。所以说辩论也是非常重要。有的史料里面之所以将淳于髡列为稷下先生之首，就在于他是一个名辩的学者，他有特殊的能力、地位和影响力。

淳于髡特别倾慕齐国名相晏婴。晏子的思想、传说和政治遗产是齐文化的重要组成部分。《晏子春秋》这部书可以说是晏子生平的一些记录，性质类似《论语》，这里面体现了晏子的一些个人性的思想。春秋中晚期个人性的思想出现，一旦出现就是不可逆转的态势，它会不断地发展。到了淳于髡，便倾慕晏子。我觉得他是以晏子为榜样，自觉仿效他的言行。

稷下先生里面的重要人物还有宋钘和尹文。宋钘在《庄子》里面被称为宋荣子。宋钘的思想基本上可以说是墨家思想的余绪。他的墨家思想结合了名辩方式，故而他的思想既有墨家特色，同时也继承了名辩传统，所以一般都把宋钘定位成介乎名家跟墨家之间的人物。

与宋钘相提并论的是尹文，也可以称之为尹文子，他也特别擅长名辩。他名辩的目的是法。尹文子不但讲具体的名，还讲抽象的名；不管讲哪一种名，最后都是以法为基础。把名跟法结合在一起，是黄老学非常重要的特色。诸子百家不但借助名来讨论宇宙万物，他们同样通过名来讨论一些社会事务。最典型的就是孔子讲的正名。名是礼的抽象形式，孔子正名思想的核心是周礼。周礼是社会政治制度，所以他的正名思想是针对社会政治制度。古代人讲名不仅仅局限在语言层面上，他们更多是在政治、社会层面上讲名。《老子》里面讲的名也有双重含义：一方面是语言层面上的名，另一方面是政治层面上的名。《老子》讲“道常无名”或者“道恒无名”，就是认为道不是能用语言来表达的，这是第一个层面；《老子》说“朴散则为器”就是说名虽然可以用，但是最根本的原理还是无名，无名就是对名的反思和否定，这是第二个层面。所以说不管从哪个意义上讲，名都有社会政治的意义。

现在有一部书叫《尹文子》，这本书的可靠性还有一些争议。其中有两篇可以帮助我们进一步讨论他的思想宗旨。他的宗旨很明确：一方面是名；一方面是法。他通过名来论证法的合理性和必要性。

关于宋钘跟尹文，郭沫若先生曾写过《宋尹遗作考》。他通过考证认为《管子》四篇是宋钘、尹文所作。郭沫若先生观点的启发性在什么地方呢？宋、尹之学是稷下学术的一部分。宋钘思想体现了名家和墨家的结合，尹文体现了名家跟法家的结合，甚至可以认为他是名家跟法家之间的过渡。所以说宋钘、尹文是稷下诸子百家里面非常重要的两个人物。郭沫若先生认为《管子》四篇是道家文献，又是宋钘、尹文所著。不过随着研究的深入，特别是马王堆帛书的发掘和整理研究以来，学界主流意见认为《管子》四篇可能和宋钘、尹文的关系没那么密切，反而跟田骈、慎到的关系更近一点。

接下来讨论一下田骈、慎到的思想。我个人的看法是《慎子》这本书中有一部分内容还是比较可靠的。新出土的简帛中有《慎子》的一些异文，如何看待这些异文还有进一步阐发的空间。

《庄子·天下篇》提到慎到，并对他有两个比较重要的评论：首先是慎到继承了老子的“道”，其次是他懂法。通过这个评论并结合《慎子》和《管子》四篇中的内容，我们发现慎到这个人非常重要。他的重要性就体现在对“道”和“法”的结合上。这一点为什么重要？自从老子提出“道”的概念之后，它从以往“道路”“原则”“言说”等意义上超越出来，成为一个哲学概念。道是万物的本源，是贯通宇宙人生的终极真理。老子从哲学的层次赋予了“道”非常深刻的内涵，并在此基础上建立了一套深刻的哲学理论，所以如果没有对“道”这个概念的淬火，道家的理论系统也构建不起来。慎到所讲的“道”“法”之间的结合，其中的“道”是明确源于道家，换句话说，慎到所说的道是源自道家系统。慎到说的“法”与之前的“法”已经不同，他对“法”有了新的发展，与今天所讲的“法律”意义上的法相接近，他所说的法，不仅是笼统的法度，更多是法律、法令、法例、条文，这个内容是非常明确的。与其他相比，慎到的特色就在于他将“道”和“法”结合在了一起。

活跃于稷下的有各种各样的思想流派，我们再来看邹衍的学说。邹衍的阴阳五行学说是稷下学术里非常重要的一部分，是中国古代思想的重要一支，现在来看，阴阳五行思想几乎代表了中国思想乃至于中国文化的重要特征。作为稷下先生里面非常重要的一个代表人物，邹衍把流传已久的阴阳观念和五行观念进行了理论上的升华，最终将它变成了“大九州”学说和“五德终始”学说。这两个学说之间是互相配合的，大九州学说讲的是地理空间，五德终始讲的是历史政治的变迁，他用五德也就是五行交替的规律来概括自己的理论。战国晚期至秦汉时期，阴阳五行学说都是非常重要的显学，受到了统治者和知识阶层的高度重视。此外邹衍的口才也非常好，据说他在一次辩论中甚至驳倒了公孙龙。

三、稷下之学

虽然稷下之学千头万绪，但它的核心主干应该是黄老学。黄老学是以老庄哲学为基础，进一步推陈出新发展起来的道家流派，它的渊源可以上溯到春秋时期的齐桓公和管仲，推动它兴盛与发展的重要动力是齐国的统治者。田氏代齐之后，田氏统治者面临着很大压力，前面讲过，稷下学宫设立的动机与论证田氏代齐有密切关系，一定程度上可以说，齐国的田氏统治者是为了论证统治的合法性才设立了稷下学宫，稷下学术的目的之一就是为田氏张目。所以稷下学宫诸子百家有相近的地方，就是思想上都或多或少有着黄老学的背景，这一点是谁也不能否认的。黄老学乘着各种各样的历史机缘不断发展，并抓住了几次重要的契机，自身获得了长足的进步。它在中国历史上绵延发展的时间很长，大概有六七百年之久。直到汉末仍有黄老学的余绪。

黄老学的“黄”指的是黄帝，“老”指的是老子。黄帝是传说人物。司马迁写《史记》的时候说“百家言黄帝，其文不雅驯”，就是说与黄帝相关的信息都是一些很怪诞的传说。春秋中期以来，关于炎帝跟黄帝的传说突然兴盛起来，为什么呢？据《春秋公羊传》记载：“南夷与北狄交，中国不绝若线。”意思是说春秋时期，诸侯国受到周边少数民族政权的挤压和侵略，危亡存于一线。这种情况激发了诸侯国同仇敌忾的心理，大家团结在一起共同抵抗外侮。管仲讲“尊王攘夷”也是同样的道理。要想使大家团结在一起就需要有一个共主，这个共主就是炎、黄二帝。春秋中晚期是中华民族形成的非常重要的时期，自此以后，中华民族开始形成了共同的历史记忆。炎帝、黄帝，为什么要用“帝”字？西周以来，最高统治者都是称王。在他们的意识中，“帝”要比“王”阶次更高，时代更久远，在“帝”的时代，政治制度更合理，人民更幸福。礼崩乐坏之后，周天子无法号令天下，诸侯要推共主，周王已经不再适合，不如就选一个比王阶次更高、能力更大的人物，于是他们开始以“帝”来称“炎黄”二祖。这里面包含了非常丰富的思想文化内涵：第一，炎黄二帝明显偏离了周文王以来的文化传统，说明礼崩乐坏在春秋时期就已经开始，而且崩坏的速度越来越快，所以就需要一个全新的、更强有力的符号来替代它。这个符号就是“黄帝”。第二，田氏代齐之后，专门造了一个青铜器，这个青铜器鼓吹的就是黄帝。我们知道周人的祖先不是黄帝，田氏作为齐国新的统治者，他要把自己标榜为黄帝的后裔，这个思想动向是非常明确，也是非常重要的。稷下学宫是田氏设立的官方机构，这里自然要主动渲染这样的说法。所以说黄帝形象出现在思想史里面有着很深刻原因。

第二个是老子。老子应该说是战国初期或者春秋战国之交的人，他是中国第一个哲学家，象征着中国思想史进入了哲学时代。用我们的现代术语来讲，老子实现了中国思想的哲学性突破。他的思想与传统思想很不一样，它是一种哲学形态。他提出的“道”的概念经过“无”的诠释，一方面变得非常深刻，另一方面表达出了对现实绝不妥协的批判意识，它比儒家的批判意识要彻底得多。儒家本质上是高度匹配于宗法社会的一种思想形态，而道家则不和任何一种政治势力相匹配，不把自己的基础建立在任何一种既定的政治制度之上，它具有超越于一切政治、社会制度之上的气质，这种气质为推动政治、社会变革提供了理论武器。因此老子和黄帝的结合带有一定的历史必然性。黄老学的出现本身就表达了一种推陈出新、天下归一的历史诉求。在战国中期，天下分崩离析，需要重新建立天下归一的秩序。归于什么地方呢？现实情况决定这不可能再重新归于西周了。稷下之学高度重视黄老学，就是因为这套理论与战国中期以来的历史进程高度匹配，这是其他各家所无法相提并论的。

通过《管子》这本书，我们可以讨论一下稷下学术中黄老学的来龙去脉。《管子》不见得是战国中期稷下先生思想学说的汇编，它的内容来源非常多元，一般来说，《管子》的成书是不断叠加的历史过程，《管子》的篇幅比较大，在先秦流传下来的典籍里面，《管子》可以说是篇幅最为宏大的一部著作了。《管子》有一部分内容，如《牧民》《乘马》等篇，可以说是对管仲在变法时期的言论、文档、公文的记录。还有一部分则是稷下先生的一些著作言论，特别是《管子》四篇《心术上》《心术下》《内业》《白心》，以及其他部分，如《宙合》《枢言》等。这些文献可以说是稷下先生的著作。稷下先生思想的主流毫无疑问是黄老学。《管子》里面既有管仲学派的作品，也有黄老学的作品，另外还有一部分是和阴阳家月令相关的作品，比如说《幼官》篇。现在我们知道《幼官》本是《玄宫》，《玄宫》和《玄宫图》这些都和古代月令思想有千丝万缕的联系，可以说是早期月令思想的雏形。

下面讨论一下稷下学的特点。从管仲变法以来官方的一些文档记录来看，稷下学的思想主题毫无疑问是讲“法”。“法”脱胎于“礼”，管仲讲的“法”最初与“礼”有关。“礼”是“法”的来源，“法”是“礼”的更张。在变法运动中，“法”在“礼”的母体中不断成长起来，“法”的精神得到不断滋育。通过《管子》我们发现，“法”的成长是非常重要的第一步。“法”是对周礼的一种调整，相关内容汇集起来就称之为“法”。这个时期对“法”讲得还比较笼统，其意义和“礼”还比较接近，二者之间并没有太大的区别。直到荀子的学生韩非子时期，情况才开始发生显著变化，“法”的精神开始接近于慎到所谓之“法”，也就是接近于法律意义上的法文条文，所以说管仲变法所谓之“法”，实际上是对周礼的调整修正。由此可知，《管子》中管仲变法时期的公文档案以及管仲学派的著述所谈的法，重点都是强调法与周礼的关系，强调的是法的实施。由此也可以看出，黄老学思考问题的焦点之一，同样是礼和法的关系。也就是说，整个稷下学思考问题的背景是源于管仲以来的历史遗产。他们要在遗产基础上再做进一步思考。

慎到思想的核心就在于他将“道”与“法”结合在了一起。也就是说这个时候的法已经有了远离“礼”，与礼分庭抗礼的含义。法脱胎于礼，独立于礼，最终要和礼相抗衡。在这个过程中，为什么要说“道”和“法”的结合很重要呢？就是因为礼跟德的结合已经有了典范存在。诸子百家兴起之前，中国思想史的主题都围绕着“德”展开，现实层面都通过礼来把握。这就是德和礼之间的结合。战国中期随着黄老学的兴起，稷下先生思考问题的时候开始要推陈出新。推陈出新首先是推动德礼体系的寿终正寝，其次是寻找新的体系代替德礼体系。这个新的体系就是“道”“法”体系，也就是将道和法结合起来，抗衡德与礼的体系。如果说德礼结合所指的是一种传统的社会政治体系，那么稷下学术所推动的道法结合则是对传统体系的重大理论创新，表现出了将法奠基于道的深刻的问题意识和哲学思考。围绕《管子》四篇和《慎子》《尹文子》，会明显看出法与名、法与道相结合的主张。《管子》四篇里一个明显的思想结构就是呈现出了道与仁义礼法、刑名法术之间的结合，这就暗示了黄老学是以道家思想为核心，然后将儒家、阴阳家、法家等其他诸子思想融汇为一的思想理论体系。黄老学的这一思想特点，为现实社会政治的改革、为法的精神的滋育提供了有利条件。这就是稷下黄老学的主要内容。

以邹衍为代表的阴阳五行学说在《管子》里面也有很深厚的文献学基础。比如前面提到的玄宫、玄宫图，都是古代月令的基本形式。通过这些内容我们会发现，它在古代思想世界里面发挥着非常基础的作用。长沙子弹库发现的楚帛书中有一种讲的也是这个，内容与月令知识特别是和《管子》的玄宫、玄宫图有重要关系。邹衍思想非常重要的一部分就是讲阴阳五行的理论。现在来看，这些内容本质上是阴阳五行和黄老学的结合。阴阳家跟黄老学的界限很难分得特别清楚。即便后世的董仲舒，他所讲的阴阳五行里面也吸收了很多黄老学的内容。所以说战国中期稷下学术乃是以黄老学为核心。而黄老学的意义非常深远，它对秦汉国家意识形态的确立产生了不可磨灭的影响。

四、稷下学宫和诸子百家的历史遗产

我们知道齐国从立国之初就形成了一些和鲁国不一样的政治、文化传统。这套传统经过齐桓公和管仲变法以及稷下学术的思想创造，最终形成了中国不可忽视的历史文化遗产。这套遗产既包括政治制度层面的内容，也包括思想文化的创新发展，它和鲁文化的传统相映成趣、相得益彰、相反相成。

司马迁在《史记》里曾记载说太公在齐国推行政策的方式是“因其俗，简其礼”，这一点是非常重要的。每个地域都有自己文化传统，如果要对这套系统强行改造的话，改革的成本会非常高，太公“因其俗，简其礼”的改革则有效避免了这一点。黄老学中非常重要的一点是强调“因循”，这一点在《管子》四篇中也有重点讨论，姜太公的“因其俗，简其礼”在本质上也是强调因循，这种情况不是偶然的。他的改革方式强调因时制宜、因地制宜、因民性之固然，这最终形成了齐国比较开放、灵活的政治、文化传统，不然也不会有后面齐桓公管仲的变法运动。齐国土地贫瘠，不太适合农业生产，它在地理位置上靠近海洋，有鱼盐之利，更适合发展工商业，这一点也推动了齐国开放、灵活文化传统的形成，因之与鲁国文化形成了鲜明的对比。

周公的儿子伯禽到达鲁国之后是“变其俗，革其礼”，他是在“移风易俗”，将鲁国当地的陈规陋习予以彻底改革，使之符合周礼的规范。可以说鲁国的改革理念与齐国是相反的。很多学者在著作里都提到齐鲁两国政治很不一样，认为齐国非常灵活，所以发展得比较快；鲁国的政策则偏于保守，有利于周文化的保存，晋国韩宣子出使到了鲁国，才知道“周礼尽在鲁矣”，它的缺点就是过于保守、封闭，因之国力每况愈下。

实事求是地讲，齐鲁两国的文化传统都非常重要。任何一个时代都有变法、改革的需求，也有维护社会稳定的需求。鲁国文化虽然保守，但是强调了对原则、传统的坚持，对于传统政治文化的保护和延续，具有积极意义，这可谓是鲁国文化的意义所在。齐国强调因时制宜、因地制宜、与时俱进的文化传统，为国家政治注入了强大的活力，为社会的发展进步保留了巨大的提升空间。所以说齐鲁两国文化传统虽然不同，但它们是中国传统文化不可或缺、相辅相成的两极。今天我们既能坚守传统，又能灵活开放地吸纳新的事物，这显然是和中国两大文化传统分不开的。

我们知道世界各文明古国的传统都很强，这些文明古国延续到近现代仍然保持巨大活力是特别不容易。如果没有保守与开放两大文化传统留下的宝贵思想资源和历史遗产，我们国家就很难保持继续前进的动力，当代的改革开放更是难以想象。近代以来为了救亡图存，我们不惜大幅度地改革政治、改造社会、改变思想，借鉴西方优秀文化和制度，使得我们这个文明古国仍然能够保持着强大活力。从这一点来看，齐鲁文化所留下来的历史遗产显然对当代中国意义重大。

过去我们比较多地强调了鲁国对周礼文化的保存，但对周礼的改革变化给予的关注不够。如果没有太公立国、管仲变法所留下来的改革精神，周礼的变化就很难出现，甚至也不会有秦汉王朝大一统国家的确立。以礼乐为代表的周文化在漫长的历史发展过程中，其实在不知不觉地发生改变。我们知道，量变最终会导致质变，周文化长期以来在细枝末节方面的变化最终会导致其结构上的改变，这就需要变法运动的推动。

管仲变法从政治层面讲就是当时周天子形同虚设，需要由新的霸主来代替周天子号令诸侯，重新把诸侯国家团结起来抵抗外侮，这在本质上是对周礼的破坏。所以儒家知识分子特别是孟子就“羞言于五霸”，认为五霸“是可忍，孰不可忍”。但客观上谁也不能否认管仲变法具有非常正面的重要价值，即便是孔子，他一方面认为管仲破坏了周礼，但另一方面又认为没有管仲我们就会被夷狄所征服。

从政治上看，管仲变法提出了一个新的制度，这个制度将“九合诸侯，一匡天下”。管仲的“霸道”思想实际上是对“王道”的改变，霸道的核心就是“尊王攘夷”，这在制度和思想层面形成了一些不同的脉络，开出了条新的道路。霸道受到了很多批评，儒家对霸道的批评是会导致“诸侯力政”，他们还是强调国与国之间应该“以德服人”，而不是“以力服人”。各方的批评也推动着霸道思想的不断发展，最终形成了全新的“帝王之道”。帝王之道就是黄老学的重要创造。黄老学认为“帝”是比“王”阶次更高、时代更久且更加符合时代精神的象征，这是霸道最后发展成为帝王之道的根本原因。管仲变法推动了霸道思想的产生，而大家对霸道的反思，又推动了帝王之道的产生，这其中存在着非常明显的发展脉络。

从《管子》可以看到管仲学派的讨论主要是讲礼和法的关系，也讲法和霸道的关系，但核心还是讲“法”。但在战国中期以后的稷下先生的思考中，他们更多讨论的不是霸道，而是帝王之道，而帝王之道就是黄老政治哲学的新思维，它是在王道和霸道之外开辟出的第三条路。我们可以将帝王之道简称为“帝道”。帝道的出现为先秦的思想世界打开了一扇新窗，在黄老学理论中，帝道比王道和霸道更根本，更加适合时势的需要。从管仲变法到田氏代齐，齐国一直为自己的政治合法性寻求基础性的理论支持，结合这种诉求就可以理解稷下黄老学发展出的帝道思想的重要意义。

汉代大儒董仲舒也讲王道，他的王道实际上已经融合了“帝道”的思想，换句话说，董仲舒的王道思想里面有不少黄老学的帝道内容。因为帝道并不反对霸道，而是在霸道基础上的创新发展，所以董仲舒对“霸道”并不是简单的抛弃，而是有继承的扬弃。董仲舒还讲天道，通过阴阳五行讲自然法的理论。这些和帝道都有着密切联系。董仲舒以降，中国古代王朝的政治理论基本上就是“皇”“帝”“王”“霸”模式。所谓“皇”道，实际上是个虚设，真正发挥作用的是帝道、王道和霸道。在中国从王道走向霸道，再从霸道走向帝道的递进过程中，稷下学术发挥了不容抹杀的重要作用。

秦汉以后的礼法之争背后也有黄老思想的影响。法家思想本来就非常重视道家，如《韩非子》里面就有《解老》《喻老》，另外在《二柄》《扬榷》中的内容本质上讲的就是黄老学。黄老学的发展与稷下学术之间的联系非常紧密。稷下学术中的道家、儒家、法家、阴阳家等诸子百家之间是一种对立和互补的关系，这一点对中国古代思想的形成发展非常重要。如果中国思想世界里只有儒家，那儒家的思想就不会发展得那么深刻。如果只有法家，只有道家，都是不可想象的。正是有了诸子百家，特别是儒家和道家两条主线，才有了齐文化和鲁文化之间的互动，才使得中国古代思想世界的空间拓展越来越广，才有了中国古代思想本身的多元化特色。

今天，我们面临着同样的时代课题：既要坚持传统文化不坠于地，又要坚持吸纳新的优秀文化要素为己所用，这是我们当前需要解决的紧迫任务。我前面所讲的这些内容，希望能够为大家在这方面的思考提供一点参考。

王志民

教育部人文社会科学重点研究基地山东师范大学齐鲁文化研究院名誉院长、学术委员会主任、二级教授、博士生导师，教育部重大课题攻关项目首席专家。曾任山东师范大学副校长、山东省政协副主席等职。主持完成齐鲁文化研究12项重大学术工程，主编《齐鲁文化通史》（中华书局，8卷）、《山东文化世家研究书系》（中华书局，28卷）、《山东区域文化通览》（山东人民出版社，18卷）、《中国名门家风丛书》（人民出版社，11卷）、《历代诗咏齐鲁总汇》（山东人民出版社，13卷30分册）、《孟子文献集成》（山东人民出版社，200卷）等大型学术丛书。出版个人专著《齐鲁文化与中华文明》（人民出版社）、《齐鲁文化概说》（山东文艺出版社）、《齐文化与鲁文化》（合作，齐鲁书社）、《齐鲁古代文学简论》（齐鲁书社）、《序论齐鲁文化》（山东文艺出版社）、《齐文化论稿》（山东大学出版社）等，发表学术文章100余篇。13次荣获山东省社会科学优秀成果奖，其中重大成果奖两次。享受国务院特殊津贴，荣获山东省社会科学突出贡献奖、山东社会科学名家等。

稷下学宫与世界文明

王志民

在战国时代，齐国统治者在齐都临淄所创设的稷下学宫是我国历史上最早的集教育、政治、学术功能于一体的高等教育大学堂，是战国时代的思想文化中心，也是当时诸子百家争鸣、促进各家学派融合发展、培育创新的文化沃土；是秦汉时期博士制度的先声；是培育学术大师的摇篮。稷下学宫与几乎同时出现在希腊雅典的希腊学园（又称为柏拉图学园，阿卡德米学园），都是世界上最早的集高等教育与学术研究为一体的思想学术文化中心，分别出现在世界的东方和西方，以相似的方式展现出了人类早期文明的智慧之光，它们共同为世界文明做出了突出的贡献。但长期以来，大家都公认希腊学园是世界文明史上第一所大学，稷下学宫却往往被忽略，目前，对稷下学宫的研究既属薄弱，而对世界文明贡献的研究殊少，我将从以下三个方面来讲一下稷下学宫在世界文明史上的地位和贡献。

一、稷下学宫与世界文明的轴心时代

在世界文明发展史上有一个轴心时代，这个理论和观点是在20世纪50年代初，由德国哲学家雅斯贝尔斯提出来的。他说："在公元前800年到公元前200年间所发生的精神过程，似乎建立了这样一个轴心。在这时候，我们今日生活中的人开始出现。让我们把这个时期称之为'轴心时代'。"他还说在这一时期"充满了不寻常的事件"：在中国诞生了孔子和老子；在印度，是优波尼沙和佛陀的时代；希腊产生了荷马，哲学家如巴门尼德、赫拉克利特、柏拉图、修昔底斯和阿基米德。这都是在几个世纪之内单独地，也差不多同时出现在中国、印度和西方的。雅斯贝尔斯的轴心时代说主要指在这个时期，世界几大文明同时进入了一个理性思维的时期，出现了有专门哲学知识的圣贤、伟大的思想家和哲学家。他们所创造的精神文化范式，决定了其后各自民族的文化走向。这个时期所形成的核心精神，包含了民族基本精神的根基和文化元典的丰富思想，所以有学者也称这个时期为中华文明的元典时代。我们就从这样一个基点来讲一下中华文明的轴心时代。

雅斯贝尔斯所说的世界文明的轴心时代是从公元前800年到公元前200年，该时期在中华文明史上正是春秋战国时期，即约从公元前771年春秋始，至公元前221年战国结束，秦实现大一统。我们再从中华文明史发展的角度看，春秋战国时期也的确是中华文明五千年发展史上的轴心时代。这个时期思想解放、名人辈出、学派林立、百家争鸣，是中华民族精神文化、思想传承的一个创新、融合、提升、发展和奠基的时期，此时期中华文化大放光芒，是中国文化发展的高峰。而这个时期的文化重心就在齐鲁之地。

在雅斯贝尔斯提出“轴心时代”的观点之前，我国学者早已关注到春秋战国时期在中华文明史上的突出地位，认为该时期是中华文化发展的核心时期。梁启超先生在《论中国学术思想变迁之大势》中就说：“当春秋战国之交，岂特中国民智为全盛时代而已，盖征诸全球，莫不尔焉。自孔子、老子以迄韩非、李斯，凡三百余年，九流百家，皆起于是，前空往劫，后绝来尘，尚矣。”梁启超先生所指在春秋战国之交，中华民族的智慧发展到全盛，且不仅仅是中华文明的高峰，也是世界文明大放光芒的时期。而他所说的从“孔子、老子”一直到“韩非、李斯”这三百多年，主要指的就是战国时代；他所说各家学派“九流十家”都兴起于此时期，“前空往劫，后绝来尘”，即前无古人，后无来者；他用“尚矣”，赞叹那确是一个文化发展的巅峰时期。其实，不仅梁先生，许多学者都有论说，例如当时刘汝霖先生在《周秦诸子考》中也说道："中国的文化，进到春秋战国时代，大放光明。自从孔子之生到韩非的死，这三百多年里面，真有一日千里的进步。这重要学派，都在这个时代成立起来。"刘汝霖先生的说法不仅呼应了梁启超先生，与雅斯贝尔斯的观点和学说也是一致的。

（一）中华文明轴心时代的特点

1. 哲学突破，文化繁荣

这是一个各种思想创生、哲学突破，文化繁荣的时代。诸子散文的成就达到了顶峰。这在世界文明史上也放射出绚丽的光芒，夏曾佑先生在《中国古代史》中如此描述："周秦之际，至要之事，莫如诸家之学派。大约中国自古及今至美之文章、至精之政论、至深之哲理，并在其中，百世之后，研穷终不能尽，亦犹欧洲之于希腊学派也。"是指自古至今最美的文章、最精彩的政论、最深刻的哲理都产生于这个时代，即便百世之后，后人进行深入的探究和研究都不能挖掘穷尽，相当于欧洲的希腊学派。夏先生就将战国诸子百家争鸣与希腊学派的出现，相提并论。

所以今天也主要是从稷下学宫与希腊学园的比较出发，来说明稷下学宫在世界文明史上的地位和贡献。

2. 诸子蜂起，百家争鸣

梁启超先生在《论中国学术思想变迁之大势》中满怀激情地描述了诸子百家蜂起的景象："全盛时代以战国为主，而发端实在春秋之末，孔北老南，对垒互峙，九流十家，继轨并作。如春雷一声，万绿齐茁于广野，如火山乍裂，热石竞飞于天外。壮哉盛哉！非特中华学界之大观，抑亦世界学史之伟迹也。""之季"，指春秋之末，也就是孔子、老子的时代。他又道："孔北老南"，孔子在北方，老子在南方；"对垒互峙"，随着儒家和道家学派的创立，九流十家各家学派相继产生，就像春雷乍响，万物苏生，田野中出现一片绿色，生机勃勃；又如火山炸裂，乱石竟飞般的火热与灿烂；梁先生用如此的激情和壮观景象，描述百家思想的争鸣和文化繁荣，并用"壮哉盛哉"的惊呼之语表达赞叹，正是突显这一时代文化在中华文明与世界学术史上的崇高地位和丰功伟绩。

3. 伟人辈出，思想传承

在这个时期产生了一大批照耀中国历史星空的伟大文化名人，像孔子、老子、孟子、墨子、管子、孙子、庄子、荀子等，他们创始的学派及其思想，数千年来传承不息，影响深远，而这些伟人大多数都是齐鲁之人或思想成就于齐鲁之地。

4. 传世文献，经典丛生

后人奉为经典的那些著作大多产生在这个时代，如“五经四书”：《诗》《书》《易》《礼》《春秋》，《论语》《大学》《中庸》《孟子》；以及《老子》《墨子》《管子》《庄子》《孙子兵法》等。一大批中国文化的经典著作在这时涌现，而源远流长的中华文明，有赖于这些典籍的整理、保存、传承、发展和创新，成为我们代代相传的文化经典。而且这些经典却大多产生于齐鲁：“五经”为孔子所整理或著述；“四书”作者：孔子、孟子、曾子、子思都是齐鲁之人；《墨子》《管子》《孙子兵法》也都是齐鲁之人所作。

（二）稷下学宫与中华文明的轴心时代

傅斯年先生在《夷夏东西说》里提出了这样一个观点：“自春秋至王莽时，最上层的文化只有一个重心，这一个重心便是齐鲁”。春秋到王莽时，即到西汉末，“上层的文化”即指前面所讲雅斯贝尔斯提出的学术思想文化。傅斯年先生认为：从春秋、战国直到秦汉，中国上层的文化重心就在齐鲁，这个观点进一步强化了齐鲁文化在轴心时代的历史地位。而我认为这个观点的立论也是非常坚实的。

为什么说轴心时代的文化重心在齐鲁呢？

我们在第一讲中已经讲了齐鲁文化与中华文明轴心时代的关系，这里我重点引证现代诸多学者的论证讲第三点，即在轴心时代百家争鸣的文化中心，就是稷下学宫。

郭沫若先生在《稷下黄老学派的批判》中说：“这稷下之学的设置，在中国文化史上实在是有划时代的意义……周秦诸子的盛况是在这儿形成了一个最高峰的。”郭沫若先生这句话很值得我们关注，这是说在中华文明的轴心时代，一个非常突出的现象就是产生了诸子百家。诸子百家相互争鸣，因此中国的思想界大放光芒。而诸子百家争鸣的盛况是在稷下学宫形成了一个最高峰，诸子百家争鸣的中心就在稷下学宫。当代学者陈鼓应先生也说过，战国时期的百家争鸣是中国思想史上的黄金时代，其辉煌成就即体现在齐国的稷下学宫。可以说没有稷下，就没有百家争鸣。所以讨论战国时期百家争鸣的发展，只有把握稷下的活动才能找到它的根基。从二三十年代的这些学者到当代的学者们的观点里，我们应该能够非常清楚地了解到稷下学宫在中华文明的轴心时代、在诸子百家争鸣当中的核心地位。

二、稷下学宫的发展历史与贡献

(一)稷下学宫发展史

稷下学宫创设的战国之世，大国兼并，战争激烈，合纵连横，分合无常，是一个战争频仍，政治风云瞬息万变的时代，各国的君主无心也无力大规模兴办教育；唯独稷下学宫创始于公元前385年，历田齐六代国君至公元前221年秦统一，与齐共存，终齐而亡。它存续长达150余年，在春秋战国的动乱时代这不能不说是一个文化的奇迹。我们来看稷下学宫发展的历史。

1. 创始期

稷下学宫创始于田齐第一代国君齐桓公时期(齐桓公登位具体时间：一说公元前385年；一说公元前374年)。在齐国历史上有两个齐桓公，一个是春秋时期五霸之首的齐桓公，名小白；一个是田氏代齐之后第一代国君桓公(午)，他崇拜、效法春秋时期的齐桓公，因而自称桓公。汉代徐干的《中论》载：“昔齐桓公立稷下之宫，设大夫之号，招致贤人而尊崇之，自孟轲之徒皆游于齐。”这是我们从历史文献中来认定稷下学宫是创始于田齐第一代国君的主要文献依据。由此可以看出，齐桓公不仅仅创始了稷下学宫，而且还制定了基本的方针，譬如说设大夫之号，招贤、尊贤等，为稷下学宫的发展奠定了良好的基础。

2. 鼎盛期

稷下学宫的鼎盛时期主要在齐威王、齐宣王和齐湣王前期的七八十年间。这个时期是战国时期齐国的盛世，也是稷下学宫的兴盛时期。这个时期可以说是学派云集、名人荟萃，可达数千人。《史记·田齐世家》记载，齐宣王时，喜文学游说之士，像“驺衍、淳于髡、田骈、接子、慎到、环渊之徒七十六人，皆赐列第为上大夫。不治而议论，是以齐稷下之士复盛”。这里描写的盛况是说在齐宣王时期，七十多位知名学者一起汇聚到稷下，并由齐宣王封他们为上大夫。这一方面说明齐宣王对这些高级知识分子的重视，另一方面也说明当时那些学术大师都汇聚到了稷下学宫，且达到了数千人，根据有关文献的记载，有的说达到了三千人，有的说达到了七千人。《孟子荀卿列传》里面也记载说齐宣王时期，“为开第康庄之衢，高门大屋，尊宠之。览天下诸侯宾客，言齐能致天下贤士也”。其中“开第康庄之衢，高门大屋，尊宠之”。这句话很值得我们关注，是说齐宣王时在齐国古城最主要的交通干线“康庄之衢”上，建了非常辉煌的学宫建筑群。关于稷下学宫的具体地址，因为时代太久远，难确定具体位置，但大致上应该在齐国古城的南城墙西边，到大城门和西城墙的南边，这一大片建筑所在地也是小城，即田齐政权的皇宫所在地。从我们现在所大体了解到的稷下学宫的位置来看，可以得出以下几点结论：一是建在了交通大道旁边，这有利于学者们来往，交通非常方便；二是建在田齐政权的皇宫旁边，相当于建在北京故宫旁边，有利于齐国统治者和学者们的交往。三是建筑是恢宏的大建筑群，非常高大辉煌，校舍非常壮观，体现出齐国统治者对知识分子的尊重。即让知识分子住最好的房子，给最好的入职待遇，由此来体现礼贤下士，尊重知识，尊重人才。

3. 中衰期

稷下学宫在经历了齐威王、齐宣王和齐湣王前期的鼎盛期之后，也经历了一个中衰期，这个时期主要是齐湣王后期。齐湣王在战国齐国的发展史上是一个有作为的君主，但同时他也是使齐国由盛转衰的历史罪人，所以我们将他的统治分为前、后两个时期。前期，国力强盛，齐湣王南征北战，志在天下，学宫也很兴旺；到了后期，他非常骄纵残暴，四面出击，用兵不休，造成齐国的外强中干，府库内空。齐湣王在战略上的失策，致使燕国的乐毅率领五国联军一起攻打齐国，联军攻入临淄，湣王逃到莒国，被楚人所杀。在此大变局中，稷下学宫一度停办。

这在汉代桓宽《盐铁论》中有专门记载：齐“湣王奋二世之余烈，南举楚淮，北并巨宋，苞十二国，西摧三晋，却强秦，五国宾从。邹鲁之君、泗上诸侯皆入臣。矜功不休，百姓不堪，诸儒谏不从，各分散。慎到、接子亡去，田骈如薛，而孙卿适楚。”“二世”即齐威王、齐宣王。这说明在齐湣王前期，以威、宣王奠定的雄厚基础，齐国当时的确是非常强盛的，不但吞并了宋国，让楚、韩、赵、魏、秦等大国畏而服从，而且邹、鲁及泗水一带的众多小国都称臣从齐。但由于湣王骄纵轻敌，连年战争，百姓苦不堪言，稷下学者们向齐湣王进谏，但他不听，所以这些学者就逃离了稷下学宫。不仅大学者慎到和接子逃走了，田骈是齐人大学者，也到薛地去了，孙卿就是荀卿，是位大儒，就到楚国去了。这是稷下学宫曾经历的中衰期。

4. 复兴期

就是齐襄王时期，齐襄王是齐湣王的儿子。虽然齐湣王因为自己的一系列问题，让齐国几近亡国，但所历时间不长，五年之后，他的儿子齐襄王继位。

值得一提的是在齐襄王即位后，齐国大将田单用火牛阵打败了敌军，乘胜反击，收复了临淄。这在中国军事史上是一个著名的战例。齐襄王回到临淄之后，认为想振兴齐国首先要复兴稷下学宫，于是重新恢复了稷下学宫的相关政策和制度，很多学者又回到稷下学宫。在这个时期值得一提的是荀卿，《史记·孟子荀卿列传》有载：“齐襄王时，而荀卿最为老师。齐尚修列大夫之缺，而荀卿三为祭酒焉。”就是说荀卿回到稷下学宫，而且三为祭酒。祭酒，相当于学校的校长。同时齐襄王还恢复了大夫们的封号。稷下在襄王时确曾呈现出一种复兴繁荣的景象。

5. 消亡于秦统一

关于稷下学宫的消亡史料没有直接记载，但在齐襄王之后的齐王建时期，几十年时间里齐国国力逐渐衰退，于公元前221年为秦国所灭。有文献记载，在齐王建时期，荀卿还在稷下学宫，说明在齐王建时期稷下学宫还是存在的。

以上所述，是稷下学宫的简要发展历史。概言之，在战国时期这一诸侯割据、长期分裂的动荡时代，稷下学宫设于齐国，历时长达一百五十余年之久，始终作为中国思想文化的中心，影响遍及当时的各诸侯国。这在中国乃至世界文化史上都书写了光辉的一页。

（二）多项创新，影响深远

稷下学宫的创建是中国教育史上的空前创举，它是以教育功能为主体，兼具学术研究，同时为当时的政治服务，既是学校又是学者荟萃的学术文化中心，还具有智库性质的多功能机构。

由此可见，稷下学宫非常接近当今大学的功能。大学一方面教育培养人才，另一方面是学术研究的主要重镇和基地。目前主要的研究成果还是集中在大学。再一方面就是为社会服务，我们现在一直强调大学要为当前的政治、经济和社会发展服务，所以从这个角度来看，稷下学宫的内涵的确涵盖了现代大学的三大功能，由此说它是中国历史上最早的大学，这是名实相符的。

1. 稷下学宫对古代官学的创新

稷下学宫对古代官学的创新突出地表现为以下三点：

第一，它使官学走出了官府，以官学和私学相结合的模式，成为面向社会办学的大学。在稷下学宫成立之前，夏、商、西周三代，学在官府，由官府办学。《孟子》载在夏代就有官学，称为“校”。学校称之为“校”，源于夏、商、周三代；在夏代的时候就称官学学校为“校”，商代的时候称为“序”，西周时称为“庠”。《孟子》说“庠序之教”，即今天说上学接受教育，所以庠序成为学校的代名词。

夏、商、西周三代有官学，那时有没有“大学”这个名字呢？据考订，“大学”之名在甲骨文中就已经出现了。《礼记》载：“殷人设右学为大学，左学为小学”，就是说商代的时候在官府的右边设置的叫大学，在左边设置的叫小学，这是根据方位来命名。同时在办学功能上也有差别，“养国老于右学”，让那些退休的高官去大学里教贵族子弟学礼、学射、学知识，进行道德教育。所以殷代的大学主要功能是让一些退休的高官教育贵族子弟。“左学为小学”，主要是官府教育他们的子弟学一些基本知识。在夏、商、西周，所谓的大学没有走出官府，老师是官员，学生是贵族子弟，并没有走向社会。那么稷下学宫也是官办的大学，但是它走出了官府，面向整个社会，吸引各国的人才带着学生来这里讲学，这既是对历史上官学的突破，也是一个教育史上的创举。

第二，变古代政教合一之学为政教结合之学，从更高层次上提升了大学为国家政治服务的功能。从殷代到西周，大学政教合一，官员教育子弟是为了做官。而稷下学宫是为了各个学派在这里传播知识，培养人才，同时为政治服务，是为政治服务和教育两个功能的结合，这和之前所谓政教合一的“大学”是不一样的，这也是一个创举，从更高层次上提升了大学为国家政治服务的功能。

第三，稷下学宫在学术上交流融合，在文化上发展创新，在人才上又大师汇聚、英才辈出。这就使稷下学宫从所谓原来的官学里脱胎换骨，使它真正具有了后代所说的大学的本质特征，即“所谓大学者，非谓有大楼之谓也，有大师之谓也”。所以我认为这是稷下学宫对古代官学一个非常重要的发展、创新和超越。

2. 稷下学宫对孔子私学的创新和发展

孔子是中华文明发展史和中国教育史上的文化巨人，是中华民族的圣人，他对中华文明的最大贡献有三方面：

一是整理了在他之前的文化典籍。特别是他整理、编纂了五经《诗》《书》《易》《礼》《春秋》，并用这些历史文献教育学生，使这些文献传播下来直到今天。如果没有孔子，中华五千年文明的传承可以说就不会是现在这样的面貌，所以孔子的第一大贡献就是传承中华文明。

二是创立了儒家学派。儒学在先秦时期，经曾子、子思、孟子、荀子等大师的传承发展，形成了博大精深的思想理论体系，汉代以后成为中华文明的思想主干。

三是创办私学。我们前面讲了夏、商、西周办的教育不管是大学、小学，都是官学，只是教育培养贵族子弟，而孔子创立私学，实行“有教无类”的方针，面向社会招生，平民子弟也可以来这里学习，使知识走向了社会，走向了下层，走向了民间，所以其弟子称孔子的贡献与日月同辉，的确是了不起。

孔子面向社会大办私学，弟子曾达三千人，稷下学宫在此基础上有什么样的创新？

（1）稷下学宫是以国办官学的形式，创新和发展了孔子以来的私学。稷下学宫欢迎各个学派的学者带着他们的学生来此讲学，以各派私学的形式来组织教学，并以国家雄厚的经济实力对各派学者都给予支持，较孔子以来的私学，从办学体制、教学形式、教育内涵等方面实现了突破和创新，并积极主动地影响和导引了战国私学的发展方向。稷下之学与孔子私学比较，其发展创新之处主要表现在以下几点。

首先，稷下学宫有固定的、规模宏大的校舍，《史记》记载，稷下学宫对学者“高门大屋尊崇之”，这就更接近于我们后代的大学校园。孔子在鲁讲学，以及带弟子周游列国，都是学无定所的，目前还没发现有文献记载鲁国为他提供了固定的校园校舍。孔子讲学的杏坛，从一定意义上说，只是一个较固定的地点，弟子无论多少，都可以在杏坛下听讲。所以稷下学宫有稳定、宏大的建筑作为校舍，相比于孔子的私学即是一个大大的提升与进步。

其次，与孔子私学相比，稷下学宫变一人之教为众多大师之教。孔子私学尽管也达到几千人，但是老师只有一个，就是孔子。稷下学宫也达到了几千人，但它有很多大师，各派学者都可以来。齐宣王时，他一次就分封了七十六个稷下先生为上大夫，换言之，当时至少有七十六位大师同时在这里讲学。大师云集，这就与私学不同而与后世的大学相似了。

再次，稷下学宫变传承一家之学为传承百家之学。私学只是来讲他这一个学派的思想学说，而稷下学宫是诸子百家、各家学派的理论、思想传承都在这里传播，这是很了不起的创举，而且是空前的。它实现了各家学派教育的融合发展和创新。

（2）实现了私学教育的转型发展。每个学派往往就是一个庞大的私学教育集团，稷下学宫把诸子百家学者的私学结合在一起，使私学具有了官学的性质。《孟子》载，孟子周游列国“后车数十乘，从者数百人”，说明他是带着几十辆车载着数百名学生浩浩荡荡地来到稷下学宫的。因此可以说每一个学派就是一个庞大的私学教育集团，稷下学宫把这些私学教育集团、各家学派都汇聚到稷下学宫，使稷下学宫成为各家学派集中进行教育教学的场所，即若干私学教育集团组成的教育联合体。

（3）实现了教学与学术研究的有机结合。第一，稷下学宫更符合我们后代大学的性质。稷下各家学派带着弟子来稷下，不管是讲学还是给学生传播他的思想、知识，从学派角度看，他就是讲一种学问，传播一种理论。可是我们从稷下学宫整体来看，从各家学派来看，各家学派之间，学生可以相互交流知识。比如儒家可以去听道家的课，道家可以去听阴阳家的课，阴阳家也可以去听名家的课、墨家的课、法家的课。这样就实现了教学和学术交流、学术研究的结合。从各学派之间的交互关系看，学术争鸣和相互交流就成了主流。稷下学宫便以教学和学术研究有机结合的特有方式，创造了中国教育史上空前的辉煌。我觉得这是它在中国教育史上的一个贡献和空前创举，稷下学宫是最早的大学。

3. 稷下学宫兼具学术研究院的性质

郭沫若先生曾在他的《稷下黄老学派》里提出，稷下学宫具有科学院的性质，认为这是中国历史上最早的研究院。刘向《别录》有“谈说之士，期会于稷下”的记载，即是说稷下是有定期集会的。定期集会，以便各派学者思想的争鸣，在这里，不管是讲学、议论、研讨还是相互争辩，都有利于各家学派思想的研究、探讨和深化。稷下先生又大多知识丰富，见闻广博，各家的思想主张既不相同又非常鲜明，且每个人都有理论建树，他们在相互争鸣中往往旁征博引，具有非常强的说服力，所以这些学者在稷下学宫“百家争鸣”，就具有了很强的学术性和理论性。各家学派在思想主张、哲学理论上的突破，即是在稷下争鸣中充分吸收其他学派思想理论，丰富和发展各家学派的结果。所以在稷下学宫中的各家学派，像儒家、道家、法家、墨家、名家、阴阳家，都在这里获得了非常大的理论的创新和发展。

我们说它兼具学术研究，是中国历史上最早的社会科学院，还有一个有力证据就是稷下留下了大量的学术著作。说明稷下先生在这里著书立说。仅据《汉书·艺文志》记载的稷下学者的学术著作即有251篇之多；除了像《孟子》《荀子》这些著作之外，还有被后世学者称为稷下先生论文集的《管子》。

20世纪以来，众多学者，包括郭沫若和钱穆等对稷下学宫和《管子》关系的研究，大多认为：《管子》的成书有三个来源，一个来源是管仲。即管仲的思想理论在齐国传承，到了战国时期齐国的学者就把管仲的理论学说进行整理，命名为《管子》。所以《管子》中许多篇章体现了管仲的思想学说，有的篇章直接记载了管仲在辅佐齐桓公称霸过程中的很多言行、主张和思想理念。另一个来源就是在战国时期，稷下学宫各家学派学者的论文也被收集到《管子》中来。再一个来源就是从战国到秦汉时期，有少数秦汉时期的齐国人写的文章也被收集到《管子》中。因为我们现在看到的《管子》实际上是汉代的人把它整理结集起来的，所以有人说它也有战国和秦汉时期齐人写的著作。《管子》中有相当一部分著作是稷下学宫各派学者的论文集，这就致使《管子》这本书在先秦诸子各家学派著作中，具有特殊性：思想杂糅。即它不属于某一个具体学派。郭沫若在《管子集校·叙录》中说：《管子》“道家者言、儒家者言、法家者言、名家者言、阴阳家者言、农家者言、轻重家者言，杂盛于一篮”，就是说这本书就好像是一个菜篮子，各家学说都装在了里面。所以我们说《管子》就是稷下先生的论文集，这是稷下学宫给我们后代留下的非常宝贵的文化遗产。

汉代刘向在《管子叙录》中曾记载："所校雠中《管子》书三百八十九篇"连同在其他著作中收存的"凡中外书五百六十四篇"，虽然最后去其复重者定稿86篇（现存76篇），但也这间接证明稷下学宫的学者写了大量的学术著作，即使经秦始皇"焚书坑儒"对古代典籍造成了巨大损失，到汉代还能看到这么多，我们应承认稷下学宫实际上就是一个最早的社会科学院。

4. 稷下学宫又是中国历史上最早的智库性质的政治参议院

我们称之为参议院也好，称为高端智库也好，这些稷下学者主要承担着三种政治身份。第一个就是谋士。他们不只是研究历史，还研究当代社会，即战国时期的政治，其目的主要是为实现中华民族的统一著书立说、奔走游说。由于当时齐国的强大，稷下先生特别卖力劝说齐国的国君接受他们的主张，兼并其他六国，实现民族统一，这是当时众多知名学者汇聚稷下学宫的一个主要政治目标。所以这些稷下学者本身也是谋士，他们宣传主张，议政建言，议政的内容往往具有宏观性、指导性、理论性和政策性。政治主张有系统的论述、清晰的蓝图、具体的措施。比如孟子就给齐宣王描绘了一个很好的统一天下的蓝图。《孟子》中记载，孟子去劝说齐宣王，提出："保民而王，莫之能御"，即只要施行仁政，让老百姓过好日子，自然就统一天下了。老百姓怎么过好日子呢？他提出了具体设想："五亩之宅，树之以桑，五十者可以衣帛矣"。又说："百亩之田，勿夺其时，八口之家可以无饥矣"。这段话描述了一个非常美好的景象，有宅院，里面种着桑树养蚕供人们穿绸子，八口之家可以种一百亩，那八口之家就可以不挨饿了。老百姓吃饱穿暖，再"谨以庠序之教"，即进行学校教育，那么整个社会的富足文明就发展起来了。这反映出稷下先生的政治参与。实际上以孟子为代表的稷下先生所描绘的这个蓝图，是为中华民族大统一造舆论，进行理论论述，以此来说服国君，所以我们说他们承担着谋士的角色。

第二个身份是谏臣。就是批评国君，直言进谏。这些学者往往具有独立性、针对性和科学性，会直接指出国君的毛病进行尖锐的批评，匡正时弊，所以谏臣的角色是非常突出的。比如在齐宣王时，淳于髡就直接批评齐宣王"好马""好味""好色"，"独不知好士"，是说齐宣王有三大“好”，独缺一“好”。“好马”，喜欢赛马养马；“好味”，好吃美食；“好色”，好女色；独独不好士，即独独不尊重知识分子，这个批评是相当尖锐的。

齐威王想攻打卫国，淳于髡劝谏他不要攻打卫国，卫国力量很强大，攻打会两败俱伤，而让秦国渔翁得利，齐威王就接受了谏言，停止了攻打卫国的行动。

第三个身份是外交家。为齐国统治者出使外交到其他诸侯国，完成外交使命，是稷下先生的又一职责。他们往往在重要关头勇于担当，出使各国以说服外国国君来扭转局势，为齐国君排忧解难。比如田单用火牛阵助齐襄王复国以后，又率领大军收复今天的山东聊城，久攻不下，这时稷下先生鲁仲连就挺身而出，充当使者角色。他来到聊城城下，写了一封信，用剑射到聊城城中，劝说守聊城的燕将投降，最后燕将打开了城门投降，不费一兵一卒，收复失地。其他如驺衍、淳于髡，都是稷下先生中很著名的外交家。

总之，稷下学宫的多重功能有机结合，和谐统一，一个学宫，兼具了我们当今大学所具有的多重功能，甚至更多。它的政治功能是以各派学者的学术理论研究乃至带领学生来实现的；它的学术活动有明确的政治目的，又与教育的实践相结合。稷下大师又立足学宫培养学生、培养为各国政治服务的人才，这就实现了教育、学术和政治的有机结合，这的确是中国文化史上一个空前的创举。

三、世界文明史上的双璧：稷下学宫与柏拉图学园

我下面想从稷下学宫和柏拉图学园比较的角度，来谈稷下学宫在世界文明史上的地位。我认为稷下学宫和柏拉图学园一样，分别在世界的东方和西方共同为世界文明做出了无与伦比的贡献。

在两千三百多年以前，在齐国故都临淄创办的稷下学宫与差不多同时出现在欧洲希腊的柏拉图学园是世界上最早的集高等教育与学术研究为一

体的大学，是当时的思想学术文化中心，分别在世界的东方和西方以相似的方式展现出了人类早期文明的智慧之光。希腊文明中最负盛名的希腊三哲苏格拉底、柏拉图和亚里士多德，都和柏拉图学园紧密地联系在一起。而在中华文明中，最辉煌的诸子百家争鸣，也都是与稷下学宫紧密相连的。所以我们认为他们共同为世界文明做出了巨大的贡献。

柏拉图学园，又称阿卡德米学园或者是希腊学园。它创办于公元前387年，与创办于公元前385年的稷下学宫的创建仅相差两年，这两所最早的大学堂分别在世界的西方和东方几乎同时、不约而同地出现了，的确是一个奇迹，甚至是文化史上的一个谜。柏拉图学园建立在雅典一处为纪念希腊传奇英雄阿卡德莫斯的公园遗址上，由著名哲学家柏拉图创建。①柏拉图学园是一座世界文明史上最早设立的真正意义上的高等学府、学园，汇集了当时众多的学者在此从事学习或研究，培养出大批人才，成为那个时代最负盛名的教育、学术与思想文化中心。

柏拉图是苏格拉底的学生，亚里士多德又是柏拉图的学生，这是希腊三个最伟大的哲学家，号称希腊三哲，三代师生。柏拉图以苏格拉底和弟子对话的形式著录成书，并创办柏拉图学园来传播和宣传他的老师苏格拉底的学说，同时也传播自己的理论和学说。亚里士多德是柏拉图的学生，他在柏拉图学园接受教育达20年左右，由此可以看出，希腊三哲都是和柏拉图学园紧密结合在一起的。

我们对这两座世界文明史上犹如孪生兄弟般分别出现在东方和西方的

---

① 2017年10月笔者去雅典大学访问时，曾亲自到此遗址参观，那里竖立着柏拉图的雕像。一个很大的广场，柏拉图学园就坐落在广场的一角。现在柏拉图学园的遗迹保留的已经不多，广场和一部分遗迹建筑的根基仍然留存。

2018年9月16—18日，中国和希腊的15名学者一起在稷下学宫遗址所在地、齐国故都临淄召开了“稷下学宫与柏拉图学园中西古典文明高峰论坛”，在这个论坛上，研究稷下学宫和希腊文明的中国学者，与研究柏拉图学园的希腊学者共聚一堂，对稷下学宫和柏拉图学园进行了比较研究，会议开得非常成功。两国学者交流充分，取得许多共识。会议论文集共收到中、希学者论文33篇（其中希腊学者14篇），会议论文集（中文版）拟于2021年5月由北京三联书店出版发行。

高等教育大学堂和学术文化中心，进行深入挖掘和探讨，发现二者虽然天各一方，但是却不约而同地展现出了许多惊人的相通和相似之处，而深入地去分析探讨也会发现它们又存在着很多不同和差异。分析它们的异同，进一步加深了我们对二者在世界文明史上重要地位的认识。

（一）相通之处

主要体现在以下三个方面：一是这两个机构都是教育、学术的结合体，稷下学宫里诸子百家争鸣，柏拉图学园也是鼓励自由争鸣，所以它们都是以自由平等的办学理念进行探讨、研讨，百家争鸣。二是它们都是以对话、研讨辩论为主要的教学研究方式。三是这两个机构都产生了众多伟大的思想家，对东方和西方文化都产生了重大而深远的影响。

（二）差异之处

主要体现在以下几个方面：一是一个是官学，一个是私学。稷下学宫是齐国统治者设立的国办大学堂，与政治紧密结合；柏拉图学园是柏拉图个人创办的，它以传授哲学思想和科学知识为主导。稷下学宫和政治紧密结合在一起，相当于政治参议院。柏拉图在柏拉图学园主要传授哲学思想，当然柏拉图也有《理想国》，但是柏拉图的理想和稷下学宫大统一的理想是不同的。稷下学宫中的学者提出政治方案，要建立一个文明高度发达的统一的大帝国，希望寄托于英明的君主，即国君。所以孟子千方百计劝说齐宣王统一天下，这是稷下先生的理想。而柏拉图认为应该请哲学家当国王。稷下学宫的政治功能体现在学者既是谋士又是谏臣，还是外交家，可是柏拉图学园主要就是传授思想。

二是办学宗旨的差异和不同。比如柏拉图学园的招生条件更注重科学素质，提出“不懂几何者勿入”，要有数学的基础知识是它招收学生的一个基本条件。所以它是以传授哲学、科学知识为主导。稷下学宫则主要是各家学派提出的思想理论和政治主张。稷下学宫学派汇聚、百家争鸣，喜议政治，是培养各种思想学派的文化沃土；柏拉图学园主要以对话、讨论的形式来传授苏格拉底、柏拉图的思想，他们注重的不是各派思想的汇聚交流，而是宣传苏格拉底和柏拉图一脉相承的思想，注重哲学思辨和自然科学知识的传授，它的目标是培养独立思考的哲学家和科学家，亚里士多德说："吾爱吾师，吾更爱真理。"他虽然是柏拉图的学生，但他的思想有很多和柏拉图是不一样的，甚至是矛盾对立的。他在接受老师教导的基础上提出了自己的思想体系和学说。这就是柏拉图学园培养人独立思考的能力的结果。柏拉图学园的教学内容很广泛，有数学、哲学、音乐、物理、光学、戏剧等。稷下学宫主要是培养各个学派的思想大师和政治人才，比如秦汉统一之后相当多的思想家和政治家都是从各家学派学者中产生的。

三是教学方式、方法的差异。稷下学宫各家学派在这里讲学、辩论、研讨、争鸣，方法灵活有利于思想的弘扬、发展和创新。柏拉图学园以柏拉图的讲学为主，以问答、反诘、质疑的方式讲授知识，有利于系统科学知识的讲授，有效地训练了学生独立思考的能力，比如柏拉图学园很重要的一个的特点就是学生可以驳斥老师。稷下学宫的学术平等是各家学派地位平等；柏拉图学园的地位平等是老师和学生平等，二者不同。

四是哲学突破的不同。稷下学宫的哲学突破主要是在人文社会、天人关系等方面，与政治现实紧密结合，是为中国结束战国时代的分裂局面实现大一统做理论和思想上的准备。柏拉图学园的哲学突破更多地表现在思想和精神上的解放，是柏拉图思想体系的构建、发展、创新和突破。所以西方基督教的形成是以柏拉图所创始的哲学思想为基础的，这是它为西方文化奠基做出的贡献。

五是学术自由的不同展现。我们知道学术自由与创新是人类文明发展的思想根基和精神源泉，是稷下学宫和柏拉图学园共有的特征。但具体分析看，其学术自由还是有比较明显的差异。主要是它们所展现出来的学术自由和创新方式不同。稷下学宫的学术自由，首先表现在齐国统治者对各家学派的学者及其学生持开放态度，来去自由，即来者欢迎，走者愉快相送。从《孟子》的记载中还可以看出离开的时候还要给足路费，让你高兴地离开。其次，表现在各家学派、学者在稷下学宫的地位是平等的。再者还表现在学者跟齐国统治者地位的平等，也就是齐国的统治者是以一种礼贤下士的态度对待稷下学者的。稷下学者进言献策，甚至批评、斥责国君，国君也表现出对稷下学者的尊重。例如《战国策》载：稷下学者颜斶，要到齐宣王面前进言，他走到齐宣王宫殿面前就站着不动了，齐宣王左右的大臣就说：颜斶！你不是要见大王吗，那么你就到前面来，那么远你就站住了是什么意思呢？颜斶说：你让大王来我面前！大臣们脸色都变了，齐宣王也非常生气，说，我是国君，你是一个臣下，到底是我地位高还是你地位高？你为什么叫我去你的面前见你呢？颜斶回了好多话，其中最主要的就是说，我如果跑到你的面前去说话，叫“趋势”，就是我们今天说的趋炎附势；你到我的面前来叫“趋士”（“士”当时就是指的知识分子阶层），你到我的面前来跟我说话就是你尊重知识分子了，最后齐宣王竟然拜颜斶为老师。可以看出，稷下学宫中的自由和平等主要表现在国君和知识分子的地位平等，这种学术自由和平等以地位平等为基础的。

柏拉图学园的学术自由和平等，主要表现在师生关系平等上。就像亚里士多德所说“吾爱吾师，吾更爱真理”，在真理面前师生平等，学生可以驳斥老师，可以反诘、批判老师，柏拉图学园所体现的这种学术自由和平等体现了追求真理的一种科学态度。因此柏拉图学园主要是培养学生的独立思考和学术自由的精神。所以稷下学宫和柏拉图学园的学术自由是共通的，但是在具体展现上它们又是不一样的。

稷下学宫对当时诸子百家学派的思想发展、创新，特别是儒家和道家思想的发展起了巨大的推动作用，并由此对中华文化的主体思想以及秦汉及以后中国的政治、教育和学术，产生了深远影响；柏拉图学园则极大地影响了西方的哲学和自然科学的发展，是西方大学教育的先声，是西方宗教的思想源头。稷下学宫和柏拉图学园都是世界文明史上闪耀着人类智慧之光的绝美的双璧珍宝。

我们通过以上深入地分析稷下学宫和柏拉图学园的共性和差异，能使我们站在世界文明起源的历史高处，来审视人类早期文明的相通和差异。从稷下学宫和柏拉图学园的相通点和相似点出发，共谋当今世界不同文明和谐发展的路径和方式，推动全球化背景下人类命运共同体的构建，是有共同的思想基础的。我们通过分析稷下学宫和柏拉图学园的差异之处，可以更清晰地审视和探索今天世界不同文明发展的渊源，从历史文化的源头上可以看出东、西方文明本来就是有差异的。我们今天提出世界不同文明相互交流，在共融、共通和共同发展的基础上实现共存，是有历史根据的。

发生在稷下学宫的百家争鸣，是两千多年以前中国文化史上一道遥远的亮光，但它并没有消失在历史的星空。它不仅时时地撞击着中华民族文化发展历史的智慧之门，而且把它放在世界文明史上来看，稷下学宫也像柏拉图学园一样，对世界文明做出了巨大贡献，是东方的文化瑰宝。我们通过认识稷下学宫在世界文明史上的贡献和地位，可以更加清楚地认识到齐鲁文化的确是中华文明“轴心时代”的文化“重心”，稷下学宫对中华文明轴心时代的贡献和在世界文明史上的地位，就是这个文化“重心”的重要体现。

白奚

首都师范大学资深教授、博士生导师，教育部人文社会科学重点研究基地山东师范大学齐鲁文化研究院学术委员，国际儒学联合会学术委员会委员。在中国古代哲学、中国传统思想文化与现代化等领域，尤其是在先秦哲学的研究上有重要贡献。代表著作有《稷下学研究：中国古代的思想自由与百家争鸣》（三联书店）、《先秦哲学沉思录》（中国社会科学出版社）等，在《中国社会科学》《哲学研究》《文史哲》《孔子研究》等重要刊物上发表过学术论文100余篇。曾获中国高校人文社会科学研究优秀成果奖哲学类一等奖、北京市哲学社会科学优秀成果一等奖等重要奖项。

邹衍与阴阳五行

白　奚

大家好，欢迎大家收看齐鲁文化电视系列讲座。

从今天开始，我给大家讲邹衍与阴阳五行，这是我们这个系列讲座里边的一个部分。

我讲的全部内容分四个部分。第一个部分是阴阳五行的渊源和历史发展，这个部分主要是做一些背景方面的介绍；第二个部分是阴阳五行家的代表人物邹衍和邹奭，作为这个学派的主要的代表人物，我们要做一些介绍；第三个部分是我们全部讲座的主体内容，就是阴阳五行家的主要的思想；第四个部分，讲一下阴阳五行思想在中国传统文化的地位。

现在我们开始讲第一个部分：阴阳五行的渊源和历史发展。

阴阳五行家简称阴阳家，是先秦百家争鸣时期最后出现的一个学派。顾名思义，阴阳五行家的思想就是阴阳理论和五行理论的组合。

阴阳家是中国古代一个十分重要的学派。我们知道，最早对先秦诸子百家进行学派划分的是《史记》，司马迁的父亲司马谈写的《论六家要旨》，第一次把中国古代的学术思想分成六家，其中阴阳家列在首位，位于儒家、道家、墨家等学派之前，可见阴阳家在当时的重要影响。

阴阳观念和五行观念，原本产生并且流传于不同的地域，它们是两种很不一样的、互不相干的文化系统。到了后来，在战国百家争鸣的历史文化条件下，阴阳思想和五行思想就实现了合流。就像两条河，它们原本是发源于不同的地方，在不同的地域流淌，后来合流在一起，汇成了一条更大的大河。阴阳的思想和五行的思想就是这样，合流形成了阴阳五行家学派。

阴阳观念和五行观念的出现都非常早，早在西周时期这两种观念就都出现了。一般认为，阴阳的观念产生于南方并主要在南方流传，五行的观念产生于北方并主要是在北方流传。在长期的流传中，各自都有丰富和发展，到了战国的百家争鸣时期就实现了合流。

《汉书·艺文志》中有这样一段话，它在介绍阴阳家时说："阴阳家者流，盖出于羲和之官。"羲和是上古神话中的太阳女神，也是掌管历法的女神，羲和之官是古代掌管天文历法的政府部门。这样我们可以看到，阴阳五行家学派和古代的天文历法这个文化传统是有非常密切的关系的。

阴和阳的本义是指日光的向和背，也就是向阳和背阴。我们知道，太阳出来的时候会先照到山的南坡和河的北岸，所以这个山之南和水之北就被叫作阳，山之北和水之南就称之为阴。古代的地名通常都遵循这样的命名规则的。比方说洛阳这个地方就是在洛水之北，江阴这个地方是在长江的南岸，蒙阴这个地方是在蒙山之北，衡阳这个地方就在衡山之南。

在春秋时期之前，阴阳观念主要是被用来解释一些罕见的、异常的或者是灾害性的自然现象。比方说西周末年的周幽王时期，史官伯阳父就用阴阳失序来解释地震发生的原因。大家看这个材料，伯阳父论地震：

> 夫天地之气，不失其序……阳伏而不能出，阴迫而不能烝，于是有地震，今三川实震，是阳失其所而镇阴也。(《国语·周语上》)

他说"天地之气，不失其序"，就是说天地之间有阴气和阳气，它们是有一定的秩序，有固定的位置的，通常来说都有自己的序列，那么"阳伏而不能出，阳迫而不能烝，于是有地震。今三川实震，是阳失其所而镇阴也"。就是说现在阴气和阳气不在它们正常的位置上，阴阳失序，于是就会发生地震。这是中国古代最早的关于阴阳的论说，最早的以阴阳论地震的记载。后来这个阴阳观念就逐渐发展，形成了一种哲学理论的形态，比方老子讲"万物负阴而抱阳，冲气以为和"，这是说阴和阳的并存和对立，是万物的基本属性和普遍的存在形式。《周易》里面也讲“一阴一阳之谓道”，认为阴和阳的相互作用是宇宙间的最根本的原理。人们用阴阳来表示宇宙万物中普遍存在的两种最基本的矛盾对立的力量或者性质。

阴阳的理论是中国古代哲学中的重要理论，对中国传统文化的发展产生的影响是非常深远的。

我们再看五行。

五行的观念在西周时期也已经出现了。所谓五行，我们大家都知道，就是金木水火土这五种基本的物质元素，中国古人把它们看作是构成万物的最基本的物质，用来解释宇宙万物是多样性的统一。

大家看这个材料，《国语·郑语》里面记载：“史伯曰：故先王以土与金木水火杂，以成百物。”这里的“百物”应该是指人们日常生活中离不开的各种器物，它们都是先王创造的，这个先王是谁，也不知道，也可能是虚拟的。先王用土和金木水火相混杂，就创造了“百物”，其中土是最基础的物质。

“五行”这个词在古代典籍中最早出现在《尚书》里。大家看这个材料：“五行，一曰水，二曰火，三曰木，四曰金，五曰土。水曰润下，火曰炎上，木曰曲直，金曰从革，土爰稼穑。润下作咸，炎上作苦，曲直作酸，从革作辛，稼穑作甘。”我们做一些基本的解释，这五行就是水火木金土五种基本物质，‘水曰润下’，是说水的特性是润下的，水往下走，它可以滋润下面的万物；“火曰炎上”，是说火的特性是发热，发热的热量就是往上走的；“木曰曲直”是说木是能曲能直的；“金曰从革”是说金（金属）是可以变形的，可以任意改变形状，人们可以用金制成各种各样的器物；“土爰稼穑”是说土是可以种庄稼的。“润下作咸”，是说水常常有咸的滋味；“炎上作苦”，是说火燃烧以后形成的碳是有苦味的；“曲直作酸”是说木头往往都是带酸味的；“从革作辛”，是说金属这类东西往往都有辛辣的味道；“稼穑作甘”，就是说农作物味道都是甜的。从这段材料我们可以看到，那时候的人们对这个金木水火土五行的基本属性已经有了一定程度的认识了。金木水火土是同我们的生活关系最密切的五种物质，人们的日常生活都离不开的这五种物质。在五行中，木、水、火、土都是现成的自然物，金就不一样了，这个金不是指金银那个金，而是指的金属这一类，金属冶炼出来的。人们冶炼的金属最早是青铜，人们用青铜做成器物并大量使用，通常都是到了商周时期。所以我们可以大体上认定，五行说的出现应该是在金木水火土这五种物质在人们生活中定型了之后，应该不会早于殷商之前。

中国古人很早就认识到土在五行中具有特殊的地位。土最为重要，土就是土地，就是土壤，就是大地，万物都只能在土地上生长。这种强调土的特殊重要性的认识，后来就发展成了尚土说，即崇尚土。土在五行中被认为是居于中央的、核心的位置，称为“中央土”，土居于五行的中央，对其他的几行起到统领、协调的作用。这是对土的地位的一种突出，确认土的突出地位这个认识是非常重要的，离开了这一点，五行说的理论体系就构建不起来。

五行之间的关系，最初是没有什么排列的，是任意的、并列的，或者说是杂乱的。后来人们发现五行之间在物理和化学属性上存在着两种特殊的关系，这两种关系使得五行之间构成了非常密切的联系。这两种关系，一种叫五行相生，一种叫五行相胜（也叫五行相克）。五行相生，其实现在我们大家都非常熟悉，木生火，火生土，土生金，金生水，水生木，木再生火，构成无限的循环。五行相生揭示了五行之间的相辅相成，存在着一种前者衍生、推动后者的特殊关系。五行相胜也叫五行相克，是五行之间的另外一种关系，说的是五行之间存在着一种互相克服，后者可以战胜、取代前者的关系，我们现在也都很熟悉，木克土，土克水，水克火，火克金，金克木，木再克土，形成无限的循环。这种五行相克的情况，容易使我们联想起小时候经常玩的锤头、包袱和剪刀的游戏，就是这种一物降一物的关系。还有一种熟悉的鸡、虫、老虎、棒子的游戏，也是这种一物降一物的关系。其实这些游戏应该都是脱胎于五行相克的古老认识。

五行相生和相胜的理论对中国传统文化产生了重要的影响，被广泛地用于古代的政治、经济、军事、科学以及人们日常生活的方方面面，直到现在仍然在民间的文化中有很大的影响力。

阴阳五行学说是古代先民试图了解自己生活于其中的物质世界的奥秘，对其本质和规律的一种抽象的哲学的思考，由此而总结和发展出来的一套理论。这些古老的思想中包含着一定的朴素的唯物主义的思想，也包含着一定的科学因素。对此我们不应该轻易地全盘否定，不应该笼统地看作是封建迷信。

以上就是我们讲的第一个部分。

现在我们讲第二个部分，阴阳五行家的代表人物邹衍和邹奭。

阴阳五行的观念尽管很早就已经出现了，但是真正形成了思想体系，成为一家之言，并且与其他学派并列，却是很晚的事情了，是在战国晚期了。阴阳五行家学派是先秦时期最晚出现的一个学派，它的代表人物是邹衍和邹奭。邹衍是战国末期的齐国人，他是个著名的稷下先生。关于稷下先生，我们山东人都知道稷下学宫，先秦时期的百家争鸣主要就发生在齐国的稷下学宫。在稷下学宫中有很多来自不同学派的著名学者，称为稷下先生，邹衍是其中很有名的一位，《史记》中多次提到稷下学宫的盛况，每次都提到邹衍。稷下学宫历时100多年，经历了齐国的五六代君主，邹衍这个人是稷下学宫中最后一位大思想家，他是战国时期有重大影响力的大师级学者。邹衍口才非常好，他口若悬河，特别善于谈天说地，所以在稷下学宫中他有个绰号叫“谈天衍”。

邹衍有很多著作，《汉书·艺文志》记载了邹衍的著作《邹子》四十九篇，还有《邹子终始》五十六篇，可惜汉代以后都失传了。我们今天能看到的邹衍的思想材料，只有《史记》等其他典籍里的一些零散的记载，通过这些材料我们大体上可以了解邹衍其人及其思想学说的概貌。

邹衍早年学习的是儒家学说，当时的诸子百家可以说很多都是学习儒家学说出身的。但是他发展得并不顺利，他拿学到的儒家思想游说于帝王之间，效果很不理想。于是他改变思路，搜集并整合了那些零散的不成系统的关于阴阳和五行的理论，构建了一个庞大的、有系统的而且非常有特色的思想体系，于是就创立了阴阳五行家。邹衍创立了阴阳五行家之后，他的事业就发生了非常大的转变，开出了良好的局面，在社会上产生了极大的影响。

邹衍的学说以阴阳为核心，根据《史记》的记载，邹衍的学说是“深观阴阳消息”。“消”和“息”是指的阴和阳的消退和生长，天地之间是阳盛则阴衰，阴盛则阳衰，此消彼长，交替为用，这被认为是自然界在人类社会中运行的最普遍的方式，是万物运动变化的根本原因。邹衍“深观阴阳消息”，说明他对天地间这种阴阳消长的规律有长期的深入的观察和思考。

《史记》说邹衍“其语闳大不经”，是说他的学说体系非常庞大，上至天文下至地理，无所不讲无所不包，讲宇宙的最初状态（“天地未生”），讲万物的生成，都是些非常玄妙的理论。邹衍学说的另一个特色，是充满了“怪迂变化”，讲的常常都是一些非常怪异的、别人闻所未闻的理论，里边充满了奇妙的变化。正是这样一种极富特色的思想，使邹衍的学说“显名于诸侯”，在列国中引起了轰动效应。“王公大人初见其术，惧然顾化”，王公大人们听到了邹衍的学说，都被震慑住了，脸色都变了，所以他们都争先恐后地邀请和优待邹衍。根据《史记·孟子荀卿列传》的记载，邹衍的阴阳五行学说先是在齐国流行，邹衍在齐国受到了齐王的推重，后来他就游走于列国之间。他先了魏国，魏惠王亲自到郊外去迎接并执宾主之礼。这种礼遇是很难见到的，一个国家的君主亲自出了城到郊外去迎接。两人之间“执宾主之礼”，就是两个人之间不是通常的那种君臣关系了，而是平起平坐的，好像是接待一个外国元首一样平起平坐，这才叫宾主之礼，这样的接待规格可以说是非常的高。邹衍来到赵国，赵国的首相平原君“侧行撇席”，平原君是战国时期著名的四公子之一，是赵国的掌权人物，他见到邹衍时，不敢正面从邹衍面前走过，而是要侧着身子走过去，还亲自为邹衍擦去座席上的灰尘，这叫“侧行撇席”，对邹衍是极其的恭敬。特别是邹衍来到了燕国，燕昭王亲自迎接，并亲手拿着扫帚给邹衍清扫道路。燕昭王还亲自走在邹衍前面为他引路，并拜他为师，“请列弟子之座而受业”。这样的礼遇规格就更高了，他们的关系甚至都不是宾主的关系了，而是师生的关系了。燕昭王还为邹衍建了一座黄金台，并“身亲往师之”，他不是把邹衍请到他的宫殿里来，而是亲自跑到邹衍那里去做学生。纵观战国时期的整部历史，一位思想家受到列国君主如此高规格的礼遇，应该说是登峰造极、无以复加了。

阴阳家学派的内容中本来就有一些神秘的色彩，于是后来还出现了关于邹衍的一些带有神秘色彩的故事和传说。汉代刘向的《别录》里记载了这样一件事："邹衍在燕，有谷，地美而寒，不生五谷。邹子居之，吹律而温至黍生，今名黍谷。"说的是燕国有一个山谷，风景非常漂亮，但就是比较寒冷，不长庄稼。邹衍来到这里居住，他吹奏一种乐器，引来了温气，改变了这里的气候，从此这个地方就可以生长庄稼了，这个地方后来就改名为"黍谷"。这个故事很有传奇色彩，极力渲染邹衍具有协调阴阳的能力，他能改变天地之间阴气和阳气的存在状况，这很可能是由于邹衍是阴阳五行大师，从而推演出来的或者是衍生出来的一个故事。大家再看下面这段《淮南子》的材料，现在的《淮南子》里面已经没有这段材料了，而在其他地方还有引用。说的是"邹衍尽忠于燕惠王，惠王信谮而系之。邹子仰天而哭，正夏而天为之降霜"。邹衍到了燕国，他对燕惠王是很忠心的，但是有人说他的坏话，燕惠王听信了谗言，就把邹衍抓起来了。邹衍受了冤枉，委屈得仰天大哭，他这一哭不要紧，老天为他下起了霜雪。当时正是大夏天，却下起了霜雪，这很可能又是一个演绎出来的传奇故事。我们知道关汉卿的《窦娥冤》，窦娥受了冤屈，她被杀掉的时候是阴历的六月，正是大夏天，然后天上就降了一场大雪，后来还有一出戏叫作《六月雪》。《六月雪》这个故事，说不定就是从邹衍这个故事这里衍生过来的，或者是受到了邹衍这个故事的启发而创作的。

以上讲的是邹衍，接下来我们再讲邹奭。

邹奭也是齐国人，他在邹衍之后，《史记》里常常把邹奭与邹衍并列，每次讲齐王优待学者的时候都要提到邹衍和邹奭。邹奭的著作很可惜也没有流传下来。《史记》里说"邹奭亦颇采邹衍之术以纪文"，是说邹奭精于文辞善于表达，他传承邹衍的学说，把邹衍的阴阳五行学说发挥得淋漓尽致，非常精美精致，所以人们送他一个雅号叫作"雕龙奭"，从这个雅号可以看出他的学说非常的精致巧妙。但是，无论多么巧妙精致，就是缺少实际的内容，可见邹奭对邹衍的学说并没有什么实质性的推进和发展，所以雕的再好也只是具有观赏价值，并没有什么实用价值。

齐国人邹衍和邹奭创立了阴阳五行学派，这个学说首先就在齐国流传起来，起初也主要是齐国流传。那么，这样一个学派为什么出现在齐国呢？这和齐国文化的特点有很大的关系。阴阳五行家可以说是齐国的一个特产，具有浓郁的齐文化特色，它产生于齐国不是偶然的。因为齐国是一个滨海国家，齐文化有很浓厚的海洋文化的特色，和那些内陆国家的文化很不一样。齐国濒临大海，波诡云谲、气象万千、变化多端的大海很早就启发了齐国人的想象力，在列国的文化中，齐文化最为具有海洋文化的特色，最富有想象力和创造力。邹衍创立的阴阳五行学说就有非常鲜明的海洋文化的色彩，这样的学说只能是滨海文化的产物，它不大可能产生于赵国、鲁国、秦国这样的一些内陆国家，它只能是产生于滨海的国家。

接下来我们讲第三个部分，讲阴阳五行家的主要思想，这个部分是本讲座的主体内容。

先讲“四时教令”。阴阳家认为，天地间充满着阴气和阳气，这两种性质相反的气始终处在不停地运动中，在一年中是此消彼长的，这种运动的结果和表现，就是四季的变化。阴阳家强调人的社会行为，特别是政治行为一定要和天地之间阴阳运行的节律相协调、相符合，不同的时节采取的行动要符合那个时节气的变化节律，否则的话就会造成阴阳失调，就会出现各种麻烦。前面我们已经提到过，阴阳观念在春秋时期主要还是用来解释自然现象的，特别是一些异常的灾害性的自然现象，像我们引用过的那个伯阳父论地震，还有星陨、洪灾、旱灾等异常的灾害性的自然现象。到了战国时期，阴阳观念被引入到人类社会的领域，用来指导人们的社会生活。首先是用于指导农业生产，由政府发布一些具体的措施来规范人们在各个季节的活动。古代的先民在长期的生活劳动实践中，逐步观察和领悟到一年中季节的变化其实就是阴阳两种气的此消彼长的变化过程。从春天到夏天，阳气逐渐上升阴气逐渐下降，这个时节应该出台一些措施，诸如禁止伐木、打猎、掏鸟卵等，以保护万物的生长。到了夏至这一天，阳气上升到极致，从这一天开始阴气就逐渐上升，阳气就开始下降。这种阴阳变化的节律在自然界的表现，就是万物的春生夏长秋收冬藏。阴阳家认为，人间的统治者要根据自然界这种阴阳变化来安排自己的各种活动，特别是政治活动，不能和它相违背，否则就会招致灾祸。所以，阴阳家先是被应用来指导和保障农业生产，接着又被运用于指导人们的社会生活，特别是政治生活，甚至是伦理生活。

在人类的各种社会活动中，阴阳家最为重视阴阳理论对政治活动的指导。他们根据阴阳运行的规律，对君主的政治活动做出了很多详细的具体的规定。他们认为，从春天到夏天是阳气上升、阴气下降的过程，这两个季节中阳气是占主导地位的，万物都呈现生长发育的状态，在这样的时节就应该实行一种温和的、仁德的政治，称之为“德政”。具体来说，要多做一些保障、爱护、促进、奖励之类的措施，以利于万物的生长，也利于人们的德行的养成，以此来实现人的行为和阴阳之气的运行相协调、相一致。从秋天到冬天是阴气上升阳气下降的过程，在这两个季节中，阴气是占主导地位的，这样的时节就应该实行相对严厉的、带有惩罚性的政治措施，称之为“刑政”，比方说伐木、打猎、处决犯人、军事上的征伐等等，都要在秋冬季节进行。阴阳家把这样的原则总结出来，称之为“人与天调”“务时而寄政”，也叫“阴阳刑德”。指导政治的“阴阳刑德”和指导农业生产的“敬授民时”合起来，就是所谓的四时教令。有了四时教令，人间的各种活动，特别是政治活动就有了天道观方面的理论指导。

接下来讲“阴阳灾异”。阴阳家认为，人类的社会活动，特别是政治活动，如果能够和天地之间阴阳运行的节律变化相吻合相协调一致，就会诸事顺遂，就会风调雨顺，人与人之间也会和谐，做事情就容易成功。如果反了的话，如果你的行为和阴阳运行的节律不符合甚至相反，就会导致阴阳失序失调，阴阳运行的正常秩序就会被打乱，这样的话就会出现各种各样异常的、对国家不利的甚至灾害性的自然现象。阴阳家认为，这类自然现象的出现是天对人类的行为作出的反应，发出的警告。比方说，春天和夏天本来应该是万物生长，欣欣向荣的季节，但是有时会出现不正常的草木凋零，秋天和冬天本来应该是万物停止生长的季节，有时却会出现草木返青的不正常现象。阴阳家认为，这些不正常的情况都是人的行为没有依循阴阳之序，没有和阴阳节律相配合所导致的。再比方冬天打雷的情况，一般都是夏天才能打雷，冬天出现打雷和夏天出现霜雪，再如旱灾、水灾、虫灾、瘟疫等等不正常的、灾害性的天气和现象，阴阳家统统称之为阴阳灾异。可见，在阴阳家看来，阴阳灾出现的原因是阴阳失序失调，而阴阳失序失调又是由人类的不当行为导致的，或者是人类的社会行为，特别是政治行为上的失误导致的。所以他们认为，每当灾异出现的时候，统治者首先就要在自己身上找原因，反思自己，检讨自己，看看自己哪些地方做的不妥，并及时采取措施改正错误，让自己的行为重新符合阴阳之序，以此来补救不利的局面。

在阴阳家关于四时灾异的思想里，显然有很多神秘主义的内容，但是我们也应该看到，他们强调人的行为，特别是政治行为一定要和阴阳之序相符合相配合，这又是符合科学认识的。人的行为要以尊重自然规律为前提，这是有合理因素的。此外我们还可以看到，阴阳家认为人和自然之间的关系是双向的，人在自然面前不是完全被动的一方，不是单向地被自然所决定的，人的行为也可以在一定程度上和自然现象互动，也就是说人的行为可以反过来影响自然界的阴阳运行。所以在阴阳家看来，阴阳灾异与其说是天灾，不如说是人祸。这样的思想在历史上是能够起到一定积极作用的，它对统治者的行为有一定的制约作用，能够让统治者在发号施令的时候心里有所忌惮，迫使他们不断去反思自己，纠正自己的错误，所以我们说它还是有一定积极意义的。

阴阳家的四时教令思想到了后来就发展到非常烦琐、非常复杂的地步，内容已经无所不包了。以君主的活动为例，对君主在各个不同的季节甚至是不同的月份的一举一动都做出了具体的规定。比方在某一个特定的季节，君主要住在和那个季节相符合的日光朝向的房子，这是有讲究的，出行走哪个方向的城门，用什么样颜色的马来驾车，吃什么味道的饭菜，穿什么颜色的衣服，听什么调子的音乐，甚至用什么颜色的木头来生火，这些都是规定好了的。这些政令的发布，每个月有每个月的讲究，不能错乱。阴阳家认为这些规定是必须遵守，“顺之者昌，逆之者不死则亡”，即顺应了这套规定国家就会繁荣昌盛，违反了就会“不死则亡”，非常的严重。《史记·太史公自序》评价说，阴阳家的这也套是“未必然也”，意思是说并没有他们说的那么玄乎，那么严重，并认为“阴阳之术，大祥而众忌讳，使人拘而多所畏”，指出阴阳家这些说法过于神秘，忌讳太多，容易使人做起事来畏惧太多而缩手缩脚。《汉书·艺文志》进一步指出，如果拘泥于阴阳家这一套说法，就会“牵于禁忌，泥于小数，舍人事而任鬼神”，容易倒向鬼神迷信。不过，《史记》也特别指出，阴阳家的这些认识里包含着合理的内容，因为它符合“四时之大顺”和“天道之大经”，因此是“不可失也”，完全不理会它也是不对的。《汉书·艺文志》也指出，阴阳家“敬顺昊天，历象日月星辰，敬授民时，此其所长也”，这些合理的内容正是阴阳家的思想价值之所在。

上面讲的是阴阳家的四时教令思想，接下来我们讲五行的思想，讲五行的相生相克。

前面我们说了，中国古人认为金木水火土五种物质是构成万物的最基本的元素。从中国古代最早的典籍中关于五行的记载来看，五行之间起初是没有什么联系的，比较杂乱，比较任意。到了后来，人们发现了五行之间在物理和化学属性上存在着相生和相克这样两种规律性的现象，五行相生，木生火，火生土，土生金，金生水，水生木，木再生火，如此循环不已。五行相生的发现，使得五行的排列顺序固定化：木、火、土、金、水。五行相生说的提出，表明古人对物质世界的本质和规律已经有了比较深刻的认识。古人同时还发现了五行之间存在着另外一种有趣的关系，即反向的相胜（相克）的关系，五行之间两两对立，一方克服、战胜、取代另一方，木克土，土克水，水克火，火克金，金克木，木再克土，循环不已。

五行相生和相胜的现象，是古代先民对物质世界长期观察得出的经验性认识，五行相生相胜的理论，是古人探索自然事物之间普遍联系和运动规律的思想成果。在中国古人的眼中，五行就代表着自然万物，代表着物质世界，古人通过五行之间的复杂关系，认识到万物之间存在着普遍的联系和相互作用，这就是古人心目中的世界。应当承认，这些古老的认识中包含着一定的朴素的唯物论思想和辩证法思想，也包含着一定的科学道理。

到了汉代，人们对五行相生相胜的关系更加熟悉，认识也更加深刻，人们把这两种关系整合在一起，用一句话来概括，叫作“比相生，间相胜”，“比”就是一个挨着一个，木、火、土、金、水之间按顺向的关系前者生成后者，推动后者，不会错乱。“间”就是间隔，木、火、土、金、水之间每隔着一个就是相克的关系。汉代人用一个图来表示“比相生，间相胜”的关系，非常的形象，非常的简单明了，这个图被称为“五行图”，从汉代开始在民间非常的流行。

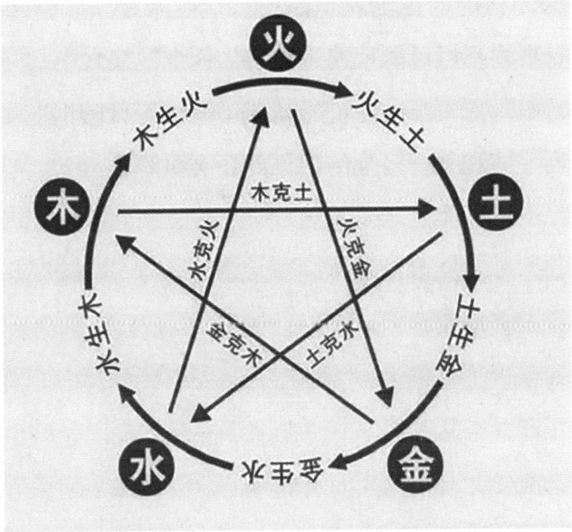

五行学说出现了之后，“五”这个数字就成了一个具有特殊意义的数字，逐渐被标准化、程式化，形成了一种固定的套路，固定的思维方式。人们把他们观察到的所有的事物，不管是自然界中的，还是人类社会中的，甚至还有人的身体上的，人的思想中的，所有方方面面的事物都用五这个数字来进行归类和整理，于是就出现了各种各样的关于五的搭配。重要的是，不论什么性质的五类，都和金木水火土五行一一对应，毫无错乱。比如五味：酸苦甘辛咸；五方：东南中西北；五色：青赤黄白黑。其中的酸、东、青对应五行中的木；苦、南、赤对应五行中的火……，这些都是固定的搭配，不能错乱。在这些搭配中，东南中西北五方非常重要，因为要是没有五方这个概念，五行的构架就搭不起来。五方是指东南中西北，东配的是木，南配的是火，中配的是土，西配的是金，北配的是水，这是不能错乱的。关于五行的各种搭配，根据的往往都是人们日常生活中的常识，比如青赤黄白黑五色，青色配的是木，因为树木通常都是青色的；赤色配的是火，因为火的颜色是红的；黄色配的是土，土色尚黄，这应该是古代中国黄土文化的产物；白色配的是金，因为白是金的颜色；黑色配的是水，因为水色尚黑。如此等等，都大体符合人们日常的认知。

在和五行搭配的事物分类中，最早出现的是五方、五色、五味、五声等等，到了后来，搭配的范围就不断扩大，越来越多，越来越普遍，人们把观察到的所有事物都尽可能地塞进“五”这个框架之中，并与五行一一对应，这样一来，中国古人眼中的世界就成了一个五行的世界。

我们下面列一些和五行搭配的常见的各类事物：

五行：木火土金水

五方：东南中西北

五色：青赤黄白黑

五季：春夏季夏秋冬

五味：酸苦甘辛咸

五臭：膻焦香腥朽

五音：角徵宫商羽

五化：生长化收藏

五数：八七五九六

五星：岁星荧惑填星太白辰星

五日：甲乙丙丁戊己庚辛壬癸

五宫：青龙朱雀黄龙白虎朱雀

五帝：太皞炎帝黄帝少皞颛顼

五神：勾芒祝融后土蓐收玄冥

五钟：青钟赤钟黄钟景钟黑钟

五纪：星日岁辰月

五官：目舌口鼻耳

五脏：肝心脾肺肾

五体：筋脉肉皮骨

五液：泪汗涎涕唾

五气：风暑湿燥寒

五志：怒喜思悲恐

五虫：鳞羽倮毛介

五牲：羊鸡牛犬豕

五谷：麻黍稷麦菽

五兵：矛戟剑戈盾

五器：规衡绳矩权

五金：铅铜金银铁

五果：李杏枣桃栗

五菜：韭薤葵葱藿

五事：视言思听貌

五德：明从睿聪恭

五政：宽明恭力静

五常：仁礼信义智

以上这些搭配中，有些需要解释一下。

首先是五季，我们都知道一年是四季，春夏秋冬，但是这里却多出了一个季夏。季夏这个概念是阴阳家杜撰出来的。为什么要杜撰这么一个概念呢？因为春夏秋冬四季，四是偶数，而五行的五是单数、奇数，奇数的五无法和偶数的四对应相配，于是他们就杜撰出来一个季夏的概念，在夏季和秋季之间插入一个季夏，这样一年就凑成了五个季节了，正好可以完美地与五行相配。这个季夏和其他季节不一样，其他季节是实的，根据阴阳家的理论，春夏秋冬每一个季节各有90天，而这个中间的季夏是虚的，一天也没有，它是虚设的。但是阴阳家说这个季夏非常重要，它居于中间，对四季起一种协调、调配、统领的作用。所以，季夏这个概念是阴阳家为了凑足五这个数字而杜撰的，为了构建起五行学说的体系，只能是想一些这样的办法。再看五数，八七五九六，中国古代当时没有零这个数字，那也应该是有九个数字。但是没有办法，为了和五行对应搭配，只好从里面选了八七五九六这五个数字，用八来配木，七来配火，五配土，九配金，六配水，其他的数字就舍弃了。还有五日，甲乙丙丁戊己庚辛壬癸，五日实际就是十个天干，正好分为五组，分别对应五行。但是我们知道，在中国古代的干支纪年法中，除了十天干，还有十二地支，这十二地支一个也不能舍弃，实在不好办，只好绕开不提了。还有五帝，太皞、炎帝、黄帝、少皞、颛顼，远古时期的五帝本来就有不同说法，还有帝喾、尧、舜等，并非只有五个人，但是为了满足体系的需要只能选取五个，别的只好舍弃了。类似的还有五纪，不同的典籍里也有不同的说法。此外，五牲、五谷、五兵、五志、五虫、五器、五金、五果、五菜等等分类，都没有确定的说法。可见，五行的这些搭配并不是非常固定的，往往有不同的组合。既然连内容都不确定，都是从众多的选项中只选取五个，再拿来与金木水火土五行一一搭配，结果难免是生硬的、勉强的。

这些情况说明，中国古人对五这个数字有一种特殊的情感，在五行观念的支配之下对万事万物进行归类并一一与五行搭配，这是一种典型的中国文化，是中国式的智慧。先民试图用这样一种理论来看待世界，解释世界的本质和规律。五行说对世界进行哲学思考，探索事物的普遍联系和相互作用，把自然、社会、人类自身、政治生活、伦理生活甚至是人的思想，都看成是一个统一的、有内在联系的、相互作用的整体，这里面是有合理因素的。但是五行说这种理论是朴素的、直观的，并不是建立在严谨的实验科学的基础之上的，里边也是问题多多，我们不难看出里面有很多牵强附会、生搬硬套、东拼西凑的内容，甚至是削足适履、画蛇添足的内容。

但是五行思维是中国传统文化中的重要内容，说它重要，是因为它由来已久而且影响深远，它长期支配着中国人的思维和行为，甚至在我们今天的日常生活中，仍然可以看到它的影响。例如在如今的中医理论中，阴阳五行仍然是其理论基础，所以我们说它非常重要。

接下来我们讲五德终始说，这是邹衍独创的特色理论。

五德终始是邹衍的社会历史观，他用五行运转的理论模式来看待社会历史，用来解释历史上各个朝代更替的原因和规律。这个五德终始学说，是邹衍独创的特色理论，邹衍在列国诸侯中特别走红，主要就是靠的这个五德终始学说。五德终始也叫作五德转移，五德就是五行之德，就是土德、木德、金德、火德、水德。邹衍认为，历史上每一个朝代都在五行之德中拥有自己相对应的那一德，这个德就决定了这个朝代的历史命运。五行之德依照五行相胜的规律，始终处在运动转移之中，所以历史上的朝代也是处在不停的交替和循环中，一个朝代的终就意味着另一个朝代的始，所以叫五德终始。

邹衍认为历史上任何一个朝代都不能永远存在，都一定会有消亡的那一天，也一定会有一个新的王朝起来代替它。当一个新的盛大的王朝即将出现的时候，上天会降下一些稀奇的、特别带有吉祥意义的事件来，它叫作符应，或者叫符瑞，用来表示上天对这个新朝的认可和支持。中华文明是从黄帝开始的，邹衍说黄帝是土德，其后依次出现的夏、商、周分别是木德、金德和水德。现在周王朝气数已尽了，快要结束了，不久就会出现一个盛大的、大一统的新王朝来代替它，周王朝是火德，根据五行相胜的规律，灭火者水，取代周王朝的新王朝一定是水德。这也就意味着，谁要是拥有了水德，谁就能够一统天下。我们知道，在邹衍活跃的战国晚期，列国已经越打越少了，只剩下七个主要的国家。最初号称是天下万国，春秋时期还有好几十个国家，战国早中期还有十二诸侯，到后来就剩下所谓七雄了。七雄里面情况也不一样，他们的实力是不均衡的，东方的齐国，南方的楚国，西方的秦国，这几个国家属于一流强国，是最有可能统一天下的。虽然那个时候还是列国争雄，但是列国之间的政治、经济、军事优势已经逐渐集中到一两个，两三个主要的国家了。虽然这些国家之间的国力是有起伏的有变化的，但是结束分裂，实现统一这个趋势已经是越来越明朗了。这个趋势，列国君主们心里也都很明白，由七雄中的某一个国家来实现统一，这是迟早的事情。邹衍的五德终始学说，正好是出现在实现统一的前夜，这个时候的列国君主们，他们最关心的事情是什么呢？当然首先就是不要被别人吃掉，我要继续发展强大，最好是由我来完成统一天下的大业。列国的君主们，做的都是同一个梦。邹衍的这个学说恰恰在这个时候出现，就特别迎合了列国君主的这个心理，特别符合他们的野心，特别适合他们的胃口。而且越是相对弱小的国家，就越需要这样的学说给他们壮胆，给他们打气，像燕国这样的国家，就特别尊崇邹衍，这说明他心里虽然很虚，但是他更需要这样一种理论给自己鼓气。所以邹衍的学说在这个时期提出来，一下子就红遍了神州大地，列国君主都把他奉为上宾，争相优待他。所以邹衍在列国中一炮走红，主要靠的是五德终始的学说。甚至可以说，邹衍的这个学说，就是特地为这个时期的列国君主们量身打造的。

下面我们看大九州说，这也是邹衍独创的特色理论。

邹衍在稷下学宫有个雅号，叫“谈天衍”，谈天就一定要说地，大九州说就是邹衍的地理观。我们前面说了，邹衍的著作都遗失了，但是幸亏《史记》里有一段文字保留了邹衍大九州说的概貌。我们的祖国自古就叫中国，中国这个词里边有一个中字，顾名思义就是认为我们是位于中央的国家，古人就是这么认定的，我们中国就是中央之国，是天下之中央。中国之外就是那些四夷之国，四夷都是文明程度不高的，都是我们中国的附属国，是我们安抚的对象。所以在古人的观念中，中国就是天下，天下就是中国，这个观念是由来已久的，是深入人心的，这个天下，用我们今天的眼光来看就相当于是全世界。邹衍提出的大九州说颠覆了这种认识，打破了这种传统的看法。大九州说可以说极大地拓展了人们的眼界，它的内容大体上是这样的：中国也叫作赤县神州，这个名称我们都比较熟悉，就出自邹衍。在中国之外还有另外八个像我们赤县神州一样的州，每一个州外面都有海洋包围着，这个海洋叫作裨海。这八个州之间由于海洋的包围，使得“人民禽兽不能相通”，所以在邹衍看来，这八个州都有自己的人民，都有自己的禽兽，只是彼此隔绝互不了解而已。这八个州和赤县神州合在一起就是九个州，这是一个大的洲，赤县神州只是其中的九分之一而已。像这种大的洲，天下一共有九个，合起来就是大九州。大九州的外面还有大瀛海包围着，大瀛海的边际叫作八极，那才是天地的尽头，才是真正的全天下。所以按照邹衍大九州的说法，我们这个叫作赤县神州的中国，其实只不过是天下的八十一分之一。《史记》里边是这么表述的：“以为儒者所谓中国者，于天下乃八十一分居其一分耳。”这说的很明确，在邹衍大九州说里，中国只不过是天下的一个很小的部分，我们原来以为天下就是中国，中国就是天下，天下就这么大了，就是中国和它的四夷。可是邹衍这个大九州说一出来，情况立马就颠覆了。所以大九州说有不同寻常的理论意义，它打破了中国就是天下，天下只有中国这样一种传统的观念，它实际上是把中国和天下分开了，中国不等于天下，天下要远远地大于中国。这样就颠覆了人们原有的认识，大大拓展了人们的眼界。如果我们从地理学的意义上来看，它等于首次提出了中国并不是居于天下之中央的观念。过去认为中国就是中央之国，就是天下之中央，现在一看，既然只是八十一分之一，那就没有中央。大九州说是一种天才的猜测，赤县神州居于其中的、外面各有裨海环绕的九个州，我们看它像什么呢？像极了我们今天熟知的七大洲、四大洋。这种学说虽然不是通过实证提出的，但却是猜测到了中国文明之外还有其他人类文明的存在，这就等于第一次提出了中国并不是人类文明的中心的观点，世界上还遍布类似我们一样的文明，只不过互不知晓而已。邹衍的猜测后来不断被世界地理的发现所证实。

邹衍为什么用九而不用别的数字来表述他的地理观呢？因为九这个数字在中国文化里是一个很特殊的数字，它表示的并不一定是六七八九那个九，而是数字中最大的那个数字，实际上是表示最多、最大的意思。比如九天就不一定是第九重天，而是中国人能想象到的最高的天。所以大九州说其实是用朴素的方式表达了一种宇宙无限论，大九州中的一个就已经相当是全世界了，那么九个这样的大洲合起来的天下，就相当于我们今天所谓的宇宙了。所以邹衍的大九州说，既是邹衍的地理观，其实也是邹衍的宇宙观，它描述的，可以说是一个无限广大的世界，无限广大的宇宙，它穷尽了当时人类想象力的边界，所以它要表达的实际上是一种宇宙无限论。

大九州说的出现，表明了那个时候的航海事业已经有了长足的发展。齐国是一个滨海国家，齐国人不断地出海，接触外面的世界，不断带回来一些海外的奇闻奇物，人们对这些奇闻再进行不断的演绎，就得出了天外有天的猜测，猜测到了我们居住的世界之外还有更大的世界。大九州说这样的学说，不大可能出现在像赵国、鲁国、秦国这样的内陆国家，他们连海洋都没见过，不大可能产生这样的思想。这样的学说，只能是像齐国这样的有海洋文化特色的国家才可能出现。所以我们认为，大九州说乃至阴阳家学说，就是齐文化的特产。

大九州说的提出，在当时就引起了轰动效应，《史记》的记载说："此言诡异，闻者惊骇"，"王公大人初见其术，惧然顾化"。这个学说非常诡异，听到的人都感到惊骇，尤其是王公大人们第一次听到这样的学说，都会惊惧得面面相觑，说不出话来。大九州说在当时引起的轰动效应，可以说不亚于我们今天听到了关于外星人的报道。

最后我们讲第四个部分，阴阳五行与中国传统文化。这个部分是从宏观上描述一下阴阳五行的学说对中国人的影响，以及它在中国传统文化中的地位。

首先我们来看一看阴阳家的利弊得失，客观地分析一下它的优点是什么，缺点是什么。前面我们说了，阴阳家的产生同古代的天文历法和农业生产有密切的关系。阴阳五行学说是我们古代的先民探索周围的世界，对自己生活于其中的物质世界的起源、本质、规律等等进行思考和哲学解释的一种努力和尝试，其中包含有朴素的世界观，也包含着一定的科学因素。阴阳家强调遵循天地间阴阳运行的自然规律，他们要"序四时之大顺"，要"敬顺昊天，历象日月星辰"，"敬授民时"，这些思想可以说都有合理的因素。当然我们也看到，阴阳家的学说中有很多牵强附会的、神秘主义的内容。他们认为天和人之间存在着一种相互感应的神秘关系，不仅天能决定人，人也能感应天。《史记》里边就说阴阳家是“大祥而众忌讳，使人拘而多所畏”，这里的“大”是和“太”字是通用的，“祥”就是禨祥，就是说阴阳家过分地强调了吉凶祸福禨祥这些内容，讲究太多，忌讳也太多，如此一来，人的行为就会变得拘谨，就会畏首畏尾、缩手缩脚。《汉书·艺文志》也说阴阳家“牵于禁忌，泥于小数，舍人事而任鬼神”，这和《史记》的评价差不多，这些禁忌都是对人类行为的约束、限制，“舍人事而任鬼神”，人们就不太相信自己了，总觉得一切都是被鬼神决定好了的，所以行动之前要猜测鬼神之意，这样就很容易走上鬼神迷信的道路。

秦汉以后，阴阳家作为一个独立的学派已经不复存在了，但是它的思想渗透到了以儒、道两家为主体的中国传统文化的深层结构里面，特别是深入到民间生活，成为和人们的日常生活密切相关的民间文化的重要组成部分，也成了民间文化中神秘主义和迷信内容的重要来源，使得中国传统文化具有了浓厚的阴阳五行的色彩。邹衍创立的阴阳五行学说本来是一种哲学思想，但是后来逐渐就走了样，和民间的迷信相结合，就演变成了鬼神方仙之术，讲鬼神，讲长生不死，讲得道成仙的方术，后来邹衍的传人中就出现了很多神仙方士。在战国晚期到秦汉之际，这些方术、方士特别的流行，这些人热衷于迎合帝王，迎合帝王们长生不死的幻想。特别是秦始皇和汉武帝这两个人，都是出了名的长生不死的追求者，他们到处求仙，寻求不死之药，但是总是百忙一场。既然弄不到现成的不死药，那就自己炼，这样就出现了炼丹术。他们服食丹药，相信借助丹药的神奇力量实现长生不死。阴阳家的这些迷信的内容在汉代大为流行，汉代盛行天人感应的神秘思想，董仲舒的学说里边就大讲天人感应，阴阳五行学说和天人感应思想的结合，刺激了谶纬神学的发展和泛滥。汉代整个朝代都是神仙方术谶纬迷信盛行，应该说和阴阳五行学说的作用是分不开的。阴阳五行的学说得到了秦始皇的欣赏，尤其是其中的五德终始的学说，他很快就采用了。刚才我们介绍了，五德终始学说宣称周王朝是火德，那么取代周王朝的新王朝一定是水德，于是秦始皇就宣称自己的王朝是水德，崇尚黑色和六这个数字，他想通过这种方式证明自己取代周王朝统一天下是有合法性的，是顺承了天命。秦汉以后，改朝换代的新王朝甚至是新皇帝的登基，往往都要根据五德终始的学说来改正朔、易服色、封泰山、禅梁父，来宣示自己掌握政权是奉天承运，是受命于天，是有合法性的。所以，阴阳家的五德终始学说在这个时期就沦为一种改朝换代的论证工具，论证新王朝政权合法性的理论工具。

最后要说的是，阴阳五行是中国人的"思想律"，是中国人特有的一种思维方式。阴阳五行的思想在漫长的历史发展过程中，逐渐渗透到中国文化的方方面面和它的深层结构中，成为中国人特有的一种习以为常的思维方式。中国古代的哲学、宗教、伦理、审美、科学技术、天文历法、军事理论、医药学、建筑、文学艺术，特别是民间的丧葬等习俗、养生保健等等和人们日常生活息息相关的内容中，可以说方方面面都渗透着阴阳五行思想的影响。在民众的社会生活中，可以说阴阳五行的影响是最大的，各种各样的民间习俗中都大量存在着阴阳五行的内容，一直到今天，阴阳五行仍然在发生着顽固的、广泛的影响。比方说我们现在的民间文化中，仍然可以看到大量的占卜、算命、算卦、看相、风水等等，都存留了大量的阴阳五行的内容。所以后来梁启超就说，阴阳五行是二千年迷信的大本营。阴阳家的存在和影响，使得我们中国传统文化深深地带有阴阳五行的色彩和烙印，阴阳五行就成为人们习以为常的思维框架、思维习惯、行为习惯。著名学者顾颉刚先生说，阴阳五行是"中国人的思想律"，说的是中国人的思想中有个规律性的东西，一事当前总是习惯性地先用阴阳五行的框架来思考，不大容易接受别的思考方式。这样的情况，可以说是阴阳五行的思想渗透到民间以后就一直是如此。刚才我们说阴阳五行思想是一种哲学，是一种学术思想，和先秦时期的儒家、道家、法家、墨家、名家一样，都是哲学理论，只是阴阳家有一些神秘的色彩而已。但是邹衍之后，正如《史记》所说的，"燕齐海上之方士，传其术不能通"，就把邹衍的学说给传走样了，开始和社会上的各种迷信方术结合，阴阳五行大量地吸收了迷信方术，迷信方术则披上了阴阳五行的外衣，流传起来就更快了。秦汉时期，阴阳五行的思想对宫廷政治和社会上层的影响比较大，越往后来就越往民间发展，社会底层受阴阳五行的影响更多。

最后要谈的是阴阳五行和中医的关系。

前面我们说了，阴阳五行的思想对中国文化的方方面面都产生了深刻的影响，我们不可能面面俱到地讲，这里仅以中医为例。说起阴阳五行思想对中国文化的影响，最深最多的应该是中医。阴阳五行学说中的那些核心理论，比如天人合一，整体思维，普遍联系，对立转化，运动变化，阴阳平衡，和谐统一等等，都是一些哲学思想，这些哲学思想一直都是中医理论的核心内容，是中医的理论基础和指导思想。可以说，中医的理论体系，就是基于阴阳五行的理念构建起来的。中医中所有的具体内容，比如气血运行，精神津液，生理病理，脏腑经络，辨证施治等等，这些关于生命的理论和实践，都是在阴阳五行的理论基础之上建立起来的。中医的用药，讲药理药性，讲方剂、针灸、处方，这些医疗实践，也都是在阴阳五行学说的指导下进行的。所以在阴阳五行的理论框架和思维方式之下，中医就形成了一个独一无二的理论体系和实践体系，它可以合理地解释生命活动的机制和规律，可以合理地说明疾病发生的原因，指明恢复健康的途径，可以有效地指导中医的临床诊断，辨证施治和处方用药，甚至日常的养生保健等等，这些都渗透着阴阳五行的理念，都是在阴阳五行思想指导之下的。中国的医学是中华文化的宝藏，几千年来保障了中国人的健康，造福于世世代代的华夏子孙。可以说，如果没有阴阳五行的思想，就没有中医的理论和实践。所以，阴阳五行的理论是不可轻易否定的，不可轻易抛弃的。

现在社会上对中医有各种各样的看法，当然也存在着一些非议，说中医不科学，要否定中医等等，这种看法其实是以西医为标准，是把西医当作是唯一科学的医学体系，这本身就不能说是一种科学的态度。诚然，中医的理论体系和医疗实践不是建立在现代医学的理念之下的，它的理论基础是阴阳五行思想，它当然不可能完全符合现代西方的科学理念，但它以自己的方式，同样也探知了生命的奥秘，同样也指导了数千年的医疗实践，维持了世界最大民族的长期延续和发展。中医里有很多独到的、符合现代科学且行之有效的内容，中医和西医应该是并存、互鉴、互补的关系，我们应该珍视中医这个自己祖先留下的宝贵文化遗产。

曹峰

中国人民大学哲学院教授、博士生导师，“长江学者”特聘教授，教育部人文社会科学重点研究基地山东师范大学齐鲁文化研究院学术委员，国家社科基金重大项目首席专家。兼任老子学研究会副会长兼秘书长、中华孔子学会常务理事等职。主要研究方向是中国哲学、先秦秦汉哲学、出土文献。代表著作有《近年出土黄老思想文献研究》(中国社会科学出版社)、《中国古代“名”的政治思想研究》(上海古籍出版社)、《文本与思想：出土文献所见黄老道家》(中国人民大学出版社)。在《中国社会科学》《哲学研究》《中国哲学史》《文史哲》等重要学术刊物中发表学术论文，并多次被《新华文摘》《人大复印资料》《中国社会科学文摘》转载。

黄老道家与秦汉政治

曹 峰

引言：何谓黄老道家

说起道家，可能大家马上就会想到《老子》《庄子》。但这两个人或者说这两本书只是道家的一个部分。如果说道家以老子为鼻祖，那么在老子之后，道家发生了很大的变化。虽然都主张清净、无为、柔弱、自然，但在处理人生以及社会的问题时，前后观念、方法有很大的不同。我们可以大致从两个方向、两个系统去描述这种变化。第一个系统我们把它叫作老庄道家，以《庄子》为代表。他们往往从批判者的立场出发，和政治保持距离。读过《庄子》的人都知道，他宁可做一只“曳尾涂中”，也就是拖着尾巴在泥水里打滚的、自由自在的乌龟，也不愿为了荣华富贵，终身受人驱使，甚至丧失性命。他嘲笑道德仁义、功名利禄，甚至将其比喻成附赘悬疣、骈拇枝指——即多余的、无用的、甚至让人恶心的东西。他追求个人生命同宇宙大化的统一，追求个人心灵的自由与超越。这是一种修身养性的哲学，是一种力图解脱现实痛苦的心灵哲学。魏晋以后，老庄道家成为道家主流，成为和儒家互补的思想。如果说儒家比较积极、阳刚、进取、有为，那么相对而言，老庄道家就比较消极、阴柔、自由、洒脱。老庄道家希望过一种真实无妄的、超凡脱俗的、随遇而安的、与世无争的人生，所以很多主张和佛教也有很多接近之处。

但是大家可能不知道，历史上也存在过比较积极、阳刚、进取、有为的道家，这就是“黄老道家”。从名义上讲，“黄老道家”就是将“黄帝”思想系统和“老子”思想系统结合起来的道家。“黄帝”当然只是一个假托，因为将近五千年前的黄帝时期当然不可能有文字，也没有复杂的思想。但是中国古人很可能假借黄帝的名义把一些重要的智慧记录下来。尤其是一些天道的观念，往往和黄帝有关。这我在后面还会详细地说。因此，从时间上来看，黄老道家中的一些内容可能比老子都还要早。如果追溯《老子》这本书的思想渊源，它很有可能也受到过黄帝思想系统的影响。到了秦汉之际，黄老道家达到鼎盛。司马迁在写《史记》的时候，不时地提到黄老这两个字，还经常说某某人的学术可以“归本于黄老”。可见，汉初最为流行的、影响最大的道家并不是老庄道家，而是黄老道家。《庄子》这部书以及庄子这个人在《史记》虽有记载，但总共没有几句话，可见在司马迁这里很不受重视。到了汉武帝“罢黜百家，独尊儒术”之后，黄老道家的影响渐渐消失，其思想一部分被西汉以后的儒家吸收，一部分被东汉以后的道教吸收。魏晋以后，老庄道家的地位大大提升，成为道家的主要代表，以至于今人以为老庄道家就是道家正宗。黄老道家因为资料散失太多，留下来的内容很多和道教成仙炼丹的术数、方技有关，所以被人认为是道家的末流而受不到重视。

比如有一个叫作方东美的学者在哲学界里面是大师级人物，他在《原始儒家道家哲学》这本书里面是这么说的：

> 提到道家的思想，我们又应当划分两方面。道家的思想表现在《老子》《庄子》里面，可以说是很高的哲学智慧；但是这个很高的哲学智慧，在历史上面往往被另一种思想夹杂进来，搅乱了原有的哲学智慧，变更了智慧的实质，甚至变成迷信……在老庄里面是表现了很高尚的精神；但是这个高尚的精神，在战国时代，就同神仙家混在一起。神仙家本来是要把握自己的生命，但在迁就现实之后，结果不再把握自己，却转变过来，把握别人的生命。这样一来就讲到权、术与势。以至于神仙家的思想很容易同法家的思想结合起来。这样一来，到了

秦汉之际叫“黄老之术”，在汉代叫黄生之学。自从黄老之术侵到道家思想里面，就腐蚀了道家高尚的哲学智慧；犹之乎杂家的思想侵到儒家里面，就把儒家的思想变成汉代的谶纬之学。

方东美对中国古代哲学有很深刻的研究，但对黄老道家的认识却有些片面了。方先生这篇文章应该写在20世纪70年代以前，那时候不光是方东美，包括像胡适、冯友兰、侯外庐这样的大家，在他们写的《中国哲学史》《中国思想史》里面也没有黄老道家的位置。这主要还是因为材料太缺乏了。

现在研究黄老道家的人很多，使它几乎成了一门显学。写哲学史、思想史如果不提黄老道家，那几乎是有重大缺陷的。为什么会发生这么重大的转变？这和四十多年前一次重大的考古发现有关。

1973年，湖南长沙马王堆三号汉墓出土了大量的古书。这是西汉初年的一个墓葬，墓主地位很高，应该是长沙王身边的人。这个墓里面的古书内容非常丰富，而且应该就是当时最为重要、最为流行的书籍。大家可能听说过文学家贾谊，他曾给长沙王做过老师。可以想象，贾谊当时应该读的就是这样一些书。这些书里面，地位最高、最为珍贵的几篇，抄写在一块方方正正的丝绸上，上面有五篇文章，最后一篇是用隶书写的《老子》，另外里面还有一篇用篆书写的《老子》。我们管用隶书写的《老子》叫《老子》乙本。《老子》乙本前面四篇分别叫《经法》《十大经》《称》《道原》。这四篇被考古学家总称为《老子乙本卷前古佚书》。其内容在留存到今天的古书里都没见过。我们知道汉初《老子》地位很高，应经成为经了，所以能够抄写在《老子》之前的书地位一定更高。这里面的内容有浓厚的道家色彩，但主要讲的是如何利用天道来治国理政、处理国际关系以及指导战争的胜负，里面还出现了不少黄帝的事迹。把《老子乙本卷前古佚书》和先秦古书对照，除了《老子》之外，思想倾向比较接近的还有《管子》《鹖冠子》《韩非子》《尹文子》《吕氏春秋》《文子》《淮南子》《尉缭子》《六韬》等等，甚至还可以把《庄子》的外篇、杂篇包括进去。有一本书大家可能比较感兴趣，那就是《黄帝内经》。这个书虽然是个医书，但是它里面不少地方讲如何养生以治国。所以我们认为其精神实质和黄老道家没有什么两样，完全相通。这些书要么内容很杂，要么怀疑是伪书，过去不敢轻易使用。现在因为《老子乙本卷前古佚书》的出现，它们的价值就被激活了。包括马王堆帛书《老子乙本卷前古佚书》以及刚才说的那些过去不受重视的书，都有一个共同的特征，那就是利用道家的理论去指导具体的政治实践。这和司马迁描述的汉初黄老道家非常接近。甚至有学者认为马王堆帛书《老子乙本卷前古佚书》就是在《汉书·艺文志》里面著录过，但今天已经失传了的《黄帝四经》。《黄帝四经》和《老子》同抄在一块丝绸上，这就正好证明汉初占据主流地位的就是黄老思想。虽然也有学者不同意马王堆帛书《老子乙本卷前古佚书》就是《黄帝四经》，但没有人反对其性质不是黄老思想。所以，马王堆帛书《老子乙本卷前古佚书》出土之后，黄老道家的研究一下子兴盛起来，而且还带动了刚才提到的《管子》等过去不受重视的古书的研究。马王堆帛书里面还有一篇叫《九主》，也是黄老道家的文献。这些年又陆续出土了很多的战国文献，是写在竹简上面、用楚国文字写的书。比如像郭店竹简的《太一生水》，上海博物馆所藏竹简里的《恒先》《凡物流形》《三德》《彭祖》，清华大学藏战国竹简《汤在啻门》《汤处于汤丘》《殷高宗问于三寿》，北京大学藏汉简《周驯》等等。这些文献和黄老思想有着密切的关系。黄老道家相关的文献因此大大丰富起来。有人说"出土文献可以改写思想史"，用在黄老道家身上，我认为还是比较确切的。以后再写先秦秦汉的哲学史、思想史，尤其政治思想史，离开黄老道家是不可能了。

现在我把这四十年来学术界关于黄老道家研究的一些共识跟大家做个汇报。目前大家都承认，在战国中晚期到汉初，道家的主流不是老庄道家，而是黄老道家。如果把诸子百家形容为一个有着大大小小、形形色色生物的生态园，那么其中规模最大、影响最大的既不是儒家，也不是墨家，而是黄老道家。黄老道家是当时最强势、最主流的时代话语。老庄道家虽然有很多高深哲理，但是缺乏落实到现实世界的方案。黄老道家既以道家思想为主干，同时又能够容纳名家、法家，它借用阴阳家的框架，而且高度重视儒家的伦理教化，不否定传统固有的好东西，着眼于构建现实的秩序与价值，所以成为一种非常具有操作性的政治思想。我们认为黄老道家有宏大的视野、长远的眼光，善于从整体的、全局的、超越的角度来考虑问题。它既有救世的情怀，又有现实的方法，同时还取得了很好的政治效果。

我的题目是“黄老道家与秦汉政治”。今天，我准备从这样几个方面来谈谈黄老道家对秦汉政治的影响，第一，通过文景之治谈谈汉初黄老道家有哪些具体的政治实践；第二，通过司马谈的《论六家要旨》谈谈鼎盛时期的黄老道家在政治思想上有哪些特征；第三，谈谈黄老道家如何把《老子》转变成为一种有利于中央集权和大一统政治体制的理论；第四，谈谈假托“黄帝”的思想系统是如何利用天道来指导人事的；第五，谈谈黄老道家是怎么讲养生与治国之间的关系。

一、汉初黄老道家政治实践

西汉初年经过长期的战争，人民生活、社会经济受到了极大的破坏。西汉政权还要像秦始皇那样实行严刑峻法，不断地耗费大量的民力修建长城、运河之类的巨大工程，不断对外发动战争已经不可能了。但应该如何治国，平民出身的刘邦心里也没有谱。

刘邦有一个手下叫曹参，他是难得比较有知识有头脑的人。大家知道一个成语叫“萧规曹随”。“萧”就是汉代第一任丞相萧何，“曹”就是第二任丞相曹参。曹参不是一下子就做到汉王朝丞相的。汉初分封制和郡县制并行，曹参最早做的是一个诸侯王的相国。这个诸侯王就是齐王，齐国就在今天的山东地区。曹参也是一个“摸着石头过河”的人。刚到齐国的时候，他“尽召长老诸生，问所以安集百姓”，就是说他召集当地的长老和有知识的人士，问他们应该怎么做才能够让天下太平，让百姓安定、富有。这说明他自己一开始也没有固定的主张。当地有地位有学问的人很多，数以百计，但“言人人殊，参未知所定”，各讲各的，曹参不知道该听谁的。“闻胶西有盖公，善治黄老言，使人厚币请之”。听说胶西有一个叫盖公的人懂得黄老之术，于是派人带了很重的礼物去请他。然后“既见盖公，盖公为言治道贵清静而民自定，推此类具言之”。盖公给他讲，最好的政治就是“贵清静而民自定”。“贵清静而民自定”完全是道家的理论。例如《老子》里面就有“我无为而民自化，我好静而民自正，我无事而民自富，我无欲而民自朴”。主要意思就是执政者不要折腾，让老百姓自己来管理自己，自己拯救自己，其他“推此类具言之”即可。就是说有一个基本的方针，其他照着去做就可以了。“参与是避正堂，舍盖公焉”，于是曹参甚至跟盖公住在一起，做了他的学生。司马迁总结说“其治要用黄老术”，他的政治纲领，主要就是黄老的治国之术。“故相齐九年，齐国安集，大称贤相”。他在齐国做了九年的相国，齐国治理得非常好，大家都说这是一位非常贤明的相国。太史公说：“参为汉相国，清静极言合道。然百姓离秦之酷后，参与休息无为，故天下俱称其美矣。”这句评语是说曹参政治的主要精神就是清静。这种清静的政治实际上合乎黄老道家的精神。因为当时刚刚脱离秦国的暴政，最重要的事就是清静无为、与民休息。他做到了这点，所以大家都喜欢他、称赞他。汉武帝元鼎五年，曾经拜石庆为相。石庆也曾经做过诸侯国齐国的相。历史记载他“举齐国皆慕其家行，不言而齐国大治”，颇具曹参风范，可以把他看作是黄老道家一脉的践行者。

这里顺便说一下盖公住的胶西。这个地方在汉初可能聚集了很多知识分子。大家都知道稷下学宫，那是战国中期齐王在首都临淄设置的一个学术机构和教育机构，相当于现在的中国社科院或者北京大学。这里汇集了当时中国许多有名的学者，例如孟子、荀子都曾经在这里做过学术领袖。诸子百家都可以在这里自由争鸣，但其中人数最多、影响最大的就是黄老道家。有研究表明，齐国衰落之后，这个学术机构搬到了胶西高密一带。所以这里会出现盖公这样的让曹参折服的人，也不偶然。据《史记·乐毅列传》记载，盖公的老师叫乐臣公，“乐臣公善修黄帝、老子之言，显闻于齐，称贤师”。可见当时齐国有研究黄老道家的传统。

汉初存在以曹参为代表的这样一批信奉黄老的官员。曹参后来做了汉代的丞相，继续实行这套理论。这套理论的基本精神用《老子》的话来讲就是“治大国若烹小鲜”，就是无为而治，不折腾，充分发挥老百姓自己的主动性、创造性、积极性。我觉得有点类似现在的改革开放。改革开放以后这几十年，确实和汉初的政治面貌有些相似。

汉初能够积极推行黄老道家的政治理念，和汉朝初年的几位皇帝如汉文帝、汉景帝都热衷黄老思想有关。例如《风俗通义·正失》说："文帝本修黄老之言，不甚好儒术，其治尚清静无为。"可能因为汉朝皇帝出自社会下层，也不喜欢儒家那套烦琐的说教和礼节。但汉初的最高统治者里面，热衷黄老的主要还不是这两位皇帝，而是一位女士，她就是窦太后。

窦太后的名字叫漪房，她出生在现在河北武邑县，汉代叫作清河郡观津县。窦氏小时候父母都死得早，她和哥哥弟弟三个人一块儿生活，生活非常悲苦。汉高祖刘邦死了以后，吕后开始掌握大权。窦漪房被选入宫，但并不是做嫔妃，而是入宫去伺候吕后，被称为窦姬。后来吕后觉得宫里面人太多了，要放一批人出宫。出宫并不是说回到民间去，她只是把她们下放到各诸侯国。大家知道汉初是分封的，下面有很多王。吕后把这些宫人放出去赏赐给各地的诸侯王。窦姬也被放了出去。因为窦姬的家乡是今天的河北，也就是古代的赵国，她就央求负责这件事情的宦官把她放到去赵国的名单里。但是没想到这宦官不知道怎么回事，把这事忘了。等到诏令下来的时候，她发现去赵国的名单里没有她，而是去了另外一个国家代国。她当然很悲伤了，她想回自己的家乡，却只能阴差阳错去了代国。

但是窦姬没有想到这个宦官才是她真正的恩人，因为她人生的命运从此转折了。她到了代国以后很受代王的喜欢，很快她就成为夫人之一，而且生了儿子。后来这位代王的王后死了，王后所生的儿子也死了，她就成了代王的新王后，她的儿子成了代王的继承者。后来命运进一步发生转机，这位代王被选中继承皇位，成为汉代的皇帝，就是汉文帝。她生的儿子成为汉景帝时，她成了太后，就是窦太后。她在宫中掌握大权很长时间，影响一直延续到她的孙子汉武帝早期。

窦太后特别喜欢黄老。我们来看一些历史的记载。比如说像《史记》的《孝武本纪》里面就说"会窦太后治黄老言，不好儒术"。这个人不喜欢儒家那套东西，她喜欢黄老。《汉书》的《外戚传》说"窦太后'好黄帝、老子言，景帝及诸窦皆读《老子》，尊其术’。”景帝就是汉景帝，诸窦就是窦氏家族的这批人，都要读《老子》，尊崇黄老之术。

在《史记·儒林列传》里有这么一个故事。“窦太后好《老子》书”，“召辕固生问《老子》书”。辕固生是当时比较有名的一个儒家。“固曰：‘此是家人言耳。’”辕固生很看不起《老子》，认为只是普通人家读的书罢了。“太后怒曰：‘安得司空城旦书乎？’”司空是管工程的，城旦是什么呢？就是那种被押来修工程的人，今天说来就是犯人。窦太后有点恼怒了，说这本书怎么就比不上你们儒家的书籍？儒家的书籍跟管制犯人的书一样。太后不满，要处罚他。怎么处罚他呢？她让辕固生到猪圈里面去刺杀野猪，等于是要他命，让他去搏命，看你能不能活下来。“景帝知太后怒而固直言无罪，乃假固利兵，下圈刺豕，正中其心，一刺，豕应手而倒”。景帝看不下去，生了怜悯之心，觉得他只是直言，把自己的心里话讲出来有什么罪？就给他一把利刃。辕固生一剑正中野猪的心，野猪倒了下来。太后看到以后默然，“无以复罪”，没有再进一步处罚他。这么一个故事，说明窦太后这个人也蛮狠的，她喜欢黄老，不许别人讲儒家的东西。

在汉初朝廷里任职的官员主要是两批人，一批是儒家的门徒、一批是黄老道家的门徒。《史记》的《老子列传》里有这样一句话：“世之学老子者则绌儒学，儒学亦绌老子。”两家之间水火不相容，学老子的人骂孔子的学派，孔子学派的人也骂以老子为首的道家学派。也就是说，在司马谈、司马迁父子生活的时代，也就是文帝、景帝、武帝时期，汉朝政教系统里面儒家集团和黄老集团之间的相互排斥、相互争斗已经公开化。窦太后是一直打压儒家集团的。

到了汉武帝十五岁登基的时候，他内心其实想扶植儒家集团。他想通过“隆推儒术，贬道家言”这种方式来控制朝政，打击当时已经是太皇太后窦氏的外戚集团。这时候窦太后虽然已经快七十岁了，而且已经双目失明，但还是坚决反击，甚至逼得几个倡导儒术的官员自杀。这次扶植儒家集团的斗争最终以失败告终。窦太后去世以后，汉武帝任用他的舅舅田蚡做丞相，马上开始对窦太后集团进行压制。他的做法就是“绌黄老刑名百家之言”，以黄老刑名为代表的百家之言不再提倡，而专门提倡儒术。这就有了大家都熟知的汉武帝以后的独尊儒术。独尊儒术是从董仲舒献上《天人三策》开始的，而董仲舒献《天人三策》就在窦太后死后的第二年，所以这不是偶然的。

这里顺便说一下，大家可能以为一旦汉武帝独尊儒术之后，汉王朝就完全是一个儒家主导的社会了，其实也不完全是这样。例如，董仲舒的《春秋繁露》这本书里面就有很多黄老道家的色彩，比如强调统治者的行为必须遵循天地间的规律，如果任性妄为，就会受到天的惩罚。比如他特别强调用阴阳五行来解释社会的现象。这些实际上都是受到黄老道家的深刻影响。所以我们说汉以后的儒家已经是杂家，和先秦儒家有很大不同，它吸收了很多黄老道家、法家的哲学思想和政治理念。

就事实而言，汉初用黄老的理论来治国起到了很好的政治效果。因为到汉初为止，中国已经大大小小经历了几百年的战争，社会极度贫困。大家看一些汉初的记载就知道，当时的大臣连马车都坐不起。帝王坐的马车，连同样颜色的四匹马都找不齐。当时要做的事情就是恢复社会生机和活力。到了汉武帝时期社会就富裕了，而且非常富裕，国力强大，可以让汉武帝去任性。大家知道汉武帝开疆拓土，做了很多大事。其实这前面有一个黄老政治的积累，他才得以实现雄才大略。

二、《论六家要旨》对黄老道家的总结与概况

前面我描述了黄老道家在汉初的政治实践，可以说，汉初是黄老道家的鼎盛时期。司马迁的父亲司马谈曾经写过一篇《论六家要旨》的文章，对阴阳家、儒家、墨家、名家、法家、道家做了一次全面的评判。大家公认里面的道德家就是黄老道家。司马谈就是一位黄老道家的信奉者。他说只有道家是十全十美的，而其他各家都有长有短，价值地位都低于道家。我认为这就是一篇汉初黄老道家的宣言书。我想在这里对这篇文献做比较详细的分析，看看黄老道家有那些主要的理论和主要的特色。《论六家要旨》

比较长，我在这里只能挑关于道家的内容做一点说明。

道家使人精神专一，动合无形，赡足万物。其为术也，因阴阳之大顺，采儒墨之善，撮名法之要，与时迁移，应物变化，立俗施事，无所不宜，指约而易操，事少而功多。儒者则不然，以为人主天下之仪表也，主倡而臣和，主先而臣随，如此则主劳而臣逸。至于大道之要，去健羡，绌聪明，释此而任术。夫神大用则竭，形大劳则敝。形神骚动，欲与天地长久，非所闻也。

道家无为，又曰无不为。其实易行，其辞难知。其术以虚无为本，以因循为用。无成势，无常形，故能究万物之情。不为物先，不为物后，故能为万物主。有法无法，因时为业，有度无度，因物与合。故曰："圣人不朽，时变是守。虚者道之常也，因者君之纲也。"群臣并至，使各自明也。其实中其声者谓之端，实不中其声者谓之窾。窾言不听，奸乃不生，贤不肖自分，白黑乃形。在所欲用耳，何事不成。乃合大道，混混冥冥。光耀天下，复反无名。凡人所生者神也，所托者形也。神大用则竭，形大劳则敝，形神离则死。死者不可复生，离者不可复反，故圣人重之。由是观之，神者生之本也，形者生之具也。不先定其神〔形〕，而曰"我有以治天下"，何由哉？

所谓"道家使人精神专一，动合无形，赡足万物"，是说掌握道的人，能够使自己精神集中起来、专一起来，采取行动，可以合乎无名无形之"道"；发挥作用，可以使万物得到养育和满足。它的具体做法就是"因阴阳之大顺，采儒墨之善，撮名法之要"，能够兼容阴阳家、儒家、墨家、法家、名家之所长，糅合在自己的体系里面。司马谈认为诸子百家中最重要的就是道、阴阳、儒、墨、法、名这六家。但这六家中，只有道家一家是无所不能、尽善尽美的。其他五家都只能一分为二，有好的地方，也有不好的地方。道家好在什么地方呢？除了兼容各家之外，道家的效率是最高的，也就是所谓"无成势，无常形，故能究万物之情。不为物先，不为物后，故能为万物主”，“与时迁移，应物变化，立俗施事，无所不宜，指约而易操，事少而功多”。这是说掌握道的人不教条、不僵化，能够与时俱进、随机应变、实事求是。道理简单，容易操作，政令不多，收获不小，也就是我们今天说的“以最小的政治资本获取最大的政治效果”。而其他五家都有毛病。比如说儒家的缺点是“主劳而臣逸”，儒家喜欢做天下道德模范，所以提倡“人主天下之仪表”。君主什么事情都要做好，要尽善尽美，而且必须“主倡而臣和，主先而臣随”。实际上是嘲笑儒家的君主累个半死，却吃力不讨好。

在这篇《论六家要旨》里，司马谈还提道：“儒者博而寡要，劳而少功，是以其事难尽从。”所谓“博而寡要”，就是只会在具体的细节的地方打转，跳不出来，治标而不治本，吃力而不讨好。那么儒家好的地方在哪里呢？好的地方只是“序君臣父子之礼，列夫妇长幼之别，不可易也”。为什么这是好的？因为黄老道家也认为天地间尊卑等级秩序是天然的、绝对的，而儒家“君臣父子之礼”“夫妇长幼之别”正好符合这个要求。

我把《论六家要旨》视为黄老道家的宣言书，从中可以看出黄老道家思想最基本的线索。

第一，从天道到人道。黄老道家的“道”不是那种虚无缥缈的，跟人事无关的“道”，不是那种不可言、不可名的神秘的“道”。它是可感受、可效法，但又不失绝对性、权威性的天道。这也是黄老道家区别于老庄道家的地方，也是黄老道家为什么要吸纳阴阳家、借重阴阳家的地方。黄老道家为什么要“因阴阳之大顺”呢？因为“阴阳之大顺”跟天道相关，就是自然的法则和禁忌。黄老道家是讲规则和法度的，要让社会政治和大众生活完全按照自然法则来运行。这个“法”不是人为制定的“法律”，而是天道法则。所以黄老道家很喜欢讲宇宙论、生成论，当然这不是今天天文学、物理学意义上的宇宙论、生成论，只是为了要推导出相应的人间政治哲学。以前有一个说法，讲黄老道家的主要实质就是“道”跟“法”的结合，所以黄老道家是“道法家”。如果讲“道法家”的话，那一定要放在“从天道到人道”的思维框架下才得以成立。

第二点，从养生到治国。黄老道家认为只有通过养生，圣人才能够得道、体道，才能够区别于普通人而登上“道”的高地。只有登上“道”的高地，成为“执道者”，才能占据“道”的绝对性、神圣性、权威性，才能顺理成章地成为天下的主宰，才能够通过“无名”“无形”去把握“有名”“有形”。所以说黄老道家的养生是手段，治国才是目的。回过头来看刚才引用的《论六家要旨》最后几句话：“至于大道之要，去健羡，绌聪明。”真正高明的统治者，并不看重脑袋的聪明和身体的强健，因为那都是有限的。人的精神“大用则竭”，人的身体“大劳则敝”，精神耗费得太多必然会衰竭，身体使用得太多必然劳累。“神者生之本也，形者生之具也。不先定其神〔形〕，而曰‘我有以治天下’，何由哉？”“形神骚动，欲与天地长久，非所闻也”。身体是生命的依托，精神是生命之根本，身体和精神都得不到养护，还想治理天下，还想与天地长久，那是白日做梦。真正得道的人首先是善于养生、保身的人。黄老道家就是要主逸臣劳，事情让下面的人放手去做，这样才有可能真正治理天下。我们前面提到，《黄帝内经》的精神实质就是黄老道家。我们今天以为这本书是一本治病的书、一本养生的书，其实你好好读了就知道，这里面有很多地方是讲治国的道理。

黄老道家有一种确定的思路，那就是从天道到人道，从养生到治国，一定是从前到后、不可逆反的。肯定是先有天道后有人事，先有养生后有治国。谈天道是为了谈人事，谈养生是为了谈治国，讲无为是为了讲有为，谈道体是为了转向道用，讲超越是为了回到现实，讲不变是为了应付万变。

第三，虚无为本、因循为用。虚无和因循是黄老道家非常热衷的话题。虚无是说统治者在认识事物、管理事物的时候，不能有自己的偏见、主见，要客观、要冷静。比如《管子·心术上》专门讲虚静对于治国的重要性：

> 心之在体，君之位也；九窍之有职，官之分也。心处其道。九窍循理；嗜欲充益，目不见色，耳不闻声。故曰上离其道，下失其事。毋代马走，使尽其力；毋代鸟飞，使弊其羽翼；毋先物动，以观其则。动则失位，静乃自得。

这段话表面上说得是心与九窍的关系，实际上是讲君主如何处理与臣下的关系。心的作用是统领九窍，所以心静则九窍自然各司其职，心乱就会耳聋目盲。君臣关系也是如此。人跑不过马，所以人不要代替马去跑，要让马发挥其特性。人不会飞，所以人不要代替鸟去飞，不要遮蔽了鸟的翅膀。君坚守自己的本位，臣下就会各尽其责；君若越权妄动，臣下将不知所措。这就是“无为制窍”、以静制动的道理。和前面讲天道人道、养身治国一样，同样可以看作是虚无在前，因循在后，虚无的目的是为了更好的因循。达到虚无的境界，才有可能“无为”，才有可能更好地因循万物。

再来看因循。黄老道家认为治国很简单，就是不要违背万物或者说百姓各自的特性、要让百姓自觉地、主动地发挥万物自己创造性、积极性。黄老道家讲因循的文章非常多。如《文子》有《自然》篇、《慎子》有《因循》篇、《吕氏春秋》有《贵因》篇。我引一段《文子》《自然》的话。这段话把黄老道家是如何因循人性的说得很透彻。

> 老子曰：以道治天下，非易人性也，因其所有而条畅之，故因即大，作即小。古之渎水者，因水之流也，生稼者，因地之宜也，征伐者，因民之欲也，能因则无敌于天下矣。物必有自然而人事有治也，故先王之制法，因民之性而为之节文，无其性，不可使顺教，无其资，不可使遵道。人之性有仁义之资，其非圣人为之法度，不可使向方，因其所恶以禁奸，故刑罚不用，威行如神，因其性即天下听从，佛其性即法度张而不用。

上面这段话以老子独白的形式讲出，当然不必相信这是真的老子之言，而可以看作是后世道家对于老子思想的继承和改造。作者利用古之圣人作为例证讲述治理天下的道理：一方面，古之圣人不违水性、不逆土性，因而能够躲避灾害、获得丰收；另一方面，古之圣人不易人性，因民之欲，因而可以“无敌于天下”、以使“天下听从”。“物必有自然而人事有治”指的是必须充分利用物的“自然之性”才能实现人的目标。所以想要“以道治天下”，需要两个条件：第一是存在可以因循的“性”，不然无从下手、无的放矢；第二是在因循人性基础之上再“为之节文”“为之法度”的圣人，这样就能使百姓跟着你的政治目标走。所以我前面说黄老道家也是刚健有为的、也是有目标有使命的。但是黄老道家特别强调实现政治目标的前提是领导者能不能谦虚地对待万物、充分地尊重万物的特性。

第四，兼容百家。这一点，我前面也提到了，黄老道家并不坚持独立的、狭隘的政治立场，而是对其他五家的长短都作出评判以后，再把各自有益于治的东西吸收进去。《论六家要旨》说“阴阳、儒、墨、名、法、道德，此务为治者也”，“道德”这一家就是道家，“直所从言之异路，有省不省耳”，百家争鸣，献计献策，最终都是为政治服务，但殊途同归，最终归到了黄老那里。不过这样说来，黄老道家好像是一种杂家，没有了自己的主体性，其实不是。我前面讲了，黄老道家是以道家为主干，在此基础上兼容百家。这里要强调的是，只有伟大的思想体系才具有兼容百家的可能。汉以前，黄老道家具有这样的功能。西汉武帝以后，儒家具备了这样的功能。其实先秦的儒家和汉以后的儒家区别很大，汉以后的儒家类似黄老，里面成分非常复杂，夹杂了黄老道家、法家、阴阳家的许多东西。汉以后的儒家已经把黄老的精华收入囊中了。

三、黄老道家从政治角度对《老子》思想的转化

老子思想博大精深，给后世的人提供了无穷的智慧。老庄道家和黄老道家从老子这里吸收的营养、所做的发挥很不相同。在这里，我想先谈谈《老子》的思想框架，谈谈老子关于世界的基本预设对黄老道家产生的影响。老子有两个基本预设、基本思路：第一，“道”与“物”相分；第二，“无为”与“自然”相应。

王弼本《老子》第一章是这样的：“道可道，非常道；名可名，非常名。无名天地之始；有名万物之母。故常无欲以观其妙；常有欲以观其徼。此两者同出而异名，同谓之玄，玄之又玄，众妙之门。”古人写书，第一章

绝对是精心安排的，不会马马虎虎，随便拿个什么东西出来做第一章。老子在第一章里面，把他的世界观基本上展现出来了。那么，这是一个怎样的世界观呢？这里面他虽然没有用“形而上”“形而下”这样的名词，但我们完全可以说这里面存在着形上形下的框架。顺便说一下“形而上”“形而下”出自《周易》的《易传·系辞》。原话是“形而上者谓之道，形而下者谓之器”。《易传》跟《老子》的关系很密切，不过这是另外一个话题。

老子把世界分成两个部分，“形而上”的部分是“道”，“形而下”的部分是“万物”。“万物”中有机物、无机物全部包括在内，人也包括在里边。这就是《老子》的基本思想结构，这个结构可以简单地称之为“道物论”，或者“道器论”。要理解《老子》，必须首先掌握道物两分的世界。

《老子》的第二条思路就是“无为”与“自然”的关系。这条思路建立在刚才所说的道物二分基础之上。道是“无为”的，万物是“自然”的，执道的圣人是“无为”的，万物层面的百姓是“自然”的。这点我在后面会详细地加以说明。

这两个基本预设、基本思路在黄老道家里面，都有充分的发挥。

《老子》是一本天书。为什么叫它天书呢？和《论语》比一比就知道了。《论语》的一章一章、一节一节，就像一幕幕话剧一样，人物你方唱罢我登场，非常生动，基本上是孔子跟弟子、弟子跟弟子之间的问对，很精彩，栩栩如生。我们从中可以知道孔子生活在什么时代，他要解决什么现实的问题，当时的君王叫什么，他的弟子叫什么等等。所以通过《论语》来了解孔子一生是比较容易的。可是通过《老子》这本书你能了解老子吗？不能。因为《老子》这本书里面没有一个人名、没有一个地名、没有一个朝代名。《老子》这本书是不是真的成于一人一时一地，我是怀疑的。当然也有不少人相信，春秋晚期有这么一个神人，一口气写出了《老子》五千言。不管是一个人，还是一批人，在写这本书的时候，打造宇宙第一书的意识是很强烈的。老子要建立宇宙间的最高原理，以及评判一切价值合理性的最高标准。这个最高原理和最高标准当然就是“道”。依据道物两分的框架，道是万物的根源，道是无名无形的，“无名天地之始”，进入万物以后，才有名有形。道也是万物存在合理性的终极依据，是人理性的终极规范。因此，道这种东西是超越时代、超越民族、超越地域的，是永恒的。

因此，就道和万物之间的关系来看，这两者之间显然是主宰和被主宰的关系。春秋战国时期，中国出现了很多尖锐的问题，诸子百家纷纷献计献策，要救国救民。但在老子看来，他们考虑问题的时候永远是在形而下这个圈子里面打转，永远跳不出来。他认为社会上那些难题，在形而下层面是解决不了的，只有跳出来，站在形而上的角度才能解决。这在政治上非常重要。也就是说，只有执道的人，才有可能是真正的、最好的、全天下的统治者。所以以老子为首的道家，有一个很重要的理想，就是培养能够成为执道者的统治者。今天从政治学角度来看，这种理念可以叫作顶层设计。其他各家讨论来讨论去的什么君民关系、君臣关系等等，在道家看来并不算顶层设计。道家认为，一定要让领导站在最高的、宏观的、俯视的位置，才有可能真正解决问题。这种统一的、整体的解决方法，显然跳出了那些斤斤计较的设计。

所以老子思想最为重要的核心就是“道”。发扬老子思想的黄老道家学说，也离不开道。离开道的话，就不能称之为道家了。我们发现黄老学说里边有很多地方讲道，当然有时候不一定非用“道”这个名称，因为老子自己也说不清楚“道”到底是什么：“字之曰道，强为之名曰大”。“道”不过是“字”，是小名而已。所以，在黄老道家那里，道这个东西，有时候也可以叫作“太一”“一”“恒”“恒先”等等。但不管怎么样，首先都要谈“道”。如果我们去看一些跟黄老相关的文献，你会发现这些书里面，第一章或者最后一章往往是谈道的。古人给书写序，有时候放在最后面。大家知道《史记》的最后一篇是什么？就是《太史公自序》，最重要的一篇。前面说到20世纪70年代出土的马王堆帛书《黄帝四经》是黄老道家的重要文献，由四篇文献构成，《黄帝四经》的最后一篇叫《道原》，这是一篇具有统领意义的文章。汉初《淮南子》也是有着黄老道家色彩的作品，此书第一篇叫作《原道》，这是把最重要的东西放到书的最前面了。《文子》的内容和《淮南子》很接近，此书第一篇和《黄帝四经》一样，也叫《道原》。不管叫《道原》还是叫《原道》，意思是一样的，都是说如果不从“道”入手，不懂得“道”的作用和价值，不能体道、悟道、得道、执道，那只会劳而无功。

因此，一个最好的统治者，一定要站在道的高度，如果你能够站在道的高度，你就具有了神圣性、绝对性，你就能够以本治末、以一统万、以简治繁。就操作层面来讲，你就能够通过“无名无形”的道去把握“有名有形”的万物，让“有名有形”的万物通过自我管理来实现政治目标。所以好的君主，不应该拘泥于小事。这就是所谓的“垂拱而治”。

这套东西，作为一种具体的政治实践，在慎到、申不害、韩非子那里得到大大的发挥。过去主要从法家的角度讲这三个人，其实这三人都有黄老道家的背景。他们是提倡“法”“术”“势”的，“术”的基本思路就是“君臣不同道”，君操“道”、臣操“术”，君负责大事、全局，臣负责小事、局部。就像前面讲的君不要“代马走”“代鸟飞”，事事亲力亲为，代替臣下做事，但要懂得驭臣之术。“势”的基本思路就是君主不可以没有居高临下的威势，要借助从上到下、从“道”到“万物”的“势”来实现统治，这样政治管理就变得轻而易举。至于“法”主要是针对臣民的，是用来驾驭“万物”的。如果没有“术”和“势”，“法”也不起作用。可以说，这是通过具体的政治实践阐释了老子的道物论。

所以我们说黄老道家有宏大的视野，有长远的眼光，善于从整体的、全局的、超越的角度去考虑问题，不是虚言。

这样一种从道到万物的思路及其政治理论，可以为中央集权政治体制服务。可能大家一听“中央集权”这个名称，就不太喜欢，因为我们平时接受的教育，总是说中央集权君主专制体制是个坏东西。但我觉得要看什么时代，至少在战国秦汉时期，中央集权不是件坏事。

秦国为什么能够战胜其他六国，最终统一天下。这里面原因很多，例如秦始皇如何雄才大略，秦国的地理条件如何易守难攻，秦国的法制如何健全、军队如何强大等等。其实还有一个非常重要的原因，就是秦国的中央集权专制体制在当时各个国家中最为完备。所谓中央集权体制，就是把一个国家的政治体制变成金字塔的形状，能够让君主站到最高的位置，而且掌握真正的权力。其实东方六国之所以被秦国吞并，就是在中央集权这件事情上没有搞好。大家知道战国晚期有所谓的四君子，楚国是春申君，齐国是孟尝君，魏国是信陵君，赵国是平原君。四君子是些什么人物呢？都是能够跟君主分庭抗礼的强势人物。像信陵君甚至敢于窃符救赵。这个事情现在传为美谈了，但你站在君主的角度来考虑，下面的人居然能够调动兵马影响战局，这显然威胁到君主的地位。从政治体制的角度讲，说明东方六国实际上很难把权力拧成一股绳，让君主能够把握最高权力。

黄老道家恰恰非常讲究以道来统御万物，所以这套思维方式实际上最有利于中央集权体制。我前面讲到，《吕氏春秋》也是一本黄老道家的书。这本书内容很杂，各家的内容都有，但是学者们公认这里面有一条主线，这条主线就是道家。这个道家让君主能够兼容百家，能够实现中央集权君主专制，能够通过因循人性、因循天理，让君主实现无为而治。我们今天总是说秦始皇统一中国是法家的胜利，这话有道理，但不充分。《吕氏春秋》就是吕不韦专门编出来给秦始皇看的，教导他如何做一位伟大的君主。因此我们可以说秦的政治体制和秦始皇的政治理想其实也受到黄老道家很大影响。汉以后中国之所以能够形成一个大一统帝国，能够让大一统帝国的皇帝作为一个象征性的存在就能统治庞大的帝国，不仅仅是儒家的功劳。黄老道家创造出来的这种以道统物、一君万民的政治设计，起到了很大的作用。

在这里，我想提一个问题，儒家跟道家区别在什么地方？区别当然很多很多了。但是我想如果用一句话来讲，那就是——儒家是培养君子的，道家是培养圣人的。君子可以培养一大批，而圣人只能培养一个。如果圣人培养太多就互掐了，这样反而不利于国家和社会。儒家要培养千千万万的君子，黄老道家认为只要培养最高明的统治者，也就是执道者，就可以了。

在这里可以再讲一个故事，还是跟刚才那个拿刀子去刺野猪的辕固生有关。这个故事出自《史记》的《儒林列传》。辕固生是齐人，他做过清河王的太傅，也就是一个诸侯王的老师。辕固生“以治《诗》，孝景时为博士”，就是说他这个人因为善于研究《诗经》出名，在景帝时被立为博士。

博士在当时是个官名。有一天，他跟黄生在景帝面前争论，这个黄生实际上是黄老学派的代表。他们争论商汤对夏桀、周武王对商纣王发动的革命，究竟是非正义的“弑”君还是顺应天命的正义行动。黄生说：“汤武非受命，乃弑也。”就是说，黄生认为儒家推崇的商汤、周武王并不是接受了什么天命而取代夏桀、商纣，实际上就是以下犯上的叛乱，所以只能用臣下篡位的“弑”来形容。“弑”这个词是显然贬义的，是大逆不道。辕固生说：“不然。夫桀纣虐乱，天下之心皆归汤武，汤武与天下之心而诛桀纣，桀纣之民不为之使而归汤武，汤武不得已而立，非受命为何？”意思是夏桀、商纣暴虐无道，所以天下人心都归了商汤、周武王，汤武是顺随天下人心去诛杀桀纣的。所以汤武是不得已而立。这不就是受命吗？大家知道儒家尤其孟子是赞赏革命的，如果一个人失道失德，那么下面的人可以取而代之，这符合天命。孟子有个说法，所谓天命就是民心，民心所向就是天命，顺随民心就是顺随天命。辕固生坚持的就是这个观点。但是黄生说：“冠虽敝，必加于首；履虽新，必关于足。何者，上下之分也。今桀纣虽失道，然君上也；汤武虽圣，臣下也。夫主有失行，臣下不能正言匡过以尊天子，反因过而诛之，代立践南面，非弑而何也？”他说君主就是君主，臣下就是臣下。帽子虽然旧，还是戴在头上的，鞋子虽然新，就是穿在脚上的。这个上下之分是不能乱的。他说桀纣虽然失道，但是他还是君主，汤武虽然圣明，毕竟是臣下。如果主上失行，有不对的地方，你要正言匡过，按照后来的说法就是要犯颜直谏、冒死直谏才行。你现在不这样做，反而因为他的过失而去诛杀天子，然后“代立践南面”，自己做皇帝，这不是“弑”是什么呢？这就是杀人，对不对？你知道辕固生说什么？“必若所云”，要是按你这么说的话，“是高帝代秦即天子之位，非邪？”这一下打到要害了。我们的汉高祖刘邦不就是取代了秦皇的位子吗？听到这里，景帝只能无奈地说：“食肉不食马肝，不为不知味；言学者无言汤武受命，不为愚。”就是说吃肉不一定非要吃马肝，因为马肝是有毒的，没吃过马肝不等于说你不懂得肉的滋味，读书人不讨论“汤武受命”这件事不等于说你没有学问。实际上是在打马虎眼，王顾左右而言他。因为这个问题太要害了，不好谈，算了，不谈了。“是后学者莫敢明受命放杀者”，后来的学者再也不敢讲这个问题了。

这是个什么问题？这实际上点到了汉代政治的要害。汉代政治继承的是秦代体制，这是一个金字塔式的体制，一个君主专制的体制，当然不允许以下犯上。所以西汉早年的种种政治行为，大部分是在扫平诸侯王，就是怕诸侯王有一天会起来造反。后来中国两千年的封建社会，难道不就是在践行黄老政治吗？臣下可以直谏，即使有些昏庸残忍的皇帝不听，把你当场拖下去杀掉，臣下也不能起来革命。汉以后的中国政治，好像是儒家一统天下，但其实有很多黄老的影子在里面。不然的话，按照辕固生的儒家理论，无德的君主是应该可以取而代之的。那样的话，天下就会动不动革命。当然，事实上中国的朝代隔一段时间就会轮换一次。但《老子》所讲的道和万物的框架，实际上是有助于中央集权君主专制体制稳固的。

汉代政治实际上黄老和儒家两家都用，即便汉武帝后来独尊儒术，背后还是有黄老与法家的影子。汉人发现过分强调法家、黄老，会产生很多问题，那就是太绝情。因为他们看到秦代二世而亡是因为暴政。贾谊的《过秦论》是非常有名的一篇政论，他说秦为什么会灭亡，主要就是四个字——“仁义不施”。因此德政还是非常重要的。表面上汉武帝以后不再以黄老为主，可能是因为他的位子，他金字塔顶尖的位子已经稳固了，所以如何建立君主专制体制的问题不再那么紧迫。不然的话，这个问题一定还会讨论下去。汉武帝以后的当务之急是什么呢？不再是培养最高的圣人，而是培养千千万万的君子。当然这是题外话，我们就不再展开。

老子学说中“道”跟“物”的关系，如果落到现实政治上，实际上就是一种主宰与被主宰、本与末、一与多、集中与分散、整体与个体的关系。从哲学上讲，道是万物存在、运动、变化的主宰者，万物因为道而得以存在、运动、变化。道超越时空，超越了人类的各种价值，而万物只能局限于某一个具体的时空之中，而且只能承受其中一种价值。

通过老子的道物论思想建构，道家人为地在道和万物之间拉开了距离，形成了一个巨大的对立和一种严重的紧张。这种哲学看上去只是一种理论，和政治好像没有关系。但如果把这样一个关于世界的框架，加以平移，平移到一个政治领域的话，它可以发挥出巨大的政治力量。它完全可以用来为金字塔式的中央集权君主专制体制服务。黄老道家在这一点上做了大大的发挥，黄生就是一个很好的例子。

在《老子》里面，还有另外一个框架，就是我刚才提到的所谓的圣人“无为”、百姓“自然”的框架。这点在黄老道家里面也是大大发挥了的。

在老子看来，政治的最大问题不是要消除所有的矛盾，而是要把矛盾降到最低点。所以道家觉得其他各家往往都是空谈，好像他们什么问题都能解决得了，他觉得不可能。人不生病可能吗？但是可以尽量让你不要生大病。并不是说像儒家说的那样，有了贤明的君主，就能给老百姓一切，不可能的。老子希望尽可能给予百姓更多自由伸展的空间，君主不要过分挤压百姓的生存空间。要做到这一点，最重要的就是圣人“无为”，然后导致百姓的“自然”。这点在《老子》里面讲得很多，我们举可以其中一个例子。

比如五十七章说：“圣人云：我无为而民自化，我好静而民自正，我无事而民自富，我无欲而民自朴。”如下所示，这里面的因果结构、逻辑结构是非常清晰的：

我无为〔原因〕→民自化〔结果〕
我好静〔原因〕→民自正〔结果〕
我无事〔原因〕→民自富〔结果〕
我无欲〔原因〕→民自朴〔结果〕

因为版本不同，马王堆帛书《老子》、北大汉简本《老子》等文献在文字表述上有所不同，但意思完全一样。其中“好静”“无事”“无欲”，指的就是“无为”，“自化”“自正”“自朴”“自富”，指的就是“自然”。这是说统治者要懂得退让，要为老百姓减压、减负，减少统治者的作为，不要为所欲为，让老百姓获得喘息之机，借此赢得民心。这样才能挽救岌岌可危的政治局面。

从政治学上看，这是一个政治空间的问题。黄老道家认为应该在圣人和百姓的空间问题上下功夫。黄老道家不像儒家所宣扬的那样，要求君主任劳任怨、大公无私、一心为民，黄老道家不做吃力不讨好的事。它是希望用最简单的方式，最大限度地化解矛盾。前面讲了那么多汉初政治，就是黄老政治的最好写照。

大家对《老子》都比较熟。《老子》惜墨如金，只有五千言。可是在《老子》这本书里面有一句话，反复说了多次，不怕麻烦、不怕啰唆，这句话是什么？“生而不有，为而不恃，长而不宰，是谓玄德。”在第十章和第五十一章里面，同样的话两次出现，第二章以及其他章里头也有类似的内容，只是没有提到“玄德”。

“玄德”是什么？实际上就是“无为”。什么叫“生而不有，为而不恃，长而不宰”？“生”，就是“道生万物”，“生而不有”是说高明的统治者虽然处于道的位置，仿佛是百姓的生育者，但并不是百姓的占有者。“为而不恃”，我有所作为，但我不居功自傲。“长而不宰”，我虽然做统治者，但百姓并不感到在受统治、被压迫。归根结底，高明的统治者虽然起了作用，但“百姓皆曰我自然”。老百姓反而认为什么事情都是他们自己做的，依靠的是百姓自己的智慧、能力，是百姓自己创造了财富、获得了成功。

所以《老子》讲：“太上，下知有之。”就是说最好的统治者，下面只要知道其存在就可以了，最好不要对下面的百姓直接产生影响。越想施加影响，往往越束缚百姓的手脚。老子的政治理想只有一个，就是要让百姓放开手脚，有所作为，而领导者却无所作为，让百姓觉得好像根本没有人在管我。这就是政治的最高境界。这也体现着圣人“无为”、百姓“自然”。

在今天看来，《老子》这本书里面，存在着两条大的政治线索。道跟万物相分、道高于万物这样一个思想框架，从政治上看实际上容易导致中央集权君主专制。这是一条。而圣人无为、百姓自然，则是防止君主的贪婪任性、为所欲为，让百姓都能实现自我，得到幸福和满足。这是另外一条。这是一种非常高的、超越文化、超越国度的价值和理想。从《老子》这里开出的两条道路，后来的黄老道家都有所发挥。黄生发挥的那条是强调君主专制的路线，曹参发挥的那条是重视百姓自由、幸福的路线。这两条路线都对中国的政治、历史、文化发生了巨大影响。

黄老道家里面，对老子思想的发挥还有很多。比如在老子那里，有非常著名的辩证思维。那段话大家可能都耳熟能详：“将欲歙之，必固张之。将欲弱之，必固强之。将欲废之，必固兴之。将欲夺之，必固与之。”这就是欲擒故纵之道。用在政治上，就是教你敢于利用矛盾、驾驭矛盾，甚至在必要的时候主动挑起矛盾，让自己立于不败之地。事物都是转化的，必然会走向其对立面。一个高明的统治者，通过主动挑起矛盾、激化矛盾，促使事物走向其对立面，来创造时机，让时机朝着有利于自己的方向发展。这种理论在《黄帝四经》等黄老著作里面也不少见。

老子还有一句名言，叫作“为之于未有，治之于未乱”。这也是黄老道家要竭力达到的境界。掌握了道的圣人，“无为”的圣人，并不是什么都不做，而是具有一种超乎常人的洞察能力，能够把矛盾消灭于无形之中。

有一本黄老道家的书叫《鹖冠子》，大家可能不太了解。鹖冠子，据说是头上戴着用鸟羽做的帽子，在世外修炼的一个隐士。《鹖冠子》里面有个故事，说的是当时一个著名的军事家庞煖，在赵悼襄王面前以扁鹊为例解说什么才是高明的统治：有一次，魏文侯问扁鹊，你们兄弟三人哪个医术最高明？“子昆弟三人，其孰最善为医？”“扁鹊曰：‘长兄最善，中兄次之，扁鹊最为下。’”就是说我的水平最差。于是魏文侯说：“可得闻耶？”魏文侯觉得奇怪，要请他仔细讲讲。“扁鹊曰：‘长兄于病视神，未有形而除之，故名不出于家。中兄治病，其在毫毛，故名不出于闾。若扁鹊者，镵血脉，投毒药，副肌肤间，而名出闻于诸侯。’魏文侯曰：‘善。使管子行医术以扁鹊之道，曰桓公几能成其霸乎。凡此者，不病病，治之无名，使之无形。至功之成，其下谓之自然。’”

这是说，兄弟三个人里面，我扁鹊的名气最大，为什么我的名气最大呢？因为我要等病人已经病入膏肓的时候，才给你用绝招、下猛药，结果我的名声传遍天下。我大哥看病的方法叫“视神”，在你的病还没有发出来时，就已经告诉你快得什么病，这样很快就治好了。这样的人，他的名声“不出于家”，很少有人知道。我二哥名声在闾里之内，闾里也就是我们今天的一个社区。他给人看病时，病人的症状还不重，只出现在皮肤表面、毫毛之间，虽然他很快给你治好了，但是他的名声也不大。这和我们今天完全一样，那些在单位医务室或者社区医院给人看病的医生都不出名。出名的都是大医院专门给人看重病、看疑难杂症的医生。这样的人和扁鹊一样名满天下。可以说病人越多、病情越重，名医也越多。可是，天下无病或者说天下无贼，不需要名医，不需要明君，难道不是更好吗？

于是，魏文侯从这么一个平常的现象中悟出了治国的道理。那就是“不病病，治之无名，使之无形。至功之成，其下谓之自然”。在病还没有出现的时候，或者病还很轻的时候开始治病，防患于未然，这是最高明的治病方法。因此，扁鹊长兄医术之所以高明，就在于“为之于未有，治之于未乱”，将隐患消灭在无形之中。这种高明的治国之道，也是黄老特别强调的。

四、“黄帝”与从天道到人事

前面提到，《老子》思想虽然那么伟大、那么高明，但也并非没有局限。有哪些局限呢？第一，《老子》的“道”过于玄虚，容易脱离现实。《老子》第一章说“道可道，非常道”，道这个东西不可名状，说不清楚。《老子》强调“道”是虚无的，是无名无形的，因此关于“道”的学说就一定玄远高深，恍恍惚惚、隐晦莫测、不可感知。普通人听不懂、领会不了，甚至听了会大笑，不笑就不是道。那么究竟什么是道呢？好像只有几个山里修炼的人才知道。这样道家理论就跟现实生活距离越拉越大，等于彻底阻断了普通人认识道、掌握道的可能性；第二，《老子》过于强调柔而不争，少私寡欲，容易导致消极无为；第三，《老子》过于强调批判，除了批判统治者那些恶行之外，也毫不留情地批判其他学派，尤其跟儒家成为死对头。司马迁就说当时学儒学的人肯定会打压学老子的人，而学老子的人也一定会打压儒学，“世之学老子者则绌儒学，儒学亦绌老子”。

关于道的作用，《老子》讲了不少，但还远远不够。就像我们经常说马克思主义很高深，但如果你不通俗化，不能落到民间，不能与中国实际相结合的话，就没有什么作用。后世的道家对《老子》思想做了很多的转化，像我前面提到过的《管子》《韩非子》《吕氏春秋》《淮南子》等黄老道家作品，下了很多的功夫。从气的角度、理的角度、术的角度、法的角度去做解释，竭力促使老子的理论从形而上走向形而下，从道走向万物，从无名走向有名。这样老子理论就不会过于玄虚、过于抽象了。

真正帮助《老子》思想摆脱局限、弥补缺陷的，就是我今天特别强调的黄帝系统。黄帝系统的加入，使得“道”既保持了神圣性、绝对性，又把《老子》那个虚无缥缈的“道”转化成了可以认识可以效仿的天道。老子作为一个哲学家，他要不断地抽象、不断地提炼，抽象提炼出一个最高最核心的东西，这就是“道”。但这样一来又特别玄虚，让人难以接近、无法认识。而黄老既讲道也讲天道，天道讲得更多一些。这个天道是看得见摸得着，可以认识、可以学习、可以效仿的。这样一来的话，原来不可知、不可学的那个东西，就转化成可以了解、可以把握的东西了。

说到黄帝，我们马上就想到，每年清明节都有一次国家级别的典礼，那就是在陕西黄帝陵对黄帝的祭拜。黄帝在今天已化身为中华民族的人文始祖，成为一种文化象征符号。那么，古人是如何看待黄帝的呢？

司马迁《史记》的第一篇是《五帝本纪》，五帝的第一帝就是黄帝，可见他地位极高。但司马迁又说“百家言黄帝，其文不雅驯，荐绅先生难言之”。就是说大家都在传颂黄帝，但黄帝传说有不文雅的地方，所以知识分子往往难言之。司马迁这个人很不容易，在他那个交通不便年代，已经几乎走遍了当时的东南西北，他说他“西至空桐，北过涿鹿，东渐于海，南浮江淮”，这是当时中国的大致版图。“至长老皆各往往称黄帝、尧、舜之处，风教固殊焉，总之不离古文者近是”，“其所表见皆不虚”，可见当时各地对黄帝的认同度非常高，虽然他的事迹不雅驯，但是大家还是尊奉他、崇拜他。

不雅驯说明他身上色彩驳杂。我们今天看《汉书·艺文志》所罗列的黄帝书，里面有很多的内容，譬如说像天文、历法、占卜、养生、医疗、兵法、权谋等等，都在里面。钱穆曾经概括说：“黄帝……上知天文，推测日月星辰的运行，预知四时季节的转换。中知人事，别男女，异雌雄；制作用具，建造房屋；畜牧鸟兽，化野为驯。下知地利，播百谷，植草木；利用土、石、金、玉。”《汉书·艺文志》里挂黄帝名字的书是最多的，当然大部分都已经失传了。黄帝所做的事情有点像今天的理工科，大多属于知识、技术的系统。像《周易》里面就强调黄帝是个发明家。据说挖井、钻木取火、车、船、音乐、弓箭等等，都是他发明的。在古代，发明是一件非常神圣的事情，不可能是普通人能做到的。什么人才能做到呢？就是通天的人，懂得天道的人，也就是古代的那些巫师。黄帝实际上可以说是巫师的总代表。

关于黄帝有很多古代传说，有的说他住在神山上面，和宇宙相通。有的说他有一根神木，借助这根神木可以沟通天人。似乎这人身上迷信的色彩很浓。但古代迷信和理性往往很难区分，此人的事迹以及借助黄帝之名形成的书籍中，有很多是讲天道的。天道是非常理性的。

我们来举一些大家比较容易接受的例子，比如说《黄帝内经》是一部托名黄帝的医书，其中的《素问》篇有这么一段话：“黄帝问于岐伯曰：‘用针之服，必有法则焉，今何法何则？’岐伯曰：‘法天则地，合以天光。’黄帝曰：‘愿卒闻之。’岐伯曰：‘凡刺之法，必候日月星辰四时八正之气，气定乃刺之。’……岐伯曰：‘星辰者，所以制日月之行也。八正者，所以八风之虚邪以时至者也。四时者，所以分春秋冬夏之气所在，以时调之也。八正之虚邪，而避之勿犯也。’”和黄帝相关的书籍，很多都是黄帝跟他的老师、跟他的弟子之间的对话，这里的岐伯就是黄帝之师。此文讲的是针刺之法，岐伯说用针要以天为法、以地为则，还要与日月星三光相合。就是说扎针之际，必须要配合日月星辰、春夏秋冬八正之气，你才敢行用针之法。而且用针之法在他看来和治国之术没有什么两样。例如，在《黄帝内经·灵枢·外揣》里有这么一段话：“黄帝曰：‘余愿闻针道，非国事也。’岐伯曰：‘夫治国者，夫惟道焉。非道，何可小大深浅，杂合而为一乎？’”就是说，不要以为我在讲医疗养生，医疗养生和治国之道是一回事儿，都要对道加以尊崇、加以奉行。这个“道”在《灵枢》的《逆顺肥瘦》篇里有明确说明：“黄帝问于岐伯曰：‘余闻针道于夫子，众多毕悉矣。……’岐伯曰：‘圣人之为道者，上合于天，下合于地，中合于人事，必有明法，以起度数，法式检押，乃后可传焉。’”就是说。我讲的这个道，实际上就是天地人三者的相互联动，相互因果，所以这是整体意义上的天道。因此，我们可以说黄帝是天道的总代言人。用今天的话讲，就是最善于把握自然规律的人。

我前面讲《史记》的最后一篇文章是《太史公自序》。在这篇序文中，司马迁对前面的每一篇文章，都用最简略的语言重新加以概括。这个概括都是四字一句，文章非常漂亮，读起来赏心悦目。关于黄帝，他用了四个字去评价他，就是“法天则地”。通俗地讲，黄帝就是一个替天行道的人，他能够把握天地人一切关系中所遵循的根本原理。这些原理具有道的绝对性、神圣性、正当性和合理性，但不是《老子》那种妙不可言，只能体会不能言传的“道”，而是看得见摸得着，可以理解、可以效仿的“道”。这里面或许有迷信的成分，但更多是非常理性的。譬如说《吕氏春秋》，我们发现《吕氏春秋》有一个精巧的布置，那就是十二纪。十二纪是什么呢？“凡十二纪者，所以纪治乱存亡也，所以知寿夭吉凶也。”十二纪先记录四季十二月的天文、历象、物候，然后以阴阳五行学说为指导，对天子在衣食住行乃至行事政令作出详细的规定。强调人事一定要跟天道相合，要天人合一。十二纪就是“道”，人们可以认识、可以遵循，或者说不得不遵循的天地法则。

这里我想更多地讲一讲马王堆帛书《黄帝四经》。这本书可以说就是一部讲述天道的书，这本书的叙事有个既定的框架，即一定是在天地人三重架构中展开的。如《经法·六分》篇就说，“王天下者之道，有天焉、有人焉、有地焉。三者参用之，□□而有天下矣”，“□□”是两个缺字，帛书在这里正好残损了，但不影响理解。你要想取得天下，就必须要同时把握天地人三才之道，虽然三才之道中天地之道更重要，人必须无条件遵循，但这不是说人在里面就一点作用也不起，完完全全像个奴隶一样匍匐在天地权威之下，人道可以发挥积极的作用，但这种作用主要指人对天地之道的积极配合。

《黄帝四经》里面有大量天地之道的描述，基本上可以分为两类。一类是日月运行、四时更替等表现为理、数、纪的宇宙法则和秩序；另外一类指的是阴阳消长、动静盈虚、刚柔兼济的宇宙原则和道理。这两者都是人所要把握的天道。

我们首先来看所谓的秩序与法则。天道之“道”之所以被人效法，就在于天道有它的绝对性、永恒性，是经过世世代代验证的、颠扑不破的规则。像《经法·道法》里面所讲的，“天地有恒常，万民有恒事。……天地之恒常，四时、晦明、生杀、柔刚；万民之恒事，男农、女工”。“万民”之所以有“男农、女工”这样的“恒事”，是因为“天地”有“四时、晦明、生杀、柔刚”这样的“恒常”。两者是必然对应的。《经法·四度》也说，“日月星辰之期，四时之度，动静之位，外内之处，天之稽也。高下不蔽其形，美恶不匿其情，地之稽也。君臣不失其位，士不失其处，任能毋过其所长，去私而立公，人之稽也”。具体内容我不展开。关键在于有了“天之稽”“地之稽”，有了天的法度和地的法度，接下来才会有人的法度。这个人的法度就是所谓的“君臣不失其位，士不失其处，任能毋过其所长，去私而立公”。这种理论对后代影响很大，例如，“春生夏长、秋收冬藏”，无论是养生还是社会活动，都不能超过这个度数，春夏秋不要做冬天的事情。例如出兵、修城等等，不然天就要降下灾异。用今天话讲，就是人必须与自然和谐共存。总之，天道带有不以人意志为转移的强制性和权威性，这就要求君主必须掌握这个具有必然性和规律性的天道，去治理国家，解决一年四季中的经济政治问题。

天道在黄老道家那里，还可以理解成为一种循环往复的、盛极必衰的、阴阳互补的、交替不已的原理。这些原理在《黄帝四经》里面也有体现。这本书里面有大量相互对立的概念，例如阴阳、男女、外内、刑德、文武、动静、刚柔、雌雄、逆顺、生杀、取予、吉凶、兴废，等等。这些概念我们总体上可以用两个字来代表，就是阴阳。也就是说，政治不是机械地、僵化地、简单地去模仿、套用天地间那些确定不易的禁忌和规范，而是要注意观察、揣摩、提炼天地间阴阳消长的节律以及万物之间那些看似复杂、实则充满规律的辩证关系。例如《十大经·观》提出“秉时以养民功，先德后刑，顺于天”。这是说，统治者应该依据一文一武、一阴一阳、一刑一德的节拍以及四时的变迁来安排人的政治活动，比如说杀伐庆赏等等，把德治和刑治有机地结合起来。

黄老道家认为，一切政治行动必须从自然原理（这些自然原理同时也是禁忌系统）中找到合理性依据，准确把握自然的节奏，然后按照自然的规律和节拍从事人事，这就是最好的政治。依据天道法则制定出来的人间法律，才具有必然性和合理性，才具有最大的认可度和公共性，这就是所谓的由天道的固然推出人事的必然。这样黄老的理论就变成天经地义了。这些正是儒家、墨家理论所不具备的、黄老道家独有的特色。

这里我想给大家讲一个西汉丞相丙吉的故事。《汉书·丙吉传》记载：有一年春天，丙吉外出，遇行人斗殴，其中一人头破血流，横尸路边。丙吉却不闻不问，驱车而过。过一会儿，看到老农赶的牛步履蹒跚、气喘吁吁，丙吉却马上让车夫停车询问缘由。下属不解，问丙吉何以如此重畜轻人？丙吉回答说：“丞相是国家的高级官员，所关心的应当是国家大事。行人斗殴，有京兆尹等地方官处理即可，无须一国之相亲理。我只要适时考察地方官的政绩，有功则赏、有罪则罚就可以了。而问牛的事则不同。现在是春天，天气还不应该太热，如果那牛是因为天太热而喘息，那今天的天气就不太正常，农事势必会受到影响。”

今天很多人从这个故事里面学到所谓管理的经验，就是领导在工作中要明确责任，谁分管，谁负责，权限多大，都要清楚明白，责任到人。做领导的不能“事必躬亲”，被小事缠住，误了大事。但我从这里看到的其实是黄老道家政治理念在汉代的影响。就是说像丞相这样的仅次于黄帝的高级官僚，他要考虑的不是社会矛盾的发生以及如何处理，而是要考虑更高级的问题，那就是天道的问题。比如阴阳是不是和谐，天人是不是和谐，牛喘息是不是一种征兆，预示着天灾可能会降临，丙吉作为丞相就必须及时做好预案，来防患于未然。

前面我提到，黄老道家非常重视因循。因循体现为两个方面，一个是因循天道，就是我刚才说的因循天地四时的运行法则。另外一个就是因循人情。这涉及黄老道家的人性论。提到人性论，可能大家马上会想到荀子的人性恶、孟子的人性善。黄老道家的人性论有点类似于荀子的人性恶，但还不完全一样。因为荀子强调要用儒家的手段去改造人性恶，而黄老道家更多讲的是君主怎样利用人的自然本性来为自己统治服务。一方面黄老道家说“水”有水之道、“马”有马之道、“君”有君之道、“臣”有臣之道，要各用所长，各尽其能，让臣民能力最大化。因此君主最主要的工作就是“因”。另一方面黄老道家说好逸恶劳、趋利避害是人的自然本性，但这不是坏事，反而有助于君主利用这一特点，利用人的自私自利、贪生怕死，有效使用赏罚两种手段，使其为我所用。这也是一种“因”。这些在《慎子》《韩非子》里面有很多描述。

我们可以举《慎子》里面的一个例子。慎到说“人莫不自为也”，就是说人都是为自己打算的。“化而使之为我，则莫可得而用矣”，如果君主掌握住这条规律，让百姓为我所用，那什么事情都好办了。“是故先王见不受禄者不臣，禄不厚者，不与入难”，就是说，好的君主，看到那些不要俸禄，全心全意为他人服务的人，他反而不敢把他当作臣下。俸禄达不到一定的程度，不敢让人做大事、难事。“人不得其所以自为也，则上不取用焉”，人如果不追求自己的利益，君王反而不能用他。所以“用人之自为，不用人之为我”，不要去用那些嘴上说得好听，动不动讲我要为国家、为社稷、为君王舍生忘死的人。这样的人其实华而不实，并不可靠。那些为他自己利益着想的人反而踏实可用。我觉得这和西方的一些人性预设非常接近。

黄老道家还特别喜欢从宇宙论、生成论的角度谈问题。刚才说到老子认为圣人无为，百姓自然是最高的政治，黄老道家就从宇宙生成论的角度去论证其天然合理性。以上海博物馆藏战国楚简《恒先》的气论为例。为了证明自生自为这种政治理念的合理性，《恒先》描述了一种不见于传世文献的气论，那就是“气是自生”理论。《恒先》有一根非常明确的思想线索，那就是：从宇宙生成论上讲，“气是自生自作”，所以“气”所构成之物，包括人在内的“万物”也都是“自生、自作”的，从行为上讲就是“自为”的。所以统治者在政治上必须采取无为的姿态。反过来讲，统治者的无为，即政治上的无意识、无目的、不干预、不强制，作为结果又必然导致百姓的“自作”“自为”。

过去我们依据传世文献，只能将万物生成的动力归结为阴阳气化论一种模式。现在通过《恒先》，可以明确地提炼出另外一种动力学说，那就是自生模式。这一发现具有重要意义，不仅是在中国哲学史上找出了另外一种万物生成动力说，而且说明了黄老道家为了证成现实政治原理的合理性，可能对当时的各种天道论作了有意识的选择。也就是说，在普通的生成论中，阴阳气化的生成动力说已经足够，但由于现实政治的需要，才有意强调了突出了“气是自生”之生成论。

从天道到人道，这是黄老道家非常明显的套路。先讲道如何如何，再讲政治如何如何。所以黄老道家的文章几乎都是先道论、后政论。这里面既有老子类型的道论和政论，也有黄帝类型的道论和政论。老子类型较多讲“道”和“万物”的关系，比较抽象；黄帝类型更多讲“天道”和“人道”的关系，更接地气。

总之，“黄”和“老”各有各的价值、各有各的作用，可以取长补短。所以“黄”和“老”才会像一对夫妻那样走到一起。道家借助“黄帝”的系统，才落到实处，成为一种可以被参照、认识、掌握、实践的政治理论。

我们说一种高明的政治哲学，它必须解决这样一些问题：政权的合法性合理性，国君地位的神圣性绝对性，法律的公共空间及其正义性，行政的效率及其可操作性，思想的包容性，还有人性的基础、民众的幸福等等。黄老道家通过道论、天道论、人性论、因循论等角度作了解答，而且通过历史实践告诉我们，这些理论曾经大为流行，获得过很大成功。

五、黄老道家与养身

刚才我们在讲《论六家要旨》的时候提到其中大讲养生的重要性，道家是非常重视生命的。《吕氏春秋·开春论·审为》里面讲过这么一个故事：

> 韩魏相与争侵地，子华子见昭釐侯，昭釐侯有忧色。子华子曰："今使天下书铭于君之前，书之言曰：'左手攫之则右手废，右手攫之则左手废，然而攫之者必有天下'。君将攫之乎？亡其不与？"昭釐侯曰："寡人不攫也。"子华子曰："甚善。自是观之，两臂重于天下也。身又重于两臂。韩之轻于天下远矣，今之所争者，其轻于韩又远。君固愁身伤生以忧戚不得也。"

韩魏两国互相争夺一块土地。子华子拜见韩昭厘侯，对他说："假如左手抓住就要砍掉右手，右手抓住就要砍去左手，但是抓住了就一定占有天下。您是抓呢，还是不抓？"昭厘侯说："我当然不抓。"子华子说；"这么看来，两臂比天下重要。而身体又比两臂重要。韩国比天下次要得多，现在您争夺的土地又比韩国次要得多。您丢掉两臂就可以占有天下，你尚且不愿去做，现在反倒劳神伤生为得不到这些土地而忧虑，这恐怕没必要吧。"

子华子是很有名的道家，但应该算是老庄道家，因为在老庄道家眼里，不要说土地，即便天下也不能和生命相比。黄老道家也很重视养生，但就现实得多了。怎么现实呢？那就是既要养生，也要治国。先养生后治国。养生用百分之九十九的力气，治国用一份力气就够了。《吕氏春秋·先己》以下这段话可以说非常有代表性：

> 汤问于伊尹曰："欲取天下若何？"伊尹对曰："欲取天下，天下不可取。可取，身将先取。"凡事之本，必先治身，啬其大宝。用其新，弃其陈，腠理遂通。精气日新，邪气尽去，终其天年。此之谓真人。

汤问伊尹："想要得到天下该怎样做？"伊尹回答说："想要夺取天下，天下就不可以得到。要得到它就要先养好自身。"凡是事物的根本，一定先整治自身，要爱惜最珍贵的东西，那就是自己的生命。要懂得吐故纳新，每天更新精气，驱尽邪气，这样寿命就可以达到天年。这就是所谓的真人。

《吕氏春秋》中有一篇文章叫作《执一》，里面提到楚王向一位道家人物詹何问如何治理国家。詹何回答说："何闻为身，不闻为国。"詹何说我只听说过如何养身，没有听说过如何治理国家。《执一》的作者总结道："詹子岂以国可无为哉？以为为国之本，在于为身。身为而家为，国为而天下为。故曰以身为家，以家为国，以国为天下。此四者，异位同本。故圣人之事，广之则极宇宙，穷日月，约之则无出乎身者也。"意思是，难道詹何真的以为国家不需要治理吗？他是认为治理国家的根本在于修身。自身修养好了，家庭就能治理好，家庭治理好了，国家就能治理好。从根本上讲，这四种情况并没有本质的不同。所以高明的统治者，其事业可以远及天地日月，但归根结底是从养身开始做起的。可以发现，詹何的思维模式和《大学》的修身齐家治国平天下非常相近。但儒家修的是道德之身，而黄老道家的修身更为复杂：一方面是追求身体的"长生久视"，另一方面则是让自己成为一个宁静的、宽容的、谦和的人。用老子的话讲，就是要达到"致虚极、守静笃"的境界。为此，黄老道家产生了很多提炼"精气"的工夫和理论，譬如《管子》四篇。《管子》这本书内容很杂，其中《内业》《心术上》《心术下》《白心》四篇，被公认为是黄老道家在养身治气方面的代表作。上海博物馆所藏战国楚简里面，有一篇叫《凡物流形》，里面也涉及不少这方面的内容。马王堆帛书里面有很多医书，不单纯讲如何看病，而是通过养身原理甚至房中技巧去体悟"道"的精髓。这和《庄子》讲的"心斋""坐忘"不太一样。《庄子》的"心斋""坐忘"虽然也是养身治气，但主要追求的是个人的心灵解放和超脱。黄老道家的养身治气，是要练就把握万事万物的超能力，养身的目的最终是为了治国。

总之，黄老道家认为一个不会养生的人，是不能把国家交给他的。而一个懂得养生的人，就会懂得阴阳的和谐；懂得阴阳和谐的人，就懂得了天道；懂得了天道，顺应了天道，那做好人事就变得极为容易。这又回到了从天道到人道的思路。

结语

在古人的眼里，黄老这个东西是无时不宜、无处不宜、无所不能、简单易行、高屋建瓴的东西，是可以用最小的政治资本来获得最大政治效果而且行之有效的政治理论。我们现在常讲“与时俱进”，这个理念最早就是出自《论六家要旨》的“与时迁移，应物变化”。黄老之学是一种不折不扣的时代思想和实用哲学。它不做超越时代的玄远思辨，高深的理论阐发，注重解决当下的政治问题；它不做复杂的说理，而是直截了当地表示出肯定与否定；它不是某一学派或知识阶层的理论探讨，而是上至君主下至百姓都明白易懂，可以遵照执行的行动纲领。因此，实用主义特征，具体而言，应用性、实效性（某种角度讲是现时性、速效性）、可操作性是其最大特征。

黄老道家最后好像消失不见了。其实，不是不见了：一方面是进入了水面以下，成为儒家文化的一部分，成为其天道观、阴阳观、宇宙论、气论、辩证思维的重要思想资源；另一方面，则逐渐狭隘化，集中体现为道教的“黄老道”而绵延甚久。但其实后世的唐太宗、宋仁宗，大家也都认为他们身上有黄老道家之风。可见黄老道家对于中国政治文化的影响还是非常深远的。

王子今

中国人民大学一级教授、国学院博士生导师、明德书院院长，中国秦汉史研究会顾问。曾任中国秦汉史研究会会长、副会长，北京师范大学教授，教育部人文社会科学重点研究基地山东师范大学齐鲁文化研究院兼职研究员。他是秦汉史领域的代表性学者，在秦汉历史文化、考古文物、出土文献等多个领域都有重要的学术成果。代表著作有《秦汉儿童的世界》（中华书局）、《汉简河西社会史料研究》（商务印书馆）、《秦汉称谓研究》（中国社会科学出版社）、《东方海王：秦汉时期齐人的海洋开发》（中国社会科学出版社）等，主编《秦统一的进程与意义》（中国社会科学出版社）、《秦史》（西北大学出版社）等。

战国秦汉时期齐人对海洋的开发

王子今

欢迎大家收看齐鲁文化电视系列讲座。参与这个系列讲座的其他几位专家分别从不同方面、不同视角对齐鲁文化进行了多方位解读，揭示了齐鲁文化非常重要的历史文化贡献。我今天给大家报告的主题是从海洋文化的视角介绍齐鲁文化。

我们都知道，当今世界海疆问题、海权问题、海洋资源的保护和开发问题，日益受到各民族、各国家不同程度的关注。我们回顾历史，也会思考中国从古代到近代对海洋是一个怎样的立场？怎样的态度？有过怎样的关注？有一种说法认为，中国是一个面向内陆的大国，它的文化是内敛的，不大重视海洋开发。有学者在思考这个问题的时候，曾经涉及秦汉时代；有一种说法是如果摇着船的、吃着大米的、面向海洋的楚国统一了中国，那么中国历史发展的前景可能会有所不同。其实我们更应当关注的是，在这个历史的节点上，齐人、齐鲁人曾经以非常积极的态度、非常开放的胸怀面向海洋进行了非常卓越的历史努力，做出了非常辉煌的历史贡献。

一、秦汉以前海洋的早期开发和海王之国的理想

齐国刚建国的时候，齐人对海洋资源的重视就已经表现出来了。姜太公创立的这个国度很早就注意到鱼盐资源的开发和利用。所谓“便鱼盐之利”“设轻重鱼盐之利”，都表现出一种非常开明、非常清醒的政治文化意

识。在政治设计师管仲的帮助下，齐桓公迅速实现了齐国的强大。管仲主要政策的基点之一，就是利用靠近海洋的地理空间位置，对海洋资源进行合理的经济统筹。他通过对盐业的管理，在和列国外交、经济交往过程中占据了优势，齐国因之迅速地强盛起来。齐桓公时代，齐国是春秋五霸中第一位称霸的。所谓"通齐国之鱼盐"，成为当时列国之间经济交往的必然方式。齐人拥有"鱼盐之海"，这是列国看待齐国的一个重要视角。后来人们把管仲的思想、理论、政治设计、战略思考整理成《管子》一书。《管子》这部书里有非常重要的一篇，篇名就叫作《海王》，其中提出了建设"海王之国"的政治理想。海王的意思是利用靠近海洋的地理优势来建设齐国王业，也就是所谓"以负海之利而王其业"。这是一个非常重要的经济政策设定，体现了政治家非常成熟的战略思考，该政策到了汉代依然得以继承。汉帝国曾经有过控制盐业的非常典型的政策的设计，就是由国家来控制矿业和盐业。在汉武帝时代，盐业的专营成为中央政权控制全国经济命脉的重要手段。

《管子》书里有两处说到盐业的重要性。如："十口之家十人食盐，百口之家百人食盐。"就是所有的人口都离不开盐的消费。盐是关系到国民经济最重要的物资。国家控制了它，就控制了最重要的经济命脉。在汉代还有对渔业进行管理的一些具体政策，比如说征收渔税、海税等。关于这个政策的推行，现在已经没有非常具体的资料来说明，但我们看到文献有这样的历史记录：政府增加了海税，导致渔民的生产积极性受到伤害，于是渔业生产减产；政策调整以后渔业又走向发展。

二、燕齐海上方士

我们过去以为秦的统一就是灭掉了六国，中国从七个国家变成了一个国家，就是秦帝国，即《阿房宫赋》中所谓"六王毕，四海一"。秦灭掉了六国，实现了统一，但实际上秦的统一规模和意义还可以再做新的认识。秦在灭六国的同时，向北有所推进，把匈奴的势力向北驱赶，这是向北方的扩张。另外还有一个重要的政治文化的表现，就是南海置郡。秦人占有了岭南地方（今天的两广一带），这个地方曾经受楚文化的影响，通过考古材料可以看得很清楚。但它确实不是楚国控制的地方，秦灭楚国也并不包括进军岭南，设置南海郡，这是一个政治史上非常显著的进步。我认为秦人对南海的控制是秦统一战略里的一个重要内容，它使得中原帝国控制的海岸线得以空前延长。我们已经不能想象，如果两广地方不在大一统国家之内，将是怎样的景象。

秦始皇统一以后，有一个重要的文化现象引起了人们的重视，这就是燕齐海上方士。方士是海上世界探索的先行者，这是一个生活在齐国沿渤海地方的知识分子群体。他们关心的是神仙之学（海洋和神仙有着密切关系）。这个群体的出现是在战国时期，战国是中国历史上思想文化空前活跃的时期。我们今天读的很多书，接受的很多思想，很多都是在战国时期形成的。战国时期还有一个很显著的文化特点，就是产生了“天下”的理念。在这个历史演进的趋向上，他们开始思考统一的问题。当时不管是儒家、老庄、墨家，各派的思想领袖都频繁地使用“天下”的概念，而“天下”的出现和“四海”存在着紧密联系。人们认为“天下”的周围是“四海”，“天下”和“海内”这两个概念在这个时期频繁地同时出现。“海内”就是人们讲“天下”的时候以海为参照，以海作为一个观察的重要视角。这种情形在《孟子》《荀子》《山海经》等很多文献中都可以看到。《荀子》中反复出现“天下”和“海内”的对应关系。很多学者认为《山海经》大部分内容的成书年代是在战国时期。而《山海经》里有《海内》篇和《海外》篇，它把《海内》《海外》作为篇名，对海洋表现出非常清醒的自然意识、地理意识、文化意识和政治意识，这是非常有意思的、发人深省的现象。中原农耕民族和海洋本来是有一些距离的，他们对海洋并没有太多了解，但在这个时期里他们产生了一个新的认识，他们开始关注海洋，他们的海洋意识开始觉醒。

《左传》记载一个和齐国有关的故事。齐桓公率领军队去攻打楚国，楚王说：“君处北海，寡人处南海，唯是风马牛不相及也。”顾颉刚先生曾经写过一篇文章，讨论汉代以前中国人的世界观。他说“北海”所指的应该是齐人面对的渤海，“南海”很可能是楚人面对的东海。秦始皇出巡会稽的时候说“望于南海”，他认为看到的是南海，这意味着当时的东海和南海之间有非常便利的交通联系。而顾颉刚先生关注“君处北海，寡人处南海”政治文化地理表述的时候，感慨当时人意识中的“天下”何其小!

在这个时代燕齐（也就是今天的辽宁、河北、山东等环渤海地方）的一些知识分子表达了他们对天下的判断，他们的理念、学说涉及神仙学说，涉及长生的梦想。这些观念都影响了后来大一统帝国的最高执政者——秦始皇、汉武帝。他们认为海中三神山的鸟兽都是白色的，宫殿非常辉煌，山上面有不死之药。三神山看起来很近，但乘着船就是到达不了，这种景象和今天海洋气象知识里的“海市蜃楼”有些接近。

这个故事提醒我们，燕齐海上方士比较早地进行了海洋探索，这些人有着非常离奇的故事。秦始皇曾派他们去寻求海上神山的仙药，汉武帝也多次被这些方士欺骗，他发现破绽以后就把方士杀掉，但又更加相信新来的方士。方士们就这样往复无穷地进行着同样的表演，这说明方士神仙学说的文化影响是非常广泛的。刚才说到的顾颉刚先生也和山东有着比较深厚的文化渊源，他曾经写过一本书，叫《秦汉的方士与儒生》，内容是探讨方士和儒生之间的关系。他指出，秦始皇时代的侯生、卢生两个方士就是生活在海边的知识分子，他们和秦始皇发生了摩擦，逃离了他的身边，引起了始皇的震怒，最终发生了坑儒事件。

这些方士们的表演一方面是用非常奸诈的手段来谋求个人的富贵，他们施展一些骗术来取得帝王的信任；但是从另一方面也要看到，他们对海洋的开发、探索，对海洋知识的积累，乃至于对中国海洋学的初步形成也做出了非常重要的贡献。海上方士们对各种神仙事迹的宣传使得一些在西北居住的君主们受到了这些文化的影响，在他们居住的宫苑里甚至建造了海洋的模型。在秦始皇的皇宫附近就曾引渭水为池，并把它做成了一个微观的海洋，这样的做法是中国园林史上比较重要的进步符号。汉武帝也曾经在建章宫里修造了一个象征海洋的模型。秦始皇在他的陵墓里“以水银为百川江河大海”。还有记载说秦始皇“以人鱼膏为烛”，就是在他的地宫里用一种鱼的脂肪作为照明的燃料，“度不灭者久之”。有学者认为这个人鱼膏就是海鱼。可以想见，处于帝国行政中心的帝王们受到海上方士的影响是很大的。

还有一个重要的迹象，在对汉景帝阳陵的发掘工作中，考古学者出土了一些诸如蛤蚌等海洋生物的遗存。这说明埋葬在陵墓里的帝王和他身边的人生前曾以这些海洋生物作为食物。由这个文化迹象并结合现在有关知识可以发现，在秦汉时期及其以后，人们认为文蛤等三四种海洋生物是神仙吃的食物。相关文献和传说中也有吃这样的生物可以长生的记载。

当然，我们今天还不清楚这些海洋生物是通过什么样的保鲜手段运送到西北，我们也不知道它是通过怎样的加工方式成为皇家食品的。但是考古发现给了我们一个非常重要的线索：这些皇帝的饮食习惯受到了海上方士的影响，海洋生物开始成为人们饮食生活中重要的消费对象。

还有一个故事，秦始皇在结束最后一次出巡返程期间重病去世，当时因为政治的需要，他身边的人决定秘不发丧。但是因为当时是夏天，秦始皇的尸体开始发臭，于是“车载一石鲍鱼，以乱其臭”，就是车上载运了一些海产品让它的臭味来掩盖秦始皇尸体的臭味。

我们还看到一些特别有意思的现象。据居延汉简（今天甘肃、内蒙古地方的汉代遗存、汉代军事防卫设施里发掘出的竹简）记载，这个地方的人们是知道鲍鱼的，因为简文里出现了鲍鱼的字样，这是让我们比较吃惊的。此类记载在齐国的建国者姜太公吕尚的故事里也有显示。周文王曾让吕尚辅佐太子发，太子发喜欢吃鲍鱼，吕尚就教育他这个不符合礼制。这个故事显然也是和齐文化，特别是齐国海洋文化有关的。

三、秦皇汉武的海上之行

秦始皇是一个很勤政的皇帝，他一生中很多时间都行走在路上，他通过出巡的方式来展现自己的政治权威。他在统一战争中间就曾经三次出巡，到过邯郸、洛阳，以及楚国的都城郢城。在秦统一之后，第一次出巡是先向西北方向走；第二次出巡走到了齐国故地，走到了海边。秦始皇沿着海岸行进，他对齐国原有的祭祀遗存给予了特别的尊重。齐人有所谓“八神”或“八主”，其中多数都是在海边。秦始皇对它们一一进行祭拜。他还有在海上用弓弩射击海鱼的记录，这在中外历史上很少能够看到。回顾整个中国历史，没有多少个皇帝能走到海上，秦始皇统一以后有五次出巡，四次都走到海上。汉武帝一生中至少有十次走到海上，最后一次海上巡行已经是68岁高龄。秦始皇在行至海上的出巡过程中受到沿途齐地海洋文化的深刻影响。齐人对海洋开发获得的成就，他一定非常熟悉，非常敬重，而且有意识地进行学习。沿途的向导、陪同人员有很多是齐人，对海洋知识有一定积累，他们激发了秦始皇这位中国历史上第一位大一统帝国的领导者探索海洋的积极意识。一个帝王一生中全国巡行五次，四次走到海边，这样的表现在后来的中国历史上除了汉武帝之外看不到类似的记载。

在这个讲座开始的时候我给大家介绍了中国文化与和海洋的关系。实际上我们要注意到，整个中国文化史是一个漫长的历史演进过程，在不同的时段有不同的表现。至少在我比较熟悉的秦汉时期，内地人对海洋的关注超过了历史上的其他一些时期，这是一个时间上的观察。再从空间角度来看，中国各个区域文化有不同的特点。而齐鲁地方对海洋的关切、重视和利用长期以来都没有明显的消减，它对海洋一直保持很旺盛的积极态度。

秦始皇出巡海上可能出于他渴望长生的想法。实际上他第一次走到海边的时候，还没有接受燕齐海上方士神仙学说的宣传。他此次出行的目的与长生追求没有直接关系。

我们注意到他的一个重要的意识，就是认为天下就是海内，要想完全控制天下，必须要控制到沿海地方，这样才算达到了最高境界。秦始皇经营驰道，在全国建设适合高速行驶的高规格道路，把它连接成一个交通网。这是秦，甚至是整个中国古代交通史上非常重要的举措。汉代人贾山曾回顾驰道在线路设计上到达燕齐，到达吴楚，“滨海之观毕至”，这些地方都是沿海最重要的地方。祭祀的地点、皇帝的行宫，都由驰道连接起来，这是非常重要的一种交通建设的理念，在今天河北、辽宁地方发掘的秦行宫遗存就完全是在海边。秦始皇确定的秦东门也在海边，在今天连云港朐县附近。他设立了秦帝国的东方大门，面向着海洋。秦始皇之后，所谓“汉并天下”，汉武帝同样对海洋有非常高的热情，他探索海洋的积极性表现得非常突出。秦始皇曾经在海面上用连弩射“巨鱼”或者叫作“大鱼”，这究竟是怎样一种海上生物，我们已经无从探求。汉武帝也有和秦始皇类似的举动。他在一次出巡中，沿着长江而下，然后再由海岸北上，他在长江中有江中射蛟的举动。蛟，很多学者认为就是扬子鳄。他在江中射蛟的行为和秦始皇海上射巨鱼十分相似，都是一种极具特色的政治表演。

《史记》里有秦始皇多次走到海上的记载。《汉书》记载汉武帝至少有十次走到海边，所谓“行幸东海”“浮大海”，就是在海上坐船行驶。而“临大海”的记录也有很多。汉武帝和秦始皇一样对海洋充满好奇心，而且汉武帝多次巡行海上，次数甚至超过了秦始皇。

《汉书·武帝纪》记载，汉武帝出巡，他从长江顺江而下，沿着海岸走。有一段文字是汉武帝自己的诏书，内容是“朕巡荆扬，辑江淮物，会大海气”，就是说我巡幸荆州和扬州，与长江淮河的神物都有过交往。“会大海气”四个字，仅从字面也能看出汉武帝对海洋和海洋文化的重视。

四、琅琊的地位

“琅琊”，是齐地海岸上比较重要的海港，它在当时齐人的信仰理念中有非常重要的地位。它是齐之“八神”或“八主”之一，是“四时主”，主管四季分割。

战国时期各国都有迁都举动。战国的强国原来都在边缘地方，按照荀子的说法，叫“皆僻陋之国也”。他们迅速强盛起来，其中就有齐国、晋国、秦国、楚国，它们都不在中原，但是它们在战国中晚期的时候都表现出对中原政治中心地位的重视，国都的迁徙都在向中原靠拢。秦国国都不断向东迁徙；赵国、燕国都在向南迁徙；卫国向东南方向迁徙；楚国向东北方向迁徙。还有一个强国越国，它的国都原来在会稽，也就是今天的浙江绍兴，它迁都的幅度是最大的，一下子迁到了山东的琅琊，在今天山东胶南一带。它在琅琊建立了国都，而且经营了二百多年。

琅琊这个地方的重要性还突出体现在秦始皇第一次走到海边的时候竟然在这里停留了三个月。秦始皇在秦都咸阳以外的地方住三个月，这是唯一的记录。他即位秦王之前曾在赵国邯郸居住，但那是另外一种情形了。在咸阳以外的地方停留了三个月，而且据司马迁记载是“大乐之”，就是心情特别好。他还组织了大量的移民向这里集中，很明显是想要这个地方繁荣起来。他非常重视这个地方，移民还能享受十二年不向政府交纳赋税、承担徭役的优待。秦组织过多次移民，但这次是移民享受待遇最高的一次记录，这非常鲜明地体现出秦始皇对琅琊的重视。

琅琊是东海上的一个重要海港。我们还应留意一个现象，刚才说到越国把都城从会稽迁到琅琊，但其实越人在建设会稽的时候，就有传说琅琊的一块石头突然飞到了他们新建的国都。这意味着他们在比较早的时候对琅琊就有一定的了解，而且他们都城的建设受到琅琊的影响。但是最后把国都正式迁到了这里还是非常显著的一个政治转变。关于越国还有一个记载，就是越王勾践时代有一个重要的谋臣叫范蠡，他是一位杰出的政治人物。在实现政治成功之后他非常机智、清醒地离开了政治统治中枢，乘着船到了齐地，他在齐国经营实业获得了成功，据说“三致千金”。他发财之后把这些钱财分给朋友宾客亲戚们，然后又再次致富，这种情形前后共有三次。后来他把他经营的重心放在了“陶”这个地方。陶据说是天下之中，在今天山东定陶附近。但他早期是在海边进行经营的，他的经营成功可能和海洋文化的开发有一定关系。范蠡“浮海出齐”，是从海上到齐国的，在齐地的他“耕于海畔”，就是在海边进行他早期事业。这都是我们在思考齐人海洋开发历史的时候不能不关注的历史现象。

秦实现统一以后，琅琊是三十六郡之一，是非常重要的地方。在西汉王朝建立初年，刘邦分封了一些功臣做诸侯王，在异姓诸侯王存在的时代，中央王朝在沿海地方只能控制今天山东地方，也就是齐地。后来这个地方也放弃了。也就是说在西汉历史的前一阶段，中央王朝控制的海岸线非常有限，有的时候甚至一寸海岸线都没有。当然后来通过削藩压制诸侯国的发展，打击了诸侯王的力量，削减了他们的政治空间。在削藩的过程中，我们注意到汉朝中央先收夺的是沿海地方，比如东海郡、会稽郡。但是琅琊郡是长期以来受到重视的，在沿海区域中间比较长久地保留在中央政府控制的区域之内的，这体现出它的重要性。它是琅琊，秦始皇多次走过这里，汉武帝也走过这里，可以看出这个地方的重要意义。

我们还可以通过海洋航运史的一些记录得到更深切的认识。在新莽时代，王莽更改各地的地名，他将“琅琊”改为“填夷”，填就是镇，镇压的镇，当时写作从土的填，但是它和镇的意义是一样的。王莽是想通过这个地方来威慑、控制、压制海外的夷人、夷国。琅琊郡一个属县叫作临原，王莽把它改为填夷亭，也是取填夷这两个字的含义。琅琊具有填夷的作用，可见它在海上交通方面的重要地位。《后汉书》里说东夷有君子之国、有不死之国，那怎么样到达君子之国呢？它的位置在哪里呢？《外国图》就介绍说“去琅琊三万里”，它把琅琊看作一个出海港口，一个重要的地理坐标。

东汉有一个著名的大臣叫王景，他主持治理黄河的工程取得了空前的成功，黄河从此几百年没有发生水患。这个人物是哪儿的人呢？他竟然是乐浪人，在今天的朝鲜半岛。但是他的祖先是“浮海东奔乐浪山中”，就是从当时的琅琊浮海到达今天朝鲜半岛的。王景家族的事迹也能证实，琅琊作为一个出海口，地位是十分突出的。

说到琅琊还要讲到一个故事。我们今天讲中外交通、中外文化交流的时候有一本书大家都不得不注意，它就是《穆天子传》。早期丝绸之路的开通，通过这部书也可以得到反映。它记载穆天子乘着车，到了西王母之邦，这说明他走得非常远。有一位学者叫作顾实，他研究《穆天子传》，写了一本书叫《穆天子传西征讲疏》，他认为周穆王当时已经到达了欧洲中部的华沙大平原。当然，这是比较极端的一种意见，但我们可以把它作为一种判断来思考中国人或中原人对外文化交往的历程。

顾实先生在这部书里还说到了他自己的一种文化体验。他说他和孙中山谈论中外文化交流，孙中山对琅琊也非常关注。孙中山说东南亚也有一个琅琊，波斯湾也有一个琅琊。顾实回忆说，孙中山当时打开一本世界地图给他一一指点：这是南洋的琅琊，这是波斯湾的琅琊。就是说秦汉时代的齐人，他们可能有非常遥远的海上航行经历。他们把自己家乡的地名，一个重要都市的名字带到了非常遥远的地方。古代移民把自己原有家乡的地名，带到了新的居住地，这样的例证历史上非常多，琅琊地名在南洋的出现，也是这种文化现象的反映。我们看到在今天东南亚、南亚地区有不少地名，可以与琅琊的发音相对应。但是我们不能确定，孙中山具体指的是哪一个，以及他所说的波斯湾琅琊是哪一个。但是我们可以由此做进一步的思考和研究，这个思路应当是正确的。善于航海的齐人很有可能把琅琊这个地名带到了非常遥远的地方。冯承钧先生有一种书叫作《中国南洋交通史》，他在书里就说到了一个叫陵伽钵婆山的地方，这是《隋书》里面出现的一个地名。他引这部书时在陵伽钵婆山后边加了个括号，标注了陵伽钵婆的发音。它的发音和琅琊有接近的地方，而且这个地方比较有意思，当地的人们也把它作为一个神祠地点，一个信仰世界的中心。他们在这里进行祭祀。它使我们联想到琅琊也是四时主的所在，所以二者之间具有比较奇妙的联系。

五、航海家徐福

徐福也是我们前面介绍过的燕齐海上方士之一，他可能是历史上最著名一位海上方士了。他自称可以探求海上三神山，可以尝试得到不死之药。秦始皇派他出行，而他应当多次出海。秦始皇第一次走到海边的时候，就派徐福率领童男女数千人入海求仙人。《史记》里有记载，徐福几次出海都没有获得成功，他花费了一些资财，担心受到谴责，这也说明他曾多次出海寻找仙人以及不死之药。《史记》里还记载徐福最后“得平原广泽，止王不来”，就是找到了一个比较适合的生存空间在那里做了领袖不再回来了。有些人认为他可能是经过朝鲜沿海到了日本。在《后汉书》里人们讲到“倭”这个国度的时候已经把它和徐福的事迹联系起来，相关记载是放在“倭”的条目之下。

到了宋代有诗人写《日本刀歌》，就说徐福的后代如何如何，这就是把日本人和徐福浮海东行联系起来了。日本一些学者也确信徐福到了日本。一些很严谨的学者进行了相关的考察，发现这个阶段日本文化正好发生了显著变化，他们认为可能和外来文化的影响有关系。在日本有徐福墓、徐福公园，以及一些纪念徐福的团体活动和学术研究活动，甚至对徐福究竟在哪里登陆都有学者进行过思考。我最近在韩国济州岛参加一个学术会议，济州岛这个地方据说也有纪念徐福的处所。据说当地发现了一处石刻叫“徐福过之”。当然它的真实性需要进行更深入的考证。

《剑桥中国秦汉史》这部书有两个中文译本。一个是中国社会科学出版社翻译的版本；另一个是台湾译本。关于徐福的事迹，西方研究秦汉史的权威学者们在这个书里的判断是这样的，大陆译本说：“徐一去不复返，传说他们在日本定居了下来。”台湾译本说：“但徐福却没有返回，据说他们后来在日本定居。”一个是“传说”；一个是“据说”，翻译用语虽然不一样，《剑桥中国秦汉史》的作者还是把它看作是一个没有得到历史实证的传说。但既然把它记录下来，说明他们大致也相信这种传说具有一定可信度。东汉时期给当时的倭国颁赐过“汉委奴国王”金印，证明当时的中央政权和日本地方已经有了非常确定的外交联系。

六、杨仆楼船军与博昌习船者

汉武帝时期，楼船将军杨仆曾率领部队进攻朝鲜，这是出现在西汉时期的一次著名的军事史记录。杨仆的名号叫楼船将军，他率领的部队是楼船军。在汉武帝时代，对东越用兵，对南越用兵，都曾经有一支部队是楼船将军率领的。从西汉军队将领的名号可以看出，当时的战争已经利用了海上航行设备。楼船军这种特殊部队是从海上进行远征的。此外还有横海将军、伏波将军等名号，都表明部队是要通过海上的航线行到达作战地点。

但现在看来，他们多数并不是在海上作战。有的学者称他们为水军、海军，这种说法不是非常准确。考察秦汉时代的海洋文化时，可以注意到和今天有不同。古代中原王朝和今天中华人民共和国所面对的海洋海岸线形势在大的方面是相近的。但是在秦汉时期，中原政权的控制力到达了今天朝鲜半岛西北一侧。在汉武帝时代，朝鲜半岛的北部完全由中央政府控制。东汉在朝鲜半岛控制的地方有所收缩。另外还要有所区别的是，秦与西汉中央政权也曾控制了越南一定的地区。而在东汉前期，马援率领的楼船军曾到达交趾和九真，这也是楼船军泛海行进的军事史记录。所以说当时的海上形势还是有所不同的，就是台湾、海南，秦汉时代和今天的情况也不同。秦汉时代中央政权没有在台湾地区行使行政权力，海南珠崖地方在汉武帝时代曾经被中央王朝控制。但是该地少数族群经常发生暴动，西汉后期就放弃了这个地方，东汉时代对海南没有实行实际控制。

楼船将军进攻朝鲜是汉武帝时代朝东北方向所做的一次非常重要的政治扩张，获得的成就即是所谓“朝鲜置郡”。楼船军由海上行进到朝鲜半岛即是从齐地出发的。《史记》有明确的记载：“从齐浮渤海；兵五万人，左将军荀彘出辽东：讨右渠。”后边的一句是说另外一支由将军荀彘率领的部队。他是从辽东进击，进攻日标同样是朝鲜。杨仆的海上部队提早一个多月到达朝鲜。第一支部队进攻失败，后来流散在山中，等到第二支部队过来以后，才共同进行军事进击。这种情形其实是和打东越、打南越以及后来马援打交趾、九真的情况是一样的，都是同样的作战方针：陆上一支部队、海上一支部队，同时进击。直到清代甲午海战的时候，仍然采用这样的战略。但是在东汉的时候，汉光武帝刘秀让马援进攻越南，但马援指挥权发生变化。光武帝让马援率领着两支部队，他是陆上部队和海上部队共同的统帅，这与汉武帝当时打朝鲜的情形不一样。汉武帝攻打朝鲜时两支部队的指挥官各自不能指挥对方，后来两个人发生了摩擦，最后互相推脱责任。汉武帝后来把两个人都处分了。

我们今天要关注的是楼船军进攻朝鲜的军事行为。杨仆“从齐浮渤海”，然后后边写着“兵五万”。这个“兵五万”究竟是指楼船军还是陆上部队？这就涉及读古书时标点的位置。我们今天看到的中华书局标点本是“杨仆从齐浮渤海”之后一个分号，然后才是“兵五万”，也就是“兵五万”是跟着下句读的。这是一种理解。但也有学者认为，“兵五万”指的是杨仆“从齐浮渤海”的楼船军，张炜、方堃这两位先生主编的《中国海疆通史》就是这么理解的。他们在书中写道：“楼船将军杨仆率领楼船兵五万人进攻朝鲜。”如果按照这种理解，楼船军的整个兵力是五万人，如果这五万人是从海上远征朝鲜的话，那将是规模非常惊人的海上作战行为。我们注意到，东汉马援打越南的时候是两千艘船，率领的士兵是二万余人。这个比例读起来有些令人吃惊，一条船平均才十个人，意味着整个船队是由型号大小不一的船组成的。如果按照这个比例来计算的话，那么杨仆打朝鲜时楼船军的船队规模就更加惊人了，这个只能做推算。但是也有一种说法是楼船军有七千人先到作战地点王险。如果杨仆部队是七千人的话，那么按照马援楼船军比例，他的舰队规模应该是七百多艘船，这也已经是规模非常庞大的一支舰队了。

另外看说到汉武帝打南越。前面讲到秦始皇南海置郡，在这里设立了三个郡：南海郡、桂林郡、象郡。这些郡的设置是在秦始皇三十三年。但是有关的记载说秦的将领王翦灭掉楚国之后，随即进攻百越之君。也就是说秦始皇在灭掉燕国和齐国之前曾经向岭南方向进军。此次进军应当是秦统一战争规划中的一部分。后来内地战乱，出现了汉王朝。南越地方有一位叫作尉佗的实力派建立了南越国，虽然表面上服从中央政权领导，但实际上它与汉王朝其他的诸侯国一样是独立国度。在吕后执政年代，南越国和中央政权还曾发生过很激烈的摩擦，双方甚至进入战争状态。但是打了一年多，中央政权的部队没有越过南岭。后来到了汉文帝执政时代，文帝是一个非常明智、谨慎、温和的政治家。他给南越王写了封很诚恳的信，表示希望能够友好相处。南越王于是放弃称帝，表示归顺长安，双方进入到和平阶段。但是到汉武帝时代，南越又发生了叛乱。发起叛乱者是南越国的国相吕嘉。汉武帝发动数十万大军进攻南越，其中就包括楼船军。后来叛乱被平定，汉武帝非常高兴，他当时正在出巡途中走到山西一个地方。

前方把捷报送过来，他非常高兴，就把当时所停留的地方设立了一个新的县，叫作闻喜县。随后他又走到今天的河南地方，这个时候前方送来捷报说擒获叛乱发起者吕嘉。汉武帝更为高兴，就把他停留这个地方也设置了一个新的县，叫作获嘉县。闻喜县和获嘉县这两个县今天依然还在。这些事迹足以说明在汉武帝心目中平定南越的重要性。据《史记》记载，战争刚刚打响的时候前方吃紧，有一位在齐国做诸侯相的官僚卜式给汉武帝上书。他说主忧臣辱，我愿意和我的儿子一起率领“齐习船者往死之”，就是率领齐地善于驾驶船只的人到前线死战。汉武帝看到这样的上书非常高兴。《汉书》的记载是“主愧臣死”，也是说皇帝遇到危难的时候，臣下应当做出牺牲。“臣愿与子男及临菑习弩、博昌习船者请行，死之以尽臣节”，是说卜式愿意率领儿子以及“临菑习弩、博昌习船者”亲去前线为君分忧。《史记》里说“齐习船者”，《汉书》里说“博昌习船者”。博昌是临淄附近的一个县，位置靠近渤海，是当地一个水军训练基地。“习船者”就是熟悉并且善于驾驶船只的专业人员。在这里，“习船者”出现在了史籍中。不管是“齐习船者”还是“博昌习船者”，说的都是齐地的航海人才。他们作为一个特定名号在史书上留下了非常鲜明的痕迹，这是特别值得我们注意的。

七、青州海贼与吕母暴动

齐地海上航行能力优越，汉代出现了一种机动力非常强的海上武装。他们的力量足以和政府军相对抗。海洋在当时的中原人看来还是比较偏远、落后的地方。秦的封泥里面出现了“晦池”二字。晦一个日字边，一个海的右半边，也就是“每”。在秦汉时期“晦”和“海”是相通的。比如“东海郡”有时就写成“东晦郡”，这两个字自古以来就有相近的含义。人们认为海是一个晦暗不明朗的地方，人们对它的知识非常有限。所以“海”常会和“晦”联系在一起。还有人说海广大无限界，所谓“藩臣海崖”就是人们谦称自己地位很低。比如大臣们给皇帝上书，形容自己来自很偏远的地方就说“藩臣海崖”，意思是我住在海边，来自非常荒凉的地方。这些都指出“海”代表偏远荒凉的地方。还有“处海垂之际”，也是指自己的边缘性地位。

在中国历史文化区域的划分中，中原地区是一个文化积累非常雄厚的地方。春秋五霸都是僻陋之国，后来才逐渐从边缘地方雄起压倒了中原。后来他们向中原方向迁都，向中原靠近，目的是控制全局。在秦汉时期有关东、关西、山东、山西的说法。秦和西汉文化的重心在西部，到东汉时期逐渐发生了变化。东汉以后又有所谓江南、江北的区别。这其实就是行政重心、经济重心和文化重心向东南方向的转移。但沿海地方一直被看作落后地区，直到近代中国以后，这种情况才有改观。今天的沿海和内地已经形成了鲜明的文化对比：沿海是先进的地方，而中西部地区成为相对落后的地方。在秦汉时期沿海地区是边缘化的地方。鲍宣在西汉晚期是一位名臣，他是渤海高城人。今天属于靠近山东的河北地方。他当时做司隶校尉，是非常高的职位，是皇帝的近臣。他给皇帝上书说：“高门去省户数十步。”意思是我离皇帝住的地方只有几十步的距离，但是两年我都没见过皇帝。又说，要想让海边的人能够及时听到中央的指令是很难的，而及时接受最高等级文化的影响更是很困难的。他说了一个词叫“海濒仄陋”，就是非常偏远的地方。这是当时的一个文化态势：海边是中央政权鞭长莫及的地方，如果到了海上就更遥远了。所以孔子说“道不行，乘桴浮于海”，意思是如果政治理念不能得到推行，我就到海上去。“乘桴浮于海”是一种远离政治中心的选择。

刚才讲到的范蠡浮海出齐也是这样。他从海路到了齐国，离开了越国的政治中枢。还有鲁仲连逃隐于海上，都是相关的故事。还有一个非常典型的事例，就是田横五百士。田横在刘邦当了皇帝以后，曾经和汉朝中央采取对抗姿态，带了五百个人逃到了海上。刘邦还是不放心，一定让他投降，说你如果不来，我就要进攻你，把你们的人全杀光。可见即便远在海上，刘邦还是有些担忧的。田横五百士是中国最早与中央王朝相对抗的海上武装力量。闽越王和中央对抗的时候说，如果求得和平是最好的；如果要打的话就奋力抗争；如果不胜“即亡入海”，意思是打不赢就逃到海上去。吴楚七国之乱爆发的时候，反叛者策划的时候就说：“击之不胜，乃逃入海，未晚也。”就是说如果打败了的话，我们逃到海上也来得及。汉武帝征伐南越时候，敌对力量的首领也乘船逃到海上，后来被追上了。这说明海上会形成敌对的武装势力，因为海滨或海上很容易流窜和隐蔽。这是滨海地区特殊的地理条件造成了的局势。反政府的武装只要有船，有习船者，他们就会表现出非常强的机动性。

东汉时期出现了青州海贼张伯路与中央政权相对抗一事，史书里有明确记载。张伯路的活动影响范围非常大。他在今天山东地方沿海进行侵扰，扰乱了地方治安。他还自称将军，“寇滨海九郡”，就是九个郡的地方都被他骚扰，任何一个郡的地方政府都没有力量镇压他。他可以乘船浮海，深入远岛，打不赢就跑。而政府军很难有力量到海上去进行彻底的征伐。他曾经由山东东莱逃到辽东，然后停留在海岛上，即所谓“遁走辽东，止海岛上”。在情况不好的时候他逃还辽东，在辽东半岛和胶东半岛之间来回流窜。胶东半岛属于青州，辽东半岛属于幽州，两个大的行政区划要协调也是不太容易的。有意思的是汉代河西边塞的遗存里出土的汉简上发现了通缉临淮海贼的文书。西北地方竟然发布文书通缉这些海上的反政府武装，可见他们的影响有多大。简文称他们为“临淮海贼”。临淮地方是在今天的苏北。但是简文里又出现了“乐浪”“辽东”，就是他们流窜的范围可以到达辽东、朝鲜，可见这个海上武装的机动性非常之强。

通缉令里说，抓住他们一个首领“购钱卌万”，意思是抓住一个海贼的首领悬赏四十万。这是以皇帝诏书的形式和名义发布的通缉令，悬赏额度非常高。河西地方看到的其他通缉令，一般都是悬赏是五万、十万这样的一个额度。而抓住临淮海贼的奖金可以给到四十万。这个额度是非常惊人的。

青州海贼后来是在幽州、青州几个地方共同的围剿下被击灭的。他们很善于利用海上条件进行运动战。值得注意的是，在胶东半岛部队和辽东半岛部队联合进击下才扑灭了这个海贼势力。而官兵的首领是青州刺史法雄，他是山东负责地方治安的最高长官。

实际上在“海贼”名号出现之前，西汉末年到王莽时代在山东地方就已经出现了一支反政府武装，史称“吕母暴动”。吕母是一个女性军事首领，她发起的反政府暴动也是利用海上的地理条件。所谓“引兵入海”是其军事行为的具体走向。“引兵入海，其众浸多，后皆万数”，说明她的军事力量的形成充分利用了海上航行的优越条件。

八、齐人的海洋探索与早期海洋学

刚才说的是燕齐海上方士对海洋与海洋知识的探求。海中三神山的传说让我们注意到它和海洋气象学“海市蜃楼”的知识是一致的。这个方面的知识最早在史书中被记录便是因为燕齐海上方士，其后不断受到重视。这是齐人有关海上知识的重要发现，展现了齐人关于海洋气象学、水文学、生物学等海洋知识的探求。我们最初关于海洋的认识主要是来自沿海地方的人们在接触海洋、开发海洋、熟悉海洋、征服海洋过程中所做出的种种努力。这些海洋知识是他们一步一步不断积累、总结并介绍给后人的。而最早以海王之国的建设为理想的齐人的贡献是格外突出的。

我还要再介绍这样一个现象。在汉武帝时代中央政府控制了朝鲜半岛北部地方，关于朝鲜半岛东海岸一些关于海洋渔产的知识在汉代的文献里被记录了下来。尤其是《说文解字》这部书，它是我们今天看到的中国历史上比较早的完整字书。《说文解字》里有“鱼部”，就是以鱼为偏旁的字。它介绍了很多种鱼，其中有若干种非常有意思。这些鱼出产于非常遥远的朝鲜半岛东海岸。按照现代国际地理学的说法，就是日本海的西岸。朝鲜人和韩国人不称这个海域是日本海，他们称为东海。在这个沿海区域出产的鱼种被汉代人捕获和食用。而这个水产经济学记录保存在了《说文解字》里，这让我们很吃惊。因为《说文解字》的作者许慎是东汉人，在他生活的那个时代，中央政府不再能控制这一海域。那么他记录的是前人获得的知识呢？还是由于其他因素被记录下来的？我们知道在三国时期，朝鲜半岛的东海岸又曾经被曹魏中央政权所控制。是不是在东汉时期这个地方仍然和中原有一定的文化联系，然后这些知识得以记录在许慎的书中？许慎是河南人，属于中原地区，他怎么会有这么多那么遥远地域的海洋生物学知识？

通过这个以及刚才给大家陈述过的杨仆楼船军进攻朝鲜的军事史记录，还有王景的祖先移民乐浪的移民史记录可以知道，朝鲜北方的一些知识很可能是通过辽东半岛、胶东半岛，即通过齐人的认识和理解转述和传布到中原。这种可能性是存在的。

另外给大家介绍一下《汉书·艺文志》里的一些记载。《汉书·艺文志》是西汉时代的文献记录，它将当时的图书资料所包含的知识进行了总结和分类。在"天文家"这一类里共有二十二家四百四十五卷书。其中有一类书比较值得我们注意，它大概有六种书。这些书的书名均包括"海中"二字，比如"《海中星占验》十二卷""《海中五星经杂事》二十二卷""《海中五星顺逆》二十八卷""《海中二十八宿国分》二十八卷""《海中二十八宿臣分》二十八卷"。还有书名先显示"海中"，然后讲的是星象天文知识，比如"《海中日月彗虹杂占》十八卷"，这本书是介绍通过看彗星、看天上的虹霓来进行预测的知识。在马王堆汉墓出土的帛书里也能看到他们利用星象和彩虹的形式和方向进行军事和政治的预测。

这六种书有三种都多达二十八卷，《史记》这部书是一百三十卷，比较一下就可以知道这批书的分量和篇幅。很可惜这些书现在都看不到了，我们只能看到《汉书·艺文志》保留下来的这些书的名称。现在面临一些新问题：这些书是讨论什么的？它记载了怎样的知识？它总结了人们怎样的生产和生活经验？它提示给我们什么文化内容？第一本书是《海中星占验》，后面的书也都和星有关系。我个人的理解，它应当是当时海洋学知识的初步积累。人们在海上航行的时候看到天上的星象借助这本书里面提供的知识来对应自己身处的环境，从而判断自己船只的位置，判定自己的航向是不是正确。

顾炎武是明末清初一位非常认真的学问家。他说有朋友写信问他《日知录》又完成了多少卷？他说，写书不是这么写的，而是"采铜于山"。先在山里寻找铜矿，然后把铜解析出来成为有用的金属，我是这样一点一滴进行艰苦工作。而有的人写书是把铜钱熔化铸成“铜材”，然后用它来铸造新钱。新钱可能质量还不如旧钱，但是产量高。我采铜于山不一样，采铜于山是真正做学问的科学途径。

顾炎武在《日知录》中谈到《海中星占验》《海中五星经杂事》《海中五星顺逆》《海中二十八宿国分》《海中二十八宿臣分》这几本书。他认为这些书所记载的“海中”不是指海上，和海没关系。他理解的“海中”是“海内”，是指中原、中国或陆地上的政治空间。因为二十八宿都只录陆地上的事情，不讲海上的事情，所以《海中二十八宿国分》不会是指海上。

《汉书·艺文志》里说到“海中”，其他地方也出现过“海中”。但“海中”这两个字的含义从来没有像顾炎武那样解释为中原、中国或陆地上的政治空间。“海中”指的都是海面上。北京大学中文系的李零先生给学生讲授《汉书·艺文志》时写了一本书叫《兰台万卷》。这个书里关于《海中星占验》等六种书的认识和我是一样的，所以我认为，我的认识可能还是比较接近历史真实的。

比顾炎武早一些的明代学者杨慎的书里说到“长短星”时，就提到与南海的关系。所谓“琼海之潮”，是指琼州海峡方向。他说看星象可以知道潮水的什么时候来。这个知识在当时应当是航海家所拥有的常识了。关于南海的航行我们刚才讲到南海的航线应该已经开通。《汉书·地理志》指出当时往南洋方向可以走到很远的地方，中间还经过了一些国度，比如东南亚的一些地方。很多学者用《汉书·地理志》记载的地名和今天的地名、国名和族名进行对照，一致的意见是认为当时航行能够抵达的最远地方是斯里兰卡。斯里兰卡曾出土了秦代的半两钱，这是考古遗址出土的非常可信的文物遗存。半两钱是在秦代通用的钱币，这种钱在汉初仍然使用。它告诉我们至少秦到汉初，中国的经济力量已经影响到海外。这中间的传播力量很可能就有齐人的航海家。而他们的努力发生了历史效用，使得中原文化传播到这个地方。

关于南海的航行，《汉书·地理志》记载了具体的航线、航程与航行方式，这些都是非常清楚明朗的。比如说“蛮夷贾船，转送至之”，蛮夷就是指某些少数族群，也可能是外国人；“转送至之”是说他们驾驶的船只可以将货物转送到非常远的地方。另外这段记录里还说：“又苦逢风波溺死，不者数年来还。”就是说航程中间是有非常大的风险。“风波溺死”可能是指遇到海啸、台风然后导致船只沉没、水手牺牲。这样的情况频繁发生，即使航行顺利，也有所谓“不者数年来还”，就是说要花费几年才能返程。这应该是关于南洋航路的真实记录。那么人们的航海经验有没有能够通过星象来判定？我们知道这个时候的司南或称指南针应当还没有应用于海上航行。《论衡》里已经说到了关于磁针吸铁的这个功能，也有关于司南的记录。但是还没有确定的证据可以证明指南针技术已经应用于航海。观测星象这种知识应当是航海者熟知的。《淮南子》中的《齐俗》记载：“夫乘舟而惑者，不知东西，见斗极则寤矣。”是说乘着船在茫茫大海上航行容易迷失方向，乘船的人看到了北斗星就能重新确定自己的位置和航向。这句话出现在《齐俗》里，已经非常清楚地告诉我们：利用海上星象来判断航行方向的知识在当时就产生了。《淮南子》成书在汉武帝时代，和《史记》大致同时，可见这当时是航海家们所具备的知识。张衡写的《灵宪》主要是讲天文学知识，书里讲到“海人之占”。宋代学者王应麟研究《汉书·艺文志》写了一部《汉艺文志考证》，里面专门有一段话说《海中星占验》十二卷就是《续汉书·天文志》里的《海中占》，就是《隋志》里的《海中星占》，也就是张衡所说的“海人之占”。在秦汉时期“海人”已经成为明确的称谓，所指的就是善于在海上航行的人。

基于以上所述，基本可以确定《海中星占验》等书籍里应该保留了包括齐人在内的海人所创造和总结的相关知识。齐人保存了这样的一些早期海洋学的历史记录，很可能在这方面居于领先地位。

另外《汉书·五行志》是记录各种异常现象的文献。当时人有神秘主义意识，认为所有发生的不正常的现象，比如“水灾旱灾”“日食月食”等都和政治人文有关系。而这些现象的发生都是上天警告政治出现了问题，领导者要进行反思、检讨和调整。《五行志》记录的就是这样的内容。非常有意义的是它记录了很多自然现象，其中一些与海洋有关。比如《五行志》

记载，汉成帝永始元年的春天发生了“北海出大鱼”的现象。北海是指渤海，什么样的鱼才是大鱼呢?《五行志》记载“长六丈，高一丈，四枚”，就是说有四条这样的大鱼。这里所谓“出大鱼”，应当是鲸鱼海滩搁浅的现象。搁浅的原因海洋生物学者至今没有给出一种非常明确的说法。有人说它们的导航系统出了问题，有人说它们的听觉出了问题，到底是怎样发生的目前还不清楚。很可能早期人们对于鲸鱼的知识就是通过这种现象获得的。另有“哀帝建平三年，东莱平度出大鱼，长八丈，高丈一尺，七枚，皆死”。平度这个地名今天还在使用。一共是七枚，也就是七条大鱼都死掉了。当时的五行学认为天人是相互感应的。这种学说的践行者解释说：“海数见巨鱼，邪人进，贤人疏。”也就是说海中频繁地看到这样的情形，是因为皇帝身边有坏人，坏人受到信用，贤人被疏远了。他们是把它视为一种政治象征来解释的。但我们在这里看的是一种海洋生物学现象的记录。东汉时代记录这种异常现象的文献是《续汉书·五行志》，它的标题叫“鱼孽”。“鱼孽”被认为是一种非常恶劣的不正常现象。《续汉书·五行志》记载，在汉灵帝时代同样是在东莱海中出现大鱼：“东莱海出大鱼二枚，长八九丈，高二丈余。”《五行志》随后记载，第二年就有两个诸侯王去世了。它是把这种海洋生物现象和政治现象联系在一起理解的，这是当时的一种思维习惯。但是我们从古书里实际读到的是这种海洋生物现象最早的文字记录。

虽然今天对它的解释分析可能还不十分到位，但是这种现象在汉代就已经被写到了史书里。我提醒大家注意，这种关于海洋生物学的重要记录最初是由齐人发现的。“北海出大鱼”“东莱平度出大鱼”“东莱海出大鱼”，这些记载都出现在齐地。这说明齐人对海洋有着特别细致的观察，特别深入的理解，他们为我们保留了如此珍贵的海洋学的早期知识。这样的现象在《南齐书》《新唐书》以及后来的一些史籍中也可以看到，但是最早的记录是在《汉书》里面。

我今天给大家介绍的内容，实际上是我承担过的山东师范大学教育部基地齐鲁文化研究院的一个课题。课题考察的就是战国秦汉时期齐人对海洋的开发。该课题后来完成了一本书由中国社会科学出版社出版，名字叫《东方海王——秦汉时期齐人的海洋开发》。今天讲授的内容，是把一些心得给大家做个汇报。一个问题要说明，今天参加的是齐鲁文化电视系列讲座，而我讲座主题是齐人的文化贡献。实际上秦汉时期说齐地是包括鲁的。秦汉时期有一个关于人才地理分布的说法是“鲁东海多至卿相”。民间都流行这样的说法，叫作“山东出相，山西出将”。山东是齐鲁文化发生的基地和原生地。齐鲁文化向西传布，儒学在汉武帝时代成为国家意识形态的主导。西部地区出军事人才是因为它和少数族群地区接壤，故而有它的文化传统。而东方出相是因为有齐鲁文化多年的滋润，使得真正有思想、有文采的知识分子在这里大批地涌现。所谓“鲁东海多至卿相”，实际上是把鲁和东海联系到一起，直接表明了鲁地和沿海地方实际上是一体的。所以作为齐鲁文化系列讲座里的一讲，“齐人的海洋开发”它实际上是包括齐鲁总体的文化区域。我的报告就到这里，谢谢大家！